·股权兼并收购经典·

门口的野蛮人

KKR与资本暴利的崛起

|珍藏版|

［美］乔治·安德斯（George Anders）著　胡震晨 译

Merchants of Debt

KKR and the Mortgaging of American Business

机械工业出版社
CHINA MACHINE PRESS

图书在版编目（CIP）数据

门口的野蛮人Ⅱ：KKR与资本暴利的崛起（珍藏版）/（美）乔治·安德斯（George Anders）著；胡震晨译. —北京：机械工业出版社，2018.7（2025.9重印）
（股权兼并收购经典）

书名原文：Merchants of Debt: KKR and the Mortgaging of American Business

ISBN 978-7-111-60349-8

I. 门… Ⅱ.① 乔… ② 胡… Ⅲ. 企业兼并—美国 Ⅳ. F279.712.1

中国版本图书馆CIP数据核字（2018）第133634号

北京市版权局著作权合同登记　图字：01-2012-2433号。

George Anders. Merchants of Debt: KKR and the Mortgaging of American Business.

Copyright © 1992 George Anders.

Simplified Chinese Translation Copyright © 2018 by China Machine Press.

Simplified Chinese translation rights arranged with George Anders through Andrew Nurnberg Associates International Ltd. This edition is authorized for sale in Chinese mainland (excluding Hong Kong SAR, Macao SAR and Taiwan).

No part of this book may be reproduced or transmitted in any form or by any means, electronic or mechanical, including photocopying, recording or any information storage and retrieval system, without permission, in writing, from the publisher.

All rights reserved.

本书中文简体字版由George Anders通过Andrew Nurnberg Associates International Ltd.授权机械工业出版社在中国大陆地区（不包括香港、澳门特别行政区及台湾地区）独家出版发行。未经出版者书面许可，不得以任何方式抄袭、复制或节录本书中的任何部分。

门口的野蛮人Ⅱ：KKR与资本暴利的崛起（珍藏版）

出版发行：机械工业出版社（北京市西城区百万庄大街22号　邮政编码：100037）

责任编辑：杜若佳　　　　　　　　　　　责任校对：殷　虹

印　　刷：涿州市般润文化传播有限公司　版　　次：2025年9月第1版第11次印刷

开　　本：170mm×230mm　1/16　　　　印　　张：26.25

书　　号：ISBN 978-7-111-60349-8　　　定　　价：80.00元

客服电话：(010) 88361066　68326294

版权所有·侵权必究
封底无防伪标均为盗版

目录

CONTENTS

译者序
中文版序
前言

引子 / 1

第1章　取悦CEO / 12

科尔伯格回忆起KKR的第一年:"是最好的时光,也是最苦恼的时光。"克拉维斯和科尔伯格在1976年花了几个月的时间跟进Booth Newspaper的收购,最终纽豪斯出版集团以高价胜出,其他那些推广电话则毫无成效。公司都没碰上危机,CEO们没兴趣听什么收购,没有了贝尔斯登的名头,KKR这几个合伙人在陌生人的办公室里不太容易被接纳。

第2章　债务越发诱人 / 34

1976年在罗切斯特大学,自由市场派经济学家迈克尔·詹森提出一套理念,认为公众公司的经理们因拥有公司股份太少,把公司资产浪费在了特权和无效的项目上。他认为,如果让公司的经理们拥有该公司很大一部分股票,而用债务来提供其余资产,就可以解决这一问题。他也承认,这会涉及借入巨额债务,但这不一定都是坏事。

第3章　**追逐利润** / 60

　　很快地，KKR 的收购需要让它融到的第一笔收购资金显得不足了。一位早期投资人、芝加哥某制药公司的执行官威廉·格雷厄姆在一年里就收到了四次追加投资的请求，他在 1977 年下半年打电话给克拉维斯："亨利啊，你小子是要让我破产啊！"格雷厄姆是在开玩笑；他非常开心 KKR 带给他可投资的交易。不过，格雷厄姆也在试图告诉克拉维斯："如果你想做这么多交易，就要找到更有钱的投资人。"这个建议被采纳了。

第4章　**和银行打交道** / 81

　　巴蒂大笑了起来。这是不可能的大数目，信孚银行十个最大的企业客户一年的贷款总额加起来也没有这么多，这个数字比信孚银行和它两个最大的竞争对手的股票市值总额还高。"开玩笑，你真是开玩笑。"巴蒂说。不过他马上就意识到罗伯茨完全是认真的。

第5章　**德崇的魔幻世界** / 109

　　一般来说，克拉维斯和罗伯茨对和他们打交道的生意伙伴非常挑剔，却悍然无视德崇的所有表现。不管人们何时质疑他与德崇的关系，克拉维斯都只有一个平淡的答复："他们履行了义务，只有他们能融到这么多钱。"

第6章　**玩收购的艺人** / 144

　　作为巨型收购的核心组织者，克拉维斯和罗伯茨向数十名甚至上百名顾问拨付各类佣金，还暗示只要这些华尔街的公司能继续顺着 KKR 的意思来，将来还会有更多的业务佣金。华尔街的投资银行私下里抱怨说克拉维斯和罗伯茨这么干，好像每个华尔街人都能被收买似的。但这些心怀不忿的主儿很快就放下身架，各寻门路，乖乖地跑到等着领受 KKR 任务的人群中排队去了。

第7章 导师的陨落 / 175

"有什么新情况吗？"会议开始时，科尔伯格经常会这样问。"接下来我们要谈点儿什么呢？"在接下来的90分钟里，谈话在慢慢地进行。没有任何议程，会议拖个没完没了。"有什么新情况吗？"成了科尔伯格的口头禅，他的意图是良好的，却让克拉维斯火冒三丈。科尔伯格怎么这么笨手笨脚啊？克拉维斯很疑惑。在一系列毫无重点的会议后，克拉维斯把科尔伯格推到一边去了。

第8章 统领工业帝国 / 204

即便是KKR的助理迈克·托卡兹和凯文·布斯凯特，未经凯利事先允许，也绝不能拜访碧翠斯在芝加哥的总部。有一次来访事先未曾通知，凯利把年轻的助理们拽进他的办公室，告诉他们："你们应该让我知道你们来了，欢迎克拉维斯的助手应邀拜访碧翠斯总部。"他说，不过马上又补了一句："你们永远也不准插手本公司的任何实质事务。"

第9章 债务大棒 / 229

温斯顿-塞勒姆工厂的老品质控制员鲍勃·斯特宾斯也开始承担额外的工作，他同时拥有五个工作头衔，每一个都曾代表一份全职工作。挂在他狭小的办公室门上的黑塑料牌，表明他是采购员、品质控制员、循环利用经理、管理服务经理和首席行业工程师。有人问起干了这么多工作，到底有什么好处，斯特宾斯回答："我们得保住饭碗啊！"沃勒担心无论自己做了什么，都还是远远不够。"我也想躺在功劳簿上歇一阵子，"一次冬日午餐时，他啃着快餐纸盘里的烤排骨说，"但我的老板肯定不答应，他会要求更多的业绩。"

第10章 拿钱走人 / 250

克拉维斯和KKR的助理凯文·布斯凯特认为，为了12亿美元当然可以让西格拉姆公司获得纯果乐分部。KKR的人也承认，纯果乐分部确实是一个很牛的业务，不过只要价格合适，有啥不能卖的呢。

第11章 "我们没有朋友" / 275

迈耶有一次曾经试图让东海岸的大公司考虑让KKR来主导收购，他觉得他的机会不错，因为他自己就直接认识这家公司的两位董事。但当他开始认真地推进时，该公司的高级主管们毫不留情地拒绝了他。迈耶委屈地说："你不过是问问他们是否想与乔治或亨利聊聊，结果就好像是你要把他们的手塞进火炉里一样。"

第12章 信贷紧缩 / 296

乔治·罗伯茨态度最坚决，支持公司申请破产。"你们看过电影《野战排》没有？"他问同事们，"结尾时有这么一场戏，中尉的部队陷入重围，想逃出去却无计可施。后来他呼叫空袭向自己所在区域开火，这样能击退敌人，总还是能救回一部分自己人。现在，我们要干的，就是这个。"罗伯茨最后总结道，"艰难时期就得用艰难的办法。"

第13章 恐惧、羞辱和幸存 / 318

谁也不像吉姆·弗格森那样不留情面。他是汉华银行里一名率直、暴躁的经理人，曾是KKR的主要贷款人，合作经历可以追溯到1985年的碧翠斯交易。要说谁有劲头并实际顶撞过KKR，那就肯定是弗格森了。"你们需要我们，"他在一次大型会议中教训KKR的格林，"你们不可能从其他地方借到钱，其他资本市场已经拒绝你们了。你和亨利·克拉维斯应该每天早晨站在我们银行的大厅里，在银行主席麦吉利卡迪上电梯的时候向他抛洒金币，你们需要我们。"

第14章 债务退出，净资产进入 / 345

"最终我们会让每个人都成为合伙人。"罗伯茨在1991年说。克拉维斯说他希望KKR最终能够成为像华尔街最悠久的合伙公司、有将近100年历史的高盛那样的公司。"你再也看不到戈德曼先生或萨克斯先生了，"克拉维斯评价道，"但是他们的公司还是在健康运转。"

尾声 / 359

附录　KKR的杠杆收购 / 366

注释 / 376

译者序
THE TRANSLATOR'S WORDS

《门口的野蛮人Ⅱ：KKR与资本暴利的崛起》的作者乔治·安德斯（George Anders）通过数百次访谈获得了大量第一手资料，特别展现了商业运作中的人性、销售手段、赢得人心、利诱与博弈以及不可预知的种种机缘。春天的一个午后，我和他在旧金山温暖的阳光里，谈起了他文字中体现出来的优雅的历史感和与当事各方保持的距离，还有商业运作的故事背后那些更为本质的东西。

敬畏机缘

KKR的成功是无数机缘的产物，最深远的背景是美国的法律体系多年来逐步积累，给予了公司特权，确立了有限责任体制，较为短期的影响则是美国多年来执行过于保守的公司财务原则、企业界内部存在严重的官僚主义，以及里根总统上台后在两届任期内执行放松管制、自由放任的资本主义政策。这些机缘非KKR的创始人所能掌控，最初的他们更无法预料自己能在如此短的时间内获得如此巨额的利润。他们虽然聪明、深谙人性，但若没有这些大势，其成就将失色许多。

公司被称为法人，几乎具有自然人的各种权利，但它可以完全控制其他法人，可以永远不死地生存下去，可以改头换面，公司的实际控制人可以获得公司的巨大盈利，万一失败仅承担有限责任。这些特权是在美国历史上由资本阶层推动、经过无数反复抗争而逐步形成的。KKR的几个创始人从表面上看承担了巨大的责任和风险：投资人因为信任KKR、KKR选择的经理人和KKR主导的对经济前景的预测，才提供资金助其买入企业，如果KKR的这些责任有一个出了差错，那么信用会受损，进而影响KKR的业绩。然而，KKR到底承担了多少风险呢？它付出的不过是一个承诺，投资银行、债券承销商、律师行等中间机构的参与自然也是投入了自己的信用的，但是既然它们也是有限责任制，相比巨大的收益可能，何乐而不为呢？即便承诺不兑现，也无非失去了赚大钱的机会。是被收购企业承担了风险，或者是那些可能在50岁被抛到社会上衣食无着的工人们承担了风险。核心的问题就是所得和付出不对等，责任和权利不对等，利益严重偏向资本层。KKR的精明之处在于充分利用了这种法律体系。

贷款利息和企业的折旧可以作为费用，减少了企业应交的所得税，但是分给股东的红利必须在缴纳企业所得税后才能分配。无论有什么合理的理由，这种方式明显对大银行有利，在同样的营运利润情况下，大银行可以借助于这一法律促进企业借钱从而获得利息收入。这种法律上的特权早在几十年前就已存在，不过到了KKR时代才被充分利用。当时被收购企业在财务上较保守，往往缴纳大量的所得税给政府。被KKR收购后，用贷款替代净资产来提供运营资金，并且合法地提高了资产原值，从而可以提高折旧金额，导致政府得到的所得税减少了，这笔钱转移到了银行和债券持有人以及各种中间人手里。也正是因为这种经济上的诱惑，所以KKR的创始者才有可能从银行借到钱以实现自己的收益。然而，这种保守的财务政策来源于对1929年大萧条的痛苦记忆。

从财务指标上看，KKR的收购确实提高了很多被收购企业的效率，这是因为那些企业在被收购前浪费严重、机构臃肿，而且无人愿意做高风险、高回报的决策。这其实是一个老问题：公众上市公司是公众的吗？看起来是无数个体可以公开地买卖股票、召开股东大会，所有的理论和机制似乎都是被设计来保障股东权益的。有谁会声称资本主义的美国上市公司不是私有的呢？然而，事实是，公众上市公司从名义上看产权是私有的，但是行使产权的过程漫长、成本高昂、真实信息在行使产权的过程中被损耗或歪曲，真正的控制权实际上体现在代理人手里，他们当然有动机上下其手，拿高薪、高福利而少做事。

KKR 无非借用金融手段让自己成为私有化的新股东，提高了行使产权的效率，从而提高了企业的效益。那些支持 KKR 的金融机构，除了现实经济上的巨额诱惑外，认为这样做有助于美国效率的提高，令企业更加公正。这种利益和道义上的双重诱惑正是 KKR 的杠杆收购能够获得很多人支持的原因。当然，同样讽刺的是，当 KKR 提高了被收购企业效益的同时，也有动机蔑视社会公益、劳工利益；而劳工因为自身在博弈能力和财富方面的劣势，自然只能被迫承受代价，劳工和社会做出牺牲产生的利益跑到了 KKR 和利益相关者的腰包里。KKR 一方面体现了所谓的公正（如消除了企业的官僚主义），一方面又带来了社会成本的上升。最后，KKR 之所以在 20 世纪 80 年代末开始遭受打击，正是由于 KKR 对公众利益的侵害导致了社会思潮的再一次反转。

我们通常都会有这样一种思维惯性，经常把先后出现的两件事暗示成因果关系，比如克拉维斯很努力地工作或克拉维斯很聪明，与克拉维斯拥有私人专机这两件事会被视作因果，仿佛很努力地工作才可能有成绩。实际上，人们渴望的结果从来不存在充分条件（你只要具备了这个条件就必然实现结果），顶多是具备若干必要条件（缺少一个就不可能实现结果），但是无法将所有必要条件列出，更不可能确保这些条件都具备。至于是否努力，很难说就是一个必要条件。从 KKR 的那些机缘中，我们看到，既然政治风向、社会思潮构成了如此重大的影响，那么如果仅仅是拼命地在具体的商业事务上用力而不关注这些更为广泛、对结果影响更为重要的因素，其成功的概率自然就有所下降。很多自以为努力的创业者被这种浅薄的因果暗示所误导，实质上他们只是在拼命地做一个好奴隶，更可能是在浪费生命，成了拼命努力的浮躁者，对于创造社会财富与实现个体幸福并无好处。

认清机缘的重要性，自然可以心安理得地既做出务实的努力，又不盲目浪费奋斗的能量。

个体与群体　长期与短期

在所谓公众上市公司的效率低下时，KKR介入，以自己一家主导股东替代大批无法有效行使产权的股东，并以此起家。经过10年左右的时间，当社会思潮抨击这种一家独大的缺陷，如缺少长远投入、没有实质性改善运营、大批员工承受了巨大的痛苦时，KKR又放弃了自己的独大，让更多的人分享股权，曾经削减的开支又重新上升，被裁减的员工又回到了总部，这看起来不过是循环而已。唯一不同的是KKR在这个过程中获取了大笔收益。善良的人们也许因失望发问：哪一种做法才是较好的状态呢？KKR的做法是对还是错呢？答案是，这两个问题本身就是错误的。

自由放任的资本主义的代言人们总是喜欢信誓旦旦地鼓吹绝对的、原教旨主义的观念，例如说市场总会自动恢复均衡。是的，KKR的历史似乎证明了这一点。不过在这个过程中，那些自杀的CEO，那些付出一生辛劳、在垂暮之年被剥夺生机的人们付出了巨大的代价。所谓能不能回到均衡，对于他们有什么意义吗？既然整个社会似乎还是正常运转的，他们不过是不幸成为受害人，不幸地承担了社会的代价，有什么体制补偿他们的损失呢？上面两个问题或许可以这样问：对于精英者来说，什么做法在多长的时间范围内被衡量才是较好的做法？然后再分别针对平民和整个社会总体来提问同样的问题。所谓经济学的全部本质，就是这样一句话。我们能轻易地说哪一个做法是"正确"的吗？它不过是在某一个时间段的某一些条件下，对社会来说收益超过成本而已。因此，各种纷争的思想流派、经济理论并不存在哪一个错误或正确，无非是在什么样的前提下，其代价小于收益而已。更加复杂的是，还得追问一下，是谁的收益、谁的代价？

本书中有两处谈到杠杆收购对美国社会的整体影响，由于每次收购之后都可能有很多其他因素影响了最终的结果，无法将收购这个因素对结果的影响单独区隔开来，因而实际上无法得出强有力的结论。杠杆收购对于美国社会整体是好是坏，自然在立法上就没有理由阻止杠杆收购。这个非常高明的例子只不过是表明了现实生活的复杂性：大多数争议无法得出令大多数人信服的答案，但是如果法律不禁止某种做法，那么从这种做法中获益的人群无论多么有争议，都大可以享受其成果，让他人背负代价。因此，所谓程序正义等原则必然是偏向精英者的。

经济生活中之所以争论不休，部分原因在于人类的认识水平实在有限，但更多的是，争论所代表的群体和时间周期不同，而且大多数问题无法得到清晰的答案。

既然人类有着这样的局限，那么也许只能非常粗略、狂妄地把决策的依据简化为代价和收益的权衡。如果 KKR 辞退工人只需要支付 1000 万美元的遣散费，如果规避石棉受害者的赔偿只需要支付一点儿登记费便把责任转嫁到一家空壳公司里，收益却高达若干亿美元，那么 KKR 当然会这样做并屡屡得手。不过，工人们通过媒体、工会发起了各种抗争，有 CEO 因绝望而自杀，有石棉受害者发起了诉讼，并且迫使 KKR 只能采取让旗下公司破产的方式来逃避责任。可以说，以 KKR 为代表的精英者们，如果感到欺骗和镇压的方式代价更低而收益更高，他们就一定会这样做；如果这样的方式让他们感到代价高昂而得不偿失，那么他们才会发生改变。正是这些抗争和搏击乃至同归于尽式的厮杀，才正确地反映出社会的代价，社会的思潮才发生了改变。世界本无绝对的对错，它只是围绕在适当的度这个中线周围运行。

在中国经济快速发展的大背景下，希望KKR的故事能给我们以启迪，希望本书的出版对亲爱的祖国的繁荣也能成为一个小小的机缘。

胡震晨

| 中文版序 |

F　O　R　E　W　O　R　D

这个国家的经济快速增长，令其他国家羡慕。这个繁荣的国家带给公司经理人巨大的机会，然而他们也面对着很多困扰，需要迅速拿出对策。比如很难获得业务扩展所需的资金；或者是主要的股东之间的争议让前行变得困难重重；或者是管理层失去了方向感，需要让新的领导者来做出更好的决策。

变革迫在眉睫。一类新型的投资人已经携带资金和改造现状所必需的进取性策略准备好上场了，但是这些交易中介的举措激起了全国范围内的激烈争论。这些新投资者有助于美国在更加繁荣的道路上大步前进吗？还是说他们所代表的资本不过是一个富人的游戏，让一小群人的财富增长，其他人却无从分享利益？

如果这一描述让你想到今天的美国，那么完全可以理解。但实际上，这是在描绘20世纪80年代的美国，那正是传奇性的投资公司科尔伯格－克拉维斯－罗伯茨公司（Kohlberg Kravis Roberts & Co.，KKR）成熟的时期。

KKR从纽约和旧金山起步，已经发展成全球性的金融巨头。该公司经过多年的努力开创了新的投资方式，越过正常的股票市场，偏好凭借它自身的私募投资在被收购公司中获得控股地位。这种交易形式有不同的称呼，人们先是称之为"管理层收购"，后来称之为"杠杆收购"，最后称之为"私募股权"。无论名字叫什么，这种新型投资提供了额外的资本源泉。

在实践中，在世界的每一个时区中，KKR和类似的公司已经变成投资的驱动力量。尽管KKR深植于美国和欧洲，但它也在中国迅速扩张。从2007年开始，KKR已经在中国操作了许多桩私募股权投资，涉及行业从奶制品到制鞋、水泥和电池制造。其中国增长基金在2010年募集到10亿美元，向公司的扩张计划提供融资，或者用以改变股权结构。它也在中国建立了一支运作团队，负责日常的业务运作，尽一切可能改善财务回报。

在过去的几十年中，私募股权这一群体以及具体到KKR在全球的兴起，吸引了经济学家、商学院教授、作家和记者对此产生强烈兴趣。哈佛商学院的学者已经使用了至少15个基于KKR的实践的案例，提供了涉及金融和工业界的宽泛课程。亚马逊上有200多种商业书籍提及KKR，其中至少有4本书几乎完全是讲述该公司的事情的。甚至好莱坞都参与进来，拍了一部电影《门口的野蛮人》。这一电影生动地再现了KKR最大的收购，即1988年对雷诺兹－纳贝斯克264亿美元的收购。

在中国，当前正是公司领导者、银行家、政府官员和具有商业头脑的人们研究私募股权最恰当的时机。尽管私募股权投资在中国还不能与其在美国或英国的水平相提并论，但中国的市场却正在迅速发展。近年来监管当局鼓励这一发展，私募股权在中国不再仅仅是传统的美国和欧洲投资人的领地了。

财务上日益老练成熟的中国人应该对私募股权了解些什么呢？本书以KKR崛起的故事揭示了五个长期的重要主题，具体内容如下所示。

1. 私募股权的机会因危机而产生。也许是家族生意陷入混乱，因为老一代即将退休却不信任年轻一代；也许是一位强势的股东和管理层发生了争执，无法化解。在这些情况下，如果引入私募股权的投资者，他们就有可能变成拯救者。这正是KKR的创始人杰罗姆·科尔伯格（Jerome Kohlberg）、亨利·克拉维斯（Henry Kravis）和乔治·罗伯茨（George Roberts）在缔造其公司时，技艺娴熟地从事的事情。第1~3章揭示了KKR的创始人怎样驾驭人性的复杂，让自身受益。他们的很多手段在任何时代或文化背景下都是行得通的。

2. 私募股权公司从多个渠道获得它们的资本，但是要想卓有成效，就必须完全控制资金，自由运用，让合作伙伴遵从私募股权公司的意愿。第4、5章解释了罗伯茨和克拉维斯如何行使这种权力。他们的决断力、礼貌和自信都值得学习，少不了要和财务投资人谈判的人能从KKR"怎么和银行打交道"的技巧中受益匪浅。

3. 私募股权公司必须为旗下公司建立明晰的领导力量，特别是要建立一套财务控制系统，让运营公司的经理人领悟他们必须实现的目标。第8、9章展示出KKR的金融魔术还为其投资的公司送去了强有力的独立董事。该公司曾经以区区17位专业人士监管数十亿美元的资产，证明了其措施何等得力。KKR在20世纪80年代曾提升旗下公司财务指标的类似技术在今天依然有效。

4. 私募股权投资不能永不退出。典型的，私募股权公司在5年左右的投资期限内改进一家公司的增长前景和毛利率，一旦获得这些进展，类似KKR这样的公司就将其控股权卖给新的主人，在该过程中获取巨额利润。第10章展示了KKR如何处理卖掉公司的环节，这对当前中国私募股权的成功依然关键。

5. 私募股权公司必须小心翼翼地确保自身团队的稳定性。合伙人之间的内部纷争是致命的；类似地，监管当局、恶化的市场环境或者其他外部力量的恶意压力也能毁掉一家公司。第6、12、13章展示了KKR如何面对并承受住这种压力。无论是在中国运作一家私募股权公司，还是与这样的一家公司打交道，KKR永葆强大的能力颇有指导意义。

与这些相似点同样重要的是，应注意到中美私募股权市场的一些主要差异。一个主要的差别是债务的运用：在美国，私募股权交易经常大幅度地依赖借来的资金,这一财务技术意味着如果一家被收购公司的前景有所改善,其新主人将获得巨额利润;但是万一公司遇到困境年就要冒破产的风险,或者请求就债务问题重新谈判。

类似的还有,美国的私募股权交易经常是 100% 买下一家公司的产权。在中国,这一情况非常少见,私募股权投资人更多的是获得一家公司的少量股权,继续和此前的股东们共存。但是如果该私募股权公司做出足够大的投资,它也可能成为支配性股东,拥有在这类投资中非常典型的对董事会的控制权以及对战略方向的领导权。

最后,20 世纪 80 年代美国那些精心策划、广为人知的收购战役大多已经归于历史书籍了。即使在美国,今天的私募股权公司在重要收购中也更加愿意协同配合,而不是相互争夺看谁能出价更高。

研究文化和历史时代背景差异的人很熟悉这些差异。中国工厂与美国工厂的生产手段有一些不同;中国的大学与美国学术机构对某一主题的教授方法也有差异。然而,仅仅盯着不同之处就会忽视重要得多的相同之处。中美之间的金融和经济关联非常显著,对双方国家都非常重要。我最诚挚地希望,最初在美国出版的《门口的野蛮人Ⅱ:KKR 与资本暴利的崛起》一书讲述的 KKR 崛起的故事,在今天的中国市场具有指导性的意义,拥有新的生命力。

乔治·安德斯

伯灵盖姆,加利福尼亚

2012 年 5 月 21 日

| 前言 |

P R E F A C E

1989年,我正忙于本书的前期工作时,接到了姐姐打来的一个非同寻常的电话。南希正在去巴尔的摩出差途中,她告诉我她已经和Maryland Cup Co.的高管见过面,该公司正要招募新的经理人。这份工作听上去很有意思,但是姐姐顾虑重重。Maryland Cup Co.刚刚经历了一次杠杆收购,她想知道的是,给一家从事杠杆收购的公司干活儿,算是个好主意吗?

好问题。从1982年以来,我已经为《华尔街日报》写了很多有关杠杆收购的文字,记录了这种新型的高债务收购的发展和波折。当初本是偶然的兴趣,到了1989年已经变成了专注,甚至到了痴迷的程度。我已经研究过杠杆收购的融资手法,也知道哪些大公司已经以这种方式被买下来了;我跟进了各种争议、优点和缺陷以及杠杆收购对美国经济影响的各种考量。然而现在这个时候,背景的财务数据无所谓了,中立的新闻分析也不足以回答这个问题:南希是否应该接受这份工作。

经过大约一天的努力思考之后,我给了姐姐这样的意见:"你看看你是否能进入顶级经理人的小圈子,这帮人能拿到被收购公司的股权。如果是的话,就马上同意。这份工作会令人兴奋不已,有可能让你赚到很多钱,但是最重要的是,你会感到你能在一家公司的生命中一个非常激动人心的时段内掌控你自己的命运。如果你无法获得股权,就别要这份工作,你肯定会当牛做马,拿到手的微不足道。更糟糕的是，以效率提升之名，你随时可能会被开掉或者转到其他工作上。"

我们和这家被杠杆收购公司的直接接触很快就结束了，毕竟Maryland Cup Co.的这份工作不那么有吸引力，但是那些话始终萦绕在我的脑海中。随着我对杠杆收购业务有了更多的了解，本书涉及的范围也开始扩大了。我真正想叙述的是在一个高债务融资的时代，人们形成的罪性与激情——还有在寻求不同类型的美国公司的运行模式时，那些努力工作的、善良的人们是怎样不断发生冲突的。由于我一直在《华尔街日报》上写这方面的报道，单纯的杠杆收购的财务方面内容都是我再熟悉不过的了，这些固然重要，但是在一个更为宏大的叙事之中不过是一小部分。在我奔走于银行和工厂、法院和公司董事会之时，我采集了很多人的故事，他们深受KKR的操作的影响，或者是更为受益，或者是更加凄惨。

这些叙事并不是想嘲弄或奉承亨利·克拉维斯、乔治·罗伯茨和杰罗姆·科尔伯格，只不过是实事求是地描述他们而已。这三个人都有复杂的人性，他们的一些特性，例如罗伯茨恶作剧式的幽默感，或者克拉维斯在其职业高峰时的脆弱，在我开始实施这个项目之时从未预见到。

一旦确定了我这个题目的性质，就遇到了好坏掺杂的祝福：很多人都迫不及待地要分享他们的观点和偏见。杠杆化运动所引发的经济和道德考量实在是太意义深远了，在过去两年中既有赞同杠杆收购的经济学家获得诺贝尔奖，也有反对杠杆收购的记者获得普利策奖，这当然没有什么好奇怪的。和双方阵营进行清晰的辩论，讨论杠杆收购的功过带来了非常多的刺激和思想火花，也有很多亮点。有很多次我认为回答一个简单的标准非常有帮助："我会让我的姐姐去那里工作吗？"

在这些争议之外，很多朋友和同事的帮助让这本书变得更有价值。在过去10年中,《华尔街日报》的编辑们在无数方面给予了我帮助。Dick Rustin教会我如何了解华尔街的工作:基本上是带着怀疑主义的态度,但也始终坚持公平对待。John Prestbo和Alfred Malable促使我从1986~1988年更加深入地观察杠杆收购业务。更近一段时间,即便我正在写作本书期间,市场编辑Dan Hertzberg也鼓励我为《华尔街日报》撰写关于KKR的文章。Dan的判断力、才智和新闻感无论对我为报纸所做的工作还是本书都有巨大的帮助。《华尔街日报》的执行编辑Norm Pearlstine尤其值得赞扬,他鼓励我写作本书,给予我时间让我全身心地研究此事,在远比我们预期长久得多的写作时期,始终做我的坚强后盾。

很多《华尔街日报》的同事也以其他方式做出了贡献。无论草稿好坏,Bernie Wysocki和Roger Lowenstein都孜孜不倦地阅读,鼓励我充分发掘很多关键阶段的素材。John Hinge提供了关键的研究上的帮助。Ron Suskind、Kevin Helliker、Jim White、Connie Mitchell、Bryan Burrough、John Helyar、Michael Siconolfi、Laurie Cohen和其他很多记者慷慨地分享了他们的信息和观点。

Basic Books的编辑Steve Fraser优化了这一项目,不断提出好的建议。他知道如何让我集中于主题,帮助我更好地描写一则轶闻,让我尽可能地把复杂的故事讲得简洁明了。最重要的是,Steve不断促使我通过KKR的冒险经历来叙述宏大得多的背景。Basic Books团队的所有人——Martin Kessler、Lois Shapiro、Amit Shah、Michael Cain、Helena Schwarz和Gary Murphy在本项目中所负责的部分展现了其一流的职业素养。David Brecher也对本书的完成大有助益,他的果断和良好的幽默深富感染力。

在手稿成形过程中,很多外界读者和顾问都提供了极有价值的意见,包括Jack Corcoran、David Golub、David Salzman、Michael Schrage、Bill

Comfort、Peter Truell、John Quigley 和我的父母：Joan 和 Edward Anders。

最后要提及 Elizabeth Corcoran，要是列举出她对本项目的细心呵护，非得单独写一本书不可。她是无数草稿的第一位读者、淘气的"钱眼太太"，在研究旅途中传真给我各种文件，在她实现自身职业成功的同时，坚定地给予我鼓励，在我们的家庭生活中不断地为本书的各种需要挤出时间。没有她，本书无法写就。

引子
MERCHANTS OF DEBT

第二次世界大战期间的通信记者、平民主义者厄尼·派尔（Ernie Pyle）在1941年夏天生动地描绘了平民的生活，那时他参观了俄亥俄州托莱多的玻璃制造商欧文斯－伊利诺伊玻璃公司。在这里，来自瑞典和捷克斯洛伐克的移民站在离敞开的窑炉几英尺远的地方，干的活儿在派尔眼中简直就是巧夺天工。"奇迹就发生在你眼前，"派尔写道，"一车沙子、石灰石和火山灰被加热到1400℃，变成像糖浆一样的流体。然后，当它冷却下来的时候，并没有像人们想的那样又变回灰尘，而是形成一种透明、干净和易碎的东西，就像玻璃一样。这就是玻璃啊！"

大约45年之后，欧文斯－伊利诺伊玻璃公司又一次成了公众谈论的话题。这一次是在20世纪80年代股票市场大繁荣的最高峰，整个公司都被扔进了债务的"熔炉"，这是一种叫作杠杆收购的新奇的收购模式。几年之后，人们看到该公司的主席获利1000万美元，安排这次收购的少数几个人获得了6000万美元的奖金，而公司则荒芜、萎缩。大约4.7万名雇员比以前更加辛苦地工作，以便提升利润、保住自己的岗位。对掌控整个进程的寥寥数位幸运的股东来说，杠杆收购把普通股和银行贷款转换成了大笔的现金，正像派尔当年注视过的玻璃那么神奇。

然而，这一财务上的点石成金并不都是那么奇妙的。公司进步的标准不再是评估美国的工厂制造更好产品的能力，这些新转变中的赢家既不是工匠也不是美国消费者，甚至不是出售产品的企业家。相反，20世纪80年代的美国正处于一个传奇般的不受制约的暴利时代，相当于19世纪80年代的强盗式资本家时期[一]或是20世纪20年代疯狂的股市投机时期。在收购战中攫取了美国最佳公司的金融家们挣到了快钱，华尔街自身的繁荣越发诱人，1980~1989年股市平均价格上涨了3倍，10年的大牛市给美国增加了2万亿美元的账面财富。巨型公众公司成了收购者的私人财产，只要能让新主人们更富有，不管用什么方式运作或解体出售都行。

这是一个债务攻城略地的时代。在这过去的10年中，美国的金融系统以及更高层次的整个经济，被肆无忌惮地运用信用推动，让一小群人变得富有。这些人很少在意这些新财富是否对社会有所贡献，是否应与更多人分享。重要的是掺和进来获取利益的过程，致富无须内疚，反而是骄傲所在。

在这个赌场资本主义的时代，遥遥领先于任何其他竞争对手的是买下了欧文斯-伊利诺伊玻璃公司和其他超过30家公司的KKR。这家紧凑、神秘而具有不可思议权势的公司运作了有史以来最大型的收购，强占了最高的投资收益，组织起庞大的支援队伍，包括愿意为其收购提供服务的律师、收购顾问、咨询师和工业界领导者。华尔街圈子之外的人几乎到了20世纪80年代末期才知道KKR的经济力量有多么强大：会计师事务所的领军者——德勤在1989年清点了一下其最大的客户，KKR名列第一，通用汽车名列第二。

这本书讲的是KKR及其两位核心合伙人的故事——表兄弟亨利·克拉维斯和乔治·罗伯茨，不过这也让人能一瞥整个时代的行为和特性。干劲冲天的年轻银行员工们不再给公路或工厂融资；相反他们提供贷款支持KKR主导的收购。众多华尔街知名顾问成了收购艺人，走遍美国为KKR扫清下一个收购的障碍。焦虑不安的首席执行官（CEO）担心在恶意收购中失去他们的工作；一旦危机来临，这些CEO所能做的无非或者选择热情洋溢的克拉维斯，或者

[一] Robber Baron，指的是那个年代道貌岸然的企业家们主要以各种非法或不道德的手段获取巨额财富。——译者注

迎合冷静思辨的罗伯茨作为自己的拯救者。

在整个美国范围内，KKR在吃下了他们的公司之后，千百万名普通工人和中层经理人的生活也完全改变了。

尽管这一故事的某些端倪远在第一次世界大战前就已显现，但大多数的投机活动还是发生在了当代。在杰拉尔德·福特总统任期的最后几个月里，KKR在1976年5月1日开张营业，其合伙人的最初总资本只有12万美元，还有一些办公室前租户遗留下来的廉价金属家具。很快，KKR发展成一部收购机器，其胃口令美国企业界闻所未闻。在20世纪80年代期间，该公司完成了大约600亿美元的收购，买下的公司五花八门，有塞夫韦、金霸王、Motel 6、Stop & Shop、安飞士租车、纯果乐和倍儿乐。在1988年后期，克拉维斯和罗伯茨在一场乱纷纷的收购战中胜出，赢得最大的战利品——雷诺兹-纳贝斯克，这是奥利奥饼干、乐之饼干以及云斯顿、萨勒姆和骆驼香烟的制造商，他们拍出264亿美元完成了历史上最大型的收购。

这对表兄弟在收购公司的时候出手敏捷而雄心勃勃。有一次，KKR正在同时操作4桩收购案，每个案子所涉金额都有数十亿美元，联邦储备委员会银行监管部门主任威廉·泰勒（William Taylor）罕见地去KKR曼哈顿的办公室做了个私人拜访。泰勒问，全世界的银行系统加起来还有足够的钱为该公司的收购提供融资吗？回答是：有，不过已经所剩不多了。

比其无尽的欲望更加胆大妄为的是KKR买下这些公司所采用的方法。几乎用于收购的每一个铜板都是借来的，来源有银行、被称作垃圾债券的风险较大的新型证券的买家，或者养老基金，这些基金在被买下的公司中占有部分股份。KKR合伙人从自己的口袋里只掏出来微不足道的一点儿钱，就掌控了大批公司，而这些公司雇用的总人数接近40万，足以填满两个国会选区。⊖常用

⊖ 美国众议院的议员名额按人口比例分配，一个国会选区会选出一位众议院议员。——译者注

的语言都不够用，必须得创造一套特别设计的词汇才能描述KKR所做的工作，其中第一个词就是杠杆收购，这是KKR收购的一个新条款。在这个新天地里，让一家公司背负巨额债务不是糟糕透顶的事，反而是有意为之的。

在短短的时间里，对待债务的这种大胆的做法广为蔓延。与沉重借款伴生的所得税减免的好处一向被忽视，现在整个美国企业界都开始运用了。1982~1990年，在第二次世界大战后最长的经济上升周期里，数以千百计的美国公司借入了巨额债务。就在稍早的时候，人们还相信这些债务足以摧毁整个资产负债表。一家顶级金融杂志在1986年宣称，大型公司正在"开始偏好杠杆借款"。KKR精彩绝伦的成功先是激起十多家、后来又有多达400家的模仿者竞相涌现。商学院开始教授杠杆收购案例课程，向新一代的学生们展示如何用借来的资金买下公司。凭借电脑的财务分析和与一小批愿意贷款的银行家的串通，即使是新出道的MBA也能掌控规模不小的公司。

被收购公司的新股东们是怎样在背负沉重债务的情况下还能赚钱呢？所得税的减免起到了重要作用，因为利息支出是可以作为成本抵税的。效率提升和成本缩减有助于提高毛利率，至少在一定年限内是这样的，而一个长期的大牛市让几乎任何公司都随着时光的流逝而显得更有价值。

杠杆收购是一小群人策动的，他们扭转了美国近50年的倾向于经济平均主义的趋势。突然间一小群精英分子攫取了权力和财富，他们利用借来的钱和管理技能，使得在杠杆收购舞台上的一小撮人能够控制巨型公司，更少的人承担了更多的风险和责任。⊖

作家威廉·格雷德（William Greider）曾经评价：在美国的民主资本主义体制中，"'民主'和'资本主义'这两个词之间存在天然的对立关系"。大部分美国企业史都反映了这种无休无止的拉锯战。历史悠久的公司结构——例如

⊖ 但是由于公司体制的有限责任设计，所谓风险对这一小群人来说永远是有限的。——译者注

拥有成千上万名股东的公众公司，或者是致力于为本地建设融资的社区银行确保了追逐利润和平民主义能切实可行地共生共存。然而杠杆收购是完全不同的体制，它体现的是20世纪最精妙的资本主义思想，同时又是美国历史上空前的意义深远的反民主冒险。

初次拜访KKR的人刚一步入KKR装修奢华的办公室，就马上能感受到其贵族气质。整个氛围（大理石地面、油画、鲜花和人们柔和的声音）让这里看上去更像是奢华的瑞士酒店，而非忙乱的金融清算所。KKR的纽约办公室归克拉维斯掌管，其合伙人和助理从未超过14人。罗伯茨负责的旧金山办公室就更小了，只雇了6人，根本用不着用全名称呼，每个人都知道谁是亨利、谁是乔治。算上少数秘书、前台、会计和厨师，KKR的总员工数只有50人左右，在KKR曼哈顿中城区办公室旁边的那家咖啡店雇的人都比它多。

克拉维斯和罗伯茨两人都积聚了超过5亿美元的财富，他们精明地让其合作伙伴们也分享到一点儿KKR的巨额财富。只要是有可能帮助KKR实现其目标的人，都能享受到高雅、友谊和亲密的私人关系。建设伙伴关系几乎和所有金融手法一样具有同等重要性，这正是该收购公司成功的核心，是其立足商业世界的根本。克拉维斯和罗伯茨总是让其他人感到能进入这个圈子做事极有诱惑力。只有一次，当他们的导师和前合伙人杰罗姆·科尔伯格不再能发挥其作用时，他们展开权力斗争踢开了他，留下了一位失意的失败者。其他时候，这对表兄弟总是以其魅力和礼貌与他人分享财富和成就感，成功买下某家公司的光荣则人人有份，那些握有权力的人们总是会找到他俩，再去重复一遍成功的故事。批评者攻击KKR的合伙人，说他们是掠夺者，可这岂不是忽视了导致这家杠杆收购公司获得成功的基本特性吗？克拉维斯和罗伯茨之所以拥有权力，并不是通过竞争和对抗，而是信任。

就像求婚者讨好对方一样，克拉维斯和罗伯茨在数十家公司的CEO身上实践着他们的做事之道。KKR的人一次次地奉上极有吸引力的条件，只要同意把公司卖给KKR带头的一群新主人，CEO就可以让公司的现有股东们拿钱走人，但是会为现有管理层留下充足的空间。新的股东们虽然会承担很多借款，但是他们总是力图尽快清偿债务。KKR的人暗示，如果这桩杠杆收购运作恰如预期，那么在今后5年中，新的股东们就可以挣到初始投资5倍的回报。在20世纪80年代狂热的恶意接管的大氛围中，能获得这么好的条件，经理人和公司股东们自然投赞同票。在面对看似不可避免的被接管威胁时，对于高层管理人员来说，杠杆收购是挡住那些并购狂们最好的方式。

在华尔街，克拉维斯和罗伯茨精明地招募他们需要的合作伙伴，几乎所有工作都聘请顾问来干，用KKR的支票（或者是威胁撤回支票）把他们管得服服帖帖。20世纪80年代后期，KKR每年都要分配2亿多美元的顾问费。美林公司、第一波士顿公司和所罗门兄弟公司的并购顾问们对此垂涎欲滴，自然为KKR这个华尔街头号金主提供最好的服务。美国顶级的律师事务所之一、WLRK律师行的合伙人们的工作，本来是"防止"那些巨型公司被恶意接管，随后却赞同把这些公司卖给KKR。给合作伙伴们都分点儿钱是"非常重要的工作"，克拉维斯曾经解释道："我们希望我们在每一家客户的名单上都被列在首位，它们要是有了什么好想法，就会先来和我们说说。这其实是最省钱的方式。"

搞定贷款人要有另一套做派，不过到了20世纪80年代中期，在全国范围内人们都热切地引入债务，这让KKR的工作越发容易。KKR的运气实在是不错，它需要贷款的时期，正是一个联邦政府每年都在1500亿美元财政赤字下运作、万事达卡不做任何审核就定期提高消费者信用额度的年代。银行家们热切地希望从每个借款人那里都得到最大的回报，KKR自然就是最理想的公司客户了。有人批评这些贷款未能创造经济价值，但这些话无人在意，这家杠杆收购公司始终能按时还款，也就总是能借到更多的钱。

在KKR的合伙人里面和银行打交道最多的是乔治·罗伯茨。他充分地利用了这种自然的逐利动机，就像汤姆·索亚骗小朋友们心甘情愿帮他刷了栏杆还倒贴了玩具那样，他以类似的方式搞来了贷款。罗伯茨穿得比那些银行的人好，挣得比他们多，他很少直接提出要为KKR的收购借款。相反，他颠覆了传统的借款人/贷款人关系，搞得能贷款给他的收购公司就像是一种特权一样。盲从的银行家们开心地屈从于他的条件，把数十亿美元送到KKR的手里。

当银行的钱也不敷使用时，KKR找到了20世纪80年代凶猛的金融公司——德崇证券公司（简称德崇）以及它的垃圾债券负责人迈克尔·米尔肯（Michael Milken）。这种伙伴关系很奇特：拘谨的KKR人连在拉斯维加斯的Motel 6旅店大堂摆上老虎机都不愿意，生怕和那些品性不良的人们沾边；德崇的垃圾债券团队则以其放荡的舞会、抢劫式的交易战术和目无法纪著称。然而，这次KKR的CEO把他们平常的顾虑抛诸脑后，1984~1989年，KKR是德崇最大的客户。"这是一种最为共生的关系，"一位最高级别的德崇交易中介后来说，"他们支持我们，我们支持他们。"

KKR的经理人自己也承认，他们对感兴趣的收购对象或买到手的公司的日常管理所知甚少，但不同寻常的是他们把这描绘成优点而非缺陷。"我们是搞金融的人，不擅长做日常运营，"克拉维斯总是这样对CEO表示，"我们不懂怎么运作一家公司，如果硬要上手只会搞得一团糟，我们就指望你们了。"这种时候，克拉维斯显得非常清醒、谦虚，而他的谦逊掩盖了该杠杆收购公司对其拥有的公司殖民式的掌控。在KKR的世界里，几乎任何工作都要让别人来干，不管是给合伙人擦鞋，还是运作雷诺兹-纳贝斯克。

KKR体系的精英主义在被其收购的那些公司里面充分体现出其力量。在塞夫韦、金霸王、雷诺兹-纳贝斯克和其他所有被收购的公司中，高级经理人可以买下大批本公司的股票，他们明白自己或者将会变成巨富，或者就要全部损失掉自己的钱,这完全取决于他们是否能巧妙地增加运营利润和降低债务。"捏住了一个人的钱袋子,你就俘获了他的心灵。"一名KKR的助理曾经嘲讽道。果然,在被收购后的前一两年里,高级经理们把自己的公司折腾得天翻地覆,连匪夷所思的手段都使出来,就为了能提高公司的经济价值。几乎任何节约举措——包括关闭工厂、解雇工人或整体卖掉某个业务部门都饱受赞誉,只要能为公司的新主人们赚到钱就是好样的。

产业工人和低级经理们远远地被隔离在这幸运的股东圈子之外,沮丧地眼看着收购之斧腰斩了他们的人生。在塞夫韦,亏损的达拉斯分部很快就被关闭了,8600名工人失去了工作。在欧文斯-伊利诺伊玻璃公司中,提高生产力的改革运动过于极端,一名低级别的经理竟然同时担负五个不同类型的全职工作。在一家KKR拥有的机械工具公司,小时工工资六年来都没有增长。被收购公司的效率成了传奇,普通人的痛苦也变得不可思议。

KKR的经理人完全不介入辛苦运营的琐碎工作,他们监控财务报表,协助设定董事会的业务策略并随时打算再把公司卖掉。经过几年的时间,大多数公司的资产负债表就能从当初收购后的巨额债务中迅速恢复正常。一旦借款额大大减少,收购的巨大盈利潜力就完全释放出来了。一到这时,不管前景有多么阴暗或诱人,KKR的经理人都会把公司一一卖给新的主人。"永远不要爱上任何东西,除了你的妻子和孩子。"罗伯茨曾经评论道。KKR严格的财务制度要求为他们的被动投资人赚取40%以上的年度利润,KKR为此而骄傲,锁定一家公司太长时间则有损于这一回报。这样一来,KKR的人就像风一样地卷入一家公司,又像风一样地撤出去了。

截至1989年,巨型的新交易总是不断召唤着人们。杠杆收购席卷整个美国企业界,其迅猛程度让一位哈佛的学者预言"公众公司将黯然失色"。然而在每一次资本主义大繁荣中,崩盘之前正是最疯狂的时期。19世纪强盗式资本家的大掠夺被1893年的大恐慌击垮,自1890年的《谢尔曼法》开始,各类托拉斯面对解体压力，20世纪20年代的股市投机终结于更加戏剧性的崩盘，此后在30年代初期的佩科拉调查听证⊖对投机大加指责，导致大范围的证券立法。在1989年年末、1990年年初这段时间里，高杠杆时代在翻天覆地的变化中终结。部分原因可以归结为债务周期自身——一心攫取高酬金的交易中介们安排了风险过大的交易而导致债务违约、破产和财务亏空剧增。然而其本质原因是，公众对过去十年中不法暴利的愤慨已经燃起的怒火——所得税法得以修正，犯罪的金融分子被送进监狱，对高额债务及其后果的反感充斥于整个国家中。

如果历史就是这么简单，KKR也许已经因其自我造就的逆势而崩盘，与高杠杆时代一同消失了。在1990年春天，除了几个内部人士之外，人们都没有意识到KKR的确已经近乎失败了，他们最大的收购案——雷诺兹－纳贝斯克已经在摇摇欲坠的边缘挣扎了三个月，因其垃圾债券而深陷财务困境。这一金融危机的故事，以及KKR发动的近乎绝望的拯救行动，曾经是华尔街保守最严密的机密，在本书中第一次得以呈现。

亨利·克拉维斯和乔治·罗伯茨的成交力量暂时受到抑制，他们两人把其原因归结为"政治"，而其他几乎所有人都认为这种原因应该被叫作"公共利益"。他们原来打交道的很多贷款机构因四处蔓延的公司违约而失去了提供资金的能力，但是KKR掌控的公司正在冒险回到公共舞台上：在纽约证券交易所上市，扩大其运营规模，重新雇用工人。伴随着高债务时代的终结，克拉维斯和罗伯茨已经实现了最艰难的转变：生存下来，等待机会重新出击。

虽然有非凡的悟性和非凡的好运，但这对表兄弟在追求财富的过程中运用的远不止金融手段，克拉维斯和罗伯茨还依靠着两个最悠久、最有生命力的美国人的品性：握手和微笑。

⊖ 佩科拉领导的美国参议院银行货币委员会对1929年股市大崩盘的调查听证。——译者注

1990年年末KKR的合伙人和助理们。从左到右：凯文·布斯凯特、佩里·高尔金、鲍勃·麦克唐奈、内德·吉尔胡利、斯科特·斯图尔特、理查德·柯雷德、萨尔瓦多·巴达拉门蒂（靠后）、亨利·克拉维斯（前）、约翰·格尔森、保罗·雷切尔、乔治·罗伯茨、泰德·阿蒙、克里夫·罗宾斯、汤姆·赫德森、索尔·福克斯、迈克·托卡兹（靠后）、迈克尔·朱（前）、杰米·格林、迈克·米切尔森（Mary Hilliard 友情提供）

第 1 章 | 取悦 CEO
MERCHANTS OF DEBT

这是 1973 年秋天，北卡罗来纳州格林斯博罗。几乎没有人觉得当地的大商人、46 岁的比尔·琼斯（Bill Jones）[1]能有什么困扰缠身，看起来，他的生活一切都不错：他是黏土制品公司的主席，利润颇丰，而且业务不断扩展；他也越来越像一个社区领袖——加入了格林斯博罗学院的董事会，领导童子军的筹款活动；和该公司前主席的女儿婚姻也挺美满；美国这个地区的习俗视讲故事为高超艺术，琼斯是个编故事的好手，总能让他的好友们或大笑或气急败坏，或不可置信地摇头。

但在这个秋天，比尔·琼斯确实是苦恼不已。因为和年事已高的公司所有者之间长期不和，他所掌控的博伦黏土制品公司（Boren Clay Product Co.，简称博伦公司）正处于分裂边缘。不管琼斯做什么决定，控制博伦公司的家族里总会有人跳出来反对：如果他扩张到新的销售地域，那么必然会被指责太操之过急，或者行动太迟缓，或者选错了地方；如果他提拔一个能干的经理，那么肯定是看错了人。带头反对的人是琼斯的岳父奥顿·博伦（Orton Boren），公司前任主席，琼斯从来没有见过这么强的敌意。一次争吵过后，博伦威胁要从遗嘱里去掉女儿和女婿的名字，还有一次他威胁要把公司卖掉，找更懂行的人来运作好公司。

终于，爆发点到了。奥顿·博伦毫无缘由地开车来到公司里，跳出车来，在琼斯的办公室旁挥舞手枪。在博伦公司 600 名雇员面前，琼斯表现得若无其事，只对他的妻子吐露了实情："我实在是受够了。"

博伦公司的潜在买家一个个地来到格林斯博罗会见奥顿·博伦，他给自己的股份标了高价；买家们也会见琼斯，听他解说公司的运营。大多数潜在买家都是大公司，但一位洛杉矶的并购经纪人建议琼斯和一名30岁的年轻人见个面，这名年轻人来自华尔街的一家小公司，他可能有办法安排一种不同类型的收购。

他就是亨利·克拉维斯。[2] 那时他刚开始自己的华尔街生涯，来到格林斯博罗时毫无名气。他不过是一个强壮的、长着卷发的年轻人，身高5英尺7英寸㊀，有着运动员般的体魄，说话时能听出来带着俄克拉何马口音，脸上则透出中部美国人的精气神儿。他就这样过着从一个小城市到另一个小城市的旅行生活，寻求小型收购项目，他的雇主贝尔斯登（Bear, Stearns & Co.）能从收购中收取可观的酬金。他的行程包括普罗维登斯、罗得岛、芝加哥、匹兹堡和其他一些城市，格林斯博罗只是其中一站。每到一站，克拉维斯都带着温和的微笑，充满信心地问候忧郁的CEO，不管他们有什么想法都热心地与他们探讨一番。

对比尔·琼斯来说，克拉维斯的一举一动都既吸引人又引人发笑。这个从俄克拉何马来的纽约人实在太有活力了，一刻也坐不住，他一边谈着正事，一边站起、坐下又站起来，在琼斯的办公室里来回转。终于，他能坐在椅子上歇会儿了。"这是我们的想法。"他解释道，如果博伦公司的财务状况很稳定，就有办法了：可以安排琼斯和一些贝尔斯登的管理人员一起，从闹意见的家族成员手中买下这家公司的控股权，只需付点首付就行了；其余的价款得去借，不过克拉维斯说他可以从银行和保险公司搞到贷款。

不管琼斯提出什么问题，克拉维斯总是能令人惊诧地抛出胸有成竹的解决办法。有一次，琼斯谨慎地试探克拉维斯对奥顿·博伦未来角色的看法，琼斯解释道，这家公司可不够大，不可能让琼斯和老奥顿都有适当的位置。"我

㊀ 1英尺＝0.304 8米，1英寸＝0.025 4米。

明白，"克拉维斯冷静地回答，"这种情况我可碰到过不止一回了。"他说，奥顿·博伦不会成为新团队的成员，相反，花上大约 100 万美元的首付，克拉维斯、琼斯及他们的盟友就可以拿下公司控制权，业务管理几乎完全让琼斯负责；克拉维斯解释说他和他的团队不怎么懂销售黏土制品这种事，不想多管闲事。但琼斯和他手下的经理们得拼命工作去还新借的债，不过只要能还上债，他们的初始投资的价值就会暴涨。

不久之后，克拉维斯被带去见奥顿·博伦，老头儿一直瞧不上这个华尔街来客，他瞅了克拉维斯一眼，开始称呼他"小孩"，等问了他的宗教信仰后就改口叫他"犹太小孩"了。博伦的意见不变，他只要能把自己的股份卖出大价钱，才不在乎是谁拥有这家公司呢。想到克拉维斯是一个认真的潜在买家，琼斯和博伦带着他参观了烧砖窑，地下布满了湿乎乎的黏土，克拉维斯穿着锃亮的正装古驰皮鞋，不得不小心地迈着步子，免得毁了他的鞋。紧接着却是更恶劣的侮辱，当博伦和克拉维斯走过一口炽热的窑炉时，一股热风扑向他俩，博伦转向克拉维斯嘲讽道："这些炉子和德国人㊀的炉子是一样的。"克拉维斯战栗了一下，快步走到前面去了。

不过，克拉维斯把愤怒掩饰得太好了。多年以后，一个当时在场的人竟不觉得这句话对克拉维斯有什么影响。这个目击者说："亨利若无其事地听完了事，他来这儿只是为了做生意的。"奥顿·博伦要价每股 310 美元，总额高达 400 多万美元，克拉维斯说他可以弄到这笔钱。

随着购买博伦公司的事儿稳步推进，在尽可能地避免和奥顿·博伦谈话的情况下，克拉维斯安排了与琼斯更多的会面，这是他必须取悦的人。他们的友谊愈加深厚，一起在琼斯家的后院做烤牛排，谈起琼斯最好的朋友和克拉维斯的父亲曾同时就读里海大学。在第三次或者第四次见面时，他们就介绍各自

㊀ 此处意指第二次世界大战时期，德国人对犹太人的屠杀。——译者注

的妻子互相认识了,把她俩送去北卡罗来纳的乡村小镇买古玩,好好玩了一整天。多年以后,琼斯回忆道:"亨利是个有魅力的小伙子,自控力极强,其雄心是慢慢透露出来的,他真是个不可抗拒的人。"

6个月之后,克拉维斯和贝尔斯登的同事落实好了当初与琼斯所谈收购的每一个细节,新的投资人团队用1800万美元买下了博伦公司,[3]其中1700万美元都是借来的。奥顿·博伦拿走了他的400万美元。1974年7月,公司出售正式完成,这位老创始人的愤怒也平息了。他因一次轻微的心脏病发作而入院,在有所缓解后,他说自己想回到农场过退休生活,花掉赚来的钱,彻底忘掉这家公司和他那个傻瓜女婿。克拉维斯和琼斯留下来为乐观的未来折腾,克拉维斯因安排这一收购而为贝尔斯登赚了32.5万美元,开始放开手脚运作公司,操心怎么偿还那1700万美元的债务。

克拉维斯结束了在格林斯博罗的工作,准备去做下一单生意了。他让琼斯深信,他们两个在将来会赚到巨额利润。克拉维斯说如果这桩收购操作得好——他也深信必然如此,也许有一天博伦公司可以用高溢价公开上市。"能看见你有一天变得富有,是我最开心的事。"克拉维斯告诉他的新朋友。[4]

而琼斯也完全相信克拉维斯的话。

在过去的20年⊖中,数以百计的像比尔·琼斯这样的CEO都面对过类似的场景,他们突然间被亨利·克拉维斯这样的华尔街中介打动。起初,一个CEO的生活充满权力、特权和安全感,然而一场危机袭来,威胁到公司领导

⊖ 1973~1993年。——译者注

者的职位，他在公司里的一切影响都将被清除。剧变可能出于家族股东的矛盾、企业狙击手恶意收购的威胁或董事会的内部纠纷等。不管是什么缘由，被踢出公司的前景对一个 CEO 来说是痛苦不堪的，这意味着突然被剥夺了头衔、工资和朋友，一帆风顺的人会被当众羞辱。

这种危机正是几乎所有 KKR 收购项目得以实现的前提。小型公司的 CEO 如比尔·琼斯在 1973 年感到非常焦虑，比它大得多的公司的无数 CEO 在 20 世纪 80 年代也经常被恐惧侵扰，两者实在是极度相似。每一次，KKR 的合伙人都会端出一套方案来安抚 CEO 的愤怒心情：通过杠杆收购来控制公司。亨利·克拉维斯、乔治·罗伯茨或杰罗姆·科尔伯格的角色是典型的目标明确的华尔街来客，他们来到煎熬中的 CEO 的办公室，端出解决方案：他们有借来的大笔的钱，让友好的团队能买下控制权。这样操作当然会让 KKR 的人从财务上控制公司，不过这些并购专家补充说，虽然如此，在收购完成后，他们会区别对待公司的高层经理人，CEO 可以有广泛的自主权按他认为合适的手段治理公司，同时 CEO 也将获得个人致富的机会，因为一旦达成收购，经理人个人也会成为公司的新股东之一。

他们较少提及收购的潜在风险，借来的债务将被 KKR 压到新公司的账上，还债是经理人在之后几年中要最优先考虑的事。管理层要比以前更拼命地工作，从公司运营中挤出现金来还债，主要手段包括缩减公司规模、削减费用、以节约之名牺牲增长机会。在许多情况下，该过程中高层经理人的职业生涯保住了，甚至更上一层楼，但用借来的债务获取更大份额的所有权不过是满足了这部分高层经理人的需要罢了，对该公司的中下级雇员、供应商、债权人或所处城市并无好处，很多间接与该公司财富相关的人的利益缺乏保障，甚至可能被侵害。

即便如此，亨利·克拉维斯、乔治·罗伯茨和杰罗姆·科尔伯格还是非常投入地工作。他们充满个人魅力，即便一位 CEO 怀疑自己被他们诱导了，即便他确信这帮华尔街人的唯一目的不过是采取这套手段，利用他的窘境来致富，即便他明白他应该谨慎，（无奈之下）他还是欢迎这帮玩金融的人来到公司，在几年之后再自欺欺人地得意于当初的所作所为。

20世纪60年代早期，贝尔斯登是不具备缜密的收购思维的证券公司。它的很多合伙人高声大嗓、举止粗俗——而且毫不掩饰他们急于发财的嘴脸。他们都学到了该公司最大合伙人萨利姆·刘易斯（Salim Lewis）的风格，这个家伙不喜欢角落里的精美办公室，倒是愿意坐到公司的股票交易大厅里，每天折腾股票交易挣快钱。贝尔斯登的窗户脏兮兮的，地板上只刷着油漆。合伙人们一点儿也不在乎这些，他们没有什么外部客户，不需要做形象建设，与其花钱装修办公室，还不如把公司收益揣到包里，鼓动大伙儿赤裸裸地牟利。合伙人西格蒙德·沃尔瑟（Sigmund Wahrsager）有一次主持面试，他身子往前一靠，直截了当地问一个求职者："你有多喜欢钱？"[5]

杰罗姆·科尔伯格则与众不同。那时他快40岁了，秃头，拥有哥伦比亚大学的法律学位，生就一副友善、关心他人的长者面容。他于1955年加入贝尔斯登，那时他已经淡出法律职业，进入公司较低调的企业金融部门。在这里，科尔伯格拜访中型公司的CEO们，设法帮助他们发行股票、售卖债券或谈判收购。[6] 和粗鲁忙乱的交易员的工作相反，这个职位需要以绅士风度向客户推介交易，赢得信任。在比贝尔斯登声望更高的公司里，企业金融工作意味着迎合AT&T或通用汽车这样的公司；在贝尔斯登，科尔伯格努力工作，争取到包括Saxon Paper在内的一些客户。他们定期听取他的建议，定期支付5万~20万美元不等的酬金。

科尔伯格从来没有完全融入贝尔斯登，不过他还是机智地谋求到有点儿权势的位置。1962年，他和沃尔瑟共同担任企业金融部门的领导，并逐步地弄到了贝尔斯登排名第六的合伙人份额，远超过绝大多数嚣张的股票经纪人。虽然有时也挑剔抱怨或犯点儿错，但科尔伯格凭借其强硬的韧劲而非徒劳地谄媚他人，在一步步往上爬。每天早晨，他总是最早到公司的人之一，出差途中，枕边也总是放着笔记本和铅笔，要是半夜三点醒来，冒出来个好主意，就可以立即写下来，而不至于等到天亮的时候忘记。同事们有时候觉得他不紧不慢的节奏简直让人恼火。"和他在一起，你得把什么话都写成文件，"贝尔斯登的前合伙人吉尔·马修斯（Gil Mathews）回忆道，"他理解东西很慢，看问题不是很机敏。"

不管他有多少缺点，科尔伯格拥有一个特长，让他远远领先于一般的华尔街交易中介：他总能展现其真诚。"咱们是在同一条战壕里的。"他总是这么向客户保证，其笨拙和羞涩实际上倒成了优势：CEO不会觉得他是华而不实的华尔街骗子。[7] 不论何时总结工作，他总是藏起自我，表现出自己就是一个想做些正当事情的人。后来有人问他，是什么因素把他吸引到企业金融工作中时，他回应说："我喜欢放眼长期的思维，我喜欢和管理层共同配合，而不仅仅是耍点儿金融花样。"[8]

科尔伯格在面对人群独自讲话时总是感到不自在，因而在20世纪60年代中期，他开始与一些重要的搭档合作。第一个人就是他的同事沃尔特·鲁夫特曼（Walter Luftman），他俩经常一同出去跑客户。鲁夫特曼是个天性乐观的圆脸律师，早科尔伯格几年加入贝尔斯登，但严格说来

杰罗姆·科尔伯格的羞涩和"睿智大叔"式的举止让他能超越琐事，使他成了卓有成效的华尔街交易中介

比他的级别还低一些，不过在这对搭档里倒是鲁夫特曼更加投入的个性让管理层印象更深。[9] 贝尔斯登的前合伙人史蒂文·赫希（Steven Hirsch）忆起，鲁夫特曼能激起客户的高管们的热情，他们愿意与贝尔斯登达成交易，然后在细微之处再和客户斤斤计较。

科尔伯格和鲁夫特曼最早盯上的客户有71岁的H.J.斯特恩（H.J. Stern），他是纽约州弗农山庄一家小型黄金冶炼厂的主席，打算在1964年下半年退休，想把公司的股份换成现金，而不是把公司传给三个儿子中的哪一个。有一次斯特恩告诉鲁夫特曼："经营油井只需要捧个盆子出去舀油就行了，经营公司可不同，有点儿像拉小提琴，我那些儿子可未必有本事拉好小提琴。"

两名贝尔斯登的访客承诺能消除H.J.斯特恩的顾虑，没想到这件事儿出人意料地艰难。斯特恩已经在公司里干了55年，不愿意把公司卖给大公司，他告诉儿子们说大型公司的收购已经毁掉了他几个朋友的生意；他还想立刻拿到所有现金，不愿意逐步出卖股份，听凭资本市场的浮沉主宰他的命运。1962年，斯特恩本想上市发行股票的，却被市场下跌毁了。这次他想安稳地把财富留给妻子、三个儿子和13个孙辈。

鲁夫特曼和科尔伯格看来是被难住了。最容易卖掉斯特恩的生意的两条路（卖给大公司买家或公开上市）都被堵死了。他俩在1965年的整个春天，缓慢而艰涩地琢磨出第三条路子：这家名叫斯特恩金属（Stern Metals）的公司可以以950万美元的价格卖给贝尔斯登和斯特恩家族领头的一小群投资人，投资人只需付150万美元，从银行和保险公司借到总价款中其余的800万美元即可。[10] H.J.斯特恩可以拿到应归他个人的800万美元，还不用完全放弃对公司的控制。"你在留着蛋糕的同时，也能吃掉它。"科尔伯格说。

在这一过程中，科尔伯格和鲁夫特曼为贝尔斯登挣了40万美元账面收益——贝尔斯登在1965年7月以2.5美元/股的便宜价格买下部分斯特恩金属的股票，仅三个月之后就让该公司以11.75美元/股公开上市。这利润太大了，南卡罗来纳州和威斯康星州的证券监管机构禁止在这两个州境内销售斯特恩金属的股票，因为促成这桩交易的人获得了"不合理"和"不公平的"收益。不过斯特恩家族的人倒不怎么提及这一争议，相反，贝尔斯登的人和斯特恩家族相互庆贺："大家都是多好的绅士啊！"1965年8月，在庆祝交易完成的晚宴上，H.J.斯特恩起立祝酒，这位执拗的老CEO引用《独立宣言》："我们相互之间共同保障了'我们的生命、我们的财产和我们神圣的荣誉'。"这可是科尔伯格最喜欢听的话了。

随着时间推移，科尔伯格和他的朋友们不断有选择地披露这些早期成果中的部分内容，把科尔伯格塑造成收购交易中的阿布纳·道布尔迪（Abner Doubleday）㊀，以斯特恩金属收购为起点开拓了一种新的业务模式。"有人说我创立了杠杆收购。"科尔伯格在1989年纽约州对收购领域的听证会上公正地宣称，"但有些不恰当的事实（如沃尔特·鲁夫特曼在那些早期交易中的关键作用，如在斯特恩金属交易之前其他金融业者所安排的很多小规模收购）被随手弃之不提。"

实际上，没有哪个个人可以被称作杠杆收购的发明人。杠杆收购的基本原理（背负重债以买下一家公司）早已经被运用多年了，如1961年Anderson-Prichand Oil被其管理层收购，80%的收购资金是借来的；1954年金融家查尔斯·戴森（Charles Dyson）以更大的杠杆率买下Hubbard Co.以及无数更早期的交易。在参与斯特恩金属交易的人中，包括科尔伯格在内没有人自认为发明了什么。科尔伯格在20世纪60年代的秘书琼·劳耶（June Lawyer）说，她从没听过她的老板把收购看得有多特别。"不过是借款而已。"[11]她后来回忆道。直到20世纪70年代中期，KKR未来的合伙人（或别人）才开始经常使用"**杠杆收购**"这一术语。

㊀ 打响了美国南北战争第一枪的著名将领。——译者注

科尔伯格坚持不懈地展示斯特恩金属收购案这一传奇中对自己有利的那部分内容，打造出他仿佛与生俱来的强大力量。面对处于焦虑中的CEO，他想出了一套说法。在未来的岁月中，一家公司现有的股东拿到大头退出，而现有的管理层能保住位置，这样的财务策略具有更大的吸引力。科尔伯格作为运用这一策略时间最长、效果最好的人，自然比其他对手拥有更大的竞争优势。这一传奇实际上会自我扩张，各种机会之门都将向幸运的"发明人"打开。

斯特恩金属交易结束后的最初几年，科尔伯格和他的同事主要涉足后来为人所称的收购——这项工作真是艰苦。沃尔瑟在1966年操作了类似的杠杆收购，鲁夫特曼在1967年也搞了一个，科尔伯格在1966年和1968年又添上了他做的两个收购。"我们和董事会主席、首席财务官谈（收购），谈得脸都发绿了。"科尔伯格后来追忆道。[12] 不过大多数努力都不成功；每20桩案子中，也许只有一桩能达成实际收购。

20世纪60年代，华尔街的主要工作都和股票市场有关：小公司初次对公众发行股票，大公司想在纽约证券交易所上市。当时顶级的收购高手，如海湾和西方公司（Gulf & Western）的查尔斯·布卢多恩（Charles Bluhdorn）和ITT的哈罗德·杰宁（Harold Geneen）是用股票来支付收购资金的，道琼斯工业平均指数从1960年的600点涨到1966年的995点，看架势会冲得更高；没有什么贷款人专注于为收购提供融资；也没有什么债务或其他形式的金融理论阐述这类收购交易的合理性。要是严格地专注于以借款为依托来收购私人公司，就可能会错过股市的大繁荣，招来各种嘲讽。因此，贝尔斯登的人将80%的时间花在了传统的企业金融业务上——帮助公司上市、发行债券、安排小规模合并等。

1967年，在贝尔斯登内部，鲁夫特曼和科尔伯格之间爆发了激烈的冲突。那一年，鲁夫特曼没能成为贝尔斯登的合伙人，他指责科尔伯格没有大力扶持他。他们一同实现了贝尔斯登当时在收购上的一定业绩，冲突却愈演愈烈，恶化到争夺谁应该监管两家买来的小型公司：斯特恩金属（后来改名为斯特恩特（Sterndent））和Bally Case & Cooler。科尔伯格赢得一个，鲁夫特曼赢得另一个。和两人都认识的一位华尔街律师用心良苦，打电话给鲁夫特曼说："你和杰罗姆搞得两败俱伤，这不应该啊！我当个调解人，你们和好怎么样？"

"我很感激。"鲁夫特曼干巴巴地回答，"你可以转告杰罗姆我的想法，你就告诉他，做梦去吧。"

随着鲁夫特曼的淡出，科尔伯格又找了两个新搭档。㊀他们几乎比科尔伯格年轻20岁，想从老手身上学到华尔街的工作方式，有科尔伯格不具备的外向性格和个人魅力。"那时杰罗姆就有本事找到人来填补他欠缺的特质。"贝尔斯登前合伙人吉姆·奥尼尔（Jim O'Neil）后来说。

第一个加入科尔伯格团队的是乔治·罗伯茨，他才20多岁，是个瘦削的、说话轻言细语的得克萨斯人。1965～1968年，在大学和法学院学习期间，他在贝尔斯登做过一些暑期和兼职工作。他的父亲是一个挥金如土的休斯敦石油经纪人，曾因逃税坐了一年牢。罗伯茨既有沉稳、坚定的特质，也有偶尔疯狂的乐观情绪。在之后的岁月里，罗伯茨是KKR主要的策略制定者和金融专家，大多数时间他都在办公室处理收购所需的融资类复杂事务。但在20世纪60年代中期，他还是一个学生，却突然找到了值得托付一生的事业。甫一瞥到华尔街收购世界，他就沉迷其中了，当时他正在加利福尼亚州克莱蒙男子学院读书。在读高年级的很多时间里，他用一台爱马仕牌打字机给《财富》500强的CEO们写信，提出收购建议，如果CEO果然依计而行的话，他就要求得到一笔"发现费"。没有哪家公司把他当回事，他的室友不停地取笑他，不过罗伯茨倒乐此不疲。[13]

㊀ 鲁夫特曼于1967年离开贝尔斯登，为几家小公司工作，后来当上了美国烹饪学院（Culinary Institute of America）的头儿，退休后回到佛罗里达，直到20世纪80年代晚期还继续兼职做一些小型收购。

罗伯茨从科尔伯格那里学到不少诀窍，他经常拉着这位年长的同事一同拜访客户，逐步学会了怎样赢得一个 CEO 的关注。他们早期联手做的一桩考博斯鞋业（Cobblers Inc.）收购案的结局不妙，在把公司卖给贝尔斯登的投资人团队的几个月后，该公司的 CEO 自杀了。罗伯茨另一桩早期的收购项目，一家在火柴盒上做广告的旧金山广播学校，在几年后也破产了，不过他的其他一些早期收购确实成功了，他开始给贝尔斯登挣来大笔酬金。

1969～1970 年，罗伯茨在贝尔斯登总部直接为科尔伯格工作——但他讨厌曼哈顿。不久后，他就问科尔伯格是否可以让他转到旧金山去，他妻子的娘家在那边。"那好啊，"科尔伯格说，"你找个人来接替你就行。"候选人正是罗伯茨的表兄、享乐主义者亨利·克拉维斯，他已经换过四份在华尔街的工作了，但都不怎么成功。

1970 年，年仅 26 岁的亨利·克拉维斯一进贝尔斯登就成了销售天才。他善于交际，精于给予小恩惠，天生就像是来交朋友并让他人开心的。这些习惯很多都是从他的父亲雷·克拉维斯（Ray Kravis）身上学到的，雷是俄克拉何马州的一名石油工程师，在石油工业的人脉关系称得上完美。在新英格兰两所预科学校、克莱蒙学院的学位和哥伦比亚大学的 MBA 学位给亨利·克拉维斯提供了自己的关系圈子。他急于跳过投资银行学徒的苦活儿，和人打交道比埋头于新融资的计算工作让他开心得多。

起初，克拉维斯和科尔伯格处得不算好：克拉维斯太容易冲动，科尔伯格又太谨慎而挑剔。但一段时间之后，他们就建立了新的更为友好的科尔伯格－鲁夫特曼式的搭档关系。克拉维斯可塑性强，善于模仿，他尽可能模仿科尔伯格的收购行话。科尔伯格一般这样向 CEO 解释收购："你可以保有蛋糕的同时还能吃掉它。"克拉维斯也捡起了这段话。[14] 贝尔斯登的同事有时会暗笑这种做作的表演。不过时不时地，科尔伯格和他年轻的搭档也能碰到一些被说动的新的小公司 CEO，"像所有优秀的销售人员一样，亨利确实推崇极力推销，"

罗恩·席伏坦（Ron Shiftan）曾与克拉维斯在同一办公室工作，他回忆道，"他认为推销是分内之事，对家庭也是应尽的义务。"

克拉维斯早年在贝尔斯登总是不知疲倦地工作。席伏坦从不记得"亨利能无所事事地待上十分钟"。有一次在芝加哥奥黑尔国际机场转机，席伏坦待在休息室里读着报，他以为克拉维斯也会这么做。不，克拉维斯找了一部投币电话，翻着黄页目录，给当地的商业经纪打陌生电话，问他们有没有什么公司要出售（他们没有）。

克拉维斯和罗伯茨经常一起去发掘新客户，他们在一个陌生城市会合，租上一辆车，然后拜访执行官，想着多尝试一定会有成果。他们喜欢"工业园区之旅"，表兄弟俩曾跑到一个大的工业园区里，向某家公司的主席描绘收购的前景。他们记下所有附近公司的名字，请一位CEO，然后再把他介绍给邻居。每一次，他俩都自信再多做几次陌生拜访就能促成又一桩收购。"用这个办法我们一桩交易也没有做成，"罗伯茨后来回忆道，"不过我们确实尝试过。"

在两人寻求交易时，科尔伯格藏在后台，扮演"发言人"角色，在关键阶段消除贷款机构中那些高级执行官们的顾虑。"杰罗姆·科尔伯格是一个优雅的、关心他人的绅士，"理查德·威肯耐特（Richard Wakenight）是一家小公司的财务官，他所在的公司于1972年被这个贝尔斯登三人组合买下。"你对他放心，他仿佛金口玉言。"

科尔伯格、克拉维斯和罗伯茨不断出击，寻求更多收购，与此同时，他们很快感受到与其他贝尔斯登人疏远了。1973～1975年的经济衰退和随之而来的股市下跌影响了每家华尔街公司的利润，贝尔斯登最主要的合伙人希望节约运用已经增加到3500万美元的资本金，他们认为最安全的做法是专心从事股票和债券交易，这样如果有需要，那些投资瞬间就能获得流动性。优秀的交易员自夸他们每天都"进账"——赚钱，收购专家们可不敢这么说，有些收购如考博斯鞋业的案子全赔了，即使在财务上最成功的交易也要把资金锁定好几年才能见到利润，这期间不容易变现。"我们极讨厌把钱锁死。"几年之后，贝尔斯登的合伙人E. 约翰·罗森沃尔德（E.John Rosenwald）回忆道。

与此同时，科尔伯格也成了贝尔斯登内部被嘲讽的目标。20世纪70年代中期，同事们开始奚落他，有一次偏赶在他和客户共进午餐时闯进去打扰一番，科尔伯格只好暂停销售推介，介绍大家相互认识。1975年，科尔伯格50岁了，一位年轻得多的贝尔斯登执行官格伦·托拜厄斯（Glen Tobias）担任了投行部门的行政主管，他不算是科尔伯格的老板，不过至少与科尔伯格平级。其他贝尔斯登的合伙人则要削减他分红的比例——这无疑是对一个华尔街男人气概的打击。"这可对不起我，"科尔伯格曾告诉一位知己，"我受不了这个，想离开。"

经过无数折磨后，科尔伯格在1975年要离开贝尔斯登建立自己的公司了。他问罗伯茨和克拉维斯是否愿意一起干。"好呀！"罗伯茨马上回答。贝尔斯登的办公室政治实在令人心烦，他钦佩科尔伯格，视他为父亲一般。罗伯茨后来说："我想在小点儿的公司里和一些令我尊敬的人合作。"[15] 另外，已经有好几年时间了，罗伯茨一直向借款人宣扬，收购自身就可以是完整的生意，不必非得是华尔街经纪所有"服务"中微不足道的附属业务。这正是证明这一点的机会。

克拉维斯则踌躇起来。贝尔斯登的执行合伙人刘易斯试图通过克拉维斯的父亲影响克拉维斯，说科尔伯格分出去的公司肯定没戏。"从来没人离开贝尔斯登后还能干成事。"刘易斯曾这么说。犹犹豫豫之中，克拉维斯和罗伯茨跑到纽约一家牛排店，长时间地讨论他的选择，最终克拉维斯决定也离开贝尔斯登。刘易斯虽然不在乎科尔伯格走人，却称克拉维斯和罗伯茨为"叛徒"。

随后冲突爆发了。1975年12月，克拉维斯和科尔伯格采取欺诈手段，偷偷地把他们在贝尔斯登时谈的一个收购案转为己有，该公司叫英康姆国际公司（Incom International Inc.）。这家公司的股票信托章程本来就晦涩难懂，在最后关头他们删除了贝尔斯登的名字，改为克拉维斯和科尔伯格的名字。贝尔斯登的执行官们发现这一诡计后可是气坏了："叛徒们"想带着贝尔斯登想要的公司客户逃之夭夭！科尔伯格和克拉维斯还打算带走9个正在运作的收购案文件，这使贝尔斯登人的愤慨失去了控制。贝尔斯登前合伙人吉姆·奥尼尔曾说："就一种想法：我们要报复回来。"

1976年4月的一个星期五晚上，科尔伯格办公室的门锁被换了，用封条封上，武装警卫守在位于水街55号的贝尔斯登纽约办公室门前，任务是：不准科尔伯格和克拉维斯靠近一步。甚至旧金山办公室也被通知，不让乔治·罗伯茨进入。那天下午，克拉维斯回办公室取文件，却碰见一个佩戴手枪的保安用德国腔吼着："你不准进！"[16] 贝尔斯登没收了全部有争议的文件——还有科尔伯格的书柜，甚至他的木制伊姆斯（Eames）办公椅，这本是科尔伯格的太太送给他的礼物。

科尔伯格暴跳如雷。他在贝尔斯登工作了21年，爬到了资深合伙人的位置，也强化了其廉洁和正派的声誉，现在却被这么过分地赶出去。他要求归还椅子，说贝尔斯登的行径近似强盗。在遭到刘易斯的侮辱后，他雇了好斗的收购律师乔·弗洛姆（Joe Flom）来回应一堆的难听话，有时都算得上猥亵了。科尔伯格从没公开谈过被赶出去的事儿，但朋友们都说他愤慨不已，深受伤害，饱尝难堪。

"这件事儿充满了仇恨，"贝尔斯登当时的行政首脑吉姆·奥尼尔回忆说，"两边都非得斗赢了才罢手。"确实，在此后的11年里，科尔伯格、克拉维斯和罗伯茨给华尔街很多公司都带去了各种酬金，唯独不沾贝尔斯登的边。

1976年5月1日，新公司——KKR开始经营了，却不怎么像开张的样子。科尔伯格和克拉维斯在曼哈顿中城找了一间土褐色的办公室，是油页岩公司陶斯科（Tosco Corporation）搬走后腾出来的。陶斯科收了5000美元，把家具和设备留给了新租客：廉价的金属书桌，灰色的地毯铺满了整个空间，那些油画就像是从假日酒店里搬来的。在旧金山，罗伯茨在艾姆巴卡得罗中心的办公区租下了几间空房子，他的连襟鲍勃·麦克唐奈（Bob MacDonnell）成了KKR的第一个"助理"，即非合伙人雇员。在商务世界里，该公司的名号没什么内在含义，搞得纽约办公室初期的前台在接电话时会口误成："KKR广播电台"或"双K-R牧场"！科尔伯格和克拉维斯也没有心思去纠正她。[17]

科尔伯格回忆起KKR建立起来的第一年："是最好的时光，也是最苦恼的时光。"公司的三个合伙创始人像从前一样紧密合作，一起打网球，到科尔伯格位于纽约州拉奇蒙特的家中共进圣诞晚餐，在横跨美国的无数个长途电话中交流，相互鼓励。但对于一个牟利的生意来说，KKR的起步很迟缓。克拉维斯和科尔伯格在1976年花了几个月的时间跟进Booth Newspaper的收购，最终纽豪斯出版集团（Newhouse Publishing Group）以价高胜出，其他那些推广电话则毫无成效。公司都没碰上危机，CEO们没兴趣听什么收购，没有了贝尔斯登的名头，KKR这几个合伙人在陌生人的办公室里不太容易被接纳。

有些推介之行失败得太惨，许多年后成了传奇。鲍勃·麦克唐奈有一年冬天跑到南达科他州苏瀑市的郊外，想说服一位谷物处理设备的制造商以300万美元卖掉他的公司。先是在公司的办公室里谈，不久就转到了这位制造商的皮卡里，麦克唐奈以恐惧和希望的诉求来打动执行官，谈话正要进入高潮时，这位执行官问："你想玩叮当吗？"

"叮当？"麦克唐奈问，一脸茫然。

玩叮当，是南达科他州对打靶的说法。这执行官拔出一把左轮手枪，拿着两只金宝汤罐头盒打开车门走了出去,把罐头盒放到大约 50 英尺外的石头上。"看咱们能打中多少枪!"这个谷物设备制造商兴奋地嚷道。之后 30 分钟,他和麦克唐奈就在狂风呼啸、零下 15℃的天气里,轮番轰击两只罐头盒。

终于打完了,制造商告诉麦克唐奈:"咱们回去接着谈吧!"麦克唐奈接着谈了,却发现这个家伙根本无意以合理的价格出售,他也只能空着手回到旧金山。[18]

科尔伯格的家底是三个合伙人里面最殷实的,他耐心地等待干枯期过去。悠长的下午,他会提前离开办公室,沿着第五大街走到纽约最安静的博物馆弗里克收藏馆(Frick Collection)去欣赏绘画。与此同时,罗伯茨和克拉维斯则在全国四处奔忙,还要努力装出一副成功的表象。在推介旅行中,他们坐头等舱,住昂贵的酒店,因为展现一派富有和成功,对 KKR 是绝对重要的。但不久后,KKR 初始的 12 万美元资本金开始枯竭,当旧金山办公室莫名其妙地丢了 4300 美元之后,公司的资金更紧张了。在自己的生意开张几个月后,罗伯茨焦虑地向一位朋友透露:"所有的钱都花出去了,但什么钱也没有进来。"[19]

就在此时,KKR 合伙人们亟须的突破出现了:他们逮着一个机会去解决雷·奥基夫(Ray O'Keefe)个人的糟糕局面。他是一家小型制造公司的执行官,在密苏里的农村出生和长大,于 20 世纪 70 年代初期不太情愿地搬到洛杉矶,掌管一家名叫 A.J.Industries Inc. 的不景气的集团公司。到 1976 年,奥基夫真是搞不清楚怎么回事了,怎么要面对那么多麻烦呢?这家公司同时涉及四起不同的官司:据称拖欠了董事会前主席一笔款项;一些消费者买了该公司开发的度假屋,却问题多多,正在起诉公司;一家小规模的公司恶意收购者正威胁要接管公司;该公司的股票表现极差,纽约证券交易所警告要让公司退市。[20]

一天下午,奥基夫从加利福尼亚州度假小镇箭头湖开完董事会议,驾着车回家,他实在是灰心丧气,几乎要甩手不干跑回奥扎克斯的老家了。不过,如果能赢得时间,有好的合作伙伴,他还是有把握把公司带上正轨的。因此他给著名的纽约律师乔·弗洛姆打了电话,寻求他的意见。弗洛姆很少接这种小客户,他建议奥基夫可以去找科尔伯格谈谈。几周之后,两人在纽约见了面,科尔伯格告诉奥基夫他还不能马上采取什么动作,不过建议奥基夫邀请罗伯茨加入公司的董事会。与此同时,罗伯茨也在 A.J.Industries Inc. 内部找到了一个突破口,和一位现任董事、洛杉矶并购经纪哈里·罗曼(Harry Roman)建立了关系。

1976 年 4 月,罗伯茨成为 A.J.Industries Inc. 的董事,并充分运用了这一身份。1976 年的整个夏天,每次董事会之前或之后,他都和奥基夫在洛杉矶共进晚餐。奥基夫富有激情而滔滔不绝。他想卖掉公司表现不佳的那部分业务,如土地开发业务;扩张他很了解的两个领域,即卡车刹车鼓和喷气式飞机燃料箱的制造业务。他用手指着自己的一只绿色领带夹,上面的图案是树根或树枝,给自己的策略起了一个名字叫"枝形增长"。其他人也许会觉得奥基夫扯得太远了,罗伯茨则从不抱怨。"请把您想让我知道的最重要的事情列个表出来。"罗伯茨告诉奥基夫,温和地推动老头儿把想法条理化一些。每次一起享用晚餐,罗伯茨都沉思着倾听,一旦发问,必然是直透本质又和奥基夫意气相投。奥基夫很受用,后来他说:"他听进去了我的主意。"

在经过几次会面后,针对奥基夫的麻烦,罗伯茨端出了 KKR 的解决方案:收购 A.J.Industries Inc.。这样就能清除敌意收购的阴魂,让奥基夫可以更换董事,代之以合得来的 KKR 合伙人,组成一个全新的团队。随着时间的推移,官司也自然可以了断。罗伯茨要求在 1976 年 8 月 31 日的董事会上提出这一思路,奥基夫同意了。起初其他一些董事很谨慎,但科尔伯格赶到洛杉矶参加了下一次 A.J.Industries Inc. 的董事会,消除了他们的顾虑。罗伯茨说,如果有一半以上的董事支持,他就要向前推进,展开收购,科尔伯格插上一句:

"如果能搞成一致同意的话，对每个人来说结果都会好得多。"1976年9月30日下午，KKR胜出，获准以2600万美元收购A.J.Industries Inc.。[21]

一直到那年秋末，奥基夫都以为KKR安排这一收购的动机很简单，不过是因为其合伙人认为A.J.Industries Inc.是一桩好的投资。但在和罗伯茨以及一位公司贷款人共进晚餐时，他才知道不是这么回事。银行员工戴维·斯特里特（David Street）列举了交易各个方面的细节，提到这桩收购要为KKR所做的工作支付27.5万美元的酬金。"什么？"奥基夫问道，他转向罗伯茨，厉声说，"我要是付你这笔钱才是见鬼了！"罗伯茨手忙脚乱地安抚奥基夫，他坚持说这是标准收费，只不过以前一直没有机会向老头儿提及这些酬金。夜快深了，奥基夫的愤怒也慢慢平息，这笔钱还是得付。这位执行官从中学到不少东西，但最重要的是，不管KKR的举止多么良好，它也不是什么慈善机构。

1977年，罗伯茨、科尔伯格或克拉维斯又发掘出三位CEO愿意讨论收购的可能。美国经济正在增长，但对通货膨胀的顾虑压低了股票价格，只比20世纪60年代中期水平略高一点儿。通过收购，公司可以低成本地退市，由少数人持有。小笔贷款随手可得，还在贝尔斯登时就提供资金支持KKR合伙人的贷款机构，现在愿意毫不犹豫地与这家新成立的收购公司合作。

KKR的合伙人们在成为独立的交易中介后，失败的感受曾给起步期的他们带来无数的紧张和不安。现在对科尔伯格来说，焦虑已经让位给自信，他的年轻点儿的两个合伙人甚至还有点儿骄矜。1978年7月，科尔伯格告诉《福布斯》杂志，他的公司正处于"对管理层收购来说最理想的环境中……由于股价很低，公司更对公开上市不抱幻想，所以很多（公司）转而寻求收购途径"。

与此同时，罗伯茨在西海岸北上南下，寻找可收购的小公司。在完成A.J.Industries Inc.收购案后几个月，罗伯茨就谈成了以2200万美元收购位于俄勒冈州波特兰的同类型小集团——美国自然资源公司（U.S.Natural

Resources）的交易。他在银行的朋友戴维·斯特里特一听说该公司年长的控股股东想卖掉公司，马上就把罗伯茨介绍了过来。在交易有了眉目时，斯特里特半开玩笑地想要一笔介绍费，却被意气风发的年轻经纪人断然拒绝："斯特里特，这不是什么大交易，没你帮忙我们也会知道这个消息的。"

在北卡罗来纳州，比尔·琼斯苦乐参半地看着KKR的合伙人们飞黄腾达。1974年，正在忙活博伦公司收购案的时候，这几个搞收购的人就像琼斯的邻居一样形影不离。那时克拉维斯刚满30岁，开着有凹痕的梅塞德斯汽车，跑到琼斯家的露台上啃着牛排或喝点儿什么。琼斯取笑克拉维斯，问他那时髦的衣服值多少钱，克拉维斯诚恳地告诉他："比尔，我还没买过500美元的套装呢。"

此后一年又一年，KKR的三个合伙人——特别是克拉维斯融进更大的圈子里了。带凹坑的梅塞德斯没有了，代之以配有司机的劳斯莱斯，衣服更为昂贵了，越来越少到琼斯家做客了。在完成收购后的前几年中，每年6月克拉维斯都从纽约飞来，参加一年一度的博伦公司高尔夫球赛，高兴地混在泥瓦匠、外包商和制砖公司客户们的中间，但他一年比一年待得短。有一次星期天的下午，高尔夫球鞋都没顾上换，克拉维斯就从第18区冲了出去，让司机赶快送他去机场，有新地方的新项目在召唤了。第二年，克拉维斯没再飞来。[22] 不过，琼斯还是很喜欢他发达了的华尔街朋友。自20世纪70年代末期以来，琼斯偶尔会接到更大公司的执行官们打来的电话，他们的困境正和琼斯1973年所经历的类似，公司处于危机之中，工作难保，他们刚会见过克拉维斯，听了他的推介，急迫地想知道KKR这些合伙人是否值得相处。"他们都是不错的家伙。"

琼斯总是这样回答。

最终，博伦公司因新借的巨额债务陷于困境，远比琼斯和克拉维斯预想的更糟。这家公司有两次被迫和债权人谦卑地谈判，要求贷款延期偿还。在1980年的经济衰退中，公司被迫关闭了16家工厂中的三家，1986年，该公司终于被卖给一个加拿大买家，琼斯在60岁时得以退休。[23] 在兑付现金时，12年前花了他12万美元的股票现在换成了59万美元，看起来还不错，不过怎么也不能说当初的交易让他成为"富人"了。

这一荣耀完全归于 KKR 的伙计们了。

|第2章| 债务越发诱人

MERCHANTS OF DEBT

20 世纪 70 年代末期，在 KKR 始崭露头角时，大萧条期出生的那代执行官们开始退休，第一手的对四处蔓延的违约、破产和艰难时代的资料也随之消逝了。不再有恐惧之心，也许是 20 世纪 80 年代收购运动迅速扩散最重要的原因之一。第二次世界大战后的绝大部分时间，美国企业界总是处于警醒之中，他们忘不了那样一个千百万人付不起账单的时代。极其保守甚至已经过度保守的金融政策贯穿整个 20 世纪 50 年代和 60 年代以及 70 年代的早期，反映了 CEO "再也不要这样"的态度。只要这批 CEO 掌控着美国企业界，用债务收购公司就永远不能有大发展。

杰拉尔德·萨尔塔瑞里（Gerald Saltarelli）是典型的大萧条时期的幸存者。[1] 他是位于佛罗里达州劳德代尔堡的集团企业霍代尔工业公司（Houdaille Industries Inc.）的主席，1929 年大萧条来临时他只有 18 岁，当时住在纽约的小意大利社区，眼看着他哥哥的建筑公司垮掉了，他自己也随之失业了一段时间。到了 20 世纪 30 年代早期，他终于找到了一份工作，这份工作让他在几十年后还心惊胆战。为了每周挣到 20 美元，萨尔塔瑞里要将还不起房贷的人们的家里清理干净，让债权人能拥有该房子的产权。他得无视主人悲痛的表情，用车装走沙发、地毯、椅子和任何还有点儿价值的东西。"这给了我无法抹去的印象，"几十年后萨尔塔瑞里这样说道，"我亲眼看到了债务的后果，看到人们失去了他们的房子。"

霍代尔是名列《财富》500 强的机械工具、泵和汽车保险杠制造公司。从萨尔塔瑞里于 1962 年负责运行该公司那一刻起，财务保守主义的价值观就在公司里扎下了根。"债务令人厌恶，"他后来解释道，"我觉得不管你干什么，都应该尽量少用借来的钱。"公司增长所需的资金几乎全都由股票市场提供；总资产中的债务比例不到15%。霍代尔的资产负债表坚如磐石。1978年年中，该公司的现金储备高达4000万美元，远超偿还2200万美元债务所需。萨尔塔瑞里身边围满了谨慎小心的蓝筹律师和华尔街顾问，绝不会有人想到，有朝一日这位67岁的主席和他的顾问们竟然会同意霍代尔借入巨额债务，使得其债务占总资产的份额超过所有同等级别的公司。

从1978年夏季开始，萨尔塔瑞里的价值观开始被颠覆了。有人出价收购该公司，价位远远超出股东们的心理预期。那些向来拥护萨尔塔瑞里观点的顾问们，现在发现他们有新的"责任"和"义务"，不反对甚至欢迎对该公司的高债务收购。萨尔塔瑞里的高级助手们看明白了其他前景：一群新主人也许能让他们获利更多。在最后的几个月里，那些本可以限制这一公司间猎杀的律师和监管机构声称，尽管他们有所疑虑却无力阻止这一收购。

是谁在借债？是谁引发了剧变？是克拉维斯、科尔伯格和他们在纽约的一位年轻同事。KKR的合伙人组成了一个强大的金融、律师和会计师的同盟，霍代尔和华尔街精英们设置的所有障碍都被一一跨越，KKR的合伙人只支付了不到收购总额1/300的资金，其余部分全部是借来的。

1978年吃下霍代尔，是KKR所有收购中的标志性事件，让收购从隐晦的交易变成头版新闻。KKR买下这家公司的10个月的斗争，浓缩了此后10年中收购事务的几乎每一个方方面面。大量运用债务，在KKR此前的小规模收购中通常是一个被忽视的特性，这下子变成了动人心弦、疑惑重重而危险不已的力量，足以重塑大型公司的命运。

收购霍代尔恰好赶上更为广泛的政治和经济变革，这大大有益于运用巨额债务的金融业者。循规蹈矩的卡特政府正要下台；采取放任自流的自由资本主义政策的里根政府即将登场。公司借入巨额债务不再被视为疯狂；

"信用文化"兴起；大量借债成为一种生活方式；消费者债务在20世纪80年代增长了三倍，达到3.7万亿美元；公司债务增长更快，攀升至2.1万亿美元；尤其是美国政府更加挥霍无度，国债总额翻了三番，达到2.87万亿美元。

对KKR的中介以及他们最亲密的合作伙伴来说，新兴起的对大量借债的狂热是通往富有和权力的通道。KKR可以用数百万甚至数十亿美元别人的钱来买下一家公司，仅极少一部分价款得自掏腰包。克拉维斯、罗伯茨和科尔伯格所做的只不过是将某些人与另一批人的资金管理联结起来，成为这一体制中心的导演。作为债务零售商，KKR的人可以掌控一家巨型公司的股票，从最终收益中分取丰厚利润，却几乎不花自己一分钱。他们所做的一切无非是厚着脸皮提出方案并负责执行，将借来的钱和借来的管理层组合到一起。

最早可追溯到1909年，最终导致大量运用债务的初始动机从那时起就已经出现了。那一年，美国国会推出了一种"税收"，实际等于最早的公司所得税。或许出于宿命，立法者们决定公司的利息支出可以在税前扣除，而普通股红利则没有这一优惠，结果是，大量使用借款来满足财务需要的公司可以少缴税；由发行普通股来融资的公司则不行。"在我看来……公司的管理层会大规模地将他们的股票转为债券，而这样做的结果是，他们可以逃脱缴税。"在1909年7月的参议院辩论中，佐治亚州参议员奥古斯塔斯 O.培根（Augustus O.Bacon）富有预见地声称。[2]

培根参议员是对的——但他超前了时代70年。早期的公司税率极低，只有利润的1%。公司不会为了逃这点儿税而变更资产负债表，而且只有农场主、移民和一些不受以下观点影响的人才会大量借债：把一个不错的生意抵押出去，看起来既矛盾又可怕。一代又一代执行官们的态度由冗长枯燥的反债务思维所塑造，从18世纪借款人的"牢狱之灾"和大萧条带来的剧变，到传统东海岸金融理论的道德信条，都对过多的借款持怀疑态度。商人们认为，在他们的公司里安排过多的债务，其收益甚少，却可能把整个公司都搭进去。

从理论上说，随着公司所得税率上升，用大量债务融资的税务优势在第二次世界大战后逐步突显，但大多数商业领袖和金融学者依然犹豫于是否让债务总额超过总资产20%的水平。在1962年版的经典金融教科书《证券分析》(*Securities Analysis*)中，哥伦比亚大学教授本杰明·格雷厄姆（Benjamin Graham）警告说，大量债务、"投机性的资本结构"可能导致"危险"，如导致"不稳定，甚至可能破产"。[3] 20世纪六七十年代的CEO相信他们的利息总额不应超过运营利润的1/6，更多依赖债务就会被视为冒险了。美国大多数大型公司还在像杰拉尔德·萨尔塔瑞里这类人的掌控之中，他们亲身经历了大萧条时代失控的债务的可怕，很少有执行官愿意仅仅为了少交税而冒险借入大量债务。

然而，在20世纪70年代末期和80年代初期，一些反传统人士，大多是政治上右倾的学者，对债务提出了新的看法。大萧条后40年稳定的经济增长让这些学者认为，债务诱发破产的风险被高估了。同时，巨额的税务节省也很有吸引力。不久，政治上开始有了显著转向。1976年在罗切斯特大学，自由市场派经济学家迈克尔·詹森（Michael Jenson）[4] 提出一套理念，认为公众公司的经理们因拥有公司股份太少，把公司资产浪费在了特权和无效的项目上。他认为，如果让公司的经理们拥有该公司很大一部分股票，而用债务来提供其余资产，就可以解决这一问题。他也承认，这会涉及借入巨额债务，但不一定都是坏事，詹森在一份研究报告中不经意地预言了此后15年横扫美国的管理层主导的收购，他问道："企业家可以自己掏出一小部分所需资本，以谋取净资产额100%的回报，而其余资产只需依靠借贷获得，为什么我们看不到这样的个人所拥有的大型公司呢？"

同时，消费者和美国政府自身对债务的需求也被重新评价。在南加州大学，供应学派经济学家阿瑟·拉弗（Arthur Laffer）提出一套理论，认为政府应降低税率，在一两年的时间跨度内接受巨额赤字，相信更为繁荣的经济会显著扩大税务基数，政府很快就能收回损失。这位特立独行的经济学家辩称，不要害怕巨额借债，应欢迎借债。

KKR的合伙人恰恰在正确的时间、正确的地点出现了。他们并没有参与第一波关于债务的意识形态化的争论，也没有起草过从总体上规划20世纪80年代迅速升温的系列巨型收购，他们只不过是用借来的钱买下一些中型工业公司而已。随着对巨额债务融资的反对声音慢慢退去，巨大的机会在招手了。总得有人填补空白，而第一个可能的候选者就是KKR。

到杰罗姆·科尔伯格和亨利·克拉维斯瞄上霍代尔的时候，这些KKR合伙人已经有差不多12年的运作经验了，在此前的15桩小规模收购案中，收购总额70%~95%的资金是合伙人们借来的。通过早期的一些失误，如考博斯鞋业收购案，合伙人对巨额债务何时可行、何时不可行有了一些认识。其他一些运用大额债务的金融从业者从20世纪70年代末期开始运作，但其中很少有人能赢得银行、保险公司和其他贷款人的信任。因为其中有些人给人留下的印象是贪婪或者像背运的赌徒一样，肯定会把收购搞砸。

这三位KKR合伙人，尤其是杰罗姆·科尔伯格，之所以与众不同，是因为他们给巨额债务的运用带来了体面的氛围。在KKR纽约办公室紧闭的大门背后，秘书们会看到克拉维斯、科尔伯格和他们的同事快活地认识到所做交易的狡诈，厚颜无耻地互相挤眉弄眼。但在公开场合，KKR的合伙人们只展示出其公正和谨慎。"你必须把收购的结构安排好，这样即使有一两年不走运的话，公司也能承受得住。"[5] 在70年代末期，科尔伯格这样告诉一家报社的记者。他的确会谈KKR已完成的收购，但也花了同样多的时间解释，为什么有些类型的公司不适合作为收购对象（比如收入不稳定或需要大额资本支出的公司，如高科技公司和房地产公司）。

科尔伯格非常小心地塑造他的形象，他不时地谈及他会因"看到一家公司的进步"而感到满意。与此同时，克拉维斯和罗伯茨这两个坚忍不拔的年轻人，为贷款人做财务预测，为支撑收购计划的分析努力辩护，着力打动贷款人。他们三人向经理人、公司顾问和潜在贷款机构推介收购思路时，始终耐心而诚恳。慢慢地，华尔街到处都在议论，KKR铤而走险的收购（至少从财务角度来说是够冒险的）大部分非常成功。不久，为危机中的大型公司服务的律师和华尔街顾问就和这家不大的收购公司走到了一起。

霍代尔是第一家被杠杆收购业者瞄上的真正巨型的《财富》500强公司，1925年由法国移民莫希斯·霍代尔（Maurice Houdaille）创办，到20世纪70年代后期已经发展为庞大的企业集团，它为克莱斯勒汽车和美国汽车公司制造钢质保险杠，在佛罗里达和新泽西州开挖碎石，还在得克萨斯州运营一座小型钢厂。它雇用了7700名员工，年营业额达4亿美元，表现最出色的是机床工具部门。然而除了粗略地参观过一些工厂外，克拉维斯和科尔伯格并不在意其在工业上的能力，有诱惑力的是它的资产负债表、盈利能力以及它的弱点。

一开始是一篇普通的报道把科尔伯格和该公司拉到了一起。1978年7月7日，《纽约时报》专栏作家罗伯特·梅茨（Robert Metz）注意到霍代尔股票的微小波动，在其专栏中发问："霍代尔会是收购的目标吗？"真是一个聪明的问题。尽管梅茨没说是，敌意收购者、布法罗的杰可贝家族已经秘密买下了2%~3%的霍代尔股票，开始瞄上它了。萨尔塔瑞里"非常焦虑"，他的投行顾问、高盛合伙人彼得·萨克斯（Peter Sachs）回忆道。这位公司主席向萨克斯请教，怎样才能挡住这个新股东，他当时并没有意识到这一无辜的求助将会引发什么后果。高盛的一位顶级专家建议在霍代尔高管同意的前提下，把公司出售给其他人，这样在完成交易后高盛能挣到几百万美元的投行费。之后几个月，萨克斯本可探寻更多其他选项，但出于他在华尔街工作的天性，他只想着努力推动萨尔塔瑞里和其他霍代尔的董事授权将公司卖给友好的买家。这样做能否解决萨尔塔瑞里的问题倒不那么确定，但可以确定的是高盛必定能赚到大钱。

杰罗姆·科尔伯格是商业报道的热心读者，他明白有执行官陷入困境了，他立即扑向由此展现出来的机会。他担心直接联系萨尔塔瑞里可能会冒犯他，于是决定通过华尔街同行、做投行的萨克斯来柔和地做工作。他问萨克斯是否可以安排自己和萨尔塔瑞里在佛罗里达见面先熟悉一下。

开局不利，萨克斯转达了科尔伯格的请求，但萨尔塔瑞里婉拒了，科尔伯格还是继续坚持。大约一个月后，萨克斯恳求萨尔塔瑞里至少简单地见见KKR的人，霍代尔没有什么其他有意的买主，而KKR"在我们这行里声誉很好"。就这样，杰罗姆·科尔伯格和亨利·克拉维斯才在1978年8月从纽约飞到霍代尔在劳德代尔堡的总部。[6] 同行的还有33岁的唐·赫德里克（Don Herdrich），他矮壮结实，原先在芝加哥银行工作，刚加入KKR，担任第五名负责交易的雇员。

环坐在霍代尔总部的大会议桌前，科尔伯格又祭出他那套标准的推介说辞，KKR已经与被收购方的管理团队合伙买下了不少公司啦，总是保住现有管理团队啦，此前的收购中执行官始终享有高度自主权并以他们认为合适的方式运营业务啦，等等。萨尔塔瑞里回忆道："科尔伯格非常沉稳而谦逊，这种温和销售正是我所乐于接受的方式。"

克拉维斯随后接话，推出了KKR收购计划的细节。佛罗里达州的这些高管们被吓了一跳（大多数用于收购的资金都是借来的，而这些债务要被放到霍代尔的账本里），"这家公司几乎全无债务。"霍代尔的投行顾问彼得·萨克斯后来说道，"现在却要把资本构成翻个过儿，这对萨尔塔瑞里先生来说可是个诡异的想法，他觉得这个做法太不寻常了。"

克拉维斯没有退缩，他给出KKR对收购后霍代尔财务状况的估算，充满信心地告诉霍代尔的经理们："请你们领悟一下这些数字，怎么分析都行；再调整一下数字，用你们的头脑观察其后果如何。但是请不要忙着下结论。我有把握地说，按照你们过去运营公司的做法，这会吓坏你们，是的，开始你们会告诉我这么做行不通。但我要告诉你们，这绝对可行！"

如果单是他自己，萨尔塔瑞里也许会一直反对下去，但他所信任的三个人开始站在对立面努力了。先是两位年轻点儿的霍代尔高管——52岁的执行副总裁菲尔·奥赖利（Phil O'Reilly）和39岁的财务官唐·博伊斯（Don Boyce），他俩都太年轻，没有体验过大萧条时期萨尔塔瑞里对债务的恐惧。博伊斯和克拉维斯很快就把这种恐惧心态抹去了，他们时不时交流一下意见，很快，博伊斯就转而拥护KKR的巨额债务方案了。奥赖利和克拉维斯及科尔伯格相处得也挺融洽，倒不是因为他们的言辞，而是因为"他们的坦白和真诚"，而且KKR给奥赖利和博伊斯提供了拥有权势和财富的可能。如果67岁的萨尔塔瑞里很快退休，这有可能，这两人就能掌控霍代尔了。在双方刚开始谈判的阶段，科尔伯格就邀请奥赖利到他在处女岛上的度假别墅，无非希望增进个人感情。奥赖利走出机舱的时候，手里攥着他自己和博伊斯的雇用合同草稿，内容是要确保他俩的工作稳固、工资暴涨。奥赖利的心愿得到了满足；克拉维斯和科尔伯格同意两人的工资增长50%以上，奥赖利能拿到20万美元年薪，博伊斯则是10万美元。

最后的推动力量来自彼得·萨克斯——萨尔塔瑞里最信任的华尔街顾问。萨克斯一直表现得非常在意萨尔塔瑞里的心愿，在一定程度上他也真的在意，不过如果霍代尔能被卖掉，高盛就可以收取超过 300 万美元的酬金！萨克斯还马上就找到了准确的逻辑推理，如果萨尔塔瑞里知道好歹的话，这一逻辑就会迫使霍代尔被出售，现在可以明确的是，霍代尔还没有受到股东杰可贝家族的严重威胁。然而，萨尔塔瑞里作为霍代尔董事会主席，负有对股东的义务——让股票价值最大化，萨克斯解释道。对霍代尔的竞购已经展开，这一进程不可能停止，现在 KKR 愿意以远高于每股 25 美元市价的高溢价收购霍代尔股票。尽管萨克斯已经接触过其他 30 家可能的收购者，却没有人出价。收购传言已经让霍代尔股价动荡不已了，如果董事们因回绝了 KKR 而致使股价大跌，萨克斯暗示道，萨尔塔瑞里将很难对股东交代，甚至可能被起诉。

"这就让我感到很可能有责任去支持收购，"萨尔塔瑞里后来说道，"对这桩收购提议我很勉强地接受了。"

1978 年 10 月中旬，杰拉尔德·萨尔塔瑞里做出了职业生涯中最艰难的决定，同意让霍代尔沿着一条陌生的道路走下去。这几乎必然把沉重的借款压在公司头上，但萨克斯的说法是无可辩驳的。萨尔塔瑞里决定在几个月后退休，年龄固然是一个因素，此外，他也无法接受运用巨额债务来运营霍代尔的想法。通过把自己的股票卖给收购方，他能拿到 520 万美元——也算是给退休后的自己留下一笔相当大的意外之财了。他自称没有他的介入，KKR 也能完成收购设计。但实际上，科尔伯格和他在 KKR 的同事拿到了霍代尔敏感的内部数据：商业预测和内部盈利分析。KKR 人一直希望得到这些数据，有了这些就更容易获得收购所需的贷款了。如果这些数据落到竞争对手手中就可能完全摧毁霍代尔，但萨尔塔瑞里已经足够信任科尔伯格，1978 年 10 月下旬，他签署了一份有四页纸的文件，向 KKR 开放一切信息。

科尔伯格搞定萨尔塔瑞里的同时，赫德里克和克拉维斯着手必要的数据处理，确保对霍代尔的收购细致而周密。在任何收购中这都是一个决定性的工作，要求有大量精准的预测，用苛刻的新思维看待公司财务。等到收购完成后，就会形成一个瘦身版的新的霍代尔，不再有分红，没什么像样的每股收益或显著的账面净资产了。但以新的标准衡量——主要是公司的偿债能力，霍代尔还是过得下去的。

首先，克拉维斯和赫德里克估算了霍代尔的真实盈利能力。该公司的税后年利润为 2850 万美元，在收购以后，2230 万美元本应交税的钱可以留下来投入运营。因为借了巨额债务，利息可以抵扣所得税，霍代尔的所得税降到近乎为零。这意味着 KKR 可以每年获得税前利润 5080 万美元，远远超出公众股东的预期。更妙的是，科尔伯格拿到的机密数据显示，霍代尔前途光明，预期 1979 年的税前利润可达 6000 万美元，此后每年还可增长 5~10 个百分点。赫德里克把数字输入一台原始的计算机，预算了远至 1988 年霍代尔的可能收益。[7] 如果没有衰退的影响，其利润将持续增长，前景一片光明。

下一步，克拉维斯、科尔伯格和赫德里克要精打细算：到底出多少价码买下霍代尔。他们认为出价如果太低，无非等于邀请其他买主出价更高。咬了咬牙，克拉维斯和科尔伯格决定看长远点儿，试试看能否不展开竞价就拿下霍代尔。他们通知萨克斯和萨尔塔瑞里，愿出价 40 美元/股买下全部股份，或者说总价 3.55 亿美元，这是 KKR 此前在对其他公司的收购中出过的最高价的四倍。

然后克拉维斯和赫德里克开始艰难地盘算怎么才能为收购融到资金。在这一初始阶段，债务就像软黏土一样可塑：KKR 可以增加债务、减少部分债务或重组债务条款，比如改变到期日期、利率预期或其他任何贷款条件等。然而，一旦收购完成，霍代尔的债务结构就被确定了，仿佛在窑炉里烧硬的黏土一样不可更改。一旦利息支付不可控，该公司就只能请求债权人的宽限，否则必然违约或进入破产流程。

设定债务水平太关键了，KKR 的合伙人们特别按最坏的情况做了一套计算。霍代尔，甚至 KKR，必须在克拉维斯和赫德里克借来的债务之下存续若干年。科尔伯格最为谨慎，给克拉维斯和赫德里克设计了很多问题：如果利率大涨怎么办？如果美国经济陷入衰退呢？几天后，答案有了：霍代尔还是能及时偿债的。这一质疑步骤是KKR多年来成功的一个关键部分，它防止该收购公司因其野心而陷入风险过高的交易，导致财务灾难。秘书佩姬·考罗（Peggy Coiro）回忆道，科尔伯格那时的提问就像是在给年轻点儿的合伙人教学。后来克拉维斯和罗伯茨也担当了导师的角色，向为他们工作的更年轻的人们提出类似的问题。

为了拿下霍代尔，KKR想借款3亿多美元，大约为收购总价的85%。剩余5000万美元，一部分通过向银行出售优先股来融资，另一部分让霍代尔的管理层、KKR合伙人和部分忠实的被动投资人出，作为风投资金，以便拥有该公司。通过一系列有限合伙人机构，KKR可以在收购后控制公司并享有佛罗里达的这家公司价值上升所产生的一部分利益。科尔伯格、克拉维斯和KKR的其他人仅投入自己的100万美元。

克拉维斯和赫德里克一周工作六天，将霍代尔的新债务细分为四个等级。

对最在乎安全的贷款人，比如银行，涉及高级债，对霍代尔的资产索偿权利最强，保证最优先偿还债务，利率也最低。保险公司这样的贷款人，愿意承担更大的风险以获取更多回报，霍代尔会卖给它们三类次级债务。这些贷款或许要长达20年才能偿清，对霍代尔资产的索偿权利较弱，但利率较高，也许还有潜在的高利润"杀招儿"：在收购后拥有部分霍代尔的股权。这种债务细分现在已经是标准做法了，但在当时还是神秘晦涩的。次级债务的爆发性增长以"垃圾债券"的新名词出现，还是几年以后的事。

在得到霍代尔机密数据后的几个星期之内，赫德里克就做出了一份长达77页的霍代尔收购计划书。他和克拉维斯要把这份文件拿给美国一些最大的银行和保险公司，这是他们的收购宣言，充斥着意在弄来所需贷款的财务数据；这也是一份粗糙的文件，在人工打字机上匆忙地做出来，到处都是修改,很多页上都有涂改液修整的痕迹。[8]赫德里克把文件送到复印店,想让它显得稍微专业一点儿,不过看上去还是像高中生第一次做的学期论文一样粗糙。就凭这份备忘录就能借到3亿多美元贷款?赫德里克没有那么大的信心。"这份文件还算不错,亨利,"他有一次问克拉维斯,"但我们到哪儿去弄到钱呢?"

"别担心,会找到钱的。"克拉维斯回答。

一支早期的盟军突然出现了,它就是芝加哥最大的银行——伊利诺伊大陆银行。迈克·托卡兹是该行一位27岁的贷款官员,在早晨5:04上班的通勤火车上读了《华尔街日报》,知道KKR企图买下霍代尔。"好极了!"托卡兹回忆道。伊利诺伊大陆银行早已安排他向佛罗里达州的公司提供贷款,但该银行在该州多年来一直没有取得什么业绩。尽管托卡兹不认识霍代尔或KKR的任何人,但为这桩收购融资看来倒是个大好的机会。早晨6点,刚到伊利诺伊大陆银行在芝加哥市区的办公室,托卡兹就拉了两部电话机到自己的办公桌上,一部打给霍代尔,另一部打给KKR,等着有人来接电话。两边都没人接,离上班时间还早呢。托卡兹几乎要挂电话了,不过他又鼓起勇气继续等着。总会有人接电话的,这样的话,托卡兹可能就是第一个推介其服务的银行业务员。大约50分钟后,亨利·克拉维斯到了KKR的办公室。"你不认识我,但我从报纸上读到……"托卡兹说,他一边笨拙地介绍自己,一边担心其他银行也许已经赶在他前面提供了贷款,还好没有。克拉维斯很开心地接受了托卡兹的建议,从伊利诺伊大陆银行获得了3000万美元贷款。[9]

与此同时,KKR的中介们盯上了一个可能更大的资金来源,他们愿意为收购提供更高风险的贷款:保德信(Prudential Insurance Co.)。多年来,杰罗姆·科尔伯格一直在经营和美国最大的保险公司中高级贷款官员们的关系,"杰罗姆不干预具体业务,是年长的发言人的角色。"米兰·瑞萨诺维奇(Milan

Resanovich）是 20 世纪 70 年代保德信的一位贷款官员，他回忆道。科尔伯格"把各方联系人拉到一起，整合到公司里面。他始终强调整合的重要性"。在霍代尔交易中，克拉维斯和科尔伯格组成了一个非常有战斗力的双人团队，克拉维斯向瑞萨诺维奇这一级别的贷款官员推介霍代尔收购的细节，科尔伯格设法赢得保德信中年长一些的、级别更高的经理们的信任。1978 年秋天，保德信试探性地同意提供 1.07 亿美元贷款。

有了这两家主要贷款机构在手，克拉维斯就着手施展了一个分化–征服的巨型博弈。在 1978 年秋季联系银行和保险公司时，克拉维斯劝诱他们加入一个即将成型的银团贷款。在他的演示中，克拉维斯发散出这样一种信念：KKR 的霍代尔计划有着伟大的前景，如果一切不出意外，在霍代尔的巨额新债务中每年可以偿还至少 1000 万美元。起初，霍代尔的净收入会下降，因为巨额债务会产生更多的利息，但同时所得税也几乎缩减到零，他预计到 1983 年，霍代尔就会重上轨道，实现创纪录的利润并大大降低债务。

在 KKR 看来，这些数字说明了一切，丝毫不用怀疑持有如此多债务的公司怎么才能运行。霍代尔明显是"一个极其诱人的投资机会"，KKR 的备忘录写道。在一项又一项的财务预算中，丝毫没有提及霍代尔 7700 位雇员的汗水、恐惧和希望；丝毫没有提及在机械工具领域日本的竞争力日益强大，也绝不提及要想领先于崛起的对手山崎（Yamazaki）机械公司，所需要的巨额技改投入。这些交易中介完全沉浸在他们所谓的"金融工程"之中了。

一旦主要贷款人刚表现出一点儿兴趣，克拉维斯就尽可能地激起骚动，把能拉进来的其他贷款人都拉进来。他声称，大家伙都在忙着签字贷款给霍代尔，整个贷款团队到 1978 年圣诞节前就会组建完成，为霍代尔交易提供融资的"机会"稍纵即逝，等等。在低级贷款官员眼中，克拉维斯就是"金融界的罗斯福"，他巨大的能量、讨人喜欢的性格、始终坚信美景在握等表现赢得了贷款官员的赞同。

虽然克拉维斯热情奔放，但他有时完全是在糊弄事，因此与美国最大的银行和保险公司的习性有所冲突。如好事达保险公司（Allstate Insurance）、信孚银行（Bankers Trust）和汉华银行（Manufacturers Hanover）等机构的低级别贷款官员们勉强同意提供贷款，KKR给出的10%～12%的利率颇为诱人，克拉维斯和赫德里克的财务预测貌似可信，霍代尔几乎肯定在债务中存续。但随着谈判的推进，在高级经理们审视KKR的计划时，冲突产生了。

在保德信，拟议中的霍代尔贷款额度太大，不仅需要常规的贷款委员会的批准，还需要得到该保险公司的董事会批准。保德信的贷款官员本以为这不过是例行公事，从没有员工们已经批准的贷款又被董事们否决呢。不过以前也确实没有人见过像霍代尔这种类型的贷款。有一次，董事会过了时间还不能结束，保德信的一位外部董事、新泽西州前州长持续好几个小时都在抨击霍代尔收购。"他觉得这是最不可思议的事。"保德信贷款专员约翰·蔡尔兹（John Childs）回忆说。董事们拒绝批准霍代尔贷款，打回去让贷款官员们做"进一步评估"，这近乎等于否决了。为了让贷款获批，保德信的贷款官员（和KKR）一直等到最大的反对者缺席的时候，才又把这个案子提交给董事会，赶紧推动贷款通过审批。[10]

伊利诺伊大陆银行的老派保守力量也几乎胜出。有一天，伊利诺伊大陆银行的一位高级经理逼迫克拉维斯同意对银行更有利的条款，厉声说："这可能让交易完蛋，亨利。如果你不同意，我们就退出。"

"你说对了一件事，"克拉维斯大声回击，"这可能让交易完蛋。如果你不同意我们的方式，你们就出局了。"[11]

KKR"炒掉"潜在贷款机构，这实在荒谬，但这位伊利诺伊大陆银行的高级经理被克拉维斯的反驳打蒙了，很快就做出了让步。唐·赫德里克，这名从芝加哥的银行员工转任KKR助手的人，颇为怀念这一时刻。正在起步的KKR才成立两年半，只有五个专业的员工，但他们已经开始支使大银行了。克拉维斯活跃、炫耀的处世方法有时也会惹赫德里克生气——但在谈判环节，赫德里克最需要的就是傲慢的、穿着体面的、超级自信的亨利·克拉维斯。

然而，KKR 卓越的融资能力还需要跨越另一个危机，它几乎搞砸了整个收购。1979 年 3 月 3 日在 KKR 办公室的一个闭门会议上，保德信和商业银行的贷款官员们比拼起了嗓门，争论着一旦霍代尔处境不佳，谁的贷款应优先偿还。主要贷款人之间发生冲突、KKR 或许得不到收购支持的消息泄露了出去，在纽约证券交易所暂停交易前，霍代尔股票价格每股下跌了 3 美元，一个记者打电话采访克拉维斯，听得出来他有些慌乱。股票交易商"对有些冲突细节的消息很灵通"，克拉维斯承认。一直到下午 5 点，大家情绪还很激动，一位信孚银行的执行官建议大家都先回去冷静一下，第二天再谈，只有克拉维斯拒绝了。"如果我们今天晚上解决不了，"他面对 20 位重要的贷款人，"这一交易就没戏了，完蛋了。算了吧，咱们都留下，不解决问题不能走。"之后两个小时，在克拉维斯和赫德里克的逼迫下，银行和保德信的人最终达成妥协，霍代尔股票重新开盘时每股飙升 5 美元——融资战役结束了。

剩下的是过律师和美国政府这一关。

在每个大型企业收购中，都会有一小群律师跳出来对交易的每个阶段吹毛求疵。律师们视自己为体系守护者，该体系是为了阻止非法的、肮脏的和欠考虑的交易而设计的。如果一个拟议中的收购在形式上与此前的许多收购相似，就容易通过；如果与其他收购差异较大就会被带有严重怀疑的眼光多加审视。每一个法律措辞和原则都会成为争议的主题。霍代尔交易注定要成为公司 50 年收购实践中的焦点，KKR 必须面对法律权势集团最严重的不信任。霍代尔的律师视 KKR 为不受欢迎的暴发户，应随时加以修理，有必要时就阻挠一番。要想拿下霍代尔的控制权，KKR 这家小收购公司要挑战法律权贵群体关于收购中何为允许、何应拒绝的整个思维方式。

最挑剔的律师是萨尔塔瑞里在纽约的朋友，凯威德莱国际律师事务所（Cadwalader, Wickersham & Taft）的罗德尼·达扬（Rodney Dayan）。他刚过40岁，毕业于普林斯顿大学和牛津大学，属于东海岸的权势集团，喜欢打网球和赛艇，说话时总是紧张地摆弄双手。他曾经帮助萨尔塔瑞里从一次致命的交易中全身而退，那是20世纪70年代初期某酿酒公司发动的收购，而现在是要防止KKR的收购不会演变成更大的麻烦。

"在KKR推进时，我们迫使他们要自证清白。"达扬后来回忆道。收购谈判一开始，他就给克拉维斯和赫德里克设计了一个时间进程，分派KKR的人用多少天安排融资，再用多少天准备好提交给霍代尔股东的文件，等等。只有一个阶段的工作完成了，达扬才同意KKR开展下一步。就像小心翼翼的法律研究人员一样，达扬从KKR提议的每个动作里都能挑出圈套。无论是在霍代尔董事会无实质内容的场面活动上，还是与萨尔塔瑞里的私人谈话中，达扬都不停地提出疑问，表现出这家小收购公司的前景有多么不靠谱。"这帮人是谁？"达扬曾这样问道，"他们干过些什么？他们能把交易搞好吗？"萨尔塔瑞里在开始阶段征求达扬的意见时，达扬回答："你要是用了6个月的时间和他们做这个交易，最后却搞不成事，那你可要丢脸了。"

亨利·克拉维斯与以罗德尼·达扬为代表的美国金融界的传统卫道者，就一家《财富》500强公司的控制权首次展开了较量。很快，达扬和克拉维斯就有了主战场，涉及一种精明的会计手段。该技术对克拉维斯有利，却让达扬非常紧张。

在20世纪70年代中期以后，克拉维斯一有什么棘手的会计事务，都会找汤姆·赫德森（Tom Hudson）处理，他是一位50多岁的南方绅士，主管德勤在北卡罗来纳州格林斯堡的分部。1974年，两人在处理博伦公司收购案时，赫德森让克拉维斯看到了一些机巧却完全合法的会计处理手法。初次来到赫德森位于格林斯堡的办公室的访客们，会觉得他是一个老祖父式的多话的人,当然,他也确实有点儿话多。但克拉维斯早已看明白,汤姆·赫德森是一个极出色的会计师。只要有什么合法手段能为一家公司避税,汤姆·赫德森就不会不知道,而且一定会用上这些招儿,如果有些人太笨不用的话,他一定还会抨击一番。在霍代尔收购案上,克拉维斯简直迫不及待地要用好赫德森的才智了。[12]

克拉维斯和赫德里克已经算好,他们只需要把更多债务转入公司账本,就可以削减一半霍代尔应交的所得税。但过了一段时间,克拉维斯就开始琢磨,如果大幅提高霍代尔账面上的资产价值,相应可提取的折旧金额就会高得多,采用这种方法是否有可能在之后若干年里把霍代尔的所得税降到近乎为零?如果这一手段处理得当就是合法的,但要在霍代尔这么大、这么成熟的公司中这么做,确实需要点儿勇气。

赫德森的初步报告让克拉维斯很高兴。霍代尔的多数工厂、设备和库存在账本上价值都极低,赫德森说。这些设备和库存是在20世纪五六十年代的长期通胀之前买进的,只需要大笔一划,赫德森就能把霍代尔的资产价值提升1亿美元左右,这样公司就可以每年提取额外1500万美元的折旧,这就让霍代尔减少了所得税。赫德森称,霍代尔提供了"非同寻常"甚至"独一无二"的机会让德勤施展其会计魔法。

达扬一听说克拉维斯和赫德森的如意算盘,就气急败坏地表示反对。在一次又一次的会面中,他傲慢地发问,使克拉维斯备受煎熬。KKR为什么不向出售方披露这一折旧手段?难道这不会令人怀疑KKR没有为霍代尔支付公平的价格?"他一点儿也不喜欢这个交易。"赫德森回忆道,"我们梳理一个个细节搞得很疲惫,他总是最后一个持保留态度的人。"

达扬后来称自己不过是履行对霍代尔董事和股东的义务,但KKR阵营的人们则对达扬的说法嗤之以鼻,他们开始担心,信任达扬意见的萨尔塔瑞里会对收购产生敌视。另一位参与交易的律师回忆说,达扬在KKR的折旧方案上"把萨尔塔瑞里捆到了达扬的内衣上"。最后,逼得彼得·萨克斯亲自出马,请求达扬冷静下来。

KKR开始着手创建几家空壳公司,以执行不同阶段的霍代尔交易。为了展示一流的气氛,克拉维斯和科尔伯格花了20万美元雇用世达律师事务所(Skadden, Arps, Slate, Meagher & Flom)的顶级律师,这些律师策划出霍代尔关联公司、HH持股公司和HH收购公司——这三家虚拟公司唯一的作用是依照恰当的次序安排KKR的借款,并帮助赫德森完成其税务运作。不过,这些空壳公司总得召开董事会,相互间要协同运作。

剩下的就不是《爱丽丝漫游仙境》或《出租车司机》里罗伯特·德尼罗的亡命徒角色了。1978年3月5日,亨利·克拉维斯在KKR的办公室里召开了HH持股公司的董事会。作为该公司唯一的董事,克拉维斯可忙惨了。他提出8项议案——从正式的公司印章到公司在霍代尔交易中的作用,无所不包。他把每项议案写下来,以全体一致赞成的1∶0投票,批准了全部议案。几天以后,克拉维斯又为HH收购公司做了同样的事。[13]

暮春时节,克拉维斯又和他自己做了一笔更奇异的交易。KKR的律师在一份霍代尔关联公司和HH持股公司的协议上,发现了一个措辞错误,唯一的补救办法是亨利·克拉维斯作为霍代尔关联公司的普通合伙人,写信给作为HH持股公司董事会主席的他自己,要求同意变更相关的语句。"接受请求并同意。"克拉维斯批准道,这恐怕是整个谈判期间唯一平和的时刻了。

最终,达扬的抗拒心态也被耗尽了。KKR的收购令他心神不定,但他的义务不过是确保收购合法、文件适当、对股东有吸引力,而且收购方案不会令霍代尔的董事面临任何法律风险而已,KKR最终通过了所有的这些测试。[14]此外,KKR对收购的融资增加了大约600万美元,以便支付给每一个参与者足够的酬金。高盛能拿到340万美元;凯威德莱团队领衔的一群律师能拿到

160万美元；KKR 能拿到 100 万美元㊀。随着交易进入最终阶段，参与各方都自说自话地找到了一套说辞，该说辞在即将来临的巨型收购时代中会一再被引用——我们是为股东利益而努力工作的；既然我们能收这么高的酬金，就已经证明了这一点；只要收购的结构合法，能为股东产生巨大回报，这一推理就能成立，因而收购也就是合理的。

到了 1979 年 3 月下旬，只有一方还在杯葛 KKR 对霍代尔的收购：美国政府。购买一家公众上市公司，特别是大型公司，必须经过主要的股票市场监管机构——美国证券交易委员会（SEC）审核。如果说达杨对 KKR 的计划将信将疑，SEC 的态度就完全是质疑。SEC 华盛顿分部的主任 V.J. 拉瓦诺伊奇（V.J.Lavernoich）开始用各种指令轰向霍代尔的凯威德莱律师们。他命令霍代尔必须告知股东们更多的收购理由，披露对 1979 年的预测，澄清这一预测的可信程度。随后不久，SEC 命令 KKR 画出一幅详细的示意图，说清楚到底 HH 持股公司和其他所有壳公司的职能是什么。[15] 这幅图要放到满是干巴巴的财务术语的计划书里面，比如作为中心插页。几天以后，KKR 的律师们做出了一幅愚蠢的错综复杂的图表。方框、箭头和点画线构成了一个超级复杂的联动机构㊁。赫德里克觉得这幅图表滑稽得令人捧腹，他复制出一幅 3 英尺宽的巨型放大版，放在办公室里，每周给它起一个新名字，有一次他告诉访客："这是三里岛核电站的控制室。"

SEC 的审核虽然在当时看起来有些挑剔，但政府方面实际上没有对收购本身做什么变动，SEC 强调的完全是增加财务透明，其信条是路易斯·布雷代

㊀ KKR 追加提出它自己也要收费，让霍代尔高管们难以置信，愤慨不已。科尔伯格起初提议 KKR 收取 300 万美元，这是它有史以来的最高酬金，惹得萨尔塔瑞里大怒。"我不停地说你们是买家啊！"他后来回忆道，"凭什么你们还要收费！"按照萨尔塔瑞里的说法，科尔伯格则重复地回答："不，我们是投行，不是买家。"经过 1 小时的讨价还价（有些在场的人都认为这可能导致整个收购破裂）科尔伯格同意把 KKR 的酬金减少到 100 万美元。这些谈判，萨尔塔瑞里后来回忆，是他"一生中最艰苦的时刻"。

㊁ 原文为 Rube Goldberg，意指"用复杂的办法做简单的事情"。——译者注

斯⊖所说的"阳光是最好的消毒剂"。SEC希望最终的计划服务于股东的利益，最后该计划也的确做到了这一点，终于不再有政府机构代表收购所影响的其他各方来介入了。

在有惊无险地度过所有挑战后，1979年4月霍代尔向股东们寄出了出价文件，股东们将更加富有，因此必然投出赞成票。被贝尔斯登赶出来以后仅仅过了两年半，KKR的合伙人就已经借到了巨额的贷款，买下了他们的第一家《财富》500强公司。

霍代尔自身在KKR收购以后步履蹒跚，克拉维斯和赫德里克曾经满怀信心地拿出来的盈利预测，被证明完全不对路。霍代尔的汽车保险杠生意没有竞争力，被迫关闭；公司的机械工具业务被山崎机械公司和其他崛起的日本对手打压，且没有促使运营利润每年增长10%。1980~1984年，霍代尔的总盈利勉强达到KKR预测的一半，只有巨额的债务利息一个又一个季度地完全符合KKR的预测。为了挣扎求生，霍代尔卖掉了很多较小的分部，收购了一家密封件和包装材料制造商来多元化发展。在早期，科尔伯格曾经警告说霍代尔的经理人在巨额债务下运营会很艰难——他真是说对了。

然而在华尔街，霍代尔的艰难不算回事儿。从财务角度上讲，KKR的收购"很成功"，在以40美元/股卖掉股票后，霍代尔的老股东拿到了大笔的资本收益；为收购提供融资的银行和保险公司随之也获得了大笔的利息收入，不管运营上怎么麻烦，霍代尔倒是从来不拖欠利息。收购还给律

⊖ 美国最高法院大法官。——译者注

师、投行和其他顾问们带来了丰厚的收益。如果霍代尔被经济衰退和债务弄垮了，华尔街也没有什么人会有太多顾虑，相反，金融圈的人们又开始搞更多的收购了。

1978~1982年，一批收购公司成立，寻求更大的收购。和KKR类似，大多数这类公司也由一些从大机构里离职的前华尔街人组成，租下小办公室，用自己的名字命名一家小公司，其中有克雷顿－杜布里尔公司（Clayton & Dublier）、福斯特曼－利特尔公司（Forstmann Little & Co.）、阿德勒－谢铿公司（Adler-Shaykin）和吉本斯·格林·冯·阿姆荣根公司（Gibbons Green van Amerongen）。它们不过比KKR晚起步一段时间，所有这些公司很快也都具备了收购《财富》500强公司的手段。

有几年时间，最引人关注的是威廉 E. 西蒙（William E.Simon）。他是所罗门兄弟公司的前合伙人和财务主管，创办了维斯瑞资本公司（Wesray Capital Corporation）。1981年，他的团队从RCA手中以8000万美元买下吉布森贺卡公司（Gibson Greeting），只投入了100万美元作为净资产，其余的收购资金都是借款。在3年之内，维斯瑞将吉布森贺卡公司上市，售价是当初买入价格的290倍，给西蒙和他的被动投资人带来2.9亿美元的意外之财。这一收获赢得了媒体头条的关注，加上KKR的快速发展，让华尔街人全都动了心。

1981年是华尔街人跟进的第一年，做了大约99桩收购，这一纪录在1982年增长到164桩，1983年是230桩。收购的资金总额也稳步攀升，从1981年的31亿美元到1982年的35亿美元，再到1983年的45亿美元。总体来说，20世纪80年代早期的杠杆收购只占到整个美国收购案的5%~10%，但这种新型收购明显呈上升趋势。[16]

随着这些高债务收购日益常见，目标公司的顾问圈子对KKR做生意的方式也日渐认可。毕竟得KKR收购成功了，大家才能拿到巨额酬金嘛！1981年，一个潜在收购者开始购买制造冷却塔的马利公司（Marley Co.）股票，高盛向 KKR 寻求帮助。KKR 先是做出一个初步收购报价，随后加价，最后以 3.29 亿美元赢得马利公司的控股权，高盛也将 30 万美元揣到了包里。[17]

商业领袖们对待债务的态度发生了彻底的转变，完全接受了巨额借款。80 年代中期，《机构投资者》杂志做了一个名为"学会拥抱杠杆"的调查，首席财务官们认为承担更多债务能够减少所得税负担，提升公司的股票价值。菲莫国际（Philip Morris）的首席财务官说他要防止这家烟草和食品公司处于"杠杆率过低"状态，如果过低，那么他"就没有做好工作"。柯尔特工业公司（Colt Industries）的首席财务官补充说："今天的贷款机构和股东已经习惯于高得多的杠杆率了，杠杆率不再是一个负面词语了。"

1978 年，霍代尔收购自身曾经引起保德信董事会上不信任的嘲讽，1982 年这件事成了哈佛商学院案例研究的主题。哈佛商学院的表述是平和的，仅基于事实，并没有评估杠杆收购技术是明智的还是愚蠢的，但是被写入哈佛案例研究（不管什么方式），就证明 KKR 在霍代尔的策略中获得了一定程度的合理性。确实，在 1982 年的一个融资备忘录里，KKR 就告知公司经理人们，它的杠杆收购"现在是吞并一家大型公司的可接受的、备受尊重的可选方案"。用词真是意味深长啊！杰罗姆·科尔伯格和他的两位年轻合伙人等于是心照不宣地暗示直到这几年，巨额债务收购才算是得到了尊重。

KKR 自己在 20 世纪 80 年代初期，每年最多操作五到七桩收购，在 1982 年艰难的衰退期实际上一桩收购也没有完成，但 KKR 的市场影响力远远大于单纯的交易数字，例如，霍代尔交易计划"成了华尔街和会计圈子里的畅销品"，一位出色的投行人士回忆。其他的交易中介们学习这桩交易，着手效仿。

不止于此，KKR 合伙人不断寻求高于其他竞争者的规模更大的收购——这从交易额上就给他们的公司带来了最大的影响力。1981 年，以交易额计算，全部收购额的 40% 是 KKR 完成的。当时三位 KKR 的合伙人都相信，他们的公司应该运用其额外的专业能力和与贷款机构的密切关系，致力于那一时段可行的最大规模的收购。"这是机会所在。"在80年代早期，科尔伯格告诉他本科的母校斯沃斯莫尔学院的朋友。

一次又一次，KKR的合伙人们发现对霍代尔的算计手法可以用于收购其他制造业公司。首先，KKR的人会估算一家公司的真实盈利能力（扣除利息和所得税前的利润），它比公司公布的净利润高得多。其次，他们估算凭借这一盈利流能够借到多少钱。巨额债务能让运营利润少缴所得税；汤姆·赫德森和他在德勤的同事所发明的折旧手段也能实现同样的效果。通常，KKR偏好处于停滞或低增长状态的普通产品制造业，如割草机马达、管道维修设备或纸杯生产的公司，这类公司不需要很多钱用于资本开销，所以可以把大多数现金流用于还债，它们的盈利稳定，在技术上被淘汰的风险很低。"越乏味越好。"克拉维斯有一次点评道。

KKR不管公司的运营；它只在融资和达成交易上下功夫。每一个新的融资结构都闪耀着单调乏味的美感，真实世界中的人们远远不能理解为何要在一家公司中使用这么多债务。高级债务、次级债务和其他形式的贷款协同在一起，其错综复杂和聪明智慧就像是一位数学家在求解联立方程，或是工程师在设计桥梁。

罗伯茨——这个初期KKR团队里最聪明、最孤独的成员尤其觉得这种金融工程是收购业务中最棒的一部分。朋友们说，他们觉得罗伯茨心目中的理想周末，就是坐在他在加州的游泳池边上看年报，从中寻找新的可以注入大笔债务的公司。有一次，罗伯茨飞越大西洋去看科尔伯格最小的儿子安迪在温布尔登的网球赛，他找英国航空公司的空服员要了一些信纸，开始为一个新收购推演资本结构。在其他旅客看电影或酣睡的时候，罗伯茨又把高债务融资发展到了新的层次。他一到伦敦就打电话给科尔伯格，骄傲又有点儿害羞地把他刚搞出来的融资大纲展示给科尔伯格看。"乔治在这方面是很厉害的。"科尔伯格评价道。

三位KKR合伙人意识到，只要有一些助手帮助他们梳理数字，他们就可以跟踪几乎所有公司。KKR每年增加一两个助手，或称"助理"，它的交易中介和内部会计师的花名册在1984年增加到了11个人，1987年以后增加到了20个人，几乎所有新加入的都是年轻人，他们曾在服务于KKR的律师行、银行或证券公司工作，与该收购公司紧密合作过之后，被招募到KKR。不过也还是给一位老助理留了位置——汤姆·赫德森，他在1984年到了德勤的60岁退休年龄后加入了KKR。这些少量的雇员几乎全是克拉维斯和罗伯茨招来的。科尔伯格的想法是让KKR的薪水名单尽可能小，克拉维斯倒是充满活力地瞄着聪明人，时不时地建议把KKR扩大一点儿，但他也清楚科尔伯格的想法，每次他给员工发出雇用函之后，总会郑重其事地对将要加入的新员工说："你是我们雇的最后一个人。"[18]

一家这么小的公司能具有这么大的影响力，有两个原因：一个是涉及人员网络；另一个是计算机技术。

KKR自己的员工很少，掩盖了科尔伯格、克拉维斯和罗伯茨外包给不同合作伙伴的大量工作。20世纪80年代，KKR的人一次次地把会计工作转给德勤，有时候一个项目就要用到多达200位会计师。实际上到了80年代末，德勤的经理人们发现这家收购公司及其拥有的公司每年给自己带来8000万美元的业务，它成了该会计公司最大的全球客户。

两家主要的律师行的故事也差不多。在洛杉矶，罗伯茨请美国瑞生律师事务所（Latham & Watkins）为他正在拟议中的收购提供顾问；在纽约，克拉维斯和科尔伯格总是找美国盛信律师事务所（Simpson Thacher & Bartlett）完成类似的法律事务。这些合作伙伴和KKR处得很好，在必要的时候，KKR随时可以调动一群律师。美国瑞生律师事务所的合伙人约翰·麦克洛克林（John McLoughlin）成了KKR并购的固定投资人，为罗伯茨的孩子设立了一家信托基金。盛信律师事务所的合伙人迪克·贝迪（Dick Beattie）曾受邀成为KKR的合伙人（他拒绝了），在KKR的交易中参与投资（他接受了），还给他的太太提供了一个商机，为庆祝 KKR 收购结束的晚宴提供餐饮服务。《财富》杂志在 1989 年列出美国收入最高的 100 位律师，麦克洛克林排名第 28 位，贝迪排名第 43 位，每个人的年收入都超过 100 万美元。[19]

就像这些人际盟友帮助放大了 KKR 的影响力一样，计算机技术的突破也提供了决定性的优势。20 世纪 70 年代，KKR 不可能同时快速跟进几家公司，因为融资安排需要手工计算几个星期才能完成。此后，芯片在华尔街广为应用。1980 年，赫德里克走进在大中央车站外的一家曼哈顿中城电器商店去给他的一个孩子买玩具"家用计算机"，销售员热切地想知道他是不是还会重复购买，就问赫德里克是做什么工作的。"金融。"赫德里克回答。马上，这个销售员就展示了一套 VisiCalc 财务分析套装，可以使用用户输入的年度增长率数字自动做出 5 年的财务测算。如果 9% 的增长率看起来太乐观了，几秒钟之内，VisiCalc 就能用比如 5% 的增长率重新算出结果。这下赫德里克着迷了。"我说：'我们得把这些东西用到工作上啊。'"赫德里克回忆说。他给儿子买了一台奥斯本家用计算机；KKR 用上了它的第一台苹果 II。[20]

突然间，一个下午的时间就可以把一家巨型公司的财务梳理透彻。到 1982 年，KKR 把计算机升级到 IBM PC。几年后，这家收购公司买了更加复杂的 Lotus 1-2-3 和"交响乐"软件，一瞬间，它的助理们就能做出财务表格。这样的数据处理能力可不是 KKR 独有的，《华尔街日报》上刊登了广告，99 美元的"杠杆收购软件包"让即便是新手也能迅速完成赫德里克和克拉维斯原来要花上好几个星期才能完成的计算工作。在与霍代尔交易后的 10 年里，个人计算机的应用使得华尔街收购机构就像是用上了火药。有了正确的财务计划，一家小型收购公司就拥有了相当大的力量；如果这家收购公司的合伙人懂得如何取悦各类合作伙伴并弄来钱（就像罗伯茨、克拉维斯和科尔伯格所做的那样），那么他们的力量就会变得更为巨大。

|第3章| 追逐利润
MERCHANTS OF DEBT

在KKR整个初创期间,杰罗姆·科尔伯格和乔治·罗伯茨总是跑到西北太平洋地区㊀寻求商机,科尔伯格在20世纪50年代早期就对这个地区青睐有加。那时他刚从法学院毕业,在俄勒冈州波特兰市待过一年,给著名的自由派法官格斯·所罗门(Gus Solomon)当助手。在此后的35年中,他还会经常跑到俄勒冈州拜访所罗门,视所罗门为最亲密的朋友,甚至人生导师。科尔伯格也花费了很多时间来经营与当地的银行家、律师和政治家的圈子。1989年,科尔伯格在波特兰《俄勒冈人报》(*Oregonian*)的访谈中说:"我在这儿投了不少项目,有一大帮很棒的朋友。我真是太喜欢波特兰了。"[1]

罗伯茨之所以被俄勒冈和华盛顿州吸引,是因为在这块土地上可以无拘无束地施展并购。1975年,他就试图收购波特兰的酿酒公司波特兹-韦恩拉德(Blitz-Weinlard),不过到了最后关头,该公司的管理层认为没有罗伯茨的帮助,他们自己也能搞到足够的钱实现管理层收购。虽说吃了这个亏有点儿失望,但罗伯茨还是继续回到西北太平洋地区寻求好项目。1977年,他操作了对美国自然资源公司的收购,这是一家位于俄勒冈州波特兰市的小型集团公司。1979年,罗伯茨和科尔伯格的努力又遭失败,这次是想买下一家俄勒冈州的叉车制造厂。不过在几个月后,这对儿搭档终于在华盛顿成功地完成对一家小型木材公司的收购。

从20世纪80年代早期开始,科尔伯格瞄上了俄勒冈州他最想吃进的猎物:弗雷德·迈耶公司(Fred Myer Inc.)。这是一家超市和百货的连锁公司,

---

㊀ 指美国西海岸的俄勒冈州和华盛顿州。——译者注

年营业额近10亿美元。精力充沛的创始人弗雷德 G. 迈耶（Fred G. Myer）一直打理了它56年，他在1978年92岁高龄的时候去世了。此后，该公司就开始面对被接管的威胁了。该公司大约23%的股份是属于这位死去的创始人的遗产信托（estate），迈耶曾经希望他的受托人永远不会卖掉他的股份，不过他去世不到两年，遗产信托的四位受托人之间就爆发了争执：受托人的法律义务是要最大化信托的价值，那么是否应该卖掉股份把资产多元化呢？[2]

长达两年的对弗雷德·迈耶公司的争夺是KKR里程碑式的交易。这里有两个原因。首先，这是科尔伯格职业生涯的高峰。坚持不懈、自我克制和公开表明他有帮助他人的意愿，这些品质在他身上卓有成效地结合在一起。1981年12月，当KKR最终以4.25亿美元买下弗雷德·迈耶公司时，科尔伯格已经将"不可能"变为现实。在碰了无数钉子后，他终于掌控了一家大型公司，不仅为自己挣了一大笔钱，在交易完成后，还被称颂为公司的拯救者。

其次，弗雷德·迈耶公司的交易为KKR团队带来了一个至关重要的金融同盟军：俄勒冈州养老基金。这个基金为收购弗雷德·迈耶公司提供了40%的资金，这是科尔伯格、克拉维斯和罗伯茨自己投入资金的近100倍，不过该基金只是友善地甘居幕后。KKR的这帮交易撮合者不仅掌控了弗雷德·迈耶公司的董事会，还从俄勒冈州养老基金获得的产权收益中切走了一大块。该基金在弗雷德·迈耶公司上的投资最终看来是为俄勒冈州挣了一大笔钱。不过，俄勒冈州养老基金和KKR达成的协议条款，也让科尔伯格、克拉维斯和罗伯茨为他们自己挣得了惊人的利润。

在此后的五年中，十几个其他州的养老基金也有样学样，同意为KKR的交易提供资金。掌管着教师、消防员、收费员和其他州雇员退休储蓄的公务员把数十亿美元交给KKR处置，和并购公司的合作为公务员们带来了无法抗拒的收益和极大的快感。即使在 KKR 的管理层拿走很大一部分管理费后，这些州养老基金在 20 世纪 80 年代的大多数年份里，也能挣到投资额 40%～50% 的回报，这种回报是强劲的大牛市中普通股票投资回报的 3 倍。回报从何而来呢？通过肆无忌惮地运用借款方式，只需要花费一定的首付款，KKR 引领着养老基金和其他投资者，就能掌控一家又一家大型公司。只要债务能及时还上，经济运转良好，股东们的权益价值就会高涨。这很像是在房地产价格上涨期间，一个借了大笔房贷的房主可以大赚其钱。

公务员们拿着养老基金的钱和 KKR 合伙投资，一脚迈入了迷人的新世界。在华尔街最巨型的、激动人心的并购战争中，这帮公务员们不再仅仅当一个旁观者了。通过与 KKR 的结盟，沃尔特·米提（Walter Mitty）之类的管理着大笔州养老基金的人，发现他们也可以参与其中。罗伯茨、克拉维斯和科尔伯格则非常精明地经营着这种"粉丝"俱乐部：他们和养老基金的中介们打网球，送给他们机密的项目建议书，邀请他们在富丽典雅的酒店中参加机密会议。在这些活动中，拿着普通薪水的公务员们和 KKR 的创始人们同行，亲昵地称呼他们"杰罗姆""亨利""乔治"。

长期担任俄勒冈州投资委员会主席的罗杰·迈耶（Roger Meier）是和 KKR 联系得最紧密的人。在谈到并购公司的时候，迈耶有时候会说"我们"，停顿一下后，他会更正自己，然后说"嗯，我指的是 KKR"。1983 年，迈耶加入位于洛杉矶的诺里斯工业公司（Norris Industries）的董事会，这是一家被 KKR 掌控的公司。在每年几次的董事会召开期间，罗伯茨和迈耶会在豪华的比弗利山酒店玩双打网球赛，和他们搭档的是酒店的职业选手、前温布尔登网球赛冠军亚历克斯·奥尔梅多（Alex Olmedo）。"那可真是开心啊！"迈耶后来回忆道，"我这个俄勒冈州波特兰的乡巴佬，却和一群真正了不起的顶级牛人一起操盘。这真是太难忘了！"

迈耶有一次说道，和 KKR 合作投资"就等于是给了乔治（KKR 的合伙人

之一）一张空白的支票"。³

然而，管理他人的钱也为KKR合伙人带来了沉重的义务，合伙人非常严肃地对待这一义务。让处于被动角色的养老基金投资人赚到钱，佐证了KKR合伙人的美德，满足了被动投资人被人喜爱和尊敬的人类基本欲望。到了20世纪80年代早期，KKR的执行官们都已成为千万富翁，挣钱的速度远快于他们花钱的速度。他们把自己包装成美国各州50多万名州政府雇员的养老金"信托管理人"，这让他们更迅猛地挣快钱不仅有了合法的理由，甚至变成了一种义务。

从1976年KKR成立那一刻起，它的经营者们就心知肚明：他们需要被动合伙人为收购提供财务支持，虽然早期贝尔斯登的交易就是这样安排的，但还是有点儿不太合常规。另外，现金不足也迫使KKR合伙人寻求外部帮助：KKR的起步资金只不过是科尔伯格的10万美元和克拉维斯与罗伯茨每人的1万美元，这点儿钱除了付房租和雇一两个秘书外就所剩无几了。因此，在1976年春天，3人开始从银行、保险公司和其他机构投资者那里募集1000万美元的并购基金。他们的初次努力并未成功，只有一个募集对象——匹兹堡的风险投资家亨利·希尔曼（Henry Hillman）同意出资，其他人都认为这家初出茅庐的并购公司毫无成功经验，风险过大。⁴

克拉维斯和罗伯茨毫不气馁地在1976年夏天开始了第二次募资。这次他们盯住富有的个人，以KKR伙伴基金（KKR Partners）⁵的名义寻找5~10个想挣钱的外部投资人。他们要求这些外部投资人每年投入50 000美元来支付KKR的费用。作为回报，这些投资人将成为KKR并购交易中的有限合伙人（LP），如果KKR的普通合伙人（GP）克拉维斯、罗伯茨和科尔伯格3人在未来决定买入某家公司，有限合伙人都将成为新公司的不参与决策的股东。

KKR伙伴基金正式成立时，看上去就像是KKR经营者们的家族基金，在一定程度上它也确实是。首批投资人包括克拉维斯的父亲，科尔伯格的一个富有的名叫朔伊尔的表兄，还有希尔曼，第一芝加哥公司（First Chicago

Corporation）的风投机构以及四位个人投资者。使用家族的钱来投资带给KKR沉重的责任，绝不能犯错误。亨利·克拉维斯回忆起他父亲雷的乐观态度："我100%支持你。我像你这个年纪就离开了一家大公司，开创了我自己的生意。"但雷·克拉维斯讲的故事版本则表明他的儿子也要尊重不可动摇的家族传统。在克拉维斯家族内，每一笔父子贷款到期都必须偿还。"那是天经地义的，"雷·克拉维斯后来说，"我不在乎你赚了多少钱，但它说明了你的品性。如果你欠了钱，你就该还。"[6]

很快地，KKR的收购需要让第一批投资人的资源显得不足了。一位早期投资人、芝加哥某制药公司的执行官威廉·格雷厄姆（William Graham）在一年里就收到了四次追加投资的请求，他在1977年下半年打电话给克拉维斯："亨利啊，你小子是要让我破产啊！"[7] 格雷厄姆是在开玩笑；他非常开心KKR带给他可投资的交易，不过格雷厄姆也在试图告诉克拉维斯："如果你想做这么多交易，就要找到更有钱的投资人。"这个建议被采纳了。

1978年，克拉维斯、罗伯茨和科尔伯格开始第二次向机构投资人募集资金。这一次，KKR的管理者成功地募集到了3000万美元，可以用于此后12年中任何他们选定的并购项目。这种"受托基金"（blind pool）的安排是风险投资和油气投资领域中的标准做法，机构投资人将资金委托给专业的经理人，让专家来决定怎么投资。将"受托基金"用于并购领域是一种新做法，不过KKR已经积累了足够的成功案例，大保险公司如好事达保险公司、教师保险公司（Teachers Insurance）等都支持这个项目。主要大银行的风险投资分部，包括花旗集团（Citicorp）、伊利诺伊大陆银行、太平洋证券（Securities Pacific）等，都同意加入。从此以后，KKR的主要外部投资人变成了机构投资者。⊖

⊖ 不过KKR伙伴基金和第二只同样的基金KKR伙伴基金Ⅱ (KKR Partner Ⅱ) 此后还是继续小规模地运作。这两个小型的基金不太知名，主要是克拉维斯和罗伯茨的朋友和商业同盟者们投资的载体。这些人一般投入50 000~250 000美元到KKR，而不是像机构投资者那样投入大得多的数目。

1978年的一位投资人、伊利诺伊大陆银行的约翰·海因斯（John Hines）后来回忆，克拉维斯和科尔伯格在拜访他的时候，花了好几个小时的时间不仅谈论他们的生意，也谈到了他们的个人价值观。这种软性销售技巧奏效了。海因斯在决定是否要投钱给KKR时，克拉维斯和科尔伯格解释了选择收购对象的标准，预测了潜在收益和风险，这些都打动了海因斯，但更重要的是，海因斯喜欢这两人的性格。"他们是有智慧的人，"海因斯回忆道，"逻辑导向极其精确。他们可不仅仅是玩金融的人，世界上有很多愚蠢的玩金融的人。他们所展示的、从不欺骗你的，正是他们自己。"

多达3000万美元的并购资金扩大了KKR的规模，不过在1979年5月完成了对霍代尔的收购后，这笔钱也所剩无几了。为了补充资金，KKR的管理层在1980年又一次拜访了银行和保险公司，募集到7500万美元。这让KKR有了再开展七八个收购所需的持股资金，这些收购对象主要是中型的制造业公司，其中包括Rotor Tool、PT Components（一家汽车变速器制造商）和莉莉特利普纸杯公司（Lily Tulip）。

随后KKR就更雄心勃勃地瞄上了目标：俄勒冈州的弗雷德·迈耶公司。开始的时候，科尔伯格被视为恶意的入侵者，连和公司的CEO奥兰·罗伯逊（Oran Robertson）见个面都做不到。罗伯逊事后回忆说："我们一直挣钱，每季度的盈利都增长。我们干吗非要卖掉公司？"[8] 科尔伯格有一次闯进了公司的办公室里，罗伯逊直接把他赶了出去。

不过，科尔伯格一次又一次地把自己塑造为毫无私利的公仆，只想着让其他所有人的财富增值。他在弗雷德 G.迈耶遗产信托的受托人身上取得了第一步进展，两位受托人与其他受托人对是否出售公司产生了分歧。在1980年12月波特兰的会议上，科尔伯格告诉受托人们："这里存在很大的利益冲突。"他补充说："我觉得我能促进重建大家的良好氛围，我们对弗雷德·迈耶公司的收购对你们、管理层、波特兰都有好处。"[9]

1981年，每次科尔伯格到波特兰，他都向受托人、公司的顾问和CEO罗伯逊重复这一和谐的信息。一个一个地，科尔伯格把他们争取过来了，特别是在1981年6月之后。那时来自法国的家乐福公司突然对弗雷德·迈耶公司发起了收购。这时，董事们和管理层被迫在KKR和不友好的收购者之间做出选择。一时间，KKR的出价以及让高层管理者留任的潜在承诺，就显得极有吸引力。

1981年8月25日，科尔伯格终于达成他的目的，与这家零售公司的董事和高层管理者达成并购协议，KKR以4.25亿美元抢先吃进弗雷德·迈耶公司。对KKR来说，这意味着财富和权力的盛宴：这家并购公司收取了它至今为止最大的一笔投资银行费400万美元，三位KKR合伙人全都进入了这家传统零售商的董事会，科尔伯格还得到了副主席的位子。KKR的合伙人仅仅在收购中投进去不到200万美元自己的钱，却可以从弗雷德·迈耶公司股权的未来利润中切走一大块。

然而，科尔伯格从未在公众面前吹嘘他做了一个多棒的交易。很多年以后，迈耶遗产信托的一个受托人格里·普拉特（Gerry Pratt）忆起在当初说服他时科尔伯格显得多么无私，不禁一笑了之。[10] "只要他愿意，杰罗姆就能表现出这种温润的、个人化的、亲密的一面，"普拉特评价道，"他急切地希望人们认识到交易会给各方带来的好处，他想让每个有份儿的人都能分享，他操着能让人们仔细倾听的温和腔调，这意味着他和你毫不见外。"在1980年他们的第一个早餐会上，通常不易动心的普拉特立即就被争取过去了。有人问为什么，普拉特回答说："杰罗姆用他的理想主义打动了我。"

在科尔伯格安抚弗雷德·迈耶公司的受托人和管理层时，罗伯茨在着手解决钱的事儿。为了完成收购，KKR需要借到3亿多美元，还需要从被动投资人那儿再拿到额外的1亿美元，再加上KKR管理层的钱，才能在收购后与被动投资人一同拥有弗雷德·迈耶公司的股权。1981年年中的利率已经攀升到

15%以上，这是20世纪40年代以来的最高峰了。安排任何方式的贷款都极端困难，更不要说像杠杆收购这么冒险的方案了。然而，罗伯茨设计了一个独创性的资本结构：弗雷德·迈耶公司的不动产资产被分拆成一家独立的公司，这样就可以用远比该零售商自身更优惠的条件以房屋抵押贷款的方式借到钱。罗伯茨把这套借款方案扔给KKR在东海岸的传统财务支持者，从三家大银行和大都会人寿保险公司 (Metropolitian Life Insurance Co.) 那里募集了KKR所需的一半的钱。

弗雷德·迈耶公司收购中最大的贷款方还在俄勒冈州，从弗雷德·迈耶公司在波特兰市的总部往南开车一小时就到了，这就是位于州首府萨勒姆的俄勒冈公共雇员养老基金系统。罗伯茨拿着一套极有说服力的方案接触了这一机构，它可以以18%的利率提供1亿美元的不动产按揭贷款，可以再额外投资5000万美元以获得不同类型的股份，如果在收购完成后弗雷德·迈耶公司运转良好就可以获得大笔回报；俄勒冈州也可以成为这家零售公司的共有者，把股权留在州首府手中，防止在法国买家接管后可能引发的动荡。经过几个月的内部谈判，该养老金系统的管理层提供给罗伯茨收购所需的全部1.78亿美元，这是俄勒冈州养老基金系统有史以来投放到公司里最大的单笔投资。

在这一过程中，罗伯茨和管理养老基金的最高领导罗杰·迈耶成为终生好友。[11] 迈耶的背景是在零售行业：他的父辈在波特兰创建了迈耶-弗兰克 (Meier & Frank) 百货公司。1966年，总部位于圣·路易斯 (St.Louis) 的May公司收购了迈耶-弗兰克百货公司，迈耶的零售业生涯随之结束。因为与俄勒冈州政界圈子的关系，迈耶在1970年当上了俄勒冈州投资委员会的主席。这是一个不拿薪水的兼职工作，但负责寻找顶级的投资经理来运作州养老基金的资金。"和玩钱的人一起做事，这绝对是让我兴奋的事儿。"迈耶后来说起，"有俄勒冈州做后盾，我可以吸引来世界上最大牌的人们。"

特别是罗伯茨，成了迈耶最喜欢的人之一。迈耶喜欢罗伯茨优雅得体的着装风格，罗伯茨的身高也有吸引力——两个人都比平均身高矮一点儿，迈耶还特别欣赏罗伯茨讲解金融投资的方式。"他对数字的反应快得不可思议。"迈耶回忆道，"他会聆听、沉默，然后抛出极深刻的问题。"很快，迈耶就和罗伯茨交上了朋友，视他为一个懂行的金融家。

俄勒冈州养老基金系统将要支持KKR的收购计划曝光之后，迈耶饱受抨击：竟然要把这么多的、高达总资产8%的资金投到一个这么另类的交易里去。在波特兰的阿灵顿俱乐部（Arlington Club）中，俄勒冈的一些商业巨头偶遇迈耶，指责他拿着1.78亿美元的资金冒险："罗杰啊，你能干成这件事吗？"在1981年夏天写给州财务官的私函中，副财务官弗雷德·汉森（Fred Hanson）也认为这一投资"风险过高"。汉森还写道："我相信如果不是罗杰掺杂个人交情的缘故，这种方式的交易投资根本就不会被认真对待。"[12]

但迈耶寸步不让，他和俄勒冈州养老基金系统的全职投资管理人们深入地分析了弗雷德·迈耶公司收购案，越发信服KKR的财务方案非常合理，而且迈耶相信通过为收购提供资金，俄勒冈州养老基金系统可以帮助一家本地公司幸免于被法国人收购。多年之后，迈耶的投资决策得到了证实，弗雷德·迈耶公司再一次以极有吸引力的价格公开上市，俄勒冈州投资的价值翻番。

弗雷德·迈耶公司收购案结束后几个月，罗伯茨回到俄勒冈，带给迈耶和他的州养老基金另一个投资提案，想为KKR的收购投资募集到新的受托基金。这一次，罗伯茨和KKR的同事们想大大扩展支持者名单，不再限于保险公司和风险投资机构，他们希望州养老基金能加入投资总额高达3亿美元的受托基金。

在养老基金看来，这个新的收购基金显得美妙诱人。1980年和1981年，很多州的法律修订了，允许公共雇员养老基金显著扩大它们的投资组合范围：不再仅限于债券和那些安全的定期支付股息的股票。州里的投资经理们相信多元化的投资组合可以带来更高回报，减少单一投资带来的风险，于是开始寻找新的投资领域。KKR又一次在最正确的时机出现。在1982年年初给养老基金圈子发放的建议备忘录中，KKR透露它已经开始卖出前些年买进的一些公司，其中有些被收购后的公司的价值已经飙升到初始价格的11～20倍。KKR的管理层并没有承诺还会有这么显著的回报，但是，KKR用柔和的、保守的语言，暧昧地描述着一种可能性：这样巨额的回报就在你面前。

俄勒冈州是第一个回应KKR的州。1982年年初，俄勒冈州投资委员会批准了罗伯茨的请求，投入2500万美元给KKR的新收购基金。

几周后，罗伯茨带着筹款方案又找上了华盛顿州。该州的首席投资主管约翰·希契曼（John Hitchman）已经从俄勒冈州的同事那儿听说KKR会有好事儿来找他，安排了与罗伯茨的私下会谈。"我个人是立刻喜欢上了他，"希契曼后来回忆道，"还有，对他的专业能力我也抱有极大的尊重。"在从俄勒冈州那里获得2500万美元的投资承诺后不久，罗伯茨就出现在了西雅图，想如法炮制一番。希契曼后来回忆说："我们已经把其他来找钱的人都轰出会议室了，但乔治可真是不同凡响，他讲起话来优雅得体，每句话都善始善终，思路清晰，声音从容不迫，对细节的了解无懈可击。"[13] "最重要的是，"希契曼回忆说，"罗伯茨让每个人都感到踏实放心。"会议结束后，董事们决定投给KKR 1000万美元，然后他们就像追星族一样把名片塞给罗伯茨，请求他随时打电话，哪怕只是聊聊经济走势也行。

罗伯茨在1982年打理美国西部业务的同时，克拉维斯则在东部奔忙。他游说密歇根州养老金的负责人威廉·阿默曼（William Amerman）为收购投资，并获得了投资的承诺；他还签下了美国的精英机构投资人之一哈佛大学捐助基金。之后几年，他跑到国外去做了一系列市场推广，在欧洲和中东等地寻找任何可能的基金投资人。不过除了在英国有一些小小的收获外，克拉维斯在国外总是灰头土脸的。有一段时间，他还以为科威特就要和KKR一起投资了。这个进展本可以让KKR更快地扩张，不过和包括王室王子在内的科威特人谈了一大圈之后，克拉维斯只得到了"现在不行"，也就是"不"的答复。[14]

科尔伯格在1982年之后的募集资金活动中自居幕后。他已经在1976年提供了KKR的大部分资本，但他没有罗伯茨给素不相识的投资人打电话的欲望，也不像克拉维斯那样能承受无休止的旅行。不过科尔伯格也落实了几家投资者，包括大都会人寿保险公司、几家加拿大银行和他的母校斯沃斯莫尔学院的捐助基金。在克拉维斯和罗伯茨做了大多数前期工作后，科尔伯格也帮着敲定了几家美国大银行的投资。"杰罗姆是那种稳重可靠的人，他只要走进屋子里就能给每个人带来信心。"一家主要的芝加哥银行——第一芝加哥公司的收购投资部门主管约翰·坎宁（John Canning）回忆道。

那段时间，很少有投资人注意到KKR的管理层到底能赚多少钱。无论收购投资的境遇好坏，KKR的管理层总能确保个人挣到数以百万计的钞票，这要归结于1982年的基金收费结构。按照百分比来计算，这一收费结构和KKR较早期的（1978年和1980年）基金所设定的结构相似。然而，以美元绝对值来看，KKR已经发布了一个极其大胆的收费结构，这就是该收购公司在未来极其重要的收益来源，这引发了一时之关注。

本质上说，KKR的管理层是确保自身获得三种形式的资金管理费，再加上从养老基金在KKR投资的获利中分走一大部分。首先，KKR管理层向被动投资人收取投入资金1.5%的年度管理费，以便管理这些资金和寻找投资机会。对于1982年的基金来说，KKR还什么工作都没有开始做，就有了450万美元的酬金进账。其次，KKR还有第二笔收费，一般来说，每一笔收购总价的1%会落入KKR自己的腰包，在4.35亿美元的弗雷德·迈耶公司交易中，这笔钱就有400万美元。一旦KKR管理层买下一家公司，他们还要收取一笔"监管费"，多达50万美元/年，或每个董事席位收取2.5万美元以上。

但作为更大的财源，KKR的管理层还要分享被动投资人从收购中最终获得收益的20%。[15]这种20%所谓的"附带收益"，是风险投资公司和油气投资基金的标准收费，不过在这些行业中这笔收益一般低于 5000 万美元，而且这些风投和油气基金的管理人也很少能从这 20% 的份额中获得巨额财富。但是由于收购型基金的资金总额不断增长，KKR 的管理层能按部就班地以管理别人的钱而非拿自己的钱冒险而变得极其富有。在募集到的 3.16 亿美元 KKR 1982 年收购基金中，克拉维斯、罗伯茨和科尔伯格自己只掏了 500 万美元。从此以后，在 KKR 管理层所安排的收购中，KKR 管理层自己的直接投资占比变得越发微不足道，甚至在此后的某些收购中，该公司的普通合伙人只支付了收购总额的千分之一，却从佣金和分享别人的利润中获得了多达 2 亿美元的收益。

虽然 KKR 把自己安排得这么舒服，但该公司的声誉在 1982 年经济深度衰退中也几乎崩溃，大部分美国经济中的重型制造工业都经历了自 20 世纪 30 年代大萧条以来最惨重的打击，资产负债表较保守的公司，如福特汽车，随着亏损攀升被迫取消分红；负有重债的公司，比如 KKR 曾买下的那些公司更为凄惨。弗雷德·迈耶公司的财务表现还算比较接近预期的结果，其他的公司如莉莉特利普纸杯公司和 PT Components 则陷入了严重的财务困境。[16] 一时间，两家公司的债主几乎要求清盘，这将让 KKR 失去了珍爱的控股股东地位。

这两家 KKR 控股的公司也只是设法勉强避过了灾难。KKR 管理层在两家公司中被迫更换公司的高级管理人员，用能削减成本和阻止业务出血的外部人员替换工作已久的老管理者。多年以后，克拉维斯谈到他最自豪的成就是在 1982 年经济衰退中生存了下来，没有给有限合伙人带来一丁点儿损失。向拟收购公司的高管们示好对于 KKR 的收购是一个好的前奏，但最为优先的是赚钱和保护被动投资人的钱，即使解雇一两个高管也在所不惜。

随着经济在 1983 年有所恢复，KKR 管理层结束了谨慎观望的一年，又开始执行新的收购了。1983 年和 1984 年早期，该公司拿着 1982 年基金的钱收购了另外 6 家公司，包括位于洛杉矶的金色西部广播公司（Golden West

Broadcasting）和位于佛罗里达州的软饮灌装厂 Wometco Enterprise。不可避免地，1982 年基金的 3.16 亿美元"大钱"又一次显得太微不足道了。保罗·雷切尔（Paul Raether）曾是华尔街投行员工，在 1981 年以助手的身份加入 KKR，他回忆道："我们总是处于快要把钱花光了的状态中。"越来越大的公司进入被收购对象的范围，促使罗伯茨和克拉维斯每隔一两年就要谈到跑出去募集"大钱"。1984 年他们募集到了 9.8 亿美元的基金，1986 年又成立了一个 18 亿美元的基金。

其他收购专家也开始寻求养老基金作为被动投资人，有些公司如福斯特曼 - 利特尔也建立了几乎和 KKR 同样强大的投资人圈子，但绝大多数公司跟不上趟儿。一名竞争对手，收购公司吉本斯·格林·冯·阿姆荣根公司的伦纳德·格林（Leonard Green）回忆说："我们总是落后 KKR 一两年。"KKR 的人"温和地"把任何可能赶上来的对手踢开，他们对俄勒冈州、华盛顿州和其他重要州的基金管理人说："别理我们的对手，咱们捆在一起。"两位最忠实的支持者，俄勒冈州的迈耶和华盛顿州的希契曼就是这么做的，希契曼后来说："我们对其他所有人就说一个字——不！"他认为在利润丰厚但高风险的收购活动中，"成功取决于谁为你操盘，而我们全然信任 KKR 的伙计们。"

偶尔地，KKR 也依靠自己的成功历史赢得投资人。20 世纪 80 年代中期，克拉维斯在曼哈顿与纽约州的养老基金管理人爱德华·里甘（Edward Regan）共进早餐，希望获得财务上的帮助。克拉维斯回忆说："他非常紧张，因为他不懂杠杆收购，不想单独投资。"但克拉维斯向里甘保证会有好的伙伴一同参与，里甘想多了解一些 KKR 的背景，克拉维斯列举出密歇根州、俄勒冈州和华盛顿州也参与了投资："好吧，你愿意的话可以给这些州打电话聊聊。"此后不久，里甘也与 KKR 开始了合作。

不过相伴着每一个"Yes"，KKR 管理层也从养老基金首脑那儿听到了不少"No"，这些基金管理人对收购生意的本质有所顾虑。纽约市审计官哈里森·戈尔丁（Harrison Goldin）在一次收购风波期间告诉一家杂志记者："有些收购将太多的时间资源用在未必能创造就业和商机的投资上，我不赞同这样的行为。"[17]纽约市的250亿美元养老基金本可能成为KKR的主要投资人，但戈尔丁拒绝参与收购，他认为这种金融活动不过是"改组董事会"，在他看来，养老基金应该"投资于美国经济"，而非支持以金融手段牟利。

公司的养老基金经理们一般也以同样的原因不愿参与KKR的收购基金，AT&T、通用汽车这类公司拥有巨型的几十亿美元的员工养老基金，投资分布于股票、债券、风投和其他投资，养老基金经理有责任"谨慎地"投资，尽可能获取最好的回报。KKR的管理层一次次地试图说服大型公司养老基金与他们合伙投资，不过除了可口可乐、休斯飞机和雅芳的基金外，他们都未能成功。公司养老基金经理们看过KKR拿出来的投资收益报告后，承认确实是很不错。但是，他们解释道，收购投资不符合他们的投资策略，这是一种委婉的拒绝。如同戈尔丁说的，这反映了企业界的顾虑：收购只是一种无益于经济发展的赚钱技巧而已。

收购投资有可能获取惊人的利润，却没有贡献出任何价值，在KKR被动投资人的管理层看来，这一概念反倒是一种美德而非缺陷。华盛顿州养老基金经理约翰·希契曼曾辩称，随着美国经济已处于工业化的晚期，对于新公司和行业来说已经没有多少机会出头了。他强调："垄断企业董事会的每个席位早就被占上了。"希契曼的工作是为他所在州的100亿美元养老基金找到可能的最佳投资，而这种现状给了他很大的压力。在他看来，他的职责是增加退休储蓄，减少养老基金给州政府带来的税负负担。如果在工业无须快速增长的情况下，KKR也能想办法获得到惊人的利润，希契曼认为这更加令人钦佩。

1989年，希契曼在一次访谈中断言："如果你想用一只手数出对20世纪后半期美国资本主义最有影响力的人，那三个家伙就不能被落下。"

随着KKR掌管越来越大的养老基金投资，克拉维斯、罗伯茨和科尔伯格个人累积下来的酬金已达到惊人的水平。1.5%的年度管理费对1982年基金来说是450万美元，对1986年基金来说则膨胀到2700万美元。这家收购公司每年获得的收购交易费在20世纪80年代收购热潮的高峰年份，可以达到1亿美元。与此同时，由于有多个借款人和有限合伙投资人提供充足的资金，KKR的管理层几乎不需要再掏出自己的钱去控制一家公司。

一家竞争对手在点评KKR的时候，声音中充满了惊骇和厌恶："这太马基雅维利主义㊀了，就好像是KKR设立有限合伙公司时只遵循一个原则——'咱们怎么才能弄到数以吨计的钞票，还不用让自己冒一丁点儿风险呢？'"

绝大多数KKR的投资人不把佣金当回事，KKR的历史收益和KKR管理层的处世方式打消了投资人的顾虑。每年至少有一两家被收购的公司被卖掉或者上市，收购基金投资人当初所付的价格则有可观的溢价。在KKR掌控这些公司期间，绝大多数被收购公司能在提高运营收益的同时很快地清偿债务。随着时间的推移，大牛市几乎让每家公司都更值钱。当KKR选择卖掉一家收购来的公司时，即使在支付了KKR的佣金后，被动投资人的年度收益率也能达到40%~50%。

同等重要的是，克拉维斯、罗伯茨和他们的同事以不可抗拒的殷勤来取悦所有的被动投资人，不分大小。芝加哥银行的投资人约翰·坎宁曾评价说："乔治·罗伯茨回电话比谁都快，即使他待在欧洲，一听到留言就马上打给我。亨利回得没那么快，不过他会充分利用好电话交流的时间，他不会着急，不管你想谈什么，他都充分接招。"[18] 在坎宁看来，这很重要。很多华尔街人用粗鲁来显示力量，而KKR的管理层用礼貌来获得权力。

在KKR筹资最忙碌的时候，蒙大拿州养老基金的官员们说他们想在收

㊀ Machiavelli，意大利政治哲学家，《君主论》的作者，"马基雅维利主义"意指"不择手段""善用权谋"。——译者注

购上投入几百万美元，KKR 马上派出了最高级的团队——罗伯茨和两名初级同事到蒙大拿州的白鱼镇去做沟通。蒙大拿州投资总管詹姆斯·彭纳（James Penner）后来注意到："无疑我们的钱对于他们不过是很少的一点儿，但他们花了一个半小时解答我们的问题。"后来当蒙大拿州的官员想了解 KKR 最大的投资进展时，KKR 赶在暴雪前派了另外一位合伙人过来。彭纳说："我们得到了最好的对待。"

KKR 取悦有限合伙人的招数之一是利用年度投资人会议共享亲密无间的时光，地点一般选在旧金山的波特曼大酒店、纽约的海尔姆斯雷宫或洛杉矶同等豪华的酒店。表面上来看，这些会议是对 KKR 收购基金里被动投资人的利益做检视。每一家被收购公司的最高主管们发表 45 分钟的讲演，展示 KKR 投资组合的健康度和进展，纯粹的金融气质充斥于会议中，一个个发言者讲述运营利润、债务削减和被收购公司每股净值增长的细节，与会人员兴奋不已。伊利诺伊大陆银行的海因斯回忆道："他们举办了最棒的投资会议，在我参加过的会议中，他们举办的是最有信息价值的。如果避不参与，失去对他们投资的感觉，那可真是太傻了。"

每年春天，KKR 的高管们就这么友好、亲热地抓住了客户的心。罗伯茨有一次在茶歇时间走近一名大通曼哈顿银行的员工，其谦和的表现让他激动不已："我能坐在这儿和你聊聊吗？"科尔伯格则被视作该公司的父亲角色，这是他很珍视的。每次春季会议的尾声，他都会站在讲台上，召集会议，感谢每个人前来参会并对来年这家收购公司的走向发表宏大的设想。

作为 KKR 最为人所熟知的合伙人，克拉维斯最陶醉于这些听众的敬重。在一次宴会上，A.J.Industries Inc. 的主席雷·奥基夫在甜点时间已经困乏不已，想着赶快回酒店房间好好睡上一觉。"再等会儿，"邻座的人眨了下眼告诉他，"等着看亨利到各桌上打招呼。"果然，克拉维斯离开座位，开始和一个个投资人寒暄，和每个人握手。"嗨，真高兴你在这儿，玩得开心吗？"他充满热情地聊着，和每位客人共度的这片刻时光，克拉维斯会盯着客人的眼睛，让自己置身于他们的感受当中。奥基夫喃喃道："亨利这么做的时候，就让你觉得你是这大厅里他唯一关注的人。"

在华尔街，良好的行为获得了如此成功的回报。20世纪80年代后期，KKR在管理费之外又加收了投资银行费，减去KKR管理层个人投入被收购公司的钱之后，这笔钱高达1.3亿美元，然而大多数有限合伙投资人并没有表示异议。

有一位有限合伙人对这些收费提出异议，他是耶鲁大学校友基金经理大卫·史文森（David Swenson），他提出让KKR修正其做法，却被冷冷地拒绝了。耶鲁大学校友基金已在KKR的1982年和1984年基金中投了1500万美元，正考虑在1986年基金中多投一些。不过，史文森越看KKR的收费方法就越恼火。他后来说，这些收费安排对有限合伙人是"侮辱性的"和"蛮横无理的"，"我们不想当只会掏钱的傻子"。史文森认为KKR至少应该和有限合伙人分享投资银行费，否则耶鲁大学校友基金不会再为KKR增加投资。[19]

毫无作用，KKR的一位合伙人佩里·高尔金（Perry Golkin）后来解释说。从一开始，把所有交易佣金都留在KKR手里是铁的原则，"这是无可谈判的"。KKR给史文森的回复是："如果你不感兴趣，不投资就是了。"史文森最终撤出了在KKR基金中的投资。

俄勒冈州和华盛顿州这两个KKR的关键支持者可不想这么挑剔。1989年，俄勒冈州养老基金投资委员会的日常业务主管詹姆斯·乔治（James George）这样回答一位质询人："我们的意见是，这有什么关系？要看更重要的底线。"KKR不停地为俄勒冈州养老基金挣着钱，这是最关键的。迈耶更是慷慨地给予了KKR好评，他曾在写给KKR的祝词中用了这样的标题——"共建俄勒冈"，这还被当地报纸刊登了出来。

迈耶对KKR这种过于夸大其词的态度，后来让一些俄勒冈州人怀疑这位养老基金的负责人和收购公司走得过于紧密了。⊖俄勒冈州从1982年开始以2500万美元为KKR投资，在1984年基金中投入1亿美元，1986年基金投入2亿美元，在短短4年中的投入额翻了8番，1987年又跟进了一笔更大的资金。

确实，俄勒冈州养老基金放给KKR的投资不断地获得财务上的成功。到了1990年年底，在此前10年中累计委托给KKR的俄勒冈州的10.5亿美元已经增值为价值22.5亿美元的现金和证券。如果迈耶为了个人利益做出不当投资，那么就像一些陷入垃圾债券市场的主要投资人那样，俄勒冈应该已经陷入最大的财务丑闻了；但只要KKR的收购业务繁荣壮大，迈耶和罗伯茨的友谊就坚不可摧。1986年迈耶从俄勒冈州投资委员会退休后，《俄勒冈人报》在对迈耶的温暖赞誉中写道："他最有资格获称：纳税人的最佳伙伴。"[20]

真的，几乎所有东西，股票、债券、公寓、公司的估价都在20世纪80年代中期的大牛市中迅速地上升，收购投资的巨额收益在很大程度上不过是反映了这样一个外部环境而已。任何人拿着借来的钱投资都能获得丰厚的回报。高盛合伙人利昂·库珀曼（Leon Cooperman）曾做了一个恶作剧式的测验，在纸上勾勒了杠杆收购，包括利用大笔借债来购买股票等手段的粗略回报波动。⊜库珀曼指出，在几年中，他的方法可以获得74%的年度收益率，远比KKR的被动投资人拿到的回报多得多。以这种背景来看，库珀曼俏皮地称，KKR那60%的年度收益记录一点儿都不突出。[21] 不过，一年又一年，KKR一直在为它的投资人赚着钱，不负承诺。

⊖ 最用心思的调查者是波特兰《俄勒冈人报》的记者吉姆·朗（Jim Long），他在1989年记录下迈耶于1986年从俄勒冈州投资委员会退休不久，就以便宜价买入了KKR控股的美国自然资源公司的股票。迈耶的律师声明这并未涉及任何不当行为；罗伯茨也宣誓说迈耶当时的出价是较高的，之所以能买到股票也是因为他是"一个机敏的职业投资人"。这些解释都说得过去。1991年年中，俄勒冈州总检察官和一个俄勒冈州道德委员会都认定迈耶所为并无不妥。

⊜ 库珀曼的方法是：在股市上某一价位买下股票，购买总价的90%用有15%利率的借款来支付。然后等上几年，看看价格攀升到什么程度，并结算当初那10%的净资产产生的收益。

KKR 所制定的佣金方式，很容易导致他们滥用有限合伙人的信任。在每一个新收购案中，KKR 的高管们自己都没有承担什么风险。在大多数情况下，如果一家被收购的公司破产，KKR 的管理费收入就会远远超过 KKR 高管自己投进去的钱。这就会有一种危险，贪图佣金、自私、误判或懒惰等因素可能会把有限合伙人的资金浪费在愚不可及的收购中，而目的仅仅是收取更多酬金。

然而，外部人们远不了解的是，有限合伙人的存在制约着 KKR 的野心。在由克拉维斯和罗伯茨的职业生涯所发展出来的商业关系中，他们最感到自豪的是 KKR 的那些气氛热烈的会议和忠实的支持者，大家共同接受该公司的信条：运作一家公司最好的方式是将其股东价值最大化。如果一两桩交易被搞砸了，这些人精可不是一群陌生而遥远的只会填支票的人，他们包括克拉维斯的父亲、罗伯茨的律师和科尔伯格的表亲！还有新朋友如罗杰·迈耶、约翰·坎宁和约翰·希契曼，他们让 KKR 的高管深刻体会到自己有多少信任已经赌在该收购公司上了。如果 KKR 能在一桩桩交易中培育声誉，它就可以继续拿到一个个基金的别人的钱。但只要有那么几个收购被清零了，就像克拉维斯曾说的那样："我们就完蛋了。"

在 20 世纪 80 年代，有 20 多次 KKR 高管们已经要宣布收购出价了却又退了回来，觉得收购价码也许给高了。有时候 KKR 高管们过于胆小还错过了一些交易，如博格 – 华纳公司（Borg-Warner Corporation），别的买家从中获得了巨额的利润。不过至少以同等的概率，KKR 团队也逃避了一些公司收购——如美国联合百货公司（Federated Department Stores）、南方公司（Southland Corporation）和西点 – 佩珀瑞尔（Westpoint-Pepperell）——它们最终无法偿还其买家为收购而借的债务，几年以后，这些公司以破产告终。

有时候出于迷信，如果某行业起初的收购弄砸了，克拉维斯就会宣布放弃整个行业。他在贝尔斯登时最早的几个交易之一——在 1973 年买下的鹰卡车公司（Eagle Motor Line）失败后，所有卡车公司交易就成了禁忌，鞋业公司就更不能碰了，考博斯鞋业的悲剧、1972年它的CEO自杀震惊了KKR的每一个人。有一段时间雷切尔建议买入匡威（Converse）运动鞋公司，克拉维斯厉声打断："别碰这件事儿！"雷切尔回复说他可以用一天时间走访匡威总部，什么也不会耽误。毫不动摇的克拉维斯严厉地告诉他："我不管你在干什么，就是别碰这件事儿！"[22]

因不了解联结KKR与其被动投资人的紧密的心理纽带，一名华尔街投行员工迪安·凯勒（Dean Kehler）曾提出一个他自认为不错的建议："为什么你们不甩开有限合伙人？"凯勒问雷切尔和KKR的另外一位高管泰德·阿蒙："你们可以不使用基金，用自己的钱做小一点儿规模的收购吗？"这样的话，KKR高管们就要拿出他们自己所有的净资产，但也能得到每一分利润。在20世纪80年代中期，这种手段在很多收购中通行，包括金融家卡尔·伊坎（Carl Icahn）对环球航空（Trans World Airlines）那么大的收购。凯勒论述说，由于太依靠养老基金投资人，KKR总是让绝大多数交易利润从指缝中流走。[23]

克拉维斯和罗伯茨听了凯勒的意见，却没有采纳。罗伯茨是以商业理由拒绝的，他说每个收购基金累积起来的数十亿美元让KKR在寻求巨型收购时具有不可战胜的优势，管理者们自己的财务资源小得多，他不想因此危及自己KKR老大的地位。

克拉维斯更加反对。他说："我们刚开张的时候他们就帮了我们，我们需要他们的时候他们就出手了。"KKR被动投资人的现成的钱让他非常富有，个人几乎不用冒任何风险，他们的赞许和支持满足了他更有保障的需要，这么好的安排怎么能不要呢？

第4章 和银行打交道

MERCHANTS OF DEBT

有养老基金作为核心，KKR的合伙人们从20世纪80年代初期之后，就开始寻求巨额贷款为他们的收购提供融资。不可避免地，第一站是银行，克拉维斯和罗伯茨很快便成了银行梦想中的客户。他们的收购公司显得超有信用，而且不断需要新的贷款。即使没有KKR，美国的这些大银行也会想办法自己弄一个出来。

在20世纪80年代初期，不管往哪儿看，银行的贷款官员们看到的都是麻烦。在好几代人的时间里，他们的使命就是为世界范围内的工业发展提供融资，为建造铁路、工厂、50层的总部大楼、发电厂和宠物石提供贷款。但在经历了1980年和1982年的双重衰退之后，美国最大的公司也不再找银行寻求贷款了。金融的去监管行为让福特或IBM可以用更便宜的价格越过银行融资，比如向短期资本市场基金出售90天的商业票据。较小的公司在1982年衰退后，远远不能充分利用生产能力，在很长时间里它们都不需要建设新工厂；对第三世界的贷款（这曾是70年代后期银行的最爱）也陷入了困境。先是1982年8月墨西哥，几个月以后是巴西和阿根廷，它们都宣布无法及时支付债务利息。

收购贷款对经济增长没有丝毫直接的贡献，不过无论如何都对银行显得非常有吸引力。收购贷款的利率比普通贷款高一点儿——这就等于是银行的额外收益。像KKR这样的收购公司都能以高分通过信用调查；它们准时归还贷款。最好是每隔几个月就有一个新的KKR交易需要融资。银行家们抢着涉足这个新的好生意，以便增加他们的贷款总额度。1981年，银行为杠杆收购提供的贷款融资总额顶多为 15 亿美元。6 年之后，这一数字已经飙升了 20 多倍，达到 341 亿美元。这些贷款分布在几百桩收购里面，但是大约 20% 是由最大的收购公司 KKR 借的。[1]

从 1984 年开始，KKR 在银行界的开路先锋冒了出来。它就是信孚银行的洛杉矶分行，由一位从纽约来的富有街头智慧的贷款老手罗恩·巴蒂（Ron Badie）负责。起初是由于机缘，然后就是有意识地，巴蒂和他的两位高级助手乔治·哈特曼（George Hartmann）和摩根·圣约翰（Morgan St.John）努力拉近和 KKR 旧金山办公室的关系。信孚银行在纽约总部的高级经理们日益看清收购贷款的盈利潜力，因而鼓励巴蒂把 KKR 当作公司最重要的机构客户对待，尽可能地满足 KKR 的需要和欲望。1982~1989 年，信孚银行仅自己就向 KKR 提供了超过 20 亿美元的贷款。更为重要的是，它还圈进来其他十几家银行，形成巨型的贷款银团，在最短的时间内就向 KKR 提供了上百亿美元的贷款。回报就是：炫耀的权利、丰厚的利息，因其组织了给 KKR 的巨额贷款，还有可能获取多达 2000 万美元的佣金。就像一位信孚银行的贷款职员所说的那样："别管什么机构，只要能像 KKR 那样付给我们这么多钱，我们也会愿意和它们建立同样的关系的。"[2]

如同银行业造福了 KKR 一样，乔治·罗伯茨和其他 KKR 的经理人们也改变了银行业。在 20 世纪 80 年代宽松的信用环境中，罗伯茨的能耐比谁都大，在几周甚至几天内就得从通常来说很谨慎的银行员工那里弄到数以十亿计美元的钱，他对此轻车熟路。KKR 的经理人在和银行打交道时，表述的方式不一样，以此为开端转变了传统的贷款习俗。大多数人在寻求贷款时会感到有压力——不管是买一辆车还是买一家公司；银行员工也总是用怀疑的态度看待潜在的借款人，要求他们提供详尽的财务信息，在确定一个借款人是否足够可信前表现得有些漫不经心。但罗伯茨从来不要求借钱，他总是问银行员工是否能够帮他募集到一笔贷款。这一用词上的微小差别是决定性的，罗伯茨一下子就掌控了局面。银行员工即使代表着比 KKR 庞大上千倍的巨型机构,也被推到了接受考验的位置上。"你可以说这是个聪明的销售手法,"美国瑞生律师事务所的约翰·麦克洛克林参与了 KKR 几乎所有的巨型收购,他这样评价道,"但是想应对妥当可是太困难了。"

乔治·罗伯茨在 KKR 的旧金山办公室里。他和克拉维斯考究的装饰风格非常相似,几乎分毫不差——不过有一点不同:克拉维斯在纽约的办公室中每幅画作下的黄铜板上做了标注,但是罗伯茨要让访客们猜测一番作品的名字(摄影 Eric Luse/ 旧金山编年史)

为了保持在银行界的声誉,罗伯茨和克拉维斯非常努力地塑造其富有、高品位的形象。在 20 世纪 80 年代初期,他们搬了几次办公室,最后选定了美国最高级的房地产:旧金山加利福尼亚大街 101 号的 44 层和曼哈顿西 57 街 9 号的 42 层。两处办公室都面朝其所在城市的绝美风景。在内部,克拉维斯和罗伯茨在每个房间里都挂满了油画,铺着东方地毯,并摆设着其他炫耀成功的装饰品。装修走廊的时候科尔伯格曾想选用一些鸟瞰其在海地的家族房产的照片,这些照片令人心旷神怡但相对普通一些。克拉维斯断然拒绝:那不行。KKR 需要的是更加贵族气的外表。克拉维斯按照他的心愿装修了,其效果不仅让银行家们，还让英国皇室印象深刻。有一次英国的玛格丽特公主在美国旅行，特意来到克拉维斯的办公室欣赏画作，那是悬挂在克拉维斯办公桌后面的英国画家约翰·赫林（John Herring）所作、名为 *Streatlam Stud* 的骏马图。⊖

商业银行家们对这两位年轻的KKR合伙人日益着迷，因其定制的套装、高雅的办公室、自信而优雅的举止，克拉维斯和罗伯茨看上去就像是全美国信誉最卓著的人。信孚银行的罗恩·巴蒂会在小卡尔斯餐馆吃一个汉堡当午餐；克拉维斯和罗伯茨从来不会。1985年前后，两人都雇用了专用厨师，在KKR的办公室里设置了全套厨房设备和餐厅，从20世纪80年代中期开始，在KKR进午餐时，全职的侍者们将放置在Wedgewood牌瓷器中的食物奉上又撤下。在KKR的小办公室里设置这么一间顶级的专有餐厅一年要花20万美元，不过由此所获得的形象上的好处则无可估量。

随着KKR变得更为庞大、更具野心，克拉维斯和罗伯茨开始把科尔伯格甩到一边了。为了从银行手里弄来数十亿美元的钱，科尔伯格谨慎、过分注意细节的方式太落伍了。在80年代中期，收购业务的本质已经发生了极大的改变，科尔伯格原来的特长——和小型公司诚恳地谈判，已经变得过于陈腐。最为明显的变化之一就是获取贷款要按照新模式运作，1984年以后这成为罗伯茨、克拉维斯和KKR中更年轻的助理们的专有领域了。

在70年代后期，和银行建立关系非常困难，充满了看来不合理的各种障碍，罗伯茨和克拉维斯有时都觉得似乎只能指望天上掉馅饼了。那一阶段，

⊖ 该画作于1836年，市场价格据克里斯蒂拍卖行资料显示为170万美元。——译者注

第一家和KKR建立紧密合作的银行是芝加哥第一国民银行（First National Bank of Chicago），其旧金山分行经理戴维·斯特里特连续为KKR的3桩收购提供融资，还有意愿安排更多的融资。但是此后斯特里特被提升到该银行另外的部门中，离开了旧金山。新上任的经理颇为反感KKR使用巨额债务四处出击。

这样用了好几年的时间，克拉维斯和罗伯茨和另外一家芝加哥银行——伊利诺伊大陆银行建立了紧密的关系。该银行年轻活跃的迈克·托卡兹（Mike Tokarz）负责佛罗里达州的贷款事务，他是第一个为霍代尔收购提供贷款的银行员工。随着KKR的合伙人向伊利诺伊大陆银行寻求更多的收购融资，一位级别更高的经理迈克尔·默里（Michael Murray）开始负责他们所说的"KKR关系"。默里矮壮结实，戴着眼镜，总是露出顽皮的笑容，有时会嘲弄一下KKR合伙人们过于挥霍的生活方式，对于KKR的融资手段却是忠实的支持者——他的太太给他缝了两只特制的米黄色"杠杆收购靠垫"，放在他办公室里的沙发上，一个靠垫上用细小的针尖大的字母绣着一个口号"现金"，另外一个上面则是"现金流"。

1981～1984年，默里和伊利诺伊大陆银行平均为KKR每桩新收购提供了5000万～1亿美元的贷款。一般来说，还有六七家纽约、芝加哥和洛杉矶的银行也是KKR的贷款机构。但在1984年6月，一切都改变了。伊利诺伊大陆银行的能源贷款部门在俄克拉何马州能源贷款项目上浪费了超过10亿美元，这笔钱几乎全部损失了——因此伊利诺伊大陆银行的财务状况严重恶化。在几天之内伊利诺伊大陆银行的股价就下跌了超过70%，存款人开始挤兑，联邦监管当局被迫接手这家芝加哥银行。

1984年6月的一个傍晚，默里忧郁地打电话到克拉维斯家里，取消为两桩收购贷款的承诺。他解释道，虽然伊利诺伊大陆银行已经承诺帮助KKR实现两桩新收购，但他只能食言，伊利诺伊大陆银行多余的现金已经蒸发掉了。

他后来回忆："亨利肯定不会在这种时候责备我们的。"但是两人显然对这个赚钱同盟的瓦解感到痛心不已，同样恼火的是迈克·托卡兹，此时他已经在主管伊利诺伊大陆银行费城和纽约分行，他本有机会当一个活跃的交易中介，却在好几个月甚至好几年的时间里被老板晾到一边无所事事。1985年年中，KKR的高级经理保罗·雷切尔问托卡兹是否愿意离开伊利诺伊大陆银行，到KKR来做收购，托卡兹马上就抓住了这个机会。他跟雷切尔说："这才是我拿手的。"[3]

KKR很幸运，虽然伊利诺伊大陆银行垮了，但信孚银行又顶上来，成了新的贷款来源。这家银行很早就小心翼翼地涉足为杠杆收购提供贷款的业务了。那是1978年的时候，洛杉矶分行的贷款官员乔治·哈特曼安排了一笔950万美元的贷款，用于KKR收购Sargent Industries Inc.。后来有好几年，信孚银行洛杉矶分行发生了一系列人员更迭，以致没有人太关注KKR。到了1983年年初，信孚银行的高级经理人拉尔夫·麦克唐纳（Ralph MacDonald）安排巴蒂离开在纽约的管理岗位，去负责洛杉矶分行，麦克唐纳交代巴蒂，最优先的工作就是评估信孚银行在收购贷款领域的机会。几个月以后，巴蒂打电话给麦克唐纳，乐观地说："如果我们做得妥当，这会是非常非常好的业务。"[4]

1984年2月，第一个重大机会降临到巴蒂的面前。罗伯茨从旧金山打电话过来告诉巴蒂，有一个重大事件正在酝酿，因过于重要，两人应该尽快面谈。第二天，罗伯茨赶到巴蒂所在的洛杉矶分行，急切地说了起来。他抱怨说："有一笔小额的贷款，信孚银行把文件上的措辞弄得乱七八糟，就不能弄好点儿吗？""可以啊。"巴蒂答道，但他没搞明白罗伯茨到底想谈什么。不过马上，这一时刻就到来了。"咱们沿着大厅走走吧。"罗伯茨拍着巴蒂的肩膀说。他们沿着空荡荡的走廊走着，罗伯茨转向巴蒂直截了当地问道："你能搞到80亿美元吗？"[5]

巴蒂大笑了起来。这是不可能搞到的大数目，信孚银行十个最大的企业客户一年的贷款总额加起来也没有这么多，这个数字比信孚银行和它两个最大的竞争对手的股票市值总额还高。"开玩笑，你真是开玩笑。"巴蒂说。不过他马上就意识到罗伯茨完全是认真的。

KKR想买下世界上最大的石油公司之一——海湾公司（Gulf Corporation），罗伯茨解释道。这家公司处于弱势正要被卖掉，海湾公司的一些高层经理人已经接触过KKR，希望得到帮助，做一个杠杆收购。海湾公司有巨大的石油和天然气储备，是一家极其富有的能源公司，但是管理上做得太差劲，也许KKR能纠正这些问题。巴蒂注意到罗伯茨在点评时漫不经心的口吻，不过他倒不在乎。能有机会安排名垂青史的巨额贷款是每个银行家的梦想，现在这桩该年度最大的交易就摆在他面前。刚一开始谈到佣金问题，巴蒂马上就算出信孚银行可以从KKR那里收取一大笔佣金，作为帮助安排收购贷款的回报。

在几天之内，信孚银行就动员起全球各地的资源，全都扑在罗伯茨的计划上。巴蒂飞到纽约，和一个高级银行经理团队共同审议海湾公司的财务数据。第一个任务是评估海湾公司的盈利能力和石油储备，以及在借入巨额债务之后的财务预测；第二个任务是银行经理们要做出"负面影响"评估，勾勒出海湾公司在面临经济衰退、阿拉伯石油禁运、价格战以及各种不可思议的灾难时的状况。只有KKR的收购看上去严格合乎理性判断，信孚银行才能着手把其他银行拉进来参与贷款。

起初两天，罗伯茨对钱的诉求看起来要泡汤。海湾公司太大了，这家公司有497个分支机构，散布于全球各地，谁也没有办法很快地理清头绪。80亿美元贷款的主意刚提出来，信孚银行的顶级能源专家威廉·佩利（William Pelly）就被吓了一跳。第二天晚上9点钟，信孚银行的中心计算机系统崩溃了，导致所有分析只能暂停。银行经理们靠着快餐填饱肚子，桌子上堆满了比萨的硬壳，等着电脑被修好。

计算机恢复工作后，巴蒂和佩利一直不停地输入数据，最后两人终于相信这笔贷款非常可行，将贷款方案提交给了最终的决策人：首席信用官乔·曼格内罗（Joe Manganello）。他个子不高、秃顶、眼睛深陷，在信孚银行公司中他一贯否决怀有疑虑的贷款请求，位高权重。在他的办公桌上有一个破烂的木牌，上面写着他是"CAPO DEL MAESTRI PUNTATORI"，他自己漫不经心地把这些话翻译成"首席奶酪嗅探官"。一天晚上，曼格内罗沉默地审视着巴蒂的贷款建议书，时间显得无比漫长。终于，他扔下文件得出了结论。

"不错，"曼格内罗说，"我非常喜欢这个方案。"

真是令人兴奋，巴蒂打电话到KKR的旧金山办公室，让乔治·罗伯茨赶快来纽约，该讨论信孚银行下一步如何募集80亿美元了。当罗伯茨步入信孚银行的总部时，他和那些睡眼惺忪、胡子也没刮的银行经理们打着招呼，这些人刚把马拉松式的研究海湾公司的工作做完。与之形成对比的是，罗伯茨看起来令人惊讶地精神饱满，一点儿也不像刚从夜间航班上下来的人。他聊了一会儿就告辞回到了酒店，一个小时以后，他回来了，脱掉了刚才穿着的黄色衬衣，换上了时髦的白领蓝色衬衣，开始挑刺，说信孚银行的人想要的两个点的贷款募集费用实在太高，海湾公司是世界级大公司，KKR有超级良好的历史记录，等等。"你们简直是在耍我们啊！"罗伯茨叫唤着。曼格内罗，这个在信孚银行工作了23年的老手，自信已经洞察一切，不可思议地爆发了，他指着罗伯茨说："你知道你的毛病在哪儿吗？你小子一天要换两件衬衣，你看看这儿的这些人，我们每天拼命干活，如果运气好的话才有钱每两天换一次衬衣。"[6]

屋子里的所有人，包括罗伯茨，都迸发出大笑。几分钟之内，他和曼格内罗就在贷款募集的佣金上达成了妥协。落实了有史以来最大的石油公司收购案令人开心不已，对于小小的KKR和大得多的信孚银行的团队都是巨大的鼓舞。这家纽约银行决定自己仅提供2.5亿美元贷款——但是同意把会议室借给罗伯茨和一些KKR的同事使用，以向其他每家也可能提供2.5亿美元贷款的银行做演示。信孚银行的经理们计算过，如果这笔贷款能够募集成功，安排这笔贷款的佣金，即使减去要和其他贷款银行分享的部分，也有几千万美元之巨。这肯定是信孚银行在单笔商业贷款中最大的一笔佣金，对整个银行1984年的利润是一个支撑。

对罗伯茨来说，不幸的是他买下海湾公司的梦想只不过多持续了一周的时间。1984年3月5日，星期一，在匹兹堡召开了一整天的董事会议，该石油公司的董事们主持了对该公司的拍卖，以便确定一个胜出的出价方。当天晚些时候，董事会选定加利福尼亚标准石油公司以134亿美元现金的出价胜出。KKR的出价虽然账面价值更高，但是其中包含要发行新的债券，这对投资人的吸引力不够。信孚银行为了拿到好处，已经从其他银行那里凑了40亿美元的贷款，但是一旦确定KKR并未得到买下海湾公司的授权，就只能撤回贷款了。

在之后的15个月里，KKR又退回去搞中型公司的收购了。在KKR和信孚银行中的任何一方敢于再次寻求巨型收购之前，还得在双方之间做很多团队建设的工作。然而逐渐地，双方的友情巩固起来，无论在紧密程度上还是重要性上都超越了KKR与伊利诺伊大陆银行的关系。在KKR考虑买下糖厂阿姆斯达公司（Amstar Corporation）时，一名28岁的信孚银行职员摩根·圣约翰跑到华盛顿的官僚机构里面，花了好几天时间来收集全球糖市场的情报。信孚银行自身并不需要这些信息，但是这一研究有助于KKR，也有助于增进该银行和它的客户之间的友谊。几个月之后，在KKR收购食品批发公司马龙－海德（Malone & Hyde）所需贷款的谈判过程中，巴蒂的另外一位手下杰米·格林（Jamie Greene）吃了被污染的三明治而患上了肝炎，但他在病床前还坚持工作，因而赢得了大家的赞赏。

随着与KKR的关系变得互惠互利，巴蒂开始了他的大翻盘，不可思议地扩展了收购贷款生意。信孚银行自身很少对某个借款人提供超过5000万美元或 1 亿美元的贷款，而 KKR 借款的胃口显然远远超过了此等规模。与其让大型的美国银行，比如花旗银行把 KKR 这一客户夺走，巴蒂辩称，信孚银行应该调整其目标，它应该引导一个贷款银团，以便能够为巨型收购提供 10 亿美元以上的贷款，信孚银行自身可以提供高达 5 亿美元的贷款，但是应该迅速地减少自己直接承担的贷款额度，把这笔贷款分成多笔，卖给不和 KKR 直接发生交易的地区或外国银行。在这个收购贷款的游戏中，实际上信孚银行成为一个强势的中间人，巴蒂的团队会帮着 KKR 与全世界的贷款机构打交道，当然这些工作自始至终都是要收费的。

巴蒂的上司，信孚银行管理委员会成员拉尔夫·麦克唐纳很喜欢这个建议。1985 年 9 月，在纽约州塔里镇召开了为期两天的度假式管理层会议，巴蒂、麦克唐纳和其他一群经理人同意担任这种新的中间人角色，只是有一个障碍：信孚银行已经有一个部门负责把大额贷款散卖给其他银行了，那些贷款经纪对零售收购贷款的事情不感兴趣。风险太高了，他们声称，"一个买家也找不到的"。巴蒂恼怒不已，在 1985 年秋天他威胁要建立归他直接管理的贷款交易部门，但是麦克唐纳的招儿更狠。在他喜欢的位于曼哈顿中城凌乱简陋的湖南中餐馆吃晚饭时，他向贷款经纪部门的头儿交代了新的策略。

"我们做不了这事儿。"这个贷款经纪人回答。

"你还没搞清楚怎么回事吧，"麦克唐纳冷冷地回复，"到明天，信孚银行就得卖掉杠杆收购贷款。你要是找不到买家，我们就让干得了的人来干这事儿。"

这个反抗的交易员头儿立马屈服了。"我想我们可以试试看。"他恭顺地回复麦克唐纳。[7]

信孚银行是要将自己转变成为 KKR 服务、换取高佣金的经纪人，而不是一家完整的独立银行。

KKR 采取了下一步动作。尽管对买进海湾公司失败感到恼怒，但是他们并未失去锐气，克拉维斯和罗伯茨在 1985 年不断寻找可以收购的巨型公司。

贷款交易市场正在兴起，KKR合伙人的抱负也在膨胀。1985年秋天，克拉维斯本来要去肯尼亚做摄影－狩猎式的度假，结果很快就因脱离了华尔街的逐利氛围而焦躁不安。有一天天刚亮，他就爬起来跋涉了好几英里，跑到肯尼亚大片灌木丛中唯一的一家商店，找到一部手摇电话，打给旧金山的罗伯茨，去了解美国收购市场的最新动态。[8]

"有个消息要告诉你，"罗伯茨在跨越大西洋的电话中说，"吉姆·达特（Jim Dutt）已经下台了。"

"太好了！"克拉维斯回答。

KKR到此时为止最大的收购动作正要展开。达特是总部设在芝加哥的碧翠斯（Beatrice Cos.）的主席，专横霸道。该公司是一家年营业额110亿美元的集团公司，拥有安飞士、纯果乐、倍儿乐、Hunt-Wesson、Samsonite以及其他十几家知名的食品和消费品公司。此前克拉维斯和罗伯茨已经试过3次，想买下它旗下的一些公司，但每次都以失败告终。然而随着达特下台（他是被一次董事会的权力斗争赶出去的），碧翠斯也失去了方向，公司股价很低但其下属公司很强健。如果KKR能迅速凑集到50亿美元以上收购它所需的贷款，收购这家芝加哥公司的举措就很有可能会成功。用不着依靠在仓促间请来取代达特的过渡式管理团队，KKR可以建立自己的新管理层团队，依靠高出价赢得碧翠斯董事们的赞同。

碧翠斯董事会哗变后不到两周，罗伯茨就来到巴蒂在洛杉矶的办公室，准备好再次做一笔生意了。他先是例行地抱怨了一下一些小额贷款处理得不太妥当，然后就抛出经典的罗伯茨式的问题："你觉得你能为我们募集到30亿美元吗？"摩根·圣约翰被这个数字吓坏了，巴蒂倒无所谓。"没问题，我们应该能行。"他说。

在此后的4个月里，信孚银行的洛杉矶分行成了KKR的融资指挥中心，一整层楼被单独分隔出来，断绝和银行的普通往来，以防止他人刺探情况。碧翠斯项目被起了一个秘密代号：安德烈提。这是用碧翠斯所赞助的赛车手马里奥·安德烈提的名字命名的。每过几天，罗伯茨就从旧金山打电话过来问些问题或者提供新情况。每个电话过后，巴蒂就会召集5～10个银行员工到他的办公室里做情况通报。"他有两张长沙发，"当时很年轻的信孚银行贷款员德克斯特·佩因（Dexter Paine）回忆道，"你得早点儿进去才能有个座位。不然就只能从会议室拎把椅子过来了。罗恩总是兴高采烈地把文件贴得满墙都是，细细琢磨交易的结构。"圣约翰——这个巴蒂团队里年轻的哈佛毕业生被分派去搜集内部情报。当KKR需要暗中评估碧翠斯下属斯蒂菲尔灯泡分部的价值时，圣约翰就会在周末来到西洛杉矶的一家灯泡商店，装出一副大买主的架势。"我花了好几个小时和卖货的小子聊灯泡，"圣约翰回忆道，"提出进口产品有什么不同等各种问题。他还以为我要买一大堆灯泡呢。"这不算是什么詹姆斯·邦德式的情报，不过和商业银行业以前的做法相比也挺有趣的。

因主要精力都被卷入投标碧翠斯所涉及的收购策略，罗伯茨和克拉维斯很快就把从银行融资的细节工作转给了他们最新的助理——从银行员工转行到交易中介的迈克·托卡兹。托卡兹很快就领悟了KKR式自我推崇的心态，不过他远比克拉维斯或罗伯茨表现得更直截了当。信孚银行的圣约翰有一次去了KKR的纽约办公室，没想到就贷款条款中的一个小环节和托卡兹发生了冲突。圣约翰转身离开托卡兹的办公室，要去肯尼迪机场返回加利福尼亚。谁也没想到，托卡兹抓起一大沓碧翠斯的贷款文件，狠狠地摔在了地板上，KKR的同事们还以为是遇上地震了，弄得整个大楼似乎都在晃悠。"不行！"托卡兹大怒。"你给我留下，不解决问题不能走！"圣约翰留下了，托卡兹赢了，贷款谈判往前推进了。

在1985年10月中旬，随着KKR展开为期4个月的吞并碧翠斯的战术性战役开始，银行这一方的活动暂时放缓了。收购谈判自身是一个巨大且复杂的工作，充斥着无数插曲：董事会上令人伤感的最后摊牌、自我意识的缠斗，还有内部交易丑闻，导致最终有两个人坐牢，其他人则多年未能排除嫌疑。这一事迹和 KKR 在 20 世纪 80 年代其他巨型收购战中的故事，会在后面的章节中一一道来。

巴蒂的团队终于在 1985 年 10 月 17 日迎来一个光荣的时刻，碧翠斯的华尔街顾问们开始询问 KKR，到底怎样才能买得起像碧翠斯这么巨型的公司呢？一名 KKR 的顾问、基德·皮博迪公司的投行专家马丁·西格尔（Martin Siegel）突然掏出两封资金承诺函，一封由高风险债券承销商德崇出具，声称它很有信心募集到 20 亿美元；另一封由信孚银行出具，声称它自己将投入 5 亿美元，再从一个银团募集到额外的 30 亿美元。"我们非常关心它们的资金状况，"给碧翠斯做顾问的所罗门兄弟公司的投行专家艾拉·哈里斯（Ira Harris）回忆道，"但它们准备充分，互相配合，看来它们的出价确实不是说着玩的。"

在 1985 年秋天剩下的日子里，KKR 和信孚银行的人克服了一波波的融资危机。自从霍代尔收购以来，KKR 还是第一次这么有干劲地运用其巨额债务收购的手段，不过现在陷于怀疑和不信任的境地中了。碧翠斯收购的规模过于庞大，多年来贷款给 KKR 的那几家银行无法提供这么大的资金量，需要找到匹兹堡、洛杉矶、东京和法兰克福等地的银行，从这些以前从未考虑过为收购融资的银行那里获得贷款。看来这一次信孚银行要是真能募集到承诺的 30 亿美元，世界各地的很多银行就必须得改变它们最基本的信条，重新审视为商业提供贷款的目的了。

按照他们的习惯，KKR 的经理人们和信孚银行的伙伴们开始编撰一部厚厚的关于碧翠斯的"银行手册"，以便展开融资进程。该文件包含了银行家需要知道的每一个事实，每隔几页就写进去一些鼓动性的对话。碧翠斯的瓶装水分部有多强势？为什么它在达拉斯控制着 34% 的居民供水市场，而在休斯敦则是 70%？碧翠斯这家公司有多好？为什么它具有"极佳的市场地位"？为什么 KKR 挑选的新管理团队是"强有力的"？和 1978 年粗糙寒酸的、到处都是涂改带痕迹的霍代尔案备忘录不同的是，这次拿出来的是一本排版清爽、1.5 英寸厚的大书。巴蒂在洛杉矶的员工们把这份文件送给了将近 100 家主要的银行，并向每家银行极力推介。

遥远地方的银行一开始有点儿犯难，在几十年的时间里，碧翠斯一直以拥有美国最保守的资产负债表而自豪，债务极少，它的运营利润可高达利息费用的 15 倍。1984 年，碧翠斯的管理团队已经承担了很多债务来支付收购，而运营利润只有利息费用的 2.5 倍了。现在 KKR 建议要用更高的债务来换手公司，1986 年的预期运营利润仅仅是其利息费用的 1.3 倍。即便 KKR 向他们保证，由于出售资产能拿到大约 15 亿美元，银行贷款可以很快清偿，一些银行家还是认为这根弦绷得太紧了。

但是 KKR 的经理人们知道该怎么说服银行，他们决定向银行家们实地展示碧翠斯全部的工业潜能，一个个环节慢慢地说服他们。在 1985 年 11 月中旬，巴蒂和托卡兹邀请银行家们到纽约皮埃尔酒店听取碧翠斯的新任 CEO 唐纳德·凯利（Donald Kelly）描述他对公司的计划。凯利轻松而自信，用他的风格以及他能引用的各种数据来打动贷款人。"凯利太棒了，"一位外国银行家说道，"你心里清楚不管他用什么手段，就是能办成事儿。"然后一架专机（费用是由 KKR 正在募集的贷款支付的）把银行家们送到碧翠斯在芝加哥和加利福尼亚的工厂中，他们在芝加哥品尝香肠，在另一个碧翠斯工厂试用 Samsonite 牌折叠旅行袋，在加利福尼亚品尝番茄酱，在其他一些地方看到虽互不相关但体现了碧翠斯强大生命力的形象，到了这时，一些银行家心里对于巨额债务的疑虑开始消散了。[9]

到 11 月中旬为止，KKR 和信孚银行已经募集到大约 20 亿美元。其他 3 家银行——花旗银行、汉华银行和加拿大丰业银行都承诺每家贷款 3.5 亿美元。但是由于 KKR 的建议收购价提高了，现在需要 41 亿美元的银行贷款总额，剩下的21亿美元还得从世界的各个角落募集。

对于托卡兹和巴蒂的员工来说，落实最后几个贷款人真是太折磨人了。因为拿不准美国的银行是否能提供足够的贷款，托卡兹开始接触德国、意大利、法国甚至日本的银行。在12月的前两周，他早晨6点就钻进KKR的办公室，开始给正处于工作时间的欧洲银行打电话，然后他一直待到晚上11点甚至更晚，以便在东京的上班时间给日本的银行打电话。有一次，KKR的助理、同事凯文·布斯凯特（Kevin Bousquette）经过托卡兹的办公室，告诉他："你是不是要成了在KKR活得最短的人了？雇你来就是让你从银行融资的，怎么你还没搞定啊？"[10]

最不寻常的就是深夜了，寥寥几个人还散布在KKR办公室所在的第50层高楼里：保安沿着走廊巡逻，清洁女工倒空垃圾箱，一个身着正装、打着领带的交易中介还在和地球另一边的银行家们交谈，托卡兹尖细的中西部口音在KKR空荡荡的走廊里回响。为了抓住赢得更多贷款的每一点希望，托卡兹表现得就像是全美国最信用卓著的人。在充斥着吱吱啦啦杂音的通往东京的电话中，他解释着碧翠斯收购的复杂结构。KKR在德勤的会计师们已经搞出来一套新的税务花样——建立所谓"镜像子公司"，以这种方式在必要的时候可以分拆碧翠斯，以便规避资本利得税。"托卡兹先生，"在深夜两点的时候一个日本人的声音突然冒了出来，"你能解释一下镜像子公司吗？"托卡兹向来话多，从来不会用简单的方式回答任何问题，这时候就要花上快半个小时演讲一番。然后一个新的日本人的声音又冒了出来——这次是另外一个贷款官员，恰好路过在东京的那个会议室。"托卡兹先生，我们不懂镜像子公司，请解释一下。"

一天晚上，托卡兹在办公室的椅子上睡着了。第二天早晨吃早餐时，克拉维斯听取了他和银行交流的进展情况汇报。给了他一个微笑、一个玩笑或是一句鼓励的话，克拉维斯就让他的新助理又投入新一天的筹款中了。

保持士气可不总是这么容易。信孚银行和托卡兹每次刚拉进来一家新的银行，就有一家已经加入的银行退出去；巴蒂的团队或托卡兹每次再拉回来一家银行，另外一家贷款机构就又有了其他疑虑。

1985年12月18日，信孚银行和KKR都要陷入恐慌了，到现在为止募集到的银行贷款距所需的41亿美元还差十多亿美元，如果其余的钱不能在48小时内落实，KKR就会错过碧翠斯董事会设定的最后期限了。不能准时募集到资金会损害KKR完成碧翠斯收购的能力，还会影响该公司在华尔街的信誉。罗恩·巴蒂和他的下属坐在信孚银行的会议室里，不屈不挠地开始他们所谓的"拨叫美元"。[11] 就像刚出道的卖股票的人一样，他们向一家家银行打电话："你们看过我们的碧翠斯交易吗？你们有兴趣提供贷款吗？有没有什么问题需要我们解决的？"大约1/5或1/10的电话会取得成功，有时候信孚银行团队得低三下四的。

最令人苦恼的是花旗银行的不合作——这是最初4家已经同意提供贷款的银行之一，它的一位杠杆收购贷款专家罗恩·科明斯基（Ron Kominski）坚持要KKR同意在9个月内就卖掉碧翠斯的主要分部，确保该银行能快速收回大部分贷款。托卡兹自己怎么也不能说服科明斯基，只能找克拉维斯帮忙。克拉维斯凑近免提电话，先是热情地问候一番，然后就听取科明斯基的意见，刚听了几句，克拉维斯就打断了他。

"你知不知道你在阻挠有史以来最大规模的杠杆收购？"克拉维斯大声说道，声音里恼怒不已。

"哦，知道啊！"科明斯基顺着他回答道。突然间，科明斯基自己回忆说，"这个分歧点不重要了"。和托卡兹讨价还价是一回事，但是克拉维斯的气场太强大了，为这等小事再啰唆实在是不像话。[12]

在碧翠斯董事会设定的期限截止之前几个小时，一大群不合作的银行终于妥协了。美国银行承诺贷款2.5亿美元，一家意大利银行贷款5000万美元，五家日本银行总计贷款 2.5 亿美元。最后的忙乱出在花旗银行上，该银行的律师们宣称他们找到了"七条毫无谈判余地的分歧条款"。到午夜时分，托卡兹和另一位 KKR 的经理保罗·雷切尔把花旗银行谈得只剩下两条分歧条款，深夜 3 点，托卡兹和科明斯基终于弥合了所有分歧，睡了几个小时。

12 月 20 日上午 9 点，托卡兹兑现承诺，向碧翠斯在纽约的律师行发去 53 份贷款承诺书，这些文件来自全球各地的银行，刚好凑够 KKR 所需的总额。托卡兹双眼朦胧，穿着皱巴巴的衬衣，他从前一天晚上到现在还没顾上换呢。花旗银行的承诺书有点儿缺陷（在托卡兹看来），有一条特殊条款显得比其他所有银行的承诺都更为苛刻。一个挑剔的律师或许会质疑花旗银行的文件，这样的话 KKR 就凑不够收购所需的资金了。不过碧翠斯的代表是 WLRK 律师行，这家律师行在交易进程中完全是实用主义者，一心一意地要把这个困扰中的公司卖出去，WLRK 律师行的律师理查德·卡切尔（Richard Katcher）确实注意到了花旗银行的文件不同寻常，但他根本不去考虑该条件的实质，直接打电话给托卡兹，说银行融资步骤算是正式完成了。托卡兹成功地落实了这桩杠杆收购的贷款，心满意足地困极而睡。

后来又花了四个多月的时间来完成 KKR 对碧翠斯收购的其他环节。到了 1986 年的春天，该庆祝了。

不仅是 KKR 完成了其第一桩巨型收购，克拉维斯和罗伯茨在这一过程中也成了华尔街收购圈子里美第奇式⊖的恩主。在 KKR 从各个渠道——银行、垃圾债券市场和 KKR 自己的投资基金募集到的 62 亿美元中，有 2.48 亿美元以酬金的形式付给了投行、律师和其他促成交易的机构。"前所未有。"《华尔街日报》简练地表述了对那些佣金的看法。53 家银行瓜分掉 4400 万美元，律师们拿走了至少 2000 万美元，基德·皮博迪公司的马丁·西格尔要收费 1000

⊖ 美第奇家族是意大利佛罗伦萨的著名家族，推动了文艺复兴运动，马基雅维利的《君主论》即题献给该家族当时的领袖。——译者注

万美元，这已经是他历史上最高的一笔收入了，结果 KKR 回复说他的公司在收购中表现实在太好，应该拿到手 1200 万美元才合理。碧翠斯的新管理团队得到了 880 万美元，连 KKR 一位辅助性的顾问、投资银行家杰夫·贝克（Jeff Beck）也获得了 450 万美元的收入。[13]

总体来说，克拉维斯和罗伯茨统辖了或许是华尔街曾创造出来的最伟大的自我致富机制。1986 年第一季度，碧翠斯的 10 万名员工，通过在安飞士租车给客人、在 Samsonite 制造箱包以及从事其他数百种传统工作，为碧翠斯创造了 2.4 亿美元的运营利润，而一群交易中介、贷款人根本就没有在工业劳动中动过手，就挣到了同样多的钱，他们所做的不过就是解决了怎么买下碧翠斯的问题。当然，在这场挣钱大赛里最大的赢家是小公司 KKR，它收取了 4500 万美元报酬。

1986 年 4 月 18 日傍晚，大约 190 位参与碧翠斯交易的 KKR 合作伙伴来到了纽约历史协会，这是一座位于曼哈顿居民区上西区里的静逸的博物馆。宾客们享受着奢华喧闹的聚会，事过多年有些人还是念念不忘。德累斯登银行（Dresdner Bank）执行官尼古拉斯·格林（Nicholas Greene）回忆道："真是非同凡响，虽不能说失控，但也差不多了。"[14]

宾客们刚一进去就受到 19 名着无尾礼服的侍者的欢迎，10 名葡萄酒侍者奉上香槟。在后面的角落，一位钢琴家在为晚会特意搬进来的袖珍三角钢琴上弹奏出格什温谱写的乐章。该协会巨大的 4 层楼的展览大厅已经被改为用餐场所，墙上依然挂着奥杜本的水彩画原作，上面画着燕尾风筝、大灰猫头鹰和其他鸟类，那些古老的艺术品所展现的正是 KKR 所渴望的世代显贵才具备的高雅格调。克拉维斯在主桌上开心地担任主人的角色，罗伯茨和科尔伯格坐在不那么醒目的副桌上。这一场晚会至少要花费 KKR 30 万美元，当然这实在是太小意思了。

晚宴后嬉闹的节目开始了。克拉维斯和碧翠斯的新任 CEO 唐纳德·凯利站上了主席台，正挨着一座巨大的表现一位垂死的美国印第安人的大理石雕塑。凯利俯视着所有的银行家，假笑着说："嗨！你们就是同一群傻瓜，他们以前借给我的钱根本花不掉。怎么样？你们滚开以后又干了一遍这等蠢事！"

银行家们怒吼起来，他们喜欢被大名鼎鼎的客户羞辱，这比被人忽略可强得太多了。

克拉维斯和凯利戏谑了一会儿，玩着交换帽子、笑话电话和巨型纸玩偶的游戏，然后该银行家们上场了。花旗银行的一位顶级银行家因其总在贷款条款上争执不休而得到了一只瓷猪；一位法国银行家得到了一本伯利兹短语词典；有人告诉一位意大利银行家，说他获颁一份证书，内容是他"完全不懂交易"。出乎所有人的意料，这位银行家从座位上站起来接受了奖状，他微笑着，丝毫不以为意。

这是一个在承诺了无限财富和权力的时代里，兴奋和激动人心的夜晚。大约午夜时分，人们陆续离开，信孚银行以分发190件红色T恤的方式作为头号客户的奖品。吉姆·达特时代有一个广告口号——"我们是碧翠斯，你们一直都了解我们"被顽皮地改写了，每件T恤都在正面和背面用粗体白色字母印上了一个新口号："我们是KKR，你们一直都了解我们。"一些年轻的银行员工穿着新到手的红色T恤，沿着西中央公园踉跄而行，但愿此夜无止无休。一位信孚银行的贷款官员回忆说："我们根本就没上床睡觉，一整晚都待在外面。"

随着碧翠斯收购的完成，一条新的金融战线开启了。曾经在20世纪70年代后期为收购融资的一小批银行，现在已经膨胀成遍布全球的热切的贷款人大军。杠杆收购被称为贷款的"最前沿"。在20世纪80年代余下的年份里，靠着这群跃跃欲试的银行的帮助，企业狙击手、收购专家甚至一些直率的骗子们买下了美国一些大型企业，却只用拿出很小一部分它们自己的钱，不足的钱只需借来就行了。

信孚银行洛杉矶分行的三位贷款官员——乔治·哈特曼、罗恩·巴蒂和摩根·圣约翰通过为KKR的杠杆收购融资奠定了其行业地位。这些T恤是为了纪念达成1986年的碧翠斯杠杆收购的一个恶搞式纪念品（信孚银行友情提供图片）

当时对银行来说，为杠杆收购贷款看来是很棒的赚钱生意。通常，银行给大型企业的贷款所获毛利润非常微薄，以基点（一个百分点的1%）来衡量。收购贷款的利率则非常丰厚，一般是基准利率再加150个基点，或在伦敦银行同业拆放利率（这大致就是银行获得资金的成本）的基础上再加上225个基点。认购这些贷款的牵头银行还可以获取贷款总额度1%～3%的佣金。加在一起，这些利息和佣金收入在许多年里使得收购贷款成了银行最有利可图的特殊业务之一。通过收购贷款业务，罗恩·巴蒂的信孚银行洛杉矶分行推动其税前年利润超过了8000万美元，而在开展巨额的KKR业务之前，这一利润还不到1000万美元。其他银行也算得清楚，一次性地为收购一家《财富》500强企业提供融资所赚的钱，远远超过了它们支持该企业日常商业活动4年所赚的钱。

对联邦储备委员会主席保罗·沃尔克来说，收购借贷的狂热令他极度不安。这类贷款也许是有利可图的，他评价说，但是对生产力发展完全没有正面作用：没有新建工厂；没有新开发油田；没有理论和专利被转化为新设备，收购贷款不过是在企业财务体系中的不同组成部分之间转移资金而已。在1979~1987年的任期里，他两次对"非生产性贷款"提出限制措施，但银行家们很快就找到办法绕过了这些限制。即使从美联储退休以后，他仍在继续抨击银行歪曲了发放贷款的使命。1988年后期，大都会人寿保险公司发起诉讼，阻止KKR的一桩收购，沃尔克听到消息，唯一的反应就是蹦出来一句话："太好了！"[15]

沃尔克的抱怨一点儿也没有改变那些美国最大银行的行为。致富和创造金融历史，其自身的力量实在是太激动人心了。"（致富和创造历史）是始终如一的责任，"信孚银行的德克斯特·佩因回忆说，"你所从事的交易刊登在《华尔街日报》的头版上，让你的肾上腺素立刻升了起来。"银行的最高执行官们助长了这一狂热现象，将他们最好的年轻员工调往杠杆收购部门。"人们自然地会转到他们所理解的热点区域，"信孚银行的执行官拉尔夫·麦克唐纳注意到，"我们只是批准这一转移而已。"

事实上不久之后，美国最大的15家"赚钱为核心"的银行全都建立起庞大的杠杆贷款部门。收购贷款的专题研讨会四处涌现，报纸也是如此。银行家们确信他们已经找到了巨大的新生意，要尽快地开展对它的宣传。花旗银行招募了伊利诺伊大陆银行的弃儿——托德·斯洛特金（Todd Slotkin），他建立起一个庞大的收购贷款部门，在最高峰时员工多达400人。在大通曼哈顿银行，玛丽亚·比奇（Maria Beechey）这名年轻英国女性的职业生涯是从给希腊船运巨头提供贷款起步的，到了20世纪80年代中期，她转到收购贷款部门，挤进了公司内部的快速上升通道，在收购贷款部门工作几年后就被提升为执行董事。新的银行业出版物如《企业融资》杂志开始刊登这些收购业务贷款人的事迹，塑造了其明星潜质。

最令人瞩目的职业晋升出现在纽约另外一家大银行汉华银行中。马克·索洛（Mark Solow）的迅速提升让银行员工们惊讶不已，马克是一个市侩的本地人,在20世纪70年代曾负责向服装行业提供贷款,他开玩笑说一套正装和鞋加起来都不值50美元。然而从1982年开始,索洛的注意力转向收购贷款,给银行带来了六位数的酬金,他自己也很快获得了提升。1985年12月,索洛领导着汉华银行的收购贷款部门,设定了最高的目标。[16] "我们大概属于二流或三流的玩家,"索洛后来回忆道,"我们想成为一流的。"索洛刚一上任,第一件事就是跑去找克拉维斯,他说:"我想为KKR的交易做牵头银行。"索洛的银行始终没有能取代信孚银行担任KKR的首席银行位置,不过很快成了第二把手。[17]

1989年和1990年,有人问到所有这些收购贷款到底实现了什么目的,银行家们也确实为他们的疯狂活动找到了一些经济角度的合法性理由。银行家们评价说,这种贷款把钱给到了被收购所赶出去的股东手中,这些股东必然会重新把这些钱投资到某些领域中,从而最终保证了生产性投资。在20世纪80年代末期的一份年报中,信孚银行诚恳地告知其股东们,将债务施加到美国企业的账本里"已经促使了效率的提高,最终有助于偿还这些债务"。好像是为了自我安慰,他们还没有忘记银行的基本使命,信孚银行的高管们进一步声称"为了实现大家普遍接受的目标,资本的杠杆化是一个有用的手段"。信孚银行的首席信用官乔·曼格内罗在1989年的一次访谈中,详细阐述了这一观点并补充说收购"通过严格约束一家企业创造了更高的内在价值"。[18]

然而曼格内罗也承认,在20世纪80年代中期安排大多数巨额收购贷款的时期,人们"不怎么问到贷款的社会影响问题",赚钱才是重要的。

这样的一个例子是KKR在1986年收购塞夫韦,KKR这次又是要寻求超过30亿美元的银行贷款。银行的初步反应好坏掺杂。从好的方面来说,塞夫韦是当时美国最大的食品杂货连锁商店,KKR的经理人们在兜售他们自信合理的财务计划:通过卖掉塞夫韦的部分资产获得超过20亿美元,以获得足够的现金迅速偿还大部分为达成收购所带来的债务。但是塞夫韦的盈利记录不像碧翠斯那么好,这就让这桩新收购的融资风险更高。所以托卡兹(再一次担任

KKR和银行谈判的负责人）决定试着放点儿小诱饵出来。1986年7月下旬在旧金山向银行家们推介塞夫韦收购案时，托卡兹声称，任何银行如果在3天内保证提供4亿美元贷款就可以得到100万美元的"许诺费"。如果银行想用更多时间做决定也可以，但是只有第一批贷款的机构才能拿到这100万美元，一些银行家把这个战术称作"早下手特别费"。[19]

托卡兹完美地把握了银行家的心理。KKR所需的4亿美元数目，对任何银行员工都没有什么意义。它会以电子转账的方式从中心资金库划到KKR的账户中，不会真的挂到银行员工的头上。另外，100万美元就像银行员工坐着的金属椅子那样实实在在，有些银行把佣金收入的5%~10%作为那些赚到佣金的员工的奖金基金，如果及时给KKR提供贷款，到了年底，这些员工就有可能多拿10万美元。这笔收入还是吹牛的本钱；那些员工可以告诉其同事，在一周内他们就给银行带来了100万美元的佣金。4天之内，塞夫韦收购项目就得到了超过60亿美元的银行贷款承诺——这是KKR所需资金的2倍。

普通的工业贷款从来没有这么好的收益。不久，给大型工业企业的银行贷款萎缩了。1987年由美联储主导的一项调查发现，在某些大型银行中，为杠杆收购和其他类型收购提供的贷款已经占到全部企业贷款总额的40%，杠杆收购贷款的巨额佣金和利息收入就是这么不可抗拒。一支名副其实的由美国和别国银行组成的大军，聚集在KKR的大旗下阔步前进，信孚银行就是挥舞那面大棋的旗手。巴蒂的团队用极有诱惑力的方式向其他银行推介，诸如："我们为你提供一个机会，参与给世界顶级收购集团提供巨额贷款。这可以更快地让你们的银行获利，几乎比你们手里的其他任何交易都更快。对你们银行来说，贷款的条款会让你们非常赚钱。不过很多银行都想参与这项贷款，不是每家都有位置进来的。你们最好抓紧时间。"

为了确保银行的贷款意图不会减弱，KKR的合伙人们还拥有一个更根本的特质：一份良好的历史记录。几乎每个员工最大的顾虑就是他批准了一笔巨额但愚蠢的贷款，这会是他的"职业终结者"。就像信孚银行告知其低级贷款员工那样，做了错误的贷款就有可能会被KKR这类公司扫地出门。然而，在每家银行内部的某个地方，都坐着一位年长而老派的信用官员来及时阻止愚蠢的贷款。虽然有KKR建立起来的宏大表象，但克拉维斯和罗伯茨足够明智，知道一旦他们买下的几家公司不能及时偿还债务，银行就会迅速以严厉得多的态度来判断KKR——按照它表现最差的交易来评定。

事实上，KKR的财务记录很不错——但不那么完美。从任何时间点上来看，KKR所收购的公司中有85%~95%能准时支付利息。然而，在KKR的投资组合中，也有一些收购失败了。罗伯茨和克拉维斯在1971年买下的考博斯鞋业以破产告终，KKR在1980年买入的一家小型机械工业公司伊顿-莱昂纳德也是如此。科尔伯格和罗伯茨在1981年以4.25亿美元买下美国森林制品公司是最大的失误，它成了严重的木材工业衰退的受害者，无法准时偿还债务。在20世纪80年代中期，KKR的合伙人们私下里和美国森林制品公司的贷款机构就是否赦免该公司部分债务发生了冲突。然而在KKR列举其历史记录时，类似收购美国森林制品公司这样的缺陷直接从总账里被剔除。当有人问起来的时候，KKR的合伙人就优雅地解释说这桩木材收购是一桩特别的"为了享受税务优惠"的交易。在1986年以后，这桩交易就不再被列入KKR在金融圈里散发的半公开的业绩总结里了。

凭印象做事的银行家们没有心情检视该收购公司的历史细节，这更为传说添油加醋。KKR的历史"完美无瑕"，这样的故事持续流传。在一名投资银行员工的印象里，KKR的记录就像"演员米歇尔·菲佛一样完美"。20世纪80年代中期在银行圈里的说法是KKR从未有任何交易陷入财务困境，这个传说当然不是事实，但是克拉维斯和罗伯茨任其传播。

KKR的经理人们认识到那些忠实的贷款银行未必能满足其需要，于是他们时不时地离开纽约或旧金山的办公室去亲自招募新的银行合作伙伴。例如乔治·罗伯茨在20世纪80年代中期不断去俄勒冈州波特兰拜访约翰·埃洛利亚加（John Elorriaga），他时任俄勒冈州美国国民银行的主席。"我们正在西北部地区寻找一家牵头银行，"罗伯茨在其初次拜访时说，"你是我们的第一选择。"这是一个奉承的做法，也隐含着一个隐蔽的威胁：如果埃洛利亚加不干，他在当地的竞争对手就会拿到KKR的业务。埃洛利亚加了解这一信息，他的银行连续为KKR的四桩收购组织了融资。"我们要是不和他们一起干的话就会错过这条船了。"埃洛利亚加后来回忆道。[20]

更常出现的情况是，信孚银行能吸引来自遥远地方的银行加入贷款银团，这无须KKR操心。日本、德国、法国甚至中东等十几家国外银行都是KKR收购贷款的常规参与者。"如果你是外国银行，想在美国做生意，"一名中东银行的员工充满讽刺地解释道，"你跟着花旗银行和信孚银行干就行了，不然你就是瞎折腾。"为了尽可能地拉进来更多银行参与贷款团队，信孚银行把其洛杉矶分行搬到了更大的总部中，建立了一支20人的贷款团队，与纽约的贷款团队共同努力。穿着白衬衫的热情的年轻交易员们整天给全球各地的银行或融资机构打电话，为碧翠斯、塞夫韦和其他收购项目兜售500万美元一个的贷款项目。

现在整个银行运作的架构，正像KKR在20世纪70年代所设想的那样，它按照需求定制，适应罗伯茨、克拉维斯和其他收购专家们的需求。在汉华银行、花旗银行和其他大型银行中，银团贷款和贷款交易部门兴起，大批银行的数千名员工所做的工作，只有KKR和其他收购公司才能不断进行大手笔借钱，这才有意义。

对一些年轻的银行员工来说，转变身份加入KKR这样的收购操盘人团队越发有诱惑力了，这样做就意味着有机会挣到100万美元以上的奖金，这一数目是商业银行付给他们最成功的贷款员的奖金的四五倍。这些年里，KKR已经从第一芝加哥公司雇用了唐·赫德里克，从伊利诺伊大陆银行雇用了迈克·托卡兹。1986年年末，罗恩·巴蒂接到了乔治·罗伯茨打来的一个难忘的电话。

"你知道的，"罗伯茨说，"我们只把和我们长期共事过的人招进公司。"

巴蒂立即打起了精神。"我一直在等那个工作机会。"他回忆道。

"我们很想和杰米·格林聊聊，"罗伯茨继续说，"你看看这会不会有问题。如果有问题的话我们就去找其他备选人，如果找得到的话。但是我们觉得杰米比较合适，我们喜欢杰米，他能融入我们的组织。他已经在很多交易里和我们相处过了，希望你同意我们和他谈谈。"[21]

有那么一会儿，巴蒂有点儿狼狈。"你们该把我招进去的嘛！"他这么想着，不过马上他也就释然了，"行啊，如果罗伯茨想招格林也不错。"巴蒂走过大厅去通知他35岁的下属。"杰米，"巴蒂说，"我要你记住这个日子。乔治·罗伯茨想让你过去上班。"

"胡说吧！"格林说。

"真的，杰米。罗伯茨想和你谈谈。"

"罗恩，你在开玩笑，嗯对，你是在开玩笑。在拿我开心吧。算了，别玩了，别玩了。"[22]

随后格林知道他的老板是认真的，他不再结巴，开怀大笑了起来。一个月之后，杰米·格林加入了KKR。

到20世纪80年代末期，银行家们渐渐地越来越少关注贷款的实际价值，更多地转向收购所涉及的高额酬金。美国最有权势的银行家、花旗银行主席约翰·里德后来说起，80年代末，他所在银行的内部信用备忘录有了一次奇怪的变化。传统上的花旗银行备忘录以对一家企业前景的详细分析开头，结尾是该银行员工的佣金细节。随着杠杆收购贷款繁荣到了极点，里德评价说，佣金项目开始出现在备忘录的开头，对实际业务的分析被挤到后面去了。[23]

跃跃欲试的银行家们终于掀起了一次圆满的抢购贷款行动。这是1987年

2月的一个早晨，在纽约雷恩公园酒店，30名大银行的员工挤进酒店铺着红地毯的舞厅里，听取欧文斯－伊利诺伊玻璃公司的情况介绍。它是美国最大的玻璃器皿制造公司，这将是KKR最新的出征——该收购将需要30亿美元银行贷款。客观地说，这个计划比碧翠斯或塞夫韦交易的风险更高，在收购之后该公司的利息偿付比率不足，其业务也更容易受到经济运行周期的影响。但是KKR在那年冬天正处于了不起的角色阶段，那些幸运地有机会为它的收购提供融资的人们都赚了大钱。屋子里的银行家谁也不去怀疑，他们想的只是赚钱。

让欧文斯－伊利诺伊玻璃公司最高执行官们惊讶的是，银行家们几乎不怎么在乎分析事实的讨论。相反，就像一位目击者回忆的那样，银行家们为拿到KKR杰米·格林抛出的"早下手特别费"，爆发了激烈的争抢。最早同意贷款4亿美元的7家银行可获得"代理银行"的称号和额外125万美元的佣金，当听说已经有4个位子被抢走以后，狂热的银行家们不等听完欧文斯－伊利诺伊玻璃公司人员的介绍，就从椅子上冲出去，用胳膊肘挤开别的银行家，拼命想拿到第5~7个位子，身手敏捷的伊利诺伊大陆银行、美国银行和化学银行的员工们抢到了这个奖励，实际上其中一人后来还因为用最快的速度冲到KKR员工身旁，获得同行们颁发的"卡尔·刘易斯奖"。[24]

像前7位银行家一样狂热，另外7家银行也在几天之内拿着4亿美元的贷款承诺挤了进来。第二轮的这些银行家们拼了老命地想获得"早下手特别费"，不停地恳求格林，因此最后他只能让步，也授予他们"代理银行"称号。总的来说，收购欧文斯－伊利诺伊玻璃公司从美国、日本、加拿大和欧洲最强势的银行那里得到了超过70亿美元的贷款承诺，在"阿波罗登月计划"最忙碌的年份里也花不了这么多钱。格林完全被银行贷款淹没了，他只能在每家银行的承诺金额基础上同比缩小45%，无视将近40亿美元已经承诺的贷款，即便这样也依然能够满足欧文斯－伊利诺伊玻璃公司的融资需要。

在1987年的这个时刻，KKR是全世界最受欢迎的借款人。

|第5章| 德崇的魔幻世界

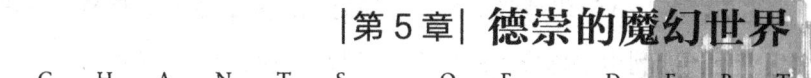

20世纪80年代是信用大繁荣的时代，其最令人惊骇的表现发端于加利福尼亚州比弗利山这栋位于威尔夏大道和罗迪欧大道交叉路口的一座五层的白色楼房里。在旅游者眼里，这是一个主要的购物区，其精品店和珠宝店闻名遐迩。但对金融市场的人们来说，位于威尔夏大道9560号的这栋白色建筑是德崇在西海岸的总部，迈克尔·米尔肯就在这里工作。只需拜访一次威尔夏大道9560号，就足以让企业狙击手、收购专家和想挣快钱的企业家们弄到巨额资金，用来追逐他们的商业梦想。银行界自身在20世纪80年代正把商业借贷推向新的领域，但是米尔肯和他在德崇的助手们让偏好债务的融资手段获得了深远的合法性理由，远比银行界自己的所作所为大胆得多。

米尔肯瘦削而魅力超群，其职业生涯专注于垃圾债券，这是一种有史以来能够随时提供给客户所需资金的机制。从表面上看，德崇的高风险债券和从19世纪初期就在美国开始发行的标准企业债券类似，一年支付两次利息，期限从三年到20年不等，一般来说面值100万美元或更高，主要卖给大型机构。但垃圾债券从发行之日起就具有令人心惊胆战的投机性，回报极高，在常规的债券只有8%～10%回报时，其回报就高达11%～15%。其设计理念就是让那些已经获得了巨额银行贷款的借款人还能获得更多的资本，这样就大大地增强了类似KKR这样的收购专家的权势。

在最风光的时候，米尔肯对待其客户的方式，让人把他和J.P.摩根相提并论。他和数百位德崇的同事一年承销200亿美元以上的垃圾债券，相当于1940年整个美国的国债总额。德崇为新兴企业家如广播业巨头泰德·特纳，还有卡尔·伊坎和T.布恩·皮肯斯这样的企业狙击手们募集到数十亿美元的资金，与此同时，米尔肯赢得了保险公司和储蓄与贷款协会的关注，它们的CEO们信服地放弃了大规模传统的贷款业务，转而买下德崇的垃圾债券。整个20世纪80年代，米尔肯和他的操作时而被人称作"杰出的"，时而又被人称作"危险的"，先是引发了人们的敬畏、恐惧，最终带给人们的则是极大的苦涩。

亨利·克拉维斯和乔治·罗伯茨慢慢地开始和他接触，起初只是略有兴趣，之后就被米尔肯的融资能力征服了。1984～1989年，他们请求米尔肯和他的头号助理彼得·阿克曼（Peter Ackerman）的帮助，为KKR的13桩巨额收购提供融资，不久KKR就成了德崇最大的借款客户。米尔肯对双方的关系夸夸其谈，把KKR描绘成摧枯拉朽般的金融革命中最伟大的改革者。"这是一种最为共生的关系，"一名德崇的最高官员后来谈到和KKR的合作，"他们支持我们，我们支持他们。"

坚忍不拔的工作态度、舍我其谁的精神力量和蔑视法律的行为举措奇异地组合起来，促成了米尔肯的成功。他凌晨4点就开始工作，每天工作18个小时，[1] 不断地激励他的客户和雇员，让他们自以为属于一个激动人心的新世界。但是德崇的这个垃圾债券世界中充斥着腐败和非法运作。他逼着债券发行人募集超过所需的资金，然后再用资金购买德崇的其他债券。他给予各种投资基金的管理者们丰厚的个人回报，换取他们同意购买用正常方式很难卖出去的债券。米尔肯把自己塑造成为客户服务的无私的战士，却在1987年秘密地给自己发了5.5亿美元的工资。就在这一年，德崇开始咄咄逼人地推动客户们参与交易，这些交易后来让客户们懊悔不已。

一般来说，克拉维斯和罗伯茨对和他们打交道的生意伙伴非常挑剔，却悍然无视德崇的所有表现。不管人们何时质疑他们与德崇的关系，克拉维斯都只有一个平淡的答复："他们履行了义务，只有他们能融到这么多钱。"[2] KKR请德崇执行收购环节中一个最艰难的任务：募集到银行认为风险过高而不愿提供的资金。KKR 的合伙人们做大交易的热望不可止息,而德崇则是使巨型收购有可能实现的同盟。只要数十亿美元的垃圾债券资金能到账,KKR 的经理人们根本没什么兴趣去了解德崇是怎么做到的。

他们与德崇合作了 5 年,从他们与声名狼藉的米尔肯的合作中,乔治·罗伯茨和亨利·克拉维斯实现了巨大的跨越。最引人注目的是,KKR 最终并未受到什么损失。

KKR 收购业务的独创模式与德崇垃圾债券的销售能力的结合发端于一场争吵,也终结于一场争吵。

在为一桩收购融资的努力过程中,最艰难的阶段是募集处于资本结构最底层的高风险贷款:次级债务。一般来说,商业银行提供的高级别贷款最多构成收购总价的 60%。⊖同时,KKR 要代表它的有限合伙投资人以贷款机构许可的最低首付(通常是收购总价的 5%~20%)收购一家公司的控制权,这就使得收购总价剩下的 20%~40% 的部分需要从别处借来,那些贷款通常执行比银行贷款更高的利率,也往往涉及更长的偿还期限,对贷款人来说也意味着更大的风险。

在 20 世纪 70 年代,KKR 依靠美国最大的保险公司保德信提供次级债务,为其一系列小型收购融资。但到了 80 年代初期,随着 KKR 的收购规模更为庞大、复杂,与保德信商洽贷款的过程变得艰难而漫长。KKR 的合伙人们尤其经常和雷·查尔斯(Ray Charles)发生冲突。雷·查尔斯当时快 60 岁了,

---

⊖ 即使在最狂热的时候,即银行努力争夺参与到这 60% 贷款的过程中,各家银行也拒绝进一步扩大其在融资里面的总份额。银行总是希望让数量较少的出资人承担较大的风险。

他是一位矮壮的前海军军官，掌控保德信大部分的公司贷款业务。"就像和黑手党打交道一样。"克拉维斯后来抱怨道。在克拉维斯看来，保德信不友善的官僚团队总是想压榨他那规模不大却日渐重要的收购公司。

雷·查尔斯则认为KKR的合伙人们都是一些贪婪的家伙，他不过是想确保保德信的利益不会因发放难以拒绝的高风险贷款去资助收购而蒙受损失。雷不会被任何借款人迷惑——即便是高速崛起的KKR也不例外。有一次，他无意中在保德信的走廊里碰到了克拉维斯，雷盯着克拉维斯笑了，说道："今天你跑来是想骗谁啊，亨利？"如果不能拿到极高的利率，不能严格约束一家公司的未来开支，不能获得被收购公司很大份额的所有者权益，保德信的经理人们就拒绝批准贷款。以这种方式，保险公司可以在成功的交易中分享最终的收益。克拉维斯、罗伯茨和科尔伯格建立了一个被动投资人的小圈子，拥有被收购公司的大部分所有权，条件对于KKR极为有利，查尔斯对此深恶痛绝。"我的感觉是：这种做法没有给KKR以外的人留下余地，其他人没有机会买下一家被收购公司的净资产，"查尔斯后来说，"净资产理应由次级债的出资人、交易发起人和管理层分享。"

在KKR最有名气的一位被动投资人、匹兹堡的亿万富翁亨利·希尔曼的问题上，冲突爆发了。即便在多年之后，查尔斯在这一话题上也无法自抑。"提供次级债务资金的人理应比亨利·希尔曼获得更多净资产，"他断然声称，"如果你只是买净资产，你挣的就是不法利润。亨利·希尔曼对交易毫无贡献，不应该获得净资产。"[3]

和保德信以及有类似想法的东海岸保险公司的最终冲突是1981年的两桩收购案：一桩是收购位于堪萨斯州肖尼米逊的马利公司，这是一家制造冷却塔的公司，另一桩是对洛杉矶的集团公司诺里斯的收购。当时美国的利率正处于上涨期，而衰退也已初现端倪，这让KKR获得完成收购所需贷款变得无比艰难。最终，KKR在马利公司收购中所需次级债的利率高达15%，这笔钱支付给了保险公司的贷款人,在诺里斯收购中次级债的利率更是高达19.5%,保德信和其他贷款人还在被收购后的诺里斯中占有了非同寻常的51.3%的股权,在马利公司中则占了更大的65%的份额。KKR及其被动投资人(包括引发意料之外的争议的希尔曼)在两家公司中的股权都不到40%,这是他们历来获得的最低的股权比例了。

在诺里斯和马利公司的交易中,保险公司从KKR手中赢得了想得到的一切好处——但这样做的后果是,保德信失去了其最出色的客户。在某次摊牌时,雷坦率地告诉KKR的合伙人:"根本就没有别的地方还能募集到钱,你们不得不和我们合作。"克拉维斯和罗伯茨对此郁闷不已,他们绝不想拱手相让任何一点儿好处,特别是他们与被动投资人的企图就是要极轻松地取得一家公司大部分的控制权,这更不容放弃。于是,KKR的人开始想办法摆脱保德信。

在差不多离保德信的办公室有2500英里的地方,迈克尔·米尔肯及其同事也已经开始寻求新的机会了。在20世纪70年代早期,米尔肯还是德崇的新员工的时候,就已经开始专注于被人们称为"垂死天使"的业务[4]——如宾夕法尼亚中央公司这样的大型公司所发行的债券。随着这些公司陷入财务困境,其债券价格也暴跌。米尔肯不断接触这类公司当初的贷款人,很多贷款人对收回投资近乎绝望,米尔肯便提出接手这些债券——当然是在票面价格上打了极大的折扣。他机敏地意识到了这类高风险债券从危机中恢复的前景以及可能的巨额回报,在抵消掉周期性违约的风险后还有余地。

不过美国经济毁掉公司的速度远不能满足米尔肯对新产生的"垂死天使"的胃口:一年只不过才20亿美元。米尔肯和德崇需要想办法弄出更多的垃圾债券,而不能只等着老派的工业公司自己出现麻烦。

当米尔肯和德崇的同事彼得·阿克曼开始关注KKR的交易时,这一解决办法就冒出来了。在每一桩收购中,KKR都让被收购公司陷于至少算是温和的财务困境中——为其次级债券支付高得可怕的 15～19 个点的利率。然而，在大多数情况下，这些被收购公司的经理人自己就能把其业务带回到财务健康的轨道上。在米尔肯和阿克曼看来，KKR 按这么苛刻的条件从保德信募集次级债实在是不合理。如果 KKR 可以不必和保险公司打交道——而是转而与垃圾债券发行商合作，那么每一方都会更有利。

1981 年下半年，诺里斯收购的财务条款刚一公布，阿克曼就猛冲了出去。他打电话给素不相识的罗伯茨，以著名的德崇式问候开口了："我们能帮上忙。"

"我们能帮上你们的。"在 20 世纪 80 年代初期，垃圾债券专家彼得·阿克曼一直向 KKR 的高管们传递这样的信息，这让他与这家杠杆收购公司建立了联系。他是一个才气纵横、腼腆羞涩又喜怒无常的人，帮助 KKR 发行了 150 亿美元的垃圾债券，这也让 KKR 成了美国最大的借款人（摄影 Amy Etra）

阿克曼是米尔肯精心挑选的使者。他那时三十五六岁，瘦削、卷发，在塔夫茨大学拿到了政治学博士，却逃离了学术圈。他曾创办一家泛非贸易公司，用卡车将牲畜从尼日尔运往拉各斯（结果牲畜死于干旱）。这一提高第三世界生活水平的狂想失败后,他偶然地加入了德崇。在这里,阿克曼不带成见地接触金融事务,经常抛出一个出人意料的、富有创造性的主意,这让他颇受米尔肯的器重。一开始他不够自信,穿着蓝色牛仔裤和开襟的羊毛衫上班,总是引用克尔凯郭尔(Kierkegaard)㊀的话,别人给他起了一个绰号——"小迷糊教授"5。但很快阿克曼就成了华尔街游戏的主宰,他脱下犹太研究生的服饰,代之以得体的套装和白衬衫,在加利福尼亚圣莫尼卡的小窝里也摆满了他参与过的所有交易的纪念品。最重要的是,阿克曼具备销售人员的天分:不管和谁交谈,他都能让对方感到自己是阿克曼一生中最为重要的人。

在1982年早期的这些电话交谈中,阿克曼的推介手段是引起罗伯茨的兴趣,他的说法是通过让德崇卖出垃圾债券,KKR可以削减其借款成本,比继续和保德信做生意能拥有更多被收购公司的净资产。和雷·查尔斯不同的是,阿克曼从不指责罗伯茨的道义责任,让已经富有的人如亨利·希尔曼更富有这种事和他无关。德崇的执行官们干什么都行,但绝不会对KKR的人进行道德说教。

起初,罗伯茨谨慎对待阿克曼,觉得他只是金融业的一个小角色在冒充专业能力强的大尾巴狼而已。在纽约,德崇的交易员唐·恩格尔(Don Engel)也拜访过科尔伯格,但也毫无成果。那时米尔肯的垃圾债券分部还处于初创期,没有什么公司找德崇承销其债券,少数找上德崇的也都是些低层次的赌场和三流小公司。对KKR的胃口来说,"我们太小,太欠缺成功业绩,胆子也太大了一点儿。"一位德崇的经理人后来说。然而在1982年和1983年,阿克曼和罗伯茨谈得越多,他们就越来越喜欢和尊重对方。他们心意相通——都是表面害羞而内心骄傲的人,深藏野心,志在完成巨型而精明的交易,力图以其工作撼动商业权贵集团。

㊀ 丹麦哲学家,存在主义的先驱人物。——译者注

此后在1983年和1984年，争夺海湾公司之役让KKR的经理人们对德崇刮目相看。在竞标过程中双方是对手——两者也都失利了。但德崇在这一收购战中具备显著优势，而克拉维斯和罗伯茨则认识到自己的财务技能与其还有令人不安的差距。

在匹茨堡的海湾公司总部中，罗伯茨、克拉维斯和雷切尔经受了耻辱性的失败。面对整个海湾公司的董事会，他们提出有史以来最大的收购，出价每股87.50美元，总价154亿美元。表面上看，这是对该石油公司的最高出价，远超出加利福尼亚标准石油公司每股80美元、总价134亿美元的出价，在KKR狂妄地冲出来试图赢得投标时，却没有找到适当手段来安排好总价中的次级债部分。因缺少任何可行手段，罗伯茨和雷切尔提议用发行新债券和优先股的方式为其收购提供资金，换取原股东的股份，这些新债券和优先股还得卖给原有股东，不管这些股东是否需要这些投机性的新证券。

在KKR的人离开会议室的那一刻，所罗门兄弟公司的杰伊·希金斯（Jay Higgins）就翻查一本穆迪的债券手册，找到了"投机性"证券的引用内容，他汇集起每一分蔑视，向会上的董事们谈了这一定义。他说，海湾公司的董事会应该认识到，KKR的投机性新证券远不值其所宣称的价值，他警告道，KKR的出价也许只值75～79美元。"你们也许可以选择反对接受KKR的出价，"希金斯补充道，"但是你们必须这么做——直接拒绝它们。"[6]

在简单辩论后，海湾公司的董事们投票，他们留意到了希金斯的警告，因而冷落了KKR，选择较安全的选项：标准石油公司134亿美元、全现金的出价。

与此同时，德崇在支持另一个海湾公司的基金买家、俄克拉何马州的石油大亨T.布恩·皮肯斯方面则表现出色。皮肯斯从1983年后期开始悄悄地盯上了海湾公司，那时还没有进入最终的出价环节，但皮肯斯的投资集团已经卖出海湾公司股票，并获取了7.6亿美元利润，这些股票是他在海湾公司走到最终收购前的价格上升期里买下来的。海湾公司的执行官们先是对皮肯斯一笑了之，把他视为不重要的搅局者，但在1984年2月米尔肯于几周内就募集到了15亿美元次级债用于支持皮肯斯的收购企图后，他们再看待皮肯斯就严肃得多了，并且决定让该公司参与竞标。要说米尔肯有神秘的融资魔法，皮肯斯后来评价说："还算是该年度最轻描淡写的说法。"[7]

海湾公司事件刚一结束，彼得·阿克曼、迈克尔·米尔肯以及其他的德崇员工就开始联系KKR的业务。他们唱的调子是："我们能帮上你。"

1984年8月，克拉维斯上钩了。那时他几乎已经完成了3.18亿美元的融资，用于买下克利夫兰的零售商科尔国营公司（Cole National Company）[8]，这时他的一个主要贷款机构伊利诺伊大陆银行退出了。在知道这个麻烦以后，德崇的经纪人利昂·布莱克（Leon Black）和彼得·阿克曼邀请克拉维斯来到比弗利山，考虑一下代之以通过德崇安排1亿美元的垃圾债券来融资，克拉维斯同意了。在1984年8月上旬，克拉维斯、雷切尔、科尔国营公司的主席杰弗里·科尔（Jeffrey Cole）和一名KKR新雇的助理、前律师泰德·阿蒙抵达南加利福尼亚。他们和布莱克、阿克曼及一群其他德崇的经理们共进了晚餐，约好第二天上午9点到德崇的办公室面见米尔肯。

那天早晨，克拉维斯既感受到低俗的趣味，也领教了粗野的力量，其印象之深在此后若干年中始终萦绕于怀。德崇在威尔夏大道的办公室从外表看来非常宏伟，然而，其内部就差多了，克拉维斯、科尔和他们的助手要挤进肮脏的位于四层的小会议室里，还要看着后面的停车场。米尔肯跟在他们后面，在走廊里他忽然站住了，指着从东海岸来拜访的一家小保险公司的基金经理人："坐进去开会，你给我听听一些事儿。"

会议室里坐着一群德崇的老客户，包括最重要的两个人——汤姆·施皮格尔（Tom Spiegel）和弗雷德·卡尔（Fred Carr）。施皮格尔运营着全美国发展最快的储蓄机构之一——哥伦比亚储蓄和贷款联盟（Columbia Savings & Loan Association），其名声来自它几乎投资了每一桩米尔肯承销的垃圾债券。卡尔运营着同等活跃的洛杉矶保险公司——第一执行公司（First Executive Corporation），众所周知，它投资了所有德崇的垃圾债券交易。这两人一起形成了一个奇特的马特和杰夫式㊀的组合。施皮格尔年轻健壮；卡尔则年纪较大，秃顶，看起来无精打采。他们具有显著的投资力量——而这种力量被米尔肯的煽动引导。

杰弗里·科尔在起身讲解其公司的财务状况时，以为这不过是给潜在投资人要做的很多演讲中的第一场。按照他的经验，融资1亿美元需要好几周的时间，所以在行李里装上了可以穿一周的衣服，想象着自己就像个旅行销售员一样，类似于《曼德勒之路》里的鲍勃·霍普。对着这几个听众才讲到一半，科尔就开始担心自己是不是把事情搞砸了，卡尔开始就其商店的业绩严词逼问他。德崇的主人们什么事也不干，只端进来一大碗沙拉就走了；米尔肯面也不露，几个小时前就回到德崇的交易席位上去了，只有布莱克和阿克曼还在。

然后德崇的融资能力一下子就显示了出来。"不错，"卡尔突然说道，"我想我会买一大堆这种债券的。"施皮格尔和被拉进来的那个东海岸保险公司的人也有兴趣。突然间，米尔肯也跑回来挤在布莱克和阿克曼中间听了几分钟会议，然后转向克拉维斯。

"会不用再开了，"米尔肯说道，"你们已经弄到钱了。"

就这样，德崇为KKR融到了收购科尔国营公司所需的最后那1亿美元。杰弗里·科尔用不着打开他多带的六套正装了，而克拉维斯当晚就可以回家。德崇完全扮演了中介的角色，在收购所需的1亿美元中它一分钱也不用掏；它的客户如卡尔和施皮格尔将拿出所需的钱。但是米尔肯已经展示出德崇将是一个超级高效的快钱渠道。"这是我见过的最不可思议的事情。"克拉维斯多年以后还这么评价。

㊀ Mutt-and-Jeff，美国历史悠久、深受欢迎的两个卡通人物。——译者注

克拉维斯敬畏德崇的能力，在1984年剩下的时间里，整个KKR的都有同感。"我们早就习惯于和保险公司的难上加难的谈判，"KKR的经理人泰德·阿蒙后来回忆道，"这次简直快多了。"在科尔国营公司收购案之前，KKR的合伙人们一直自己出马，为其收购募集次级债，毕竟这一筹钱的角色也是促成收购的导演者职能的一部分，让他们所赚的大钱有了一些他们自认为的合法性。但现在德崇提供了一个更加诱人的选择。KKR的人不必从保德信跑到大都会人寿保险公司，再跑到好事达保险公司来回折腾了，他们不用和雷·查尔斯或者其继任者较劲了。克拉维斯和罗伯茨可以聘请德崇来为自己完成这些工作。实际上，德崇变成了KKR和其他收购公司的总包商，通过米尔肯的垃圾债券网络快速募集到巨额的贷款。

米尔肯的条款可不便宜。在收购科尔国营公司的3.18亿美元中，大多数债券的利率是14.5%，KKR还要留出1亿美元中的300万美元作为给德崇的佣金。此外，米尔肯要求把科尔国营公司11%的股权委托给德崇，以便转交给债券持有人。虽然德崇分走了些科尔国营公司的利益，但它还是给KKR留下了大笔的潜在收益——尤其是和保德信的条件相比较。克拉维斯、雷切尔和阿蒙对德崇特别有信心，这三个KKR的经理人已经亲眼见识过米尔肯在德崇肮脏的会议室里那巨大的能量。"要是德崇为皮肯斯在恶意收购中都能募集到15亿美元，"雷切尔总这么说，"那么想想在善意收购中他们能做到什么地步吧！"[9]

唐·赫德里克和乔治·罗伯茨一开始对德崇的能力保持谨慎态度。（杰罗姆·科尔伯格在1984年的大部分时间里都因病不能工作，根据他的同事们的回忆，他对德崇没有表现出任何鲜明的态度。）1984年后期，在德崇的会议室里召开了关于佩斯工业公司（Pace Industries）收购案的会议，会后赫德里克把克拉维斯拉到一边，警告说他在和一帮混混打交道。"你看看这里，"赫德里克说，"什么内容都不记录下来，会上连便签本都没有，这必然意味着承诺毫无意义。"在之后的几天时间里,赫德里克都在和德崇的中层经理讨价还价,确定债券的具体利率、借到钱以后佩斯工业公司应该在什么限制下运营以及其他技术细节。赫德里克开始怀疑他所有公正的谈判都毫无价值。"当你要把事情落实下来的时候,"他告诉克拉维斯,"他们就会说:'哦?情况已经变了。'"

克拉维斯只是耸耸肩。"只有他们能办成这件事儿,"他告诉赫德里克,"再没有其他人能弄到这笔资金了。"[10]

罗伯茨从一开始就对德崇的可靠性紧张不已。1985年1月,一名新加入KKR的助理——前瑞生律师事务所的律师索尔·福克斯(Saul Fox)正忙于对Motel 6 8.32亿美元的收购已经进入谈判后期。在总价中,1.32亿美元预期要由德崇提供,而筹资进行得并不顺利。福克斯走进罗伯茨的办公室,告诉他的老板:"如果我们不能拿到钱,就不可能准时完成交易。"罗伯茨变得怒气冲冲。"我从没见过乔治那么生气,"福克斯后来说,"他指着我说道:'我没有告诉过你吗?我从来不想必须得靠着德崇才能搞定交易。'"[11]福克斯那天晚上回到家,想着他可能要被开除了。直到德崇最终凑出来这笔钱,福克斯才放松了一点儿。

讽刺的是,罗伯茨此后很快变成KKR内部最赞赏德崇的人之一。原因是:在KKR下一桩巨型收购——25亿美元的司多尔通讯公司(Storer Communications Inc.)收购案中,米尔肯做出了一个关键的承诺。

1985年年中对司多尔的竞购明显偏离了KKR平常的商业思路。在此之前,KKR一直集中于拥有富余现金、债务较低的缓慢增长型的制造业公司,这类生意看起来和伴随KKR收购而来的巨额新债务匹配得很好。司多尔则打破了所有的规则:它什么东西都不制造;相反它在亚特兰大、克利夫兰、底特律和其他4个城市中运作电视台并运营快速扩张的有线电视网络。它没有富余的现金,几乎没有什么实物资产,在KKR出名之前就已经借了好多债。科尔伯格反对这次收购，指出它和收购1981年命运不佳的美国森林制品公司的风险一样大。但是克拉维斯、罗伯茨和他们的助理日益信服司多尔的现金流会增长得足够快，足以让他们改写游戏规则。他们辩解称，未来几年中大大增加的利润足以让司多尔应付收购交易的额外债务。

司多尔在1985年3月已经成了收购的目标。其他有意向的买家已经盯上了该公司，将其股价推高到75美元/股。一家叫作司多尔全面价值委员会的公司掠夺机构已经设法赢得了司多尔9人董事会中的4个席位，正在施压出售该公司。领导该委员会的是知识分子出身的、从律师转行为企业狙击手的格斯·奥利弗（Gus Oliver），他的出场让司多尔的主席彼得·斯托勒（Peter Storer）饱受惊吓。作为20世纪80年代管理层面对攻击时的典型做法，彼得·斯托勒要求他的投资银行狄龙·里德公司的顾问们寻求其他收购者，看是否能为他所经营的公司找到价格更高、更有吸引力的收购者。[12] 他们大约联系了22家机构，其中KKR的出价最有竞争力。

由克拉维斯、雷切尔和阿蒙带领的KKR团队在1985年4月开始竞投司多尔，出价每股87.5美元——这一金额中的14%由低级别的优先股构成，这些股份将塞到司多尔的现有股东手里，不管他们愿不愿意。就像海湾公司之战的回声一样，司多尔的投行顾问们对KKR的条款大为嘲讽。狄龙·里德公司的乔治·威格尔（George Weigers）称KKR的条件是"不适当的"，也开始密切关注第三家收购者康卡斯特公司（Comcast Inc.）的竞购。所有竞购者都得到通知，要在7月29日之前提交他们的最高出价。威格尔指出，如果KKR还想保留被考虑的资格，就必须得拿出更好的条件才行。

克拉维斯和罗伯茨看起来被难住了，他们已经筹集了能搞到的每一分银行贷款，德崇已经承诺发行12亿美元的垃圾债券。优先股作为KKR出价的一部分非常关键——因为罗伯茨、雷切尔和阿蒙设计的优先股使得他们可以在未来很多年里面不用支付现金分红，在完成收购之后能够减轻司多尔在财务上迫在眉睫的压力。然而威格尔已经退到了底线,坚持说不情愿的股东们不可能接受这笔 2.55 亿美元的优先股。[13] 为了搞定威格尔,KKR 得马上找到这 2.55 亿美元优先股的买家——这个买家把现金支付给 KKR,然后将其转给司多尔的股东们。

全美国只有一个人可以拯救 KKR:迈克尔·米尔肯。

在威格尔定的截止期前几天,罗伯茨飞到洛杉矶的德崇。米尔肯没有时间,阿克曼倒是有时间。罗伯茨不愿意流露出他和他的合伙人正处在失败的边缘,巧妙地对 KKR 的问题轻描淡写。他抱怨说,狄龙·里德公司让竞购人之间互相比拼。"如果我们打算赢得这家公司,彼得啊,我们就得一击而中,"罗伯茨告诉阿克曼,"最好的方式就是把优先股转换成现金。"也就是说,这意味着要在这桩惊险的交易中先从德崇那儿拿到额外的 2.55 亿美元现金,希望能够把这些优先股再转卖给德崇的客户。

阿克曼哽住了。"是这样,"他告诉罗伯茨,"我要和迈克尔请示这件事情。不过如果我们要办成这件事情,你们就必须绝对确保你对该公司的判断准确。"

"我保证绝对准确,"罗伯茨顽强地说,"价值就摆在那里。"

一天之内,米尔肯就听取了有关 KKR 进展的汇报,他的回复迅速而果断。"这看来是我们应该做的一笔全现金的交易。"他告诉阿克曼和罗伯茨。德崇不仅要为 KKR 卖出 12 亿美元的垃圾债券,而且要采取一个关键的额外步骤:同意从 KKR 购买无人问津的 2.55 亿美元优先股,然后再卖给德崇的客户。

1985 年 7 月 29 日(周五)下午,KKR 竞购团队的成员抵达司多尔在迈阿密的总部,炫耀着他们新找来的财务资源。克拉维斯和雷切尔走进司多尔的董事会,提出每股 92.5 美元、总价 25 亿美元的新出价,有异议的优先股被取消了。相反,KKR 的人说,司多尔的股东可以拿到 90 美元/股的现金而只需要承担额度很小的低级别证券。

威格尔哑然失色。"你们这帮人搞不成这桩交易的，"他满腹狐疑地告诉雷切尔，"你们怎么才能弄到钱呢？"

"我知道怎么弄到钱。"雷切尔傲慢地回答。

"哦，那告诉我吧。"

"不行，"雷切尔宣称，"你得答应我我可以买下这家公司，然后我就和你坐下来，告诉你我怎么弄到这些钱。"[14]

雷切尔赢了。主要的竞购者康卡斯特无法拿出类似KKR这样的全现金出价。威格尔和司多尔的其他顾问们别无选择，只能宣布KKR获胜。不等握手成交，克拉维斯就离开了司多尔的董事会，搭乘英国航空公司飞往伦敦的班机到海外度假去了。阿蒙和雷切尔留下来签署其余的文件。大约1个小时之后，克拉维斯已经在跨越大西洋的班机上了，空服人员把克拉维斯请到驾驶舱里。一架小型私人喷气式飞机刚刚用无线电呼叫英航班机，想和旅客克拉维斯取得联系。是雷切尔和阿蒙，他们已经签署了所有的司多尔并购文件，登上了一家私人喷气式飞机，现在正在飞回纽约。"我们搞定了！"[15]雷切尔在吱吱啦啦的无线电频道里告诉克拉维斯。由于德崇的帮助，KKR避免了失败；它成了司多尔广播帝国的新主人。

在此后的四个月里，德崇卖给其客户14.5亿美元的司多尔垃圾债券和优先股。德崇没有把债券买家招到比弗利山，而是组织了一次全国范围的路演，带着司多尔的管理层和一段关于该公司乐观前景的演示视频，向波士顿、芝加哥和其余十几个城市的买家兜售债券。KKR的泰德·阿蒙也一路随行，不过几乎用不着他出面。德崇建立了广泛的市场影响力——不仅有西海岸的如弗雷德·卡尔和汤姆·施皮格尔这样的客户，也有类似通用电气公司这样的东海岸主流投资人。

整个秋季，德崇的工作都令人称奇，让潜在投资人为拥有司多尔的垃圾债券而激动不已。谨慎的人们可以找到很多理由来支持他们不买这些债券，在债券前景那些谨慎的、律师化的语言里面,有一个部分标注着"风险因素",读上去就像是德拉诺㊀瓶子上的警示标签。整整三页纸列举了一条又一条理由,说明为什么司多尔或许会有偿债上的麻烦。但在德崇的销售团队手里,司多尔交易就像是必胜无疑的。"这是一个聪明的管理团队,"德崇的销售人员告诉客户们,"巨大的价值就在那儿明摆着。"

KKR 的经理人自己倒是从来没有过这么狂热的情绪,他们对自己的工作太敏感、太骄傲,一点儿也没有兴趣向债券买家灌输任何投机性繁荣的基本要素,也即约翰·加尔布雷思所说的"普通人也想致富的信念"。有德崇做这件事儿就够了。[16]

对于在司多尔的工作,德崇收取总额 5500 万美元的承销和顾问费用。阿克曼提出要有权分配司多尔 32% 的股权,在推销垃圾债券和优先股的时候能灵活运用,他赢得了这个权利。KKR 的经理人获知德崇将在证券买家中定量分配这些股权(以可转换为司多尔被收购后股票的认股权证的形式),KKR 出人意料地许可德崇在发放这些认股权证时有更大的活动余地。阿蒙在司多尔路演期间和德崇的经理人一同旅行,他答应不会向债券投资人提及认股权证,让德崇决定采取什么附加步骤,给还是不给这些认股权证。

德崇的做法本应立即激起非议。当首批少数几个债券买家问到是否买下司多尔债券也可以获得净资产时,和阿蒙一同旅行的一名年轻的德崇助理迪安·凯勒说:"可以,不过我不管这件事情。你去问问我们在比弗利山的销售人员吧。"然而几天后,凯勒就采取更推诿的办法了,他不再回答可以,只是说:"问比弗利山好了。"[17] 但是当时阿蒙和 KKR 的合伙人并没有大量发行司多尔认股权证,他们只是雇用德崇作为重要的分包商来募集次级债,德崇是把所有的好处都转给它的客户,还是把司多尔交易中最肥厚的好处留给自己,阿

㊀ 德拉诺是化学管道疏通剂品牌。——译者注

蒙和其他 KKR 的人才不那么在乎呢。

巨额的司多尔垃圾债券交易刚刚完成，罗伯茨和克拉维斯就又给德崇带来了更加野心勃勃的计划——收购碧翠斯。按照 KKR 纽约办公室所拟订的方案，在对这家巨型芝加哥集团公司的收购所需资金中，40 亿美元是银行的高级别贷款；德崇要卖出去 25 亿美元的次级债；还有 KKR 的有限合伙投资人拿出来的净资产 4.07 亿美元，加到一起，几乎收购所需的全部资金都要靠 KKR 借款。

这一次米尔肯对 KKR 的人表现出了其更加神秘怪异、深居简出的形象。在 1985 年后期，德崇正处于其权势的顶峰，每周都安排承销新的垃圾债券事务，其客户既包括广播业企业家泰德·特纳，也包括企业狙击手卡尔·伊坎。米尔肯既无处不在，又不知藏身于何处，从一个交易迅速跳到另一个交易，人们很难让他的注意力能多停留一会儿。偶尔，KKR 的人能和米尔肯面对面，他也是漫谈各种全球事务，滑稽得出人意料。在一次会议上，他向来客演说食品包装业猥琐的贿赂所引发的风险；另一次，米尔肯谈到可以让全球的过剩人口住在移动旅馆里。米尔肯最奇异的表现是在 1986 年早期，那时碧翠斯债券即将定论，几个 KKR 的经理人跑到比弗利山来敲定一些剩下的细节，米尔肯和他们一起坐着，却让人感觉到他的思想正在被比单纯的债券事务大得多的事情占据着。"我在思考人类寿命的问题。"他开腔了。"人类的平均预期寿命从 18 世纪到 20 世纪已经大大增加了，"他评论道，"但是如果去观察活得最长的人们（从中间值偏离三个标准方差的那一部分群体），那么在过去的两个世纪里其典型的预期寿命几乎没怎么增加。这不是挺奇怪吗？"米尔肯问道。KKR

的人就那样目瞪口呆地看着他，一脸迷惑。

深知米尔肯总是发表些奇怪的、漫无边际的讨论，公司里那些与他关系最亲密的助手们总是走进来处理和KKR大部分面对面的谈判。"我们不想让米尔肯和客户直接谈判，"一名德崇的办公室经理洛兰·思博姬（Lorraine Spurge）回忆道，"他太容易让步了。我们把最艰巨的谈判留给彼得·阿克曼和利昂·布莱克来做。"这是一个有效的战术，让米尔肯显得既遥远神秘又全知全能。

为了卖掉碧翠斯的债券，德崇又一次组织了巨型的路演——带着前景乐观的描述和它的新债券跑到全国各地潜在投资人的门前。碧翠斯新的高级管理层、一些德崇的顾问和孤单的KKR助理凯文·布斯凯特以一周六个城市的节奏嗖嗖地飞往各地，开始在整个美国巡回演讲。德崇的经理人们巧妙地组织好每个细节——从豪华轿车到各个城市金融区精英俱乐部的午餐菜单。按照经常在政治竞选活动中使用的"高级人士"策略，德崇会在一些城市预定小宴会厅，然后把潜在投资人拉进去，摩肩接踵。德崇的官员在几年后兴高采烈地承认，其目的就是让碧翠斯的债券显得像热门球票一样抢手，如果德崇允许他们买下来，那么这些买家实在是幸运儿。当然了，芝加哥俱乐部40个座位的宴会厅实在是太小了，100多人的潜在债券买家只能靠墙站着。投资人们跑到别的房间搬来金属椅子，没等所有人都拿到吃的，食物就被抢光了，投资人们倒把这看成是一个好兆头。[18]

德崇卖的是热烈的情绪。它用丰富的色彩装饰每一份债券说明书的封面，展示所有碧翠斯旗下的品牌：Orville Redenbacher爆米花的标志挨着纯果乐橙汁、亨氏牌番茄酱以及其他将近60个消费品，枯燥的财务数据则被挤到后面去了。

债券买家太喜欢这种做派了。第一执行公司的弗雷德·卡尔买下了1亿多美元的碧翠斯债券，哥伦比亚储蓄和贷款联盟的汤姆·施皮格尔也买了这么多，还有一群小点儿的买家也都参与了。"我的想法是：天啊！他们拥有这么多不同的家庭品牌啊！"圣迭戈的基金经理吉姆·凯伍德（Jim Caywood）回忆道，"万一遇到麻烦，他们总是可以分拆来卖掉这些品牌的。"他要求购买价值5000万美元的债券，但是只拿到了2000万美元的债券。其他买家抢购了碧翠斯的债券，相信这家大型公司集团在被收购后肯定能运行得更好。特别是，这些债券买家信服未来的CEO唐纳德·凯利，这个人急躁而强健，带着顽皮的幽默感，他时不时地提到碧翠斯的老管理层怎样一年浪费掉4000万美元，赞助"印地500"赛车手马里奥·安德烈提，逗得债券买家们兴奋不已。"你们敢相信吗？"凯利说，"赛车！不会再有了，结束了，你们不会看到碧翠斯再这么干了。"债券买家们喜欢听这个。"消除以前的浪费从内心深处征服了人们，"一名洛杉矶的基金经理谢尔登·斯通（Sheldon Stone）回忆道，"整个高回报市场的历史就是一个反权势集团的历史，人们总是嘲弄公司的官僚阶层。"债券买家们觉得，通过为收购碧翠斯提供资金，他们不仅能赚到钱，而且是在把美国经济带上正轨。

随着拥有碧翠斯债券的浪潮越发汹涌，1986年3月，德崇的销售员们玩起了那10年中最大的花样，德崇尽可能提都不提KKR安排给德崇的碧翠斯认股权证，这本是为了债券持有者的利益而安排的。德崇手里有1000多本认股权证的说明，这是一份146页的财务文件，本应送给潜在债券买家的。但除了个别例外情况，这些认股权证文件始终都留在德崇比弗利山的办公室里。公众视野中认股权证唯一的一点痕迹是碧翠斯债券说明书第80页中几句斜体的句子。该信息被"埋藏"在晦涩的财务数据中了，一名德崇的经理人后来承认。客户要想拿到认股权证，就得逐字逐句地仔细翻阅债券说明书，然后再折腾德崇的销售经理，索取少得不正常的认股权证的说明书。由于被加入了热门交易的兴奋冲昏了头，很少有债券买家这么做。

最终的结果是，德崇之外的每个人在几乎一年的时间里，都没有注意到碧翠斯和司多尔有认股权证的事情。

德崇垃圾债券的高超玩法非同寻常地混杂了神赐般的销售力量和非法的行径,这两方面配合在一起令参与者激动不已,也令外部人士困扰不堪。大多数德崇的客户,包括KKR,都选择只看德崇"好"的那一面,而外部人士只看其"坏"的那一面。然而,要想恰当地理解德崇及其垃圾债券的世界,就有必要同时关注其荣耀和腐败的一面,同时理解这两者多么紧密地绑定在一起。

阿克曼的老板迈克尔·米尔肯的崛起和衰落让其生意圈里的人为之疯狂。在1987年他的巅峰时期,米尔肯赚了5.5亿美元,被视为又一个 J. P. 摩根。1990年年末,米尔肯的华尔街生涯永久地结束了,他因证券欺诈罪被判坐牢10年(*The Bettmann Archive* 友情提供图片)

米尔肯曾是加利福尼亚凡奈斯地区伯明翰高中的啦啦队队长,他以极具传染力的乐观主义精神推销其垃圾债券和客户。"钱不是稀缺的资源,"米尔肯告诉潜在的借款人,"人力资本才是。"他举出一个个案例,谈到美国多么需要企业家,蔑视传统的智慧有多么重要,而他又是多么致力于将钱投入那些足以干成伟大事业的人手中。

各个层次的客户们(包括亨利·克拉维斯)都对这种推介很受用。在20世纪80年代中期召开的一次会议上,克拉维斯问米尔肯:"为什么你有本事卖掉所有的债券?为什么你就有这种能力?"

"你看看我所支持的人吧,"米尔肯回答说,"我在支持那些也拿自己的钱冒险的人们,比如T.布恩·皮肯斯,比如卡尔·伊坎,还有KKR。他们可不像通用汽车的罗杰·史密斯那样。我总是要和这些人一起把事情做好。"[19]⊖

然而一次又一次地,米尔肯和他在德崇的助手们在这种舍我其谁的精神之中,也掺杂了见不得人的诡计——欺骗部分客户、发放其他特殊好处等,联邦的检察官们后来认为这些好处近似于贿赂。即使不用这些欺诈手段,米尔肯和德崇也还是能卖出数十亿美元的垃圾债券并改变美国人对信用的看法,然而按照他们自己的处事原则控制垃圾债券市场当然更加简便,为米尔肯团伙带来的利益也大得多。

德崇喜欢的一个策略就是迫使借款人卖出比所需更多的垃圾债券,这样富余的资金在将来就可以被用来购买其他德崇发行的债券。这一做法游走在合法与非法之间,几乎令涉及的每个人都心生不快。其他华尔街人对德崇的"菊花链"⊖方式说三道四,"菊花链"的做法使该公司的顶级客户们彼此之间既是贷款人也是借款人,形成一种相互锁定的关系,而米尔肯就是这个新型财务系统的统治者。"看看米尔肯打造的世界吧,"《福布斯》杂志曾经写道,"就好像他能印刷自己的货币一样。一桩交易有麻烦?通过另一个客户重新融资好

⊖ 罗杰·史密斯是通用汽车在1981年1月1日~1990年7月31日的董事长,他在位时企业亏损急剧放大,官僚主义严重,被《华尔街日报》称为20世纪80年代的管理庸才。——译者注

⊖ daisy chain,原指用雏菊编成的花环,泛指首尾相连的东西。——译者注

了……只要这些债务保持有效，只要米尔肯让整个机制运转正常，就什么都是正常的。"[20]

克拉维斯和罗伯茨说，德崇从未逼迫他们人为地增加KKR的垃圾债券借款并加入其"菊花链"。（大多数拟议中的KKR垃圾债券金额都非常大，德崇的经理人们要募集到KKR所需的哪怕最低额度的资金都信心不足。）但至少有一次，为了KKR的利益，"菊花链"被拿来使用了一番。德崇内部的记录显示，其他一些德崇垃圾债券的发行人手中握有的多余资金，被用来购买了数百万美元的碧翠斯债券。被纽约的金融家罗纳德·佩雷尔曼（Ronald Perelman）控制的公司购买了380万美元有15.25%利率的债券，另一位纽约的金融家、德崇的客户尼尔森·佩尔兹（Nelson Peltz）控制的公司购买了同等利率的640万美元的债券，还有德崇拓展最迅速的工业界客户麦考蜂窝通信公司（McCaw Cellular Communications）也购买到200万美元有15.25%利率的债券。

政府调查人员还指控德崇运用的一种战术，即向管理大型投资基金的经理人秘密提供个人好处，这同样算得上是不忠诚于客户。作为回报，这些资金管理人把德崇的证券放进自己的投资对象群体里，在联邦调查人员看来，这种行为等同于贿赂。其中一个主要的案例就牵扯到在1985年承销司多尔的债券，纽约共同基金集团、第一投资人管理公司（First Investors Management Co.）买下了大约5000万美元的债券和优先股。几年后，联邦监管人员发现第一投资人管理公司的垃圾债券投资管理人贝纳尔多·贝叶斯（Benaldo Bayse）"以其个人账户买下了更具选择性的司多尔的认股权证，而支付的价格实质上低于市场价格"。结果是贝叶斯失去了在第一投资人管理公司的工作——然而KKR和德崇已经从他买入债券的行为中获益了。[21]

如果逼迫战术和好处还不能奏效，那么还有女色呢。有些德崇的销售人员认为每个巨头在内心深处都是花花公子，这让他们相信如果能迎合其好色的欲望，就能卖出更多的债券。一位长期为KKR提供贷款的纽约贷款人谈道，他有一次访问比弗利山,以为会和德崇的代表们共进工作午餐。"相反的是,我们去看了三个小时在泥浆里摔跤的小妞们。"这位贷款人惊讶地回忆道。

德崇最大的集会——一年一度的春季"研究"会议,其"掠食者的盛宴"的名字更为人所知,展示出奢华而庸俗的风格,后来因作家康妮·布鲁克(Connie Bruck)的披露而广为人知。在1985年的会议上,布鲁克写道,德崇邀请了它的60位顶级客户来参加在比弗利山酒店8号别墅举办的私人聚会,"极其诱人的"年轻女孩们伺候着这些美国顶级的企业狙击手和企业家们。克拉维斯、罗伯茨和科尔伯格当时还算是德崇的新客户,没能被邀请参加。华尔街很快就开始飞短流长,说那些聚会上的女孩们,如果不算妓女的话,也都是模特和秘书,因其外表而不是她们的金融见识被选中。唐·恩格尔是安排这些聚会的德崇顾问,他觉得这是做生意最恰当的方式。他曾经告诉一家企业的CEO:"要是没有这些女孩我怎么才能把这些人都拉来呢?"[22]

1986年4月,克拉维斯、罗伯茨和科尔伯格首次参加"掠食者的盛宴",他们是该会议的正当性那一面的英雄——正是他们让巨型的碧翠斯收购得以实现,会议还在进行中,就完成了收购程序。不可避免的是,这三位KKR的合伙人也看到了德崇丑陋的一面。会议召开后的第二天傍晚,德崇邀请克拉维斯、罗伯茨和科尔伯格到查森饭店吃饭,这是一家高档的比弗利山餐馆。当他们走进楼上的餐厅时,惊讶得目瞪口呆,每个人都被配上了两个金发或褐发白肤的美女,身着鸡尾酒会的服装。KKR的几个人尴尬不安,略有被冒犯之感。"我们正想着德崇怎么把我们带了这么远,结果就碰上了这种事,"一位KKR的经理人回忆,"我的感觉就像是走进了内衣推销员的会议。"最感到厌恶的是科尔伯格,他是总体来说比较拘谨的公正廉洁的KKR内部支柱,他和他长期的律师朋友乔·弗洛姆退到了房间的角落里,悄悄地私下聊天。"他们两人的脸色最为不快。"一个在场的人回忆说。

即使近距离看到了德崇的另一面,克拉维斯和罗伯茨还是熟视无睹。他们渴求德崇所能提供的金融能量，他们喜欢听米尔肯及其助手们所用的乐观的、为债务评价摆好的各种说辞。米尔肯"能想出办法来，然后非常努力地执行好"。罗伯茨在1989年说道。他认为德崇的多数阴谋手段无非为了激起投资人的热情，营造出一种稀缺的表象，这有助于让债券销售更为顺畅。除此之外，罗伯茨说："我不知道迈克尔做的是对还是错，他被好多心怀嫉妒的竞争者诬陷了。"对克拉维斯和罗伯茨来说，德崇不过是关键的外包商而已，其作用就是在无须该收购公司的经理人插手的情况下，在垃圾债券市场上募集到巨额资金。这种安排让KKR的人不用过多了解米尔肯实际上是怎么卖掉债券的——也防止了他们被过多卷入德崇的困境。

然而从1986年11月开始，德崇在法律上的麻烦越来越大。11月14日，星期五，一位米尔肯最新的合作者、并购题材股票的投机商伊凡·博斯基（Ivan Boesky）同意认罪，接受内部交易的指控，支付1亿美元的罚金并配合政府调查人员。这一消息刚刚发布，米尔肯的脸就变得苍白。他找来其最高级的债券销售人员詹姆斯·达尔（James Dahl），让他在11月16日（星期天）加班。达尔后来作证说，那个星期天米尔肯邀请他进了两人的房间，打开水龙头开始洗手，然后米尔肯弯下身子告诉达尔："法院传票还没有发出来，所以你觉得什么该干，就干什么。"[23]

就像米尔肯这模糊的指示一样，这位德崇的垃圾债券的头儿实在有太多顾虑了。博斯基在华尔街的工作完蛋后，他告诉行政当局德崇曾经在1986年年初秘密支付他530万美元。这等于暗示博斯基曾和米尔肯交换了有价值的也许是非法披露的信息。很快，联邦调查人员的团队就开始涌入德崇的世界。在很多德崇融资的交易中，他们都发现了疑似内幕交易的迹象——机密的收购消息被透露给交易商，这让他们比其他市场参与者获得了不公平的优势。在纽约，米尔肯名义上的老板也开始感到焦虑了。"我们已经是很有进取心的公司之一了，也许是最有进取心的，"德崇的CEO弗雷德·约瑟夫（Fred Joseph）在

1987年早期的一次访谈中说,"我们开拓了新领域,正常来说这种行为算是具有创造性的,现在面对麦克风,我却很是为此焦虑。"[24]

此后两年,关于米尔肯和德崇最震撼的发现远不限于内幕交易,还严重伤害了德崇金融核心的角色。作为中间人,德崇对借款人和贷款人双方都承担了重要的职责,KKR这样的借款人想以合理的价格迅速获得资金,如弗雷德·卡尔这样的贷款人希望在风险可控的贷款上获得高回报。米尔肯把自己塑造成一个受他人驱使但很有眼光的人,超人一般地工作,以对双方都公平的方式将两类客户联结起来。垃圾债券的买家离开时更是有这样一个印象:米尔肯想让他们变得富有。一些小细节——比如米尔肯不太妥帖的假发、坚持住在加利福尼亚的普通房子里,还有喜欢普通的运动如篮球,都让债券买家们觉得这个中间人只赚了很少的一点儿钱。

这是米尔肯刻意塑造的美好形象——但这不过是假象而已。人们远没有认识到的是,德崇始终在欺骗垃圾债券的买家。米尔肯在德崇秘密地赚取了天文数字的工资,政府调查人员后来发现米尔肯1986年的收入共计2.95亿美元,1987年则是5.5亿美元。[25] 米尔肯致富的另一途径是控制了被收购公司的巨额股权,这些股权本来是为债券的买家预留的。

KKR的经理人们慢慢地了解到德崇全部行为的实质。1986年秋天,克拉维斯商务出差到一家购买了碧翠斯债券的主要保险公司,那时已经很清楚,收购碧翠斯是KKR极大的财务成功,碧翠斯被收购后的净资产非常值钱。克拉维斯轻松地聊着天:"那些碧翠斯的认股权证肯定让你挺开心的。"[26]

"什么认股权证?"保险公司的人问道。

此后几个月,KKR的经理人们推测德崇可能保留了一小部分股份,是全部认股权证的10%~20%,把其余大部分分给了碧翠斯债券的买家。但在1987年春季,KKR开始准备文件要卖掉碧翠斯大部分股权的时候,这一假设完全被推翻了。作为对公众财务披露必需的一个部分,盛信律师事务所的律师们那时开始起草主要的碧翠斯股东名单，律师凯西·柯古（Casey Cogut）问德崇："有没有什么大的认股权证持有人？"出乎他的意料，答案是有。所有认股权证的大约95%被德崇的合伙人持有，[27] 其价值估计达4亿美元。

KKR年轻的助理们闹起来，要是债券持有人不需要这些认股权证，KKR和有限合伙人应该能在被买下的公司里保有更多的股权。"我们被骗了。"KKR的助理迈克·托卡兹和利昂·布莱克、彼得·阿克曼以及其他德崇的人在争吵时宣称。同时，泰德·阿蒙也对阿克曼就司多尔认股权证的事情慷慨陈词，索尔·福克斯找阿克曼索要Motel 6认股权证的会计资料，杰罗姆·科尔伯格甚至提议KKR起诉德崇。

KKR的抱怨没有引起阿克曼、布莱克或米尔肯丝毫的道歉或任何羞愧的表示。"这是唯一的一次，我觉得我能看到阿克曼丑恶的一面。"索尔·福克斯在Motel 6项目的认股权证的争执中说道："我给他施加压力，却毫无效果。这家伙就像是陷于绝境的美洲狮一样强硬。"相反，阿克曼和其他德崇的高级官员坚称他们毫无过错，所有KKR的巨额垃圾债券在德崇推销的时候，都显得风险极高，德崇认为为了吸引买家，这些认股权证必不可少。但是德崇在销售债券的手段中使用了一些计谋，阿克曼向KKR的经理人们厚颜无耻地解释道。根本就没有未来的债券持有人提过这些认股权证，因此认股权证被留存了下来。随着时间的推移，当这些债券不需要附加上股权的好处也能被卖掉的时候，德崇的顶级垃圾债券专家们只不过是顺手霸占了认股权证而已。

虽然科尔伯格建议起诉德崇，但克拉维斯和罗伯茨还是决定不去深究。"我们只有20%的可能性赢得官司。"罗伯茨后来说。不管怎么说，KKR当时毕竟没有谈到过在何种情况下归还不必要的认股权证。更重要的是，KKR还需要使用德崇强大的垃圾债券机制来为它自己的目的服务呢。

对德崇自己霸占认股权证真正的抗议应该来自债券持有人。像保德信的雷·查尔斯那样的贷款老手知道，长期来看，高风险债券贷款得以成立的唯一途径就是贷款人是否能部分地拥有被收购公司。以这种方式，财务上的成功收购所带来的利润就可以抵消不可避免的周期性贷款违约的风险。德崇的客户们已然被剥夺了这样丰厚的有利可图的净资产，这在后期有可能严重损害他们的利益。

但在那时，垃圾债券主要的买家们都把德崇视为通往财富的门票。即使披露了认股权证上的不法活动，也没有动摇他们的信念。确实，在1986年和1987年早期，在市场看涨的良好气氛下，第一执行公司、哥伦比亚储蓄和贷款联盟以及其他德崇的大客户都获得了巨额利润。那些谨慎的储蓄贷款公司和保险公司通过其房屋贷款组合和其他传统投资只能赚取9%或10%的回报，而这些买了垃圾债券组合的公司回报高达12%或更高。弗雷德·卡尔实现了其人生抱负，将第一执行公司从一家小保险公司变成了美国最大的前十家保险公司之一，汤姆·施皮格尔在哥伦比亚公司给自己支付巨额的900万美元年薪，[28] 不仅买了湾流式喷气式专机，还给他的办公室雇了一个英国管家。媒体称赞施皮格尔是运营美国最健康的储蓄贷款公司的人。听着米尔肯的公开声明，很多垃圾债券的买家相信德崇承销的债券所承诺的回报足以让他们富有。如果德崇从隐瞒下来的认股权证里瞒报了利润，这些顶级投资人觉得就这么算了吧。

由于共同基金公司发现将普通的美国储蓄者和垃圾债券的兴起联结起来能够带来牟利机会，所以德崇的信条在1986年和1987年获得了新的生命力。《金钱》杂志上1/4版面的广告描绘着个人小投资者赚了大钱，免费的热线电话24小时让普通投资者可以订购垃圾债券共同基金的说明书。"我们高回报、中等到较低质量的债券构成的投资组合，从今天开始就为你赚钱啦！"最大的共同基金集团富达投资公司（Fidelity Investment）这样告诉公众，"从2500美元起"。[29] 作为回报，在安全的财政部票据才支付8%或更低利率的时期，储蓄者可以期望更诱人的丰厚回报。"12.08%！"一家杂志的广告用大字体冲着投资人们尖叫。

小投资人在20世纪80年代后期踊跃的反应让德崇那些野心勃勃的金融家都惊叹了。一名缅因州的药品销售员拿出7000美元购买垃圾债券，以便为他的孩子们接受大学教育提供资金；一名佛罗里达的89岁的寡妇把她的25 000美元存款大多转投了垃圾债券基金。加起来，普通美国储蓄者从1986年到1988年将180亿美元资金投入了垃圾债券基金。[30] 钞票哗哗地流入共同基金经理们的手上，他们根本来不及找到明智的投资来花掉这些钱，花钱最容易的途径就是把钱投入KKR和其他杠杆金融家提供的无论什么新交易之中。

一个经典的投机泡沫正在生成。每桩新债券发行中的真实价值越来越没有人在乎，垃圾债券的发行人有可能不能支付其承诺的高回报、不能按期偿还债务，这些风险都被认为可以承担或者根本就忽略不计。相反，在把钱扔进垃圾债券市场时，普通储蓄者和德崇最大的客户们的信心来自三个信条。

垃圾债券的买家们的第一个信条是信任历史走势。垃圾债券的先行者们毫无疑问赚了很多钱，那时米尔肯的早期承销承诺高回报，很少出现债务违约。乐观的买家们并不担心这一成功经历有朝一日也会终结，相反，他们假定这一趋势永不停歇。第一执行公司的弗雷德·卡尔开始辩称，投资者们真正的愚蠢不是买下了垃圾债券，而是没有买到垃圾债券却持有回报微薄的高等级债券。

令垃圾债券的买家们同样自信的是伙伴关系的优势。"这么多的聪明人都把钱放到交易里了。"哥伦比亚储蓄和贷款联盟的首席投资官吉姆·厄普丘奇（Jim Upchurch）回忆道。和聪明人一同投资看起来是一个稳赢的策略。实际上，市场参与者开始把其他人的购买行为当作成功的关键指标，这正是一个投机泡沫的典型表现。分析新债券自身的内在价值实在太枯燥了。相反，专业人士盯着共同基金的资金流动，试图赶在个体投资人的钱形成新波段之前买入债券，小的投资人们则盯着这些专业人士。就像厄普丘奇后来说的那样："人们想抓住趋势。"

最后，垃圾债券的买家们对迈克尔·米尔肯形成了近乎信仰般的信任，相信他引领着整个垃圾债券市场，能避开所有风险。他们交流米尔肯的事迹，说他多早就开始工作、他的脑子里能同时装下多少债券市场的事情。他们模仿米尔肯的用语，在自己的谈话、他们的年度报告里，谈论着新企业家、资本运用和金融革命。"人们信任迈克尔，"戴维·塞贝尔（David Scheiber）是加利福尼亚一家储蓄和贷款联盟的基金经理，买了将近10亿美元的垃圾债券，他回忆道，"他们认为米尔肯会照看好他们的。"

1986~1988年，依靠对市场周期的本能反应，克拉维斯和罗伯茨不断地充分利用垃圾债券市场的歇斯底里来获取利益。他们拍卖掉KKR此前收购的一些公司，德崇找来的那些晕头转向的新买家一向出价非常高。科尔国营公司刚被KKR买下三年，就以比KKR当初的买入价格高出1.6亿美元的价格被卖出。1984年买入的阿姆斯达公司也在买进不到三年就被卖给了美林公司引领的收购集团，它们愿意对同一公司付出更高的价码。本已非常冒险的垃圾债券还要继续加码，让同一家运营公司承担大大增加了的债务。不过这不是KKR的事儿。如果那些不计后果的买家想付给KKR一大笔钱去拥有一家公司，克拉维斯、罗伯茨和他们的同事当然非常愿意卖了。

不仅KKR对新买家的偿债能力漠不关心，参与其中的垃圾债券承销人也不在乎。垃圾债券业务的利润率太高了，十几家华尔街的大公司也开始和德崇竞争，相互争夺，看谁能承销最具风险的垃圾债券。以垃圾债券发行人的运营收入和其新产生的利息费用的比值来看，信用标准在这一时期也大大地降低了。在KKR的初期，对于没有借入巨额债务的公司来说，6∶1的比率被认为是正常的；在收购之后，1.75∶1 的比率就被认为是比较大胆的。然而随着垃圾债券持续狂热，平均利息保障比率持续下降。根据巴里·威格莫（Barrie Wigmore）的研究，这一比率在 1986 年降到了 0.77∶1，1988 年则是 0.71∶1。[31] 即使把预留的折旧费用也算进运营收入里——这在评估一家公司的现金流动时算是更大方的做法了，在 1988 年的垃圾债券交易中，利息保障比率也降到了 1.23∶1。在这个水平上，借款的公司从一开始就很难偿付其债务。

机灵的垃圾债券承销商们找到一个办法来掩盖很多高杠杆公司无法履行其偿付利息义务的事实。德崇、美林公司和其他华尔街的交易中介们创造出崭新的证券，可以"累计"利息却不用真的去支付现金。有些这类证券是实物支付债券（PIK BOND），以发行更多债券来支付利息，而不是用现金支付。⊖ 其他的方式还有零利率债券，根本不以任何形式支付利息。相反，它们以 6~20 年之后最终到期的价值的一个折扣率来销售；差价部分含含糊糊地近似利息收入。

KKR 从华尔街增长的垃圾债券竞争中还有第二种获利的途径。克拉维斯和罗伯茨只要在垃圾债券市场上募集资金，以便支持其新的收购，就会让不同的承销商和德崇竞争，这样他们能从最终胜出的承销商那里拿到更好的条件。KKR 的人有时候目空一切，把初步的债券出价文件退还给德崇的经理人，在每一段中都附加上各种注解。在利率栏旁边，他们会写上"太高了"。在价格栏旁边，他们会写上"太低了"。大多数时候，德崇都能战胜竞争对手，赢得 KKR 的业务，但是 KKR 的经理人还是在 1986 年委托给所罗门兄弟公司一项承销业务，1988 年的另一次承销交给了美林公司。

在 KKR 的精挑细选之下，华尔街的贵族摩根士丹利在 1987 年初期为欧文斯–伊利诺伊玻璃公司收购承销了 11 亿美元债券。摩根士丹利在 1935 年

⊖ 这些新债券在 8 年多的时间里不断产生出更多的债券。希望最终该公司的营运利润能增加得足够多，能够用现金偿付所有实物支付债券。

从J.P.摩根公司分拆而来，在华尔街被称为"白鞋"公司，这一昵称可追溯到20世纪早期，那时东海岸最有教养的金融家们在工作时都穿着白色的鞋子。垃圾债券对摩根士丹利来说是公认的艰苦而混乱的新业务体系，但是其投行员工们努力为获得欧文斯－伊利诺伊玻璃公司的承销而四处游走。而欧文斯－伊利诺伊玻璃公司的投行顾问们担心当时德崇在法律上的困境，催促KKR的人找一家德崇以外的承销商。

KKR刚一宣布欧文斯－伊利诺伊玻璃公司作为承销商，德崇的经理人们就一如既往地露出流氓本色，既要培养和KKR的"关系"，也要对KKR脱离自己的怀抱指责一番。1987年4月，阿克曼和几个德崇的同事在加利福尼亚圣塔莫妮卡的一家小餐馆里为KKR的经理人们举办了一次私人宴会。碧翠斯认股权证中的不法行径很快被一笑了之；德崇的投行员工艾利森·麦斯（Alison Mass）给KKR的全体合伙人和助理献上了德崇式的忏悔：按照电影《驱鬼者》的广告设计的墙贴，红圈里面套着几个字"放弃产权"，一道斜线贯穿而过。㊀德崇还用类似的无礼形式描述了一番和摩根士丹利的关系。在宴会结束时，阿克曼起身宣布给KKR的经理人们另一份奖励。

"我们想给予你们适当的培训，以便你们能和现在的高回报产品的供应商合作良好，"阿克曼告诉满屋子KKR的交易中介们，"虽然你们不和我们做生意了，但我们还是你们的朋友。我们希望你们在和新的供应商合作时准备充分。"然后，一群德崇的初级雇员把一些大纸盒递给克拉维斯、罗伯茨和KKR团队中其余的人，盒子里面装的是德崇的礼物——一双锃亮的白色皮鞋。

与此同时，在德崇内部，米尔肯在20世纪80年代初期就已建立起来的强大的金融机器开始分崩离析。米尔肯在其早期曾经扮演保护债券买家的利益的人，现在却越来越脱离其业务，忙于对抗政府针对他证券欺诈的指控。阿克曼

㊀ 意思是德崇不会再把认股权证占为己有，免得KKR得不到这部分产权的收益。——译者注

从 1987 年以后接管了米尔肯的大多数职责，他的整个内心充斥着快速成功的渴望，通过卖出很多质量可疑的债券而不是限定自己承销那些其客户在很多年之后还乐意持有的较理性的债券，支撑了德崇的市场份额的统计数字。

最有说服力的是司多尔收购案，这家电视台和有线电视系统运营商于 1985 年在德崇的帮助下被 KKR 买下。到 1987 年晚期，KKR 决定把司多尔分拆成 2 家公司然后一起卖掉。各种类型的广播资产从新买家手上拿到了令人称奇的高价，尽管在 2 年中司多尔的运营收益已经合理增长了 20%，对电视台和有线电视系统的叫价却攀升了 30%～50%。1987 年 10 月 19 日，股市崩盘的 2 天之后，因急于把司多尔卖掉，乔治·罗伯茨和 KKR 的助理斯科特·斯图尔特（Scott Stuart）在 10 月 21 日来到了德崇位于比弗利山的办公室。罗伯茨和斯图尔特知道司多尔还没有还完其垃圾债券，但是他们想把这些债券转给司多尔有线电视部分的新买家，然后他们可以以 13 亿美元把司多尔的 6 家电视台卖给田纳西州孟菲斯的企业家乔治·吉勒特（George Gillett）。吉勒特将要承担巨大的风险——当时仅每年的利息账单就远超过这些电视台的现金流入，但这是他自己的问题了。KKR 将继续持有在这些电视台的一部分投资，但主要让吉勒特来操心这些额外的债务。⊖

吉勒特的公司以 SCI 电视公司的名目发行新的债券来支付收购，要是在几年以前，米尔肯和阿克曼可能不会愿意承销这些新债券。这些债券对投资人来说充满了风险。然而到了 20 世纪 80 年代后期，德崇什么债券都愿意叫卖，不管债券风险有多大。渴望获得佣金、保住第一号垃圾债券承销商的名声，都成了米尔肯及其大多数助手最优先考虑的事。对于米尔肯自己，他优先考虑的事情更是惊人地不正常。在阿克曼与罗伯茨谈判期间，米尔肯插进来分享他最新的想法，却和司多尔一点儿关系都没有。"我一直在思考第三世界的债务，"

⊖ 吉勒特将买入这些电视台的大部分资产，因而也主要承担了债务偿还的责任。——译者注

米尔肯开腔了,"这里存在巨大的机会,比如墨西哥。"此后他消磨了几分钟来讨论其奔放的方案,他要从美国的银行手里折价买入墨西哥的债务,包装成新的证券,再把它们卖给其他的投资者。[32]这将会是他在 70 年代后期在公司债券领域中开拓性工作的一次再造,但是其规模则扩大了上千倍。他完全沉浸在自己的梦想中了,兴高采烈地无视摆在眼前 4 亿美元的新债券。

米尔肯狂妄的一面让斯图尔特困惑不已,他是一个 27 岁的新奥尔良人,15 个月前从斯坦福商学院毕业后加入 KKR,还在适应美国有名的金融家们的各种癖好。当罗伯茨和斯图尔特搭电梯离开德崇的大楼时,斯图尔特指着米尔肯刚刚发表讲话的会议室悄声说:"他总是这个样子吗?"

罗伯茨只是摇着头,笑了。

3 年前,很多 KKR 的合伙人都视米尔肯为天才。到了 20 世纪 80 年代末期,在他们眼里米尔肯已经退缩为小得多的角色了;现在他不过是一个古怪的合作伙伴,操作着一个强有力但很不稳定的机构。

随着德崇和米尔肯陷入更深的麻烦,KKR 的合伙人们几乎完全摆脱了与"垃圾债券之王"曾经热络的合作。1989 年早期,米尔肯受到证券欺诈的指控,几乎 100 个德崇最大的客户在主要报纸上刊登了整版广告,并在一则简单的信息上签上他们的名字:"迈克尔·米尔肯,我们信任你。"引人注目的是,亨利·克拉维斯、乔治·罗伯茨和杰罗姆·科尔伯格的名字没有出现。1990 年秋天,米尔肯对几桩证券欺诈指控认罪之后即将被判刑,KKR 的经理人泰德·阿蒙就米尔肯 1985 年处置司多尔认股权证事宜作证,他将 KKR 及其有限合伙人描述为米尔肯行为的受害者,声称如果他知道有多少司多尔的认股权证被留在了米尔肯手中,他就会逼迫德崇降低其他收费,更加善待债券持有人。"我们明确地知道我们总要依靠市场,"阿蒙说,"我们希望有一个快乐的债券持有人群体。"

德崇的高级交易员眼看着 KKR 拒绝或断绝了曾经紧密的关系,充满怨恨和悲伤。米尔肯的辩护律师阿瑟·黎曼（Arthur Liman）在交叉质询时使劲逼迫阿蒙，问 KKR 的愤慨到底有多深。如果 KKR 早先就知道米尔肯会拿走尽量多的认股权证，黎曼问道："你会放弃这桩交易吗？"阿蒙的回答是："不会。"然而阿蒙的作证所传达出来的信息主要是 KKR 现在希望被视为米尔肯的手段的受害人，而不是一个同盟者。[33]

KKR 的人轻易地摆脱了和德崇的关系，这令米尔肯、阿克曼和其他一些德崇的高级交易员深感挫败。阿蒙作证后的几天，一位资深的德崇经理人说，KKR 的经理人们公开抱怨德崇虐待他们，对这种说法他感到很"难过"。他补充说："我希望他们明白，他们靠着他们的承销商取得了多么非凡的成就。"

第6章 玩收购的艺人
MERCHANTS OF DEBT

20世纪80年代，KKR在没有引发公众恐慌的情况下就从银行借到了大量贷款，对公众持股公司发动了30多次高价收购。每一次，全国各地的各类经纪公司的电话都要被打爆了，Quotron终端显示屏上不断滚动着最新的买卖报价，目标公司的股价在几分钟内就可能飙升20%以上。KKR往往在私底下对某家公司进行很长一段时间的跟踪研究，然后突然高调现身，拍出不可思议的高价进行收购，而投资者此前根本想不到有人能出这么高的价格。在这个赌场资本主义时代，新股东们将幸运地成为赢家，盘算着再从下一次对冠以家族名号的公司的收购中赚到快钱。

一旦KKR或其他收购公司启动了企业收购计划，一幕为期六周的激情四射的大众闹剧就上演了。拿着高薪的律师们跳着脚冲进公司办公室，呵斥那些董事对股东未能尽到"照管义务"和"忠实义务"。[1]这些听起来很崇高的理论，实际上几乎总是被诠释成一种"义务"，就是公司应该被卖给出价最高的人。同时，还有一群薪金更高的华尔街投资顾问在向所有有意竞购的公司或团体兜售收购策略。其中有些人致力于帮助被收购公司抵御收购，而另一些人却帮助潜在的买家出谋划策。这都无关紧要。这些扮演不同角色的顾问们一起在全国做巡回推销，其实他们都是鼓动收购的共谋者，在和公司董事们打交道时，每一方都扮演着预先编排好的角色。

一次又一次，企业收购常态化地变成了一场公司白领们之间的战争。20世纪80年代末期，华尔街充斥着大批这种精神抖擞的斗士，他们精通法律、打嘴仗和胡乱承诺。当时的这些核心"玩家"毫不在意这场收购大战对美国经济增长的长远影响，收购游戏本身就是他们所要的一切。目标公司的顾问们想的是如何能让股东赚大钱，同时自己也能赚取佣金；企业收购者则希望在收购策略上巧施妙手，最终胜出。KKR及其顾问们在此方面展现了令人瞠目结舌的聪明才智，他们在每一次收购战中都能用新的招数和武器击溃对手。值得一提的是，所有手法全都合法。

KKR的合伙人们之所以能赢得无数成功，是因为他们运用了别人没有想到的一个策略：在最忙乱的阶段，他们自始至终温文尔雅、镇定自若。亨利·克拉维斯和乔治·罗伯茨是美国最大的公司买主，他们将这一身份强化到了极致。克拉维斯负责推销，他把自己乐观豁达的天性带到陌生公司的董事会上，令人愉快而兴奋，焦虑的董事们觉得他有无法抗拒的魅力。罗伯茨则是聪明绝顶的赌博高手，天生有准确无误的判断力，总是知道什么时候该投标，什么时候该停止，什么时候该抽身。不管这对表兄弟中的哪一个负责该公司的具体收购，在其他产权交易商面对诸多巨额数字已经昏了头的时候，他们都能保持头脑冷静。只有科尔伯格几乎无事可做，他在年龄上比他这两个年轻的合伙人高了一辈，相对于KKR日趋复杂和庞大的交易，他发挥的作用比较小。

作为巨型收购的核心组织者，克拉维斯和罗伯茨向数十名甚至上百名顾问拨付各类佣金。这意味着通过狡猾地让多个机构分沾顾问合约，KKR的合伙人可以让华尔街上的顶级投资银行按自己的意图行事。美林公司、摩根士丹利以及一大堆其他大型证券公司的顾问们都定期应KKR之邀，拿到这种能轻易赚钱的差事。同时，KKR还暗示只要这些华尔街的公司能继续顺着KKR的意思来，将来还会有更多的业务佣金。华尔街的投资银行私下里抱怨说克拉维斯和罗伯茨这么干，好像每个华尔街人都能被收买似的。但这些心怀不忿的人很快就放下身架，各寻门路，乖乖地跑到等着领受KKR任务的人群中排队去了。这些产权交易商们有自信是在为股东创造财富，因而只要达成企业收购，就都能索取丰厚的回报。对一些顶尖的交易人员来讲，几个月内挣几百万美元的前景，像魔鬼一样驱使他们不断努力，他们对每个新的公司客户也抱有如此期望。

这些能力出众、无孔不入的收购顾问们经常搞得那些有出售意向的公司高层管理者目瞪口呆或勃然大怒。理查逊－维克斯（Richardson-Vicks）公司经营保健品，在20世纪80年代中期陷入困境，其CEO史密斯·理查森回忆说："我感觉我是在瞧一场超级精彩的大戏！演员们演得可太棒啦！他们让你相信他们是在为你公司的最大利益而不遗余力。但这从头到尾就是一场低劣的游戏。"几年后，理查森在回忆起他聘请来的那些顾问是怎么"保卫"他的公司时，依然感到难以置信。在好几周的时间里，这些顾问和另一批"攻击"方的顾问扯来扯去，最后都收取了巨额的顾问费。之后，这帮顾问建议理查森把公司卖给第三方。他就这样丢了饭碗，他的公司也丧失了独立的名号，但那帮顾问就凭着差不多六个星期的工作足足挣了2000万美元！在理查逊－维克斯公司的原股东们兑现支票的时候，这帮顾问已经在美国各地帮着出售其他公司了。

也许，一次鸡尾酒会上的插曲最能揭示这些玩收购的"艺人们"最优先考虑的是什么。1986年11月，KKR在纽约举办了一次大型晚宴，庆祝以42亿美元成功收购塞夫韦。来宾中有一个名字叫理查德·卡切尔（Richard Katcher）的纽约律师，说起来他应该将KKR视为敌人才对，因为几个月以来，卡切尔一直代表塞夫韦徒劳地力图使公司避免被卖给任何人。尽管如此，他还是偕夫人一同出席了晚宴。不一会儿，以前从未见过KKR任何高层的卡切尔的太太快步走向乔治·罗伯茨，厉声说："就是你这家伙抢走我丈夫的客户的？"[2]

为化解这一尴尬，卡切尔赶忙插话："好了好了，你不懂。我们不是也挣了一笔吗？"

罗伯茨的回答则神秘多了,他说:"我们都不是坏蛋啊。要是别人不愿意,我们也买不下来吧?"

美国的企业收购大潮始于20世纪80年代早期,比KKR成为举足轻重的金融大鳄还要早上好几年。那个时候,在石油和食品这两个最成熟的工业领域里,一些好的公司掌握了富余的现金流,想要再投资到现有业务中并获得良好回报却没有什么好方向。一些有胆识的投资银行家并不赞同他们把这笔钱握在手里,或者给股东更多分红,而是鼓励诸如美孚石油、卡夫或者其他手里有大量闲钱的公司进行巨型收购。里根政府执政后,大大放松了反托拉斯政策,很多公司高管意识到,这可能是把一些小规模竞争者吃掉的稍纵即逝的好时机,应该充分利用。这样,美国公司用于收购的资金总量从1981年的670亿美元,到1986年的1900亿美元,几乎攀升了3倍。[3]

这种收购交易规模越来越大,也越来越频繁,随之促成收购的整个体制也越发强势。华尔街各公司内部专门从事并购业务的部门在20世纪70年代末期还人丁寥落,到了80年代末期,其规模已经达到300~500名员工。并购部门的领导者也常常是金融名人,比所在证券公司的主席还有名气,赚的钱也更多。最有名的一个人是布鲁斯·沃瑟斯坦(Bruce Wasserstein),他是第一波士顿公司的产权交易商,秃头、不修边幅,他最出名的一个特点是大嗓门,另一个特点是闪电般迅速的收购策略。还有大约30名并购顾问几乎同样出色,他们聪明而雄心勃勃,40岁左右的年纪,全部出自常春藤盟校门下。他们一起到汉普顿度假,孩子也都送进同一所幼儿园,在大牛市期间一同飞黄腾达。

20世纪80年代中期之后，并购专家们将关注的目光投向了杠杆收购的目标公司。收购的目标公司为数众多：现金充裕、发展缓慢、负债少，如有必要，某些公司分部可以迅速被卖掉。既然有这么多现成的信用可以利用，收购者并不在意花上比股市行价高得多的钱去收购。通过把公司一块块地卖给更糊涂的买家来迅速削减成本，运用利息抵扣和增加折旧所形成的所得税优势，他们就能抵消付出去的高价。如果要问，为什么公司在收购过程中的增值会这么多，一名金融界人士于1986年做了一番诠释："这就叫杠杆。"[4] 看得出来他有明显的自嘲之意，他补充道："我们从事的工作就是释放价值，就像雕刻家从大石头中雕琢出一件艺术品一样。"

就这样，KKR也成了玩收购的"艺人"，它第一个下手的对象就是碧翠斯。不少交易经纪人后来非常挖苦地把这次买卖及其所造成的影响称为"1985～1986年华尔街全员就业法"。在KKR一方的团队中，一批德崇的投行员工和来自美国盛信律师事务所、瑞生律师事务所的律师们协同工作。碧翠斯的董事们周围也聚集了同样庞大的华尔街顾问团队，他们是拉扎德兄弟公司和所罗门兄弟公司的投行员工，还有WLRK律师行的顶级律师。在外围，还有E.F.霍顿和高盛两家公司试图拿出竞争性的收购方案，不过运气不佳。弗雷德·伦奇勒（Fred Rentschler）是碧翠斯后来的一名行政官员，他参加过一次KKR的收购策略研讨会，会议室坐满了人，顾问们不得不呈两列横队，回忆起那次收购，他说："那真是大战在即、杀气腾腾啊！"

1985年10月中旬，KKR向外界公布了它收购碧翠斯的开价，每股45美元，或者总价56亿美元，碧翠斯的顾问们不接受这一报价，认为"不适当"。按华尔街收购战的行话来理解，碧翠斯的反应意味着：你们得再加码。克拉维斯从德崇的顾问马丁·西格尔那里得到这一暗示，两周过后把每股的价格提到了47美元。碧翠斯的顾问们依然不接受这个标的，还在继续寻找其他买家，但答应可以跟KKR共享碧翠斯的一些机密资料。金融分析家迅速地从中嗅到了一丝信息，说这是碧翠斯无法再作为一家独立公司存在的"开端"。不久，克拉维斯就获准在 11 月 12 日到位于芝加哥市中心的碧翠斯总部，在董事会上当面陈述 KKR 的收购安排。

　　克拉维斯的两个知心好友说那天早上克拉维斯真的是紧张死了。"亨利焦虑不已，他在屋里团团转，苦苦思索，把每种可能的反应都预想了一番。"克拉维斯的同事迈克·托卡兹后来回忆说。但克拉维斯一踏进碧翠斯总部位于 26 楼的会议室就掌控了整个局面。他挺立在碧翠斯五边形的巨大办公桌的一侧，侃侃而谈，言语中充满着理性和诚恳。克拉维斯一上来就把 KKR 的报价抬高到每股 50 美元，或是总价 62 亿美元。碧翠斯的经理人威廉·卡恩斯（William Karnes）是一个小心翼翼的人，克拉维斯向他保证 KKR 会在收购行动中公平对待碧翠斯的小股东，尽力保护未来几年中工人们的养老金权益。碧翠斯的另一位董事杰恩·斯佩恩（Jayne Spain）女士情绪低落，一想到公司就要易手，她不禁难受得落泪。克拉维斯停下话头，耐心地等她平静下来。他有一双蓝汪汪的大眼睛，说话稍微带点儿俄克拉何马州口音，让董事们感到他就像是未来的女婿正在向自己的女儿求婚。[5] 与克拉维斯长期共事的人都知道他是一名金融骄子，旋风般地出入于各个会议室，每隔几个月就要落实新的征服，但碧翠斯的董事们当然不知道这些。"他是一名绅士。"碧翠斯的主席威廉·格兰杰（William Granger）后来回忆说。那个周日早晨的一个小时的时间里，碧翠斯的 18 名董事成了克拉维斯生命中最重要的人。他们被克拉维斯捧得通体舒泰、如沐春风。到了下午，他们同意将碧翠斯卖给克拉维斯。他们认为，用威廉·格兰杰的原话来说，就是"这笔买卖对股东们来讲再好不过了"。

　　但也有几位董事感到失望。这些愤愤不平的人中有一个叫亚历山大·布罗迪（Alexander Brody）的，他是奥美广告公司的一名高级执行官，对于如何迎合一群人的恐惧和期望深有研究。"那种结局是不可避免的，"布罗迪后来说，

"公司失去了对自己命运走向的控制。在那个过程中我提醒了自己15次，要尽到自己的职责，但是不能不支持收购。从头到尾，我对我们这帮顾问失望透顶。他们只顾着琢磨怎么能把公司卖出一个经得住时间考验的好价钱，而不是为了保住公司的独立地位去积极献计献策。我就纳闷了，他们到底是谁的顾问？"[6]

在KKR的阵营内，碧翠斯收购案同样引发了对那些立场游移不定的华尔街投资银行家们的不信任。那时克拉维斯经常依靠德崇的西格尔，一名37岁的顾问，来帮着策划投标策略，这些策略按说都是秘而不宣的。然而，西格尔悄悄把这些关于KKR收购的机密都透露给了股票交易商。1986年1月初，一个严峻的时刻来临了，KKR因为错估了碧翠斯的资金流问题，而被迫对自己的竞标做出小幅度的调整。这一变化最终也没有造成什么大的影响，KKR只不过是缩减了需即期支付给碧翠斯股东们的现金，代之以更多的两年后才能变现的优先股。然而，1986年1月8日，华尔街上流言四起，说是碧翠斯买卖案遇到了大麻烦。后来证明，西格尔把KKR被迫修改标的泄露给了高盛杰出的交易员鲍勃·弗里曼（Bob Freeman）。两人后来因此都进了监狱。西格尔的这起卑鄙的勾当，直到1987年年初才大白于天下。然而，在KKR修改标的的决定还没有公布的时候，公司的执行官们就发现碧翠斯的股价在1986年1月8日早晨开始下跌，他们先是怀疑德崇的顾问，后来才想到可能是西格尔在搞鬼。从那以后，克拉维斯和罗伯茨照旧雇用大批华尔街的金融天才来帮助他们策划企业收购，但在同局外人共享商业秘密这方面都变得谨小慎微多了。

在随后的五年时间里，公司买卖、金融丑闻、巧舌如簧的经纪掮客等席卷整个美国。公司的顾问们从一个城市飞往另一个城市，向一些神经紧张的经理们提出相关方案，安排出售更多的巨型公司。蓝眼睛的克拉维斯步入会场，彬彬有礼地推销他动辄数十亿美元的收购计划，这种形象一时竟成了那个时代的象征。那些年，股东们大概共赚了2000亿美元，经纪人们也狂欢不已。来自WLRK律师行的律师卡切尔后来承认，在史上最大的企业收购行动中施展手脚，有时好似在刀尖上跳舞一样，确实够"刺激"的。随着收购案的不断增加，一些顶尖经纪人的办公室里陈列着安放在有机玻璃托架上的小纪念品，用来铭记他们在每次收购中的成功经历。这些纪念品越来越多，塞满了整个20英尺宽、5英尺高的书柜。这些有机玻璃的小"墓碑"，成了华尔街版的玩具士兵。

然而，在公司拍卖的滚滚喧嚣中，可曾有人听到亚历山大·布罗迪那微弱的、疲倦的呐喊："他们到底是谁的顾问？"

大量的公司执行官和经理在20世纪80年代的收购热潮面前，确实试图保住自己公司的独立地位，然而最终难逃厄运。放任自流的市场自由意味着，掠食者们只需要出大价钱就可以买下整个公司的股票，然后把公司董事和管理层全部赶下台来。大部分防御性策略只不过是在拖延时间——为公司寻找更多的买主，或者是卖给一个能比最初的掠夺者对公司管理层更好一点儿的买主。也有一部分策略，比如设立被称作"毒丸"的新股权，目的是阻止违背股东意愿的收购，但这种招数顶多也就是能让最终的成交价高出10%而已。

1986年中期，美国最大的食品杂货连锁公司塞夫韦的CEO彼得·马高恩（Peter Magowan），发现了这台收购机器背后残酷的运行法则。马高恩是塞夫韦创始人的孙子，执掌该杂货连锁公司已有6个年头了。41岁的他口才上佳、英俊帅气，公司的销售收入增长表现不错，但是每股收益的改善不大，所以华尔街中流传起这样一种说法，说是塞夫韦"管理不善"，是一个不错的收购对象。不久以后，塞夫韦就被赫伯特和罗伯特·哈夫特这父子俩的收购团队盯上了，他们在公开市场上买入塞夫韦的大量股票，奏响了收购塞夫韦的序曲。马高恩决心保住塞夫韦的独立地位，雇请了美林公司和WLRK律师行来协助制定抵御策略。马高恩后来说："我们认为，当时我们干得非常好！"团坐在塞夫韦位于加利福尼亚州奥克兰的总部办公室里，这帮经纪人研究着所有对付这种收购的常用措施：把塞夫韦卖掉一部分，恳请塞夫韦股东们拒绝哈夫特，起诉哈夫特，或者是阻碍哈夫特的收购。然而，塞夫韦总部内的气氛越发愤懑和绝望。美林公司的顾问杰弗里·贝伦森（Jeffrey Berenson）为塞夫韦想出了一个简单的办法，就是疯狂借债，一次性地把红利分给股东们，但这个法子看起来也不可行。"我们实在是扛不住哈夫特他们摆在我们桌上的价码。"贝伦森后来回忆。哈夫特父子有德崇为他们提供资金，比塞夫韦自己募集资金要快得多。

过了一会儿，马高恩终于意识到，只能选择向哪个买主投降，而不是投不投降的问题了。"同KKR接触吧。"马高恩请来的顾问们建议道。实际上，多年以来，马高恩拒绝过KKR的领导者之一罗伯茨的两次关于公司收购的私下约谈，一次是在犹他州的高山滑雪道上，一次是在为乔治·布什举办的竞选基金筹集晚宴上。他告诉罗伯茨，他对这种杠杆收购根本不感兴趣。然而时过境迁，到了1986年7月，一天下午，马高恩驱车穿越海湾大桥并破天荒地第一次给KKR设在旧金山的总部办公室打了个电话，结果令他很开心。罗伯茨的表现出人意料地既冷静又亲密。在罗伯茨位于45楼的办公室里，两人落座后，俯视着旧金山湾打开了话匣子。"我们的信条是和管理层协同工作。"罗伯茨这样向马高恩讲述自己的收购原则。他未加任何注解，熟练地阐述了各个方面的要点：管理层应该拥有股份；最适合收购的就是有稳定资金流的公司；如果对KKR的可靠和品质存有疑问，马高恩可以向KKR以前收购过的公司的高层人员了解情况。这些都是在至少15年的时间里，KKR的合伙人们以不同形式早已讲得滚瓜烂熟的套话，但马高恩听得津津有味，深感共鸣。罗伯茨和他的另一个合伙人鲍勃·麦克唐奈接着问起塞夫韦的业务情况，仔细地聆听马高恩的答复。同哈夫特父子斗了多日，同罗伯茨和鲍勃·麦克唐奈待的这一小时让马高恩深感舒心。"我从未感到焦虑，他们是正直的斗士。"马高恩后来回忆说。[7]

塞夫韦的CEO彼得·马高恩在20世纪80年代中期拒绝了KKR的乔治·罗伯茨一次又一次低调的收购建议。不过在恶意的企业狙击手们盯上了马高恩的零售连锁公司时，和KKR结盟就显得要好得多了（摄影 George Steinmetz/ONYX）

然而在这次让他们熟稔起来的会谈中，有几次罗伯茨却变得严厉异常，这种方式在克拉维斯身上从来没有发生过。罗伯茨以警告的口吻说，这次收购买卖中有一些纪律要遵守，塞夫韦要把一些运转不佳的地区分部卖掉或关闭。"彼得，我知道你不怎么乐意，但你得做出一些牺牲啊！"罗伯茨说。可不一会儿，罗伯茨又温言劝慰马高恩："我们从你这里了解的情况非常好，我想我们对此事非常有兴趣。"

从罗伯茨的办公室出来后，马高恩就认定了KKR是他们公司的大救星。第二天，他同意将公司的秘密金融数据提交给KKR，这些机密信息将大大有助于罗伯茨和鲍勃·麦克唐奈在收购塞夫韦行动中进行投标。可是，仅仅马高恩一人还远远无法结束收购纷争。就在KKR表示出对塞夫韦的收购兴趣时，哈夫特父子又抬高了他们的价钱。1986年7月底，罗伯茨正式公布了自己的收购价格，42亿美元，并且只给塞夫韦的顾问36小时决定是否接受。罗伯茨警告塞夫韦的顾问、WLRK律师行的律师理查德·卡切尔说，逾期的话，KKR将撤出投标。7月25日（周五）的下午，就在KKR设定的最后期限前几个小时，罗伯茨领着一帮顾问来到了塞夫韦奥克兰总部希望能签署并购文件。为哈夫特父子工作的世达律师事务所的律师们不甘心就这么败下阵来，所以给塞夫韦的经理们写了一封试探性的信件，要求再提供一个与KKR竞争的机会。

那个周五的下午4:45，卡切尔和罗伯茨拉开了近10年来收购舞台上最大的一次摊牌对决。卡切尔从塞夫韦的会议室里走出来，向等候在此的KKR团队宣布，塞夫韦的董事们想把竞标延长到周末，这是他们对公司股东应尽的责任。卡切尔以为KKR的人会暴跳如雷，他处理这种事儿倒是驾轻就熟的。相反，罗伯茨不动声色地坐在椅子上，慢悠悠、冷冰冰地对卡切尔说道：“我已经占用了我的投行顾问的时间，我已经占用了信孚银行的银行家们的时间，我已经占用了我们很多人太多的时间，我绝不会让他们再费工夫。”会议室里顿时死寂一片，罗伯茨的声音渐渐低不可闻，人们个个噤若寒蝉，甚至不敢翻动书页纸张。"5点钟，"他最后斩钉截铁地说，"我们将从这笔交易中撤出。"

卡切尔面色苍白。如果KKR撤出，塞夫韦的股票就会大跌，而哈夫特父子就再也不会涨价了。与塞夫韦"保卫战"相关的各方——董事、投行员工和律师都将会被怒不可遏的股东们告上法庭。尽管罗伯茨可能是在虚张声势，但只有那种莽撞的傻瓜才敢真的去试试看结果到底如何。静静地，卡切尔原地兜了几圈，又扭头走进了塞夫韦的会议室。10分钟后，也就是下午的4:55，卡切尔又露面了，宣布塞夫韦的竞标已经结束，KKR赢了。[8]

罗伯茨甘冒奇险，宁愿在谈判的最后关头失去一笔大买卖，用这一招击退了哈夫特父子。这是一种聪明的赌徒战略，在接下来的6个星期里，罗伯茨在同哈夫特的头号代表以及哈夫特家族的当面交锋中，进一步巩固了自己的胜利成果。

哈夫特家族还想设法从塞夫韦收购活动中多少捞点儿什么，便请德崇的彼得·阿克曼出来斡旋，他在1986年7月27日（周日）的下午，来到了罗伯茨位于加利福尼亚州阿瑟顿的家里。虽然竞标失败，但这并不意味着哈夫特家族完全不堪一击。他们仍然可以垂死挣扎一番，运用各种诉讼手段阻止KKR的收购。

阿克曼建议，如果能以10亿美元的优惠价格把塞夫韦一些最棒的分部卖给哈夫特家族，哈夫特就可以收手退出。"太稀奇古怪了，彼得，"罗伯茨回答道，"别扯这些了，来打几盘网球吧！"就这样，这两名交易中介在罗伯茨的私人球场上你来我往地打了几个小时的网球，直到夜幕降临。（阿克曼赢得很漂亮。）傍晚的风凉飕飕的，阿克曼还穿着网球短裤，想到罗伯茨的厨房里给哈夫特家族打电话。"这恐怕不能。"罗伯茨说，他把阿克曼领到球场边一处没有供暖的小屋里，让阿克曼用那里的电话。纵使阿克曼的长期利益实际上是跟KKR密切相关的，但现在他代表德崇的一个二流客户出来找KKR的麻烦，扮演了一个不三不四的角色，阿克曼穿着白色短裤，冻得哆哆嗦嗦，通知哈夫特家族说他的使命已经失败了，罗伯茨丝毫不让步。这个时候，阿克曼一身臭汗，又累又冷，再也不想跟罗伯茨过招儿了。

几周后，哈夫特父子冲进KKR的旧金山办公室，对公司的秘书们骂骂咧咧，斥责罗伯茨触犯了证券法规，但他们怒气冲冲的背后透露着些许心虚。罗伯茨盯着赫伯特·哈夫特和他的儿子罗伯特·哈夫特染成一黑一白的非常般配的庞巴杜式卷发大背头，不禁想起了华尔街中流行的关于这父子二人的绰号"狮子狗和小巴狗"。这俩人发飙的时候，罗伯茨咬着嘴唇，一言不发。好不容易其中一人说完了，罗伯茨笑容可掬地问他们："请问，有跟你们接着做生意的回头客没有啊？"答案当然是没有，这对父子生性好斗，在自己赚钱的同时总是把别人搞得气急败坏。他们最终从塞夫韦那里赚到了5900万美元，罗伯茨认为这个数额实在太多了，不过这仅仅是哈夫特父子期望值的零头。哈夫特父子也放弃了德崇为塞夫韦提供排他性服务的要求,这样罗伯茨就可以雇用阿克曼及其同事们来销售塞夫韦的垃圾债券。

一举拿下碧翠斯和塞夫韦,KKR在华尔街立即获得了最高的特权。还没有哪个企业买家能一鼓作气、如此迅速地做成这么巨大的两单收购。更重要的是,在业界还没有哪家公司能支付这么多的酬金。总的来算,在碧翠斯和塞夫韦收购过程中共支付了2亿多美元的酬金,由德崇、信孚银行、所罗门兄弟公司、拉扎德兄弟公司、美林公司、WLRK律师行和其他6个金融经纪公司一起分享。同时,KKR较小的一些交易,比如1986年的莉莉特利普纸杯公司收购案,还支付给其他一些投行几百万美元的酬金。KKR需要卖掉碧翠斯的几个业务部门,以偿还收购债务。卖掉第一个分部的巨额酬金支付给了高盛,第二个分部的酬金支付给了摩根士丹利,所罗门兄弟公司赚到了第三笔。KKR的手笔让美国几乎所有的大投资银行都乐意效忠于KKR,至少表面上是如此。

这种四处花钱的做派是经过"深思熟虑"的,克拉维斯后来说:"究竟谁是能帮助我们的人呢?"起初KKR倚重基德·皮博迪公司作为他们的华尔街顾问。但克拉维斯和罗伯茨很快发现,如果他们把太多的业务集中到一家华尔街公司,其他公司就不听KKR的招呼了。克拉维斯说,从20世纪80年代中期以后,他开始均分业务。他发现,支付酬金实在是在华尔街交朋友的捷径。这些酬金最多给收购总价增加1~2个百分点,几乎完全可以无视其对价格的影响。克拉维斯解释说,通过这种"排排坐、分果果"式顾问费的利益均沾策略:"我们希望每一家公司都最先想到我们。"

果不其然,后来几乎每当有公司要出售时,顾问们几乎每次都是先给KKR打电话。他们征求克拉维斯、罗伯茨或者公司其他同事的意见:"有没有兴趣投一标啊?要不先过来看看吧。"即便有时有些收购前景暗淡,华尔街的这些投行顾问还是不停地骚扰KKR,希望还能搅和点儿什么东西出来。

1987年春天，罗伯茨和克拉维斯决定要捍卫其美国企业收购之王的宝座。华尔街其他公司如美林公司和摩根士丹利开始设立自己的强大的企业收购部门，意欲同KKR分庭抗礼。罗伯茨和克拉维斯私下合计，如何在竞争中占得先机。他们的想法是，最好的办法就是从退休基金和其他有限合伙人那里筹集一笔巨额收购资金，不断展开令其他竞争者望尘莫及的巨型收购。KKR在其1986年的基金中还有10亿美元的额度没有用完，但是，罗伯茨认为这些还不够。

1987年5月，KKR所有的20个合伙人和助理齐聚在克拉维斯的公寓里一起吃晚餐，这时很多人才首次了解到罗伯茨的通盘计划。这个晚上原本打算办一个友好的社交聚会，但罗伯茨很快就将其变成了一个秘密的战略研讨会。罗伯茨宣布说，数以百计的人都清楚地知道如何操作一个中等资金规模的企业收购，即便标的额是上十亿美元，现在来看也稀松平常。

"艺术源于生意，"[9]罗伯茨说，"做生意的关键要素，在于谁拥有的产权资本最多。"表面上，他是在问他的那些年轻合伙人们下一步该干什么，但他并没有停下来等他们的答案。罗伯茨宣布，KKR必须要拥有最大的收购基金，理想的融资目标是30亿～40亿美元！餐桌的尽头坐着一名最新加入KKR的助理内德·吉尔胡利（Ned Gilhuly），他一下子噎住了。他刚从斯坦福商学院毕业一年，就已经被淹没在一堆天文数字里了。"我跟自己说，要是我们真能凑这么多钱，那可真是不得了！上帝啊，这可真是一大笔钱啊！"

几天之内，KKR所有的合伙人和助理已经开始四处奔走去募集资金了。罗伯茨取消了全家去中国度假的计划，取而代之的是整个6月都在往俄勒冈州和华盛顿州的州立退休金基金会跑；克拉维斯去日本、欧洲寻找机会，也去美国东部的州立养老基金碰运气；雷切尔则主攻大学捐款基金。不久，他们真的募集到了钱。华盛顿州同意出5亿美元，密歇根州是4亿美元，罗伯茨找俄勒冈投资委员会要了5亿美元，人家说还可以再给他加上1亿美元（他当然是来者不拒了）。[10] 其他 8 个州的退休金基金会，即伊利诺伊州、艾奥瓦州、马萨诸塞州、明尼苏达州、蒙大拿州、纽约州、犹他州和威斯康星州，也都加入了。KKR 还拿到 2500 万美元的投资，其投资人五花八门，包括救世军退休金基金会、日本三井人寿保险公司、英国水务局退休金基金会等。

养老基金和捐赠基金的官员们争相靠拢 KKR，都想分一杯羹。这时企业收购已经成为金融活动中最为活跃的部分，投资给 KKR 是参与这一盛宴的最佳途径。"当时那种气氛简直太热烈了！"卡内基·梅隆大学的财务官爱德华·胡尼亚（Edward Hunia）回忆说。简单地讨论过后，他所在的大学就投入了 1500 万美元。ITT 公司退休基金主席埃德·埃利希（Ed Ehrlich）在考虑加入 KKR 收购基金前，先是咨询了一些著名的金融机构对 KKR 的看法。埃德·埃利希后来回忆道："反馈回来的意见是，'最佳''优秀''强烈推荐''首选杠杆收购机构'等。"相信这么多专家不会看走眼，埃利希立刻投入了 2500 万美元。

1987 年 9 月，融资战役完美收官，KKR 的经理人们共筹得 56 亿美元。公司现在能花的钱比罗伯茨当初设想的还要多。KKR 的经理人们自信满满，觉得自个儿简直就是金融超人。一个目光如炬的投资者，芝加哥银行家约翰·坎宁却注意到 KKR 在其合同的标准条款中忽略了一条，没有注明单一收购所使用资金不得超过整个基金总额的 25%。"这是个排版错误呢，"坎宁故意责问克拉维斯，"还是说你想把 IBM 买下来？"克拉维斯可没笑。"我们还是保留各种可能吧。"他回答道。㊀

与此同时，收购生意的其他方面偶尔会遭受刻意伤害。1987 年 6 月，一位籍籍无名的辛辛那提的投资银行顾问戴维·赫林格尔（David Herrlinger）打

㊀ 唐·赫德里克曾在 KKR 长期担任助理，在 1986 年他 40 多岁的时候退休，以便惬意地享受赚来的财富。只有他敢于嘲弄他那些老同事们的贪得无厌。56 亿美元落袋为安的消息刚一公布，他就打电话给 KKR 的雷切尔，语带责难："干得不错啊！你们是不是马上要去忽悠另一笔真正的大钱了？"

电话给道琼斯新闻服务公司，宣布出价68亿美元收购主要的零售公司达顿 – 赫德逊公司（Dayton-Hudson Corporation）。投资者们以前从未听说过赫林格尔，不过这倒不影响他们在几分钟之内就把达顿 – 赫德逊的股票总值抬高了5亿美元。仅仅几个小时之后，事态就清楚了，赫林格尔已经被开除了，他根本无力为其出价融资。他因狂躁型抑郁症入院治疗，这种病看起来倒是在折磨着整个收购生意圈的人。[11]

收购生意越是显得不同寻常，KKR的形象就越好。投行认识到，不同类型的一些小掠夺者和小型收购公司不过是发起竞购的掩护性竞购者而已。在华尔街看来，这些竞购者不太可能真的成为最终买家，这一角色是留给KKR的，其经理人可靠、友善，出多高的价就真能拿得出这么多钱。几乎在所有大型收购竞争中，"人们都认为KKR才最有资格当白衣骑士"。世达律师事务所的收购律师J.迈克尔·谢尔（J.Michael Schell）评价道。

在1987年8月竞购佛罗里达的大型企业集团吉姆·沃尔特公司（Jim Walter Corporation）时，人们表现得尤其明显，倾向于将收购赢家的桂冠戴到克拉维斯或罗伯茨的头上。这一次，KKR是和8家投标公司竞争，它们大多很快退场。但是有一个竞争对手，佩恩·韦伯（Paine Webber）经纪公司初出茅庐的收购团队吼出了每股69美元、总计28亿美元的高价。这比KKR的出价高了足足6亿美元。吉姆·沃尔特公司的顾问们越审查佩恩·韦伯经纪公司的出价，就越是感到不放心。[12] 佩恩·韦伯经纪公司背后的头号商业银行花旗银行对吉姆·沃尔特公司是否值这么多钱表示怀疑，其首席投资银行家卡马尔·穆斯塔法（Kamal Mustafa）还未能赢得吉姆·沃尔特公司高管们的支持，[13] 其他一些佩恩·韦伯经纪公司的交易员们就承认他们重复计算了吉姆·沃尔特公司一些分部的盈利，既计入了把这些部门卖掉所能得到的利润，也计入了保留它们获取持续现金流的盈利。8月12日下午6点，佩恩·韦伯经纪公司采取了一个罕见而令人难堪的举动，把每股收购价降到62美元，其中只有52

美元是以现金支付的。"那时候我就觉得佩恩·韦伯经纪公司没一句话是靠谱的！"一位处理竞拍的投资银行家后来说道。[14]

即便佩恩·韦伯经纪公司降低了自己的出价，可KKR的出价还是比人家落后10个百分点。当时跟助理迈克·托卡兹一同竞标的克拉维斯已经离开美国，到土耳其航海度假去了。罗伯茨只得从旧金山飞过来主持局面，率领KKR团队开展工作。吉姆·沃尔特公司近乎绝望地期盼KKR能再抬高一点儿自己的标价，于是在8月12日晚上，其首席律师，理查德·卡切尔打电话给KKR的首席律师、来自盛信律师事务所的迪克·贝迪，征求他的意见。[15]

"得给罗伯茨设定一个够得着的目标。"贝迪说，"把鱼饵抛给他。就跟他说，如果他能接受某个价格，这家公司就归他了。"

几分钟后，卡切尔和吉姆·沃尔特公司的一名董事吉恩·伍德芬（Gene Woodfin）走进盛信律师事务所的会议室，罗伯茨正等在那里。卡切尔和吉恩·伍德芬说，如果KKR能出到现金价每股61美元，那么吉姆·沃尔特公司就是KKR的了。

罗伯茨歪坐在椅子里，一副疲惫不堪、无精打采的样子。"61美元我不干，不好意思。"他对卡切尔说道。

"哦，不过谢谢你愿意见我们。"卡切尔说。这名WLRK律师行的律师这次决定试试自己的手段，拿这几十亿美元的买卖吓唬一下罗伯茨。他再也不发一言，转身走向会议室大门。不出卡切尔所料，他的手刚抓到门把手，罗伯茨就跳了起来。

"但我可以出每股60美元！"他几乎是尖叫着说道。[16]

成交。几小时后，他们又就一些小的细节进行了一番商讨，卡切尔、伍德芬和罗伯茨正式签署了出售合同。KKR又完成了一次大型企业收购，这次花了24亿美元。这是卡切尔第二次拿数十亿美元的赌注跟罗伯茨对阵了，比在上一次一年前的塞夫韦收购战中表现得好多了。至于佩恩·韦伯经纪公司，在该收购中再无声息。

并购吉姆·沃尔特公司被最终证实是KKR犯的最为严重的一个错误。然而在当时，这次收购被看成是KKR聪明才智的再一次体现。

1988年，随着企业收购事务的兴旺发达，华尔街的一些公司搞起了特种业务。比如，高盛把公司当成艺术品来拍卖，尤其是还召集了大批潜在的买主，相互竞价。华尔街的人们谈起"高盛拍卖"，常常与威尔第的歌剧或百达翡丽手表相提并论。高盛那些勤奋、低调的投资银行家们，有的是招数来吸引大批有兴趣的投标者参与拍卖活动，这些人被一睹目标公司厚达上百页的机密资料的机会吸引。很快，这些潜在的投标人就被高盛那套"表明兴趣"的把戏撩拨得不能自拔，先是第一轮竞标，再是第二轮竞标，然后是漫长的"最终"竞标。高盛对结果都保密，竞标者不到最后一刻不知道自己的具体情况。但在每一轮中，高盛的投资银行家们都会在不同的竞标者间游走斡旋，跟他们说着同样的话："你还没有出局呢！但如果你想进入下一轮的话，不再加点儿钱怕是不行了。"有些不信邪的人开始怀疑高盛即便对排名最高的人也会耍这套把戏，以便让每一方都不断加价。

毫不奇怪，在1987年年底卡夫决定卖掉旗下的金霸王业务时，这家巨型食品公司的主席约翰·里奇曼（John Richman）找上了高盛。金霸王在6年前被卡夫买下，是另一起大型并购中的一个组成部分。但现在证券分析人士抱怨说，金霸王跟卡夫的基本业务不匹配。卡夫现金流稳定，负债率较低，业务部门容易出手，这让它成了一个成熟的收购目标。里奇曼希望通过卖掉金霸王来阻止恶意收购者对卡夫的觊觎，就找到高盛的合伙人约翰·戈登（John Golden）主持卖掉这家电池公司。

由于日本的工业公司出价凶猛，起初里奇曼和戈登都预计金霸王能卖出超过10亿美元的价格。[17]但没承想，就在六七家小型的收购公司也盯上这笔生意的时候，日本人却突然离开了。金霸王的CEO罗伯特·基德尔（Robert Kidder）在纽约四处奔波，在仅仅一天里就会见了一大群收购专家。基德尔正要介绍电池业务，所罗门兄弟公司的一个顾问打断了他："EBITDA⊖的6.5倍！我们就出这个价儿，你要乐意，这事儿就算定了！"¹⁸

1988年2月，就在金霸王买卖竞标接近尾声的时候，KKR出手了，并喊出了12亿美元的标价。KKR合伙人凯文·布斯凯特后来解释道："拍卖老是一轮又一轮没完没了。我们没有必要一开始就高调加入。"他和克拉维斯都想到最后关头再抬高标价。果然，就在KKR报价后不久，戈登就打来电话跟布斯凯特说："太低了，老兄。不再涨点儿的话，你们就进不了下一轮了。"

1988年4月，标价突然猛升。另一家声名显赫的收购公司福斯特曼－利特尔的高级合伙人泰德·福斯特曼（Ted Forstmann）找到高盛，喊出了15亿美元的高价。¹⁹福斯特曼早就跟金霸王高层洽谈了很长时间，对这家公司的发展前景非常看好。他要豪赌一把，希望通过绝对高价来缩短拍卖进程，要是KKR不马上跟进的话，自己就赢定了。然而，福斯特曼的如意算盘落空了，因为当时剩下来的竞标团队还有8个。尽管福斯特曼嘱托戈登，别把自己的报价透露给他们当中的任何一个，可是戈登还是忍不住想看看首屈一指的KKR是不是能出得更高。戈登跟克拉维斯是商学院的老同学，他本身也有义务尽可能为卡夫争取最大利益，于是在福斯特曼报完价几小时后，他就摸起电话联系了布斯凯特，羞答答地问："你们能不能也出15亿美元或者稍微多上一点儿？"

"我现在不想加码儿。"布斯凯特拒绝道，"不过，这个价位倒不是完全不可能。"

"你们要多久才能定下来啊？"戈登问。

⊖ 扣除利息、所得税、折旧和摊销之前的公司盈利，这是一种衡量公司现金流的方法，用于计算收购出价。

"你在和 KKR 讲话。"布斯凯特回答道,"时机应该不算什么吧。"几小时之后,克拉维斯正式决定,KKR 很愿意奉陪。[20]

每当亨利·克拉维斯和泰德·福斯特曼两人之间爆发竞标大战时,华尔街上的其他人都像是在看刺激的体育赛事。他们相互杠着抢生意,已缠斗了近 10 个年头。最近的一次是 1986 年收购 Lear-Siegler 公司,这是一家生产航空和汽车座椅的公司。克拉维斯首先考察介入,最后却花落福斯特曼。对他们来讲,金霸王是个吸引力非常大的战利品。这是一家在当时独占鳌头的碱性电池生产商、高增长、高回报,声名显著,几乎没有什么像样的竞争对手。克拉维斯和福斯特曼越看这家公司的内部数据,越觉得如果它能脱离卡夫,盈利将会大大增加。金霸王的高层也开始议论纷纷,把这次收购看成是一种个人命运的转变。他们期盼着能以这种方式,从官僚守旧的卡夫中剥离出来,成为一家赚钱更多的独立公司。即便是朋友之间都会争夺买下金霸王的权利。

但是克拉维斯和福斯特曼两人哪怕是仅仅听到对方的名字都会冒火。福斯特曼个头高挑,像是个运动员,老是把克拉维斯和罗伯茨两人叫作"小矮子",还攻击 KKR 跟德崇以及垃圾债券绑在一起,在道义上存在缺陷。克拉维斯则一直表示,他从来没拿正眼瞧过福斯特曼,不过随后的调侃又自打嘴巴,比如"你不知道吧?我坐在办公室里用望远镜就能看到他的办公室"。克拉维斯和福斯特曼一直是生意上的对手,这可以追溯到他们在 1970 年刚进入华尔街的时候,当时他俩都在一个叫 Fahey & Swartwood 的小经纪公司里做业务。马歇尔·斯沃特伍德(Marshall Swartwood)是这家公司的创始人之一,他回忆说克拉维斯和福斯特曼两人其实"在很多方面都非常相似",都敢闯敢干,有领袖才能,都刻意隐瞒不怎么拿得出手的教育背景等。但是这两人不但在生意场上冲突不断,就是在个人感情问题上也争风吃醋。20 世纪 80 年代早期,福斯特曼在先,克拉维斯随后,都追求过女服装设计师卡洛琳·勒姆(Carolyne

Roehm），但这位女士最后嫁给了克拉维斯。⊖

克拉维斯的第二任妻子、时装设计师卡洛琳·勒姆在1984年开创了她自己的品牌，她时髦的着装广受赞誉。勒姆高挑苗条，喜欢亲自当模特儿展示自己的作品（摄影 Theo Westenberger）

对高盛主持拍卖的约翰·戈登来说，克拉维斯和福斯特曼这次要"刺刀见红"，意味着他能搞一场声势浩大的拍卖了。不单单是KKR，还有两家收购公司——克雷顿-杜布里尔和吉布森贺卡公司，都跟戈登打过招呼，它们也想在金霸王的收购竞标中拼到底。

然而，克拉维斯巧妙地使了一招"釜底抽薪"，使得拍卖完全脱离了戈登的掌控。克拉维斯打电话给近乎被忽略的卡夫主席约翰·里奇曼，约他来KKR的办公室谈谈。克拉维斯给出了一个建议，里奇曼觉得简直无法拒绝。克拉维斯说："无论你想怎么办，我们一律照办。我们非常想要金霸王，也会尽力出个高价。不过，我们认为这应该是最后一轮，再搞下去没啥意思了。"

⊖ 根据勒姆后来在一次采访中的回忆，1982年冬天，她告诉福斯特曼她有了一个新男友。"我想他干的工作和你差不多，"勒姆说，"一家公司的经理人买下自己的公司，他们的动机是……""和你来往的这家伙叫什么名字？"福斯特曼问道。"亨利·克拉维斯。"勒姆答道。"哦，那就对了，"福斯特曼狡黠地回答，"这小子是生意之王。"

他接着说，如果里奇曼能停止拍卖，KKR肯定会让他不虚此行。对里奇曼来说，金霸王的竞标已经是做梦都想不到的巨大成功了，他迫切希望能尽快做成这笔生意，就答应了克拉维斯很绅士的提议。"就这么定了。"他跟克拉维斯说。[21]

这一下，拍卖规则悄然发生了变动。四个竞标者中的其他三人还一直以为他们玩的是经典的高盛式拍卖，在所谓的"最终"出价之后还不知道有多少轮呢。克拉维斯却心知肚明。一两个星期后，四家收购公司都向戈登提交了自己的标，克雷顿-杜布里尔出价15.5亿美元，吉布森贺卡公司出价16.5亿美元，福斯特曼出价17亿美元，而KKR出价最高——18亿美元。"祝贺啊！"戈登在午夜打电话通知了克拉维斯。[22]

福斯特曼暴跳如雷。他要求再竞标一轮。[23]他知道高盛的拍卖风格总是如此，即便在所谓的"最终"报价之后，还是可以再加赛一轮的。可是，这次人家不这么玩了。克拉维斯早已把拍卖条款改成对KKR有利，福斯特曼除了吹胡子瞪眼，无计可施。至于卡夫，卖掉金霸王仅仅让它多苟延残喘了五个半月，随后卡夫也被投进了收购"绞肉机"，菲莫国际以134亿美元将其收入囊中。

1988年10月，就在菲莫国际觊觎卡夫之时，一个更大的企业收购计划已具雏形，这一巨型交易横扫这一年代所有玩收购的艺人们，让他们疯狂地拼死相争。这次竞购的目标是雷诺兹-纳贝斯克，它生产云斯顿和萨勒姆香烟、乐之饼干、奥利奥甜饼。雇员和消费者都认为它是美国最大、最有声望的公司之一。然而，在1988年年底的六个星期之内，雷诺兹-纳贝斯克竟沦为巨大的金融玩偶。

收购大戏开始于1988年10月19日。雷诺兹-纳贝斯克喜出风头的CEO F. 罗斯·约翰逊（F.Ross Johnson）跟他的董事们说，他打算以每股75美元、总价170亿美元的价格将雷诺兹-纳贝斯克私有化，方式是杠杆收购。他说，协利证券公司将精心安排这次收购。可是，要是约翰逊以为他开的价具有压倒性优势，可就大错特错了。"约翰逊是在虚报低价，他想捡个大便宜呢。"就在约翰逊报价后不久，乔治·罗伯茨在电话里跟杰罗姆·科尔伯格说。"没错！"科尔伯格同意罗伯茨的看法。在约翰逊开价后的几个小时里，大批的投资银行家、律师和商业银行家蜂拥而至，他们都想挤上雷诺兹－纳贝斯克的舞台。不可避免地，他们的目光还是再次聚焦到KKR的总部办公室，那里，克拉维斯紧锣密鼓地召集了一次针对本次收购的高层战略研讨会。[24]

克拉维斯想巧取雷诺兹－纳贝斯克，但一开始颇为犯难。10月21日（周五），他在KKR办公室里会见了协利证券公司的CEO彼得·科恩（Peter Cohen），并认为作为规模最大、历史最悠久的企业收购公司，KKR应该在安排竞价的工作上有所参与。[25]科恩和他的高级助理们都不禁哑然失笑。几天后，就有风言风语传开来，说克拉维斯指责科恩是想强行霸占KKR的"特许权"。克拉维斯后来出来澄清说绝无此事，然而克拉维斯傲慢自私的公众印象已经很难撇清了。KKR从一开始就不受欢迎，这让它的养老基金的支持者们都感到非常紧张。"我们原则上不支持恶意收购，"密歇根州的财政官罗伯特·伯曼（Robert Bowan）有一次说道，"很难说KKR对雷诺兹－纳贝斯克的竞标是不是恶意的，不过这肯定相当于给画家的调色板上增添了一抹灰色。"[26]

还是老样子，KKR可以支配雄厚的资金力量。在和协利证券公司的彼得·科恩谈过话之后的36小时之内，克拉维斯就组建了一个庞大的银团融资中心，寻求数十亿美元的贷款。领头的是汉华银行的马克·索洛，他多年来一直渴望能在KKR的巨型交易里挑一回大梁。[27]紧随其后的是来自信孚银行、花旗银行和大通曼哈顿银行的顶级银行家。克拉维斯没有跟索洛谈酬金的具体数字，只是向他打包票："肯定亏待不了你。"克拉维斯同时还雇用了一大批一流的华尔街顾问，如摩根士丹利的布鲁斯·沃瑟斯坦和艾瑞克·格里彻（Eric Gleacher），德崇的利昂·布莱克。人们都知道，这些顾问能从KKR为买下雷诺兹－纳贝斯克所安排的融资中拿到1亿美元的报酬，却尽出些没有多大用处的主意，不过克拉维斯倒不认为自己在花冤枉钱，他是要以此阻止最精明、最有权势的公司为他人所用。同时，克拉维斯把罗伯茨请到了纽约，这样KKR的两位最高合伙人罕见地协同配合，直到收购完美落幕。

10月24日（周一）早晨，KKR亮出了收购雷诺兹－纳贝斯克的标的，每股90美元、总价值203亿美元，这引来惊呼阵阵，被称作"惊天动地""有史以来最大手笔"等。新闻评论员马上预测，这将是一场针尖对麦芒的硬仗。

在接下来五周的时间里，呈现在大家面前的是一场稀奇古怪、毫无体面可言的竞标。巨型的雷诺兹－纳贝斯克收购以及相关的报酬，暴露了华尔街中介们最粗鲁的一面。11月第一周的一天深夜，经过一番长谈，克拉维斯、科恩和他们各自的顾问已经快要握手言和，以合情合理的每股90美元的价格买下雷诺兹－纳贝斯克了。然而，就哪家华尔街公司来承销与本收购关联的垃圾债券，双方唇枪舌剑地吵了起来。"应该让德崇来做。"[28]克拉维斯说。"门儿都没有！"协利证券公司的人针锋相对。协利证券公司和新加入的来自所罗门兄弟公司的盟友希望能自己主导，这牵扯到3亿多美元的报酬，虽然仅占总价的大约1.5%，但在华尔街这些顶级中介们眼里是个不小的诱惑，更何况还要争夺荣誉和面子。克拉维斯、科恩和德崇的彼得·阿克曼后来试图达成妥协，三家公司共享这笔劳务费。然而在承销布告中，哪家公司应该排在第一位却无法达成一致，有一天上午大家比拼起了嗓门。"真是疯了！"[29]一天午夜，谈判即将破裂，克拉维斯对罗伯茨低声说道，"这帮人啥都想要，就是不想把生意做成，一群自私自利的奸商！"

接下来局势变得越发诡异起来。泰德·福斯特曼两次提出要加入投标，结果协利证券公司冷言相拒，罗斯·约翰逊也没给他好脸色。在一个重要的收购节点上，协利证券公司的CEO彼得·科恩把福斯特曼晾在一间会议室里，两个多小时没人搭理他。又有一次，一名新雇用的律师不让福斯特曼直接和约翰逊谈判，他说："我得到授权警告你不得打扰他。"福斯特曼一向以正直自诩，他高声回击道:"我看出来了,你们这帮律师倒成了大爷。让上帝保佑吧!"[30]

最终是罗斯·约翰逊捅了个大娄子。他公布了一份"管理协议",让雷诺兹－纳贝斯克的7位高管以区区2000万美元的价格买下收购后公司18.5%的股份,而不是让尽可能多的公司雇员分享收购后的股权。[31]这部分廉价股票的价值高得惊人,现值就有5亿美元,5年后有可能会增值到27亿美元。约翰逊后来嘴硬说这个计划不过是个初步草案,肯定很快就会做出修改,让更多的雇员共享股份。然而,不管它是草稿还是定案,这个消息一被泄露给新闻界就炸开了锅。《纽约时报》的记者詹姆斯·斯特恩古德(James Sterngold)率先披露了约翰逊的合同,在11月5日的报纸上以雷诺兹－纳贝斯克高管们"捡了大便宜"为标题报道了此事。3周后更猛烈的谴责滚滚而来,罗斯·约翰逊的头像赫然出现在《时代》杂志的封面上,下边的大标题是"贪婪的游戏"。该杂志用小一点儿的字体宣称:"这个家伙从史上最大的企业收购活动中中饱私囊了1亿美元!狂热的收购是不是已经太过分了?"

就在约翰逊－协利证券团队自毁前程的时候,克拉维斯和罗伯茨却在雷诺兹－纳贝斯克拍卖活动中稳扎稳打,步步为营。他们手握两件制胜法宝:一是充裕的资金,二是正派的企业形象。KKR拥有美国最大的贷款银团,拥有德崇无与伦比的垃圾债券销售能力,还有世界上最庞大的企业收购基金。KKR一出,谁与争锋? KKR的死对头,泰德·福斯特曼在一个紧要关头就已经耗尽了以次级债务融来的资金,再也无力抬高标价了。约翰逊－协利证券团队刚开始四处找资金,他们的贷款银团不那么有力,收购基金规模也太小,在垃圾债券方面的表现可以说是个笑话。

最为关键的是,克拉维斯和罗伯茨对待一些至关重要的人物一向温文尔雅、礼数周全,这些人就是雷诺兹－纳贝斯克的顾问和董事。约翰逊－协利证券团队是第一次在如此巨型的收购平台上竞争,一旦遇到意外的烦恼就会反应过度。有一阵子,协利证券公司的科恩竟然威胁要起诉雷诺兹－纳贝斯克的外部董事特别委员会，这可是最终决定雷诺兹－纳贝斯克命运的部门。起因仅仅是约翰逊和科恩认为董事们给福斯特曼提供了一点儿小小的便利，他们觉得无法接受。（雷诺兹－纳贝斯克的董事查理·休格尔（Charles Hugel）给约翰逊和科恩回复了一张不怎么客气的条子，让他俩"少管闲事"。）与此形成鲜明对比的是，克拉维斯和罗伯茨总是对这些关键的顾问和董事以礼相待，KKR的高层们对每次竞标都会有未可预知的"搅局者"有着清醒的认识，这种危机情况必须尽可能平和又果敢地予以解决。人际圈子也起到了好作用。雷诺兹－纳贝斯克的董事们请狄龙·里德公司、拉扎德兄弟公司做顾问，该公司此前曾经把司多尔、碧翠斯和欧文斯－伊利诺伊玻璃公司卖给了KKR。还有一个有利因素是，雷诺兹－纳贝斯克主要的法律顾问公司世达律师事务所早在20世纪70年代就跟KKR共事过。渐渐地，克拉维斯和罗伯茨越来越感觉到雷诺兹－纳贝斯克拍卖的主宰者——雷诺兹－纳贝斯克外部董事特别委员会正在倾向于他们。"我们根本就不认为你们有恶意企图。"在11月底的一次会议上，狄龙·里德公司和拉扎德兄弟公司的顾问告诉克拉维斯以及他们的首席律师迪克·贝迪。这些话有着微妙的含义。克拉维斯和罗伯茨意识到，只要他们冷静沉着、严阵以待，只要他们一直对雷诺兹－纳贝斯克高层及世达律师事务所执礼如仪、笑脸相迎，他们基本就可以大功告成了。

凭借有史以来公司收购者所获得最大的债务支持，罗伯茨和克拉维斯在1989年2月9日签署文件，完成对雷诺兹－纳贝斯克264亿美元的杠杆收购。这仿佛是一个幸福的时刻（摄影 Michael Fairchild）

1988年11月30日，第五轮竞标过后，雷诺兹－纳贝斯克拍卖活动已近尾声。一个多星期的日日夜夜，KKR和约翰逊－协利证券团队被催促着提高报价，以便赶上一个"最终"期限，结果马上又设了更多的期限。各方都精疲力竭，火气也变得异常旺盛。一半是作秀，另一半也的确灰心，罗伯茨不断威胁说要退出竞标。大约在11月30日晚9点，世达律师事务所的律师彼得·阿特金斯（Peter Atkins）最终为这场闹剧拉上了帷幕。他从雷诺兹-纳贝斯克的纽约总部会议室里闪身出来，径直走向旁边的一个会议准备间，那里挤满了KKR的高层及他们的盟友，在克拉维斯面前站定，阿特金斯递给他一沓文件："这是已经签过字的合同。祝贺您，您拿下了这笔生意。"[32]

KKR的获胜展示出该收购公司久经考验的三个长处，很值得花些时间领悟。首先是财务上的明智。约翰逊-协利证券团队的最后出标是每股112美元，表面上比KKR的每股109美元要高，但比较双方优劣的关键，是如何评估60亿美元左右的低等级"强制性"债券的价值，这些债券将被现有股东持有。德崇的彼得·阿克曼对KKR的投标计划进行了修改完善，与约翰逊-协利证券团队的方案相比，在这一计划下强制性债券的实际价值更可能完全体现其票面价值。11月底，雷诺兹-纳贝斯克所聘请的狄龙·里德公司和拉扎德兄弟公司的顾问们同阿克曼谈了好几个小时，深为他的悟性所折服。"KKR的胜利，在很大程度上应该归功于彼得·阿克曼。"一名狄龙·里德公司的高级顾问在拍卖结束后说道。

其次是克拉维斯迎合了雷诺兹-纳贝斯克的外部董事们微妙地表达出来的偏好，而正是这些董事们在操作这次拍卖。[33]雷诺兹-纳贝斯克的董事会最中意的投标计划就是尽最大可能不拆散公司。当约翰逊提议要卖掉整个食品业务来抵偿收购后的债务时，克拉维斯没这么干；雷诺兹-纳贝斯克董事们希望得到保证，工人们的工资和福利在收购后的最初两年里不得被削减，克拉维斯答应了，而对手却回绝了；雷诺兹-纳贝斯克的董事们希望即便在收购后，公众投资人也能有机会继续持有雷诺兹-纳贝斯克部分股份，克拉维斯在这一点上又比对手要合作得多。单看一条不具有决定性作用,然而综合到一起就直接促使雷诺兹-纳贝斯克的董事们在KKR和约翰逊-协利证券团队的竞标中选择了前者。

最重要的是,把雷诺兹-纳贝斯克交给克拉维斯和罗伯茨,看起来是在道义上的最佳选择。如果收购雷诺兹-纳贝斯克最终证明在财务上获得成功,就可能产生数十亿美元的收益。要让约翰逊-协利证券团队来分享这笔钱,公众肯定不答应。就在拍卖即将结束时,罗斯·约翰逊简直成了流氓恶棍,在《时代》杂志封面上受人唾骂。他的合作伙伴协利证券公司就是一个彻头彻尾的新入行者、一家傲慢无礼的华尔街公司,自不量力,干了几个星期的活儿就想吃下一家拥有百年历史的大公司。董事们在资金如此之巨、竞争如此之烈的拍卖活动即将结束时,也都讪讪地承认这一事实。但他们之所以偏向KKR,主要是基于人类的情感和魅力。

"我们觉得被约翰逊利用和欺骗了。"[34]1988年秋天,一位匿名的雷诺兹-纳贝斯克董事告诉记者说,把雷诺兹-纳贝斯克卖给KKR在今后若干年中当然也可能让克拉维斯和罗伯茨富可敌国。然而,是KKR所设立的合伙公司拥有被收购的公司,这样最终盈利大部分将会被KKR的被动投资人分享,例如俄勒冈州立养老基金会、哈佛捐赠基金会和其他"理应回报"的投资者。在这次争取董事们信任的巨大战役中,即便收购战已经快要失去控制,克拉维斯也再次表现出了他才是最值得信任的人。

雷诺兹-纳贝斯克收购大战刚一落幕,所有参与各方都争先恐后地宣称,雷诺兹-纳贝斯克的股东们才是赢家。甚至罗斯·约翰逊也提到股东们有多幸运,6个月前才值不到50美元的股票,这一下涨到了109美元。他给公司的董事们派送了玫瑰花并附上祝贺卖出的便条。雷诺兹-纳贝斯克的顾问们宣称他们始终为股东们的利益而战,然而他们的话音里带着尴尬,好像突然明白现在他们需要不顾一切地掩饰那刚刚过去的贪婪。

站在一个更高的层面来看，为公司股东利益而战的理念确实有合理性，这就像你说你代表"纳税人"或"教徒"们做事一样。KKR所收购的那些巨型公司常态化地拥有10多万名股东，代表着美国广泛的社会阶层。在雷诺兹－纳贝斯克案例中，很多股东是退休职工、烟草种植场的农夫，或者是做长线投资的北卡罗来纳州的商人，还有一些是代表大众的大型投资机构，如加利福尼亚教师养老基金会等。股东们从这次雷诺兹－纳贝斯克收购中获得的收益总计超过100亿美元，与此相比，华尔街和银行也差不多能收到12亿美元的各类酬金。

然而，随着企业收购进程日益深化，大众投资人的收益却越来越少。剧情紧张的收购大戏太折磨人的神经，公众们根本坚持不到最后。时不时地就有竞标者半道退出，普通的小股东们就赶紧抛售股票落袋为安，一小撮儿华尔街投机分子和股票贩子就会凑上来接盘。这些人总是做一些短期的买进卖出的生意，股票在手里最多不超过6周。他们非常沉迷于这套把戏。他们分秒必争地盯着交易显示屏上的股价变动，通过相互间的电话交流时刻把握着最新的收购动态，办公桌上经常堆积着大量的相关金融文件。有些投机分子甚至拥有美国最好的商学院MBA头衔，不到30岁就能每年挣到100万美元。有些人因为内部交易丑闻而锒铛入狱，还有些人的故事被改编成电影、小说和卡通人物角色。由于大众投资人的消失，在任何交易中，那些竞价行为主要都是为了这些"套利者"的利益。

克拉维斯和罗伯茨最清楚这些巨额收购背后的实质，那就是一个金融游戏。在他们收购战结果揭晓的最后关头（从1984年早期的海湾公司竞标，一直到1988年晚期的雷诺兹－纳贝斯克竞标），在等着目标公司的顾问们挑选赢家的时候，这对表兄弟总要遵守一个惯例。他们被隔离在狭小、拥挤的会议室里的时候，总是掏出一副扑克牌，开始跟他们的高级顾问们玩扑克牌，一般是100~300美元的彩头。数年后，这些牌局还能让这两个合伙人回忆起那些令人心跳的生动时刻——公司顾问走出董事会办公室说:"这是您的合同,已经签过字了,恭喜!"收购碧翠斯那个不眠之夜的最后一刻,克拉维斯跟一个采访者说道:"那时我恰巧赢了一把,正往怀里扒拉筹码呢,嘿!好消息到了!"[35] 在收购雷诺兹-纳贝斯克的最后几小时里,KKR团队的每个人下注20美元,猜雷诺兹-纳贝斯克的顾问什么时候现身宣布胜者。

最有说服力的事件要追溯到1984年3月在匹兹堡的那个阴冷、潮湿的下午,海湾公司从乔治·罗伯茨手里溜掉了。几年后,罗伯茨回忆说:"这单买卖我有两大遗憾。一是我们没有搞定这家公司,二是我手里还攥着三张A呢,牌局就结束了。"[36]

第 7 章 导师的陨落

MERCHANTS OF DEBT

在20世纪80年代KKR的大崛起阶段，亨利·克拉维斯和乔治·罗伯茨不断钻进一桩又一桩巨额交易中，几乎没有向外界展现过任何有关个人的信息。他们很少接受采访，甚至连生意上的助手都要和KKR的内部运行保持一定距离。记者们摸索着描述这两个他们未曾谋面的男人，称呼克拉维斯是"庞大帝国的统治者""国王亨利"或者"巨资收购大亨"，罗伯茨则被描绘为"内心精明"的"羞于面对公众的居家男人"。他们的导师杰罗姆·科尔伯格从1982年以后就很少在KKR的收购大战或融资谈判中现身了，但是，由于他的朋友们和一些助手坚持不懈地塑造他的形象，所以对他的描述充满了奉承之辞。这些传闻说他是KKR精明的"老牌政治家"——这位资深合伙人并不参与所有的细节，只在幕后的某个地方操纵，运用他的专业知识和良好的判断力来解决难题。

这三位KKR的创始合伙人的俗套形象看起来似乎合情合理，在这家公司发展的过程中，没什么人认真地质疑过。偶尔也有外人想探查克拉维斯、罗伯茨和科尔伯格相处的更多细节，不过这些爱管闲事的人都被客气地轰走了。

在华尔街保守最严密的秘密中，就包括成功的合伙公司的内部运作。精明的合伙人们从不公开谈论他们公司内部的争端，或者是权力和利润在内部的重新划分。不管这些话题如何被歪曲，至关重要的是防止将这些事情张扬出去，他们必须向外界展现出统一战线。要是有谁忘记了这些教训的话，他们一定能从1984年和1985年的事件中得到警醒。那时华尔街最受尊敬的老牌公司之一雷曼兄弟公司，由于其最高层的两位合伙人刘易斯·格拉克斯曼（Lewis Glucksman）和皮特·彼得森（Pete Peterson）之间爆发了严重的公开争吵而解体了。雷曼兄弟公司也因此以"中毒的合伙关系"[1]而闻名于世。历史工作者肯·奥莱塔（Ken Auletta）视这种争执为一个鲜明的警示："不是利润的底线，也不是商业才干，而是人类的愚蠢和弱点……往往决定了一个组织的成功或失败。"

同样，处于荣耀时期的 KKR 也因自身的愤怒言辞和日益增长的冲突而深受其害。随着科尔伯格在 KKR 的重要性减弱，他越发恼怒并迁怒于比他年轻的合伙人们。克拉维斯一心想要领导纽约办公室，开始排挤他的前导师。罗伯茨本来是中立的，但科尔伯格想将其长子引入 KKR，这个灾难性的举动激怒了他，此后在决定性的时刻他的天平倒向了克拉维斯。引起这些争吵的罪魁祸首是人类无法改变的东西：科尔伯格和两位年轻合伙人之间 19 岁的年龄差异。

在 20 世纪 80 年代初，杰罗姆·科尔伯格和亨利·克拉维斯的紧张关系已初露端倪，但是相对于 KKR 的主营业务来说无关紧要，没人太注意这些。克拉维斯喜欢花哨的办公装饰；科尔伯格倾向于简朴的风格。克拉维斯投票给共和党；科尔伯格则投票给民主党。克拉维斯热衷于商务旅行，会见管理人员并推介新的交易；而科尔伯格已然进入了"奔六"的年龄，休假的时间更长，并将更多的精力投入 KKR 之外的事物。在某一个具体的项目上——领导招募委员会为他的母校挑选新任校长就"在差不多一年中占用了科尔伯格一半的时间"。一个参与了 1982~1983 年审议活动的人后来说。[2]

总的来说，作为公司在纽约的头号和二号合伙人，科尔伯格和克拉维斯相处得还算融洽。在最重要的业务问题上他们的认识一致：寻求什么样的收购以及怎样去实现。随着克拉维斯逐步承担更多的工作，科尔伯格特意每年都减少他在 KKR 的持股比例，因此他在 KKR 的未来利润分配中所占比例也在减少。

1976年三人刚开始创业时，科尔伯格拥有公司40%的股份，明显多于分配给克拉维斯和罗伯茨的30%的份额。随着更多人加入KKR，三个合伙人逐步调低了各自的份额，科尔伯格承担了缩减份额中的大部分。³1979年他的股份缩减至36.8%，到1981年缩减至32%。

1983年年底，科尔伯格开始为头痛所折磨。医生诊断为听神经瘤，这是一种脑肿瘤，不得不做手术摘除。科尔伯格对此难以接受，他是一个健壮的运动员，打网球时他可以击败年龄只有他一半的对手，并且他一直认为自己非常健康。然而，他别无选择，只能在1984年1月在纽约西奈山医院做了几个小时的手术，看起来他很有可能全面迅速地恢复。但手术后几个星期，灾难又降临了。他在去往维京群岛圣克罗伊冬季度假别墅的途中，肺部出现了危及生命的血栓。飞机降落在圣克罗伊，科尔伯格被紧急送往当地的医院。科尔伯格在圣克罗伊和纽约接受了更长一段时间的治疗后，试图在1984年5月返回KKR，但几个星期后他发现，他还是不能胜任工作。那年夏天，他继续在玛莎文雅岛的另一处度假别墅里进行康复疗养。

1984年9月，科尔伯格试图正式返回KKR。同事们可以看出他还是感到疼痛，他喝大量的可口可乐，希望咖啡因能够减轻他的悸动性头痛。⁴他曾有完美的记忆力，但此时在KKR的工作中时好时坏。在这家收购公司工作的其他员工，每天要工作12～14小时，而科尔伯格却发现自己工作8小时就已经筋疲力尽了。保罗·雷切尔当时还担任助理，他回忆说："他强迫自己做了本不该做的事，周边很多事都在进行中，杰罗姆不想置身事外，他可真是个很顽强的人。"然而在20世纪80年代中期的快节奏市场中，科尔伯格已经很难找到自己的立足点了。信孚银行令人吃惊的贷款影响力和德崇的垃圾债券为KKR开辟了广阔的新收购前景。收购的节奏也大大地加快了。1984年8月，从对食品批发商马龙－海德收购开始，乔治·罗伯茨和鲍勃·麦克唐奈通过招标的方式更为迅速地买下全部股份，只要董事会及管理层批准收购即可，用不着花上几个月的时间来完成兼并。雷切尔评论说:"这个领域就这么爆发了,杰罗姆跟不上了。"

在科尔伯格缺席期间,两个新的助理加入了 KKR,他们都是克拉维斯和罗伯茨挑选的。这两名新人是纽约的前银行律师泰德·阿蒙和旧金山瑞生律师事务所的前助理索尔·福克斯,他们三十几岁,与 KKR 已经有过多年合作。他们的到来令公司的专业人员队伍扩大到七人,在大多数外人眼里这个数字小得有点儿可笑,但对于 KKR 的合伙人而言已经足够大了。事实上,科尔伯格在 KKR 从未聘用过任何助理,每当有人建议扩充员工时,他都以"摇头博士"著称。有一次克拉维斯太过积极地推荐几个候选人,科尔伯格厉声道:"你干吗不出去雇上二十几个人呢?"[5]

后来,到了 1984 年夏天,科尔伯格从玛莎文雅岛打电话给他的合伙人,声称他为 KKR 找到了一个有前途的新助理:他 26 岁的儿子吉姆。1984 年时,这个年轻人已经高中毕业九年了,从简历上看他更适合杰克·凯鲁亚克(Jack Kerouac)㊀塑造的角色而不是到美国的头号收购公司工作。[6] 吉姆·科尔伯格有三次在大学里各待了一年,但连一个学位都没拿到。1975~1976 年,他在加州大学欧文分校的英语专业学习;1976~1977 年又在东北路易斯安那大学的英语专业学习;1983~1984 年在纽约佩斯大学主修金融。在第二所大学和第三所大学之间的大部分时间里,吉姆·科尔伯格都住在康涅狄格州,担任职业网球手。在他的巅峰时期,他曾在世界巡回赛排名第 830 位。[7] 在网球界的冒险之后,他又做过 18 个月的商品经纪人,偶尔也为摇滚歌曲填词。

雇用杰罗姆·科尔伯格的儿子! 这个主意把克拉维斯及其纽约办事处的几个助理吓坏了。他们以前见过几次吉姆·科尔伯格,认为他是个优秀的网球手,也是个乖孩子,但仅此而已。"吉姆不应该来这里,"克拉维斯告诉科尔伯格,"他一点儿都不符合我们的标准。"[8] 然而,杰罗姆·科尔伯格相信自己的儿子。

㊀ 美国作家,"垮掉的一代"的代表人物,作品有《在路上》等。——译者注

他告诉朋友们，吉姆现在有更清楚的目标感，他已经做好了进入商界的准备。[9] 杰罗姆·科尔伯格是出于任何一位父亲最正常的渴望：把自己的一些知识和成功传承给他的孩子们。除此之外，在科尔伯格看来，KKR非常小，员工都是熟人，经常被视作家族企业。鲍勃·麦克唐奈是乔治·罗伯茨的姐夫，亨利·克拉维斯的父亲和杰罗姆·科尔伯格一个富裕的堂兄弟都参与了KKR的投资。把成年的儿子带进公司，这在杰罗姆·科尔伯格看来似乎没有什么不同。

克拉维斯认识到，杰罗姆这个KKR的资深合伙人把这件事儿看得很重，这次杰罗姆·科尔伯格对他的目的一点儿也不含糊，一点儿也不遮遮掩掩，他志在必得。因此，克拉维斯提出了反对建议。"如果你想雇吉姆，为什么不让他完成学业呢？"克拉维斯建议，"让他到一家投资银行工作，积攒下5年的工作经验。在他自己能够立足之后，我们再把他纳入公司。人们会仔细审视他，他也肯定能干得更好。"[10]

科尔伯格并不满意。"你看，我已经病了，"他告诉克拉维斯，"我不想等5年后才能和我儿子一起工作。这对我很重要。"

乔治·罗伯茨在旧金山眼看着他的两位合伙人前所未有地硬碰硬。于是，他提供了另外一种妥协方案。吉姆·科尔伯格可以到旧金山来上班，他将得到一间私人办公室和助理的头衔，并有机会挣到10万美元以上的薪水。罗伯茨喜欢吉姆·科尔伯格，有一次吉姆和他的父亲闹别扭，还在罗伯茨家住了几个月。但是，罗伯茨设置了严格的基本规则。确定吉姆·科尔伯格的薪酬不能受其父亲的任何影响，吉姆·科尔伯格不能直接与他的父亲共事，也不能拿一些日常的问题找罗伯茨帮忙。他必须学会和旧金山办公室的其他专业人员鲍勃·麦克唐奈、迈克·米切尔森（Mike Michelson）以及索尔·福克斯共事。周末的时候，这些规则将会放宽，吉姆·科尔伯格可以和乔治·罗伯茨一起吃晚饭。但是，他们将严格地像朋友一样会面。

于是，1984年9月，吉姆·科尔伯格加入了KKR的旧金山办公室，很男子气概地努力证明他在KKR工作当之无愧。他早晨7点就上班，工作到晚上

8点；他学会了操作复杂的金融计算机程序，但是他仍然面临不可能完成的任务——在没有任何以前的训练并且没有从他的同事们那里获得特别帮助的情况下，成为一个一流的投资银行家。吉姆·科尔伯格提交的财务预测中，有一些数字是错误的。"你总得复核他的工作。"罗伯茨回忆说。[11]

对于杰罗姆·科尔伯格而言，罗伯茨比他自己更有能力帮助吉姆时，吉姆却在挣扎求存，这令他很难堪。科尔伯格于是打电话给罗伯茨，问他为什么置身事外。

"我们还有其他的人。"罗伯茨说。当时迈克·米切尔森正在指导吉姆·科尔伯格进行一项在俄勒冈州的相对较小的收购案。[12]

"难道我没有帮助过你吗？"杰罗姆·科尔伯格反驳道。

"我知道你帮助过我，"罗伯茨说，"但是现在的生活已经不一样了。"

在纽约，另一些冲突正在酝酿中。从小学到现在，亨利·克拉维斯的生活方式一直就比杰罗姆·科尔伯格浮夸。多年来，两人之所以能合作，主要是由于不在乎另一方在办公室之外的所作所为。然而，到了1985年，科尔伯格已经无法不在乎亨利·克拉维斯了。他与开发商唐纳德·特朗普（Donald Trump）那类人交往密切，克拉维斯的名字经常出现在社会新闻版面上。苏茜报道了他的所作所为，利兹·史密斯和其他八卦专栏作家也一样。每隔几个星期，那些小报就会报道说，克拉维斯出席了在纽约或长岛的度假地举办的金光闪闪的慈善舞会。

人们也开始到处谈论克拉维斯的浪漫生活。自1979年以来，他就和第一任妻子赫迪分居，最终在1984年离婚，整个过程一团糟，一些细节被捅到了报纸上。克拉维斯从他的第一次婚姻中解脱之后，开始越来越多地和一个高个子、黑发的女子约会：时装设计师卡洛琳·勒姆。她为奥斯卡·德拉伦塔设计较低价位的O小姐系列女装，但她的抱负是开创自己的时装品牌。1981年勒姆第一次见到克拉维斯时，她认为他"只是一个算得上成功的商人"。后来，她意识到他是一颗冉冉升起的新星。他们联手，开始征服纽约。 勒姆重新装修了克拉维斯位于东 72 街的单身公寓,将单调的白色墙壁更换为更活泼的红色和其他鲜亮的色彩。克拉维斯则帮助勒姆建立了自己的女装设计公司,让 KKR 的头号律师、美国盛信律师事务所的迪克·贝迪来处理例行的公司文件。

在双方的交往中,克拉维斯和勒姆分享着快乐和坦诚。在他们交往的早期,有一次在科罗拉多的滑雪胜地共进晚餐时,克拉维斯吐露了他对人类命运的想法。他对勒姆说,人类来到地球上就像随身带了一套建筑构件,应尽其所能地用好这些构件。[13] 她笑着说这都是胡说八道。在公共场合,克拉维斯和勒姆共享奢华的生活,这为他们(还有大约 50 对像他们一样的纽约夫妇)在所谓的"暴发户阶层"中赢得了一席之地。⊖

20 世纪 80 年代末期,克拉维斯沉浸于他的财富中,成了社交圈的常客,经常和他的妻子一同出席各种奢华的聚会。1989 年在摩洛哥举办刚卸任的出版人马尔科姆·福布斯 70 岁的生日聚会⊖,让他们有机会和其他庆祝者融为紧密的圈子(摄影 Ron Galella/Ron Galella Ltd.)

⊖ 福布斯的 70 岁生日庆典在他位于摩洛哥的宫殿中举行,共花费约 250 万美元,包租了一架波音 747、一架 DC-8、一架协和式飞机,从纽约和伦敦请来了 800 位嘉宾。——译者注

这种土大款式的生活让杰罗姆·科尔伯格感到很难堪。他的妻子南希也制作服装，但他们从来没有在到处都是时尚摄影师的夜总会里展示过。相反，南希·科尔伯格在他们位于纽约州奇思科山的牧场里，从羊身上剪下羊毛，洗干净后再染上色。然后，她会为科尔伯格的家庭成员编织毛衫。[14]

在 KKR 的纽约办公室内，数十个象征性的态势明显显示出杰罗姆·科尔伯格作为公司领导者的地位。他的名字在该合伙公司的名号上排在第一位，他在该公司 20 世纪 80 年代初位于麦迪逊大道 645 号的办公楼中拥有一间最大的办公室。在他生病之前，科尔伯格召集 KKR 在纽约的合伙人和助理，每周一上午开情况通报和策略研讨会。

在科尔伯格生病期间，克拉维斯暂时代管周一上午的简报会议，他开得更简单，频次更少。但是即使不开会，通常克拉维斯也知道事情的进展如何。到了 1984 年年底，科尔伯格返回公司，恢复了会议召集人的地位。

"有什么新情况？"会议开始时，科尔伯格经常会这样问。"接下来我们要谈点儿什么呢？"在接下来的 90 分钟里，谈话在慢慢地进行。没有任何议程，会议拖个没完没了。"有什么新情况吗"成了科尔伯格的口头禅，他的意图是良好的，却让克拉维斯火冒三丈。科尔伯格怎么这么笨手笨脚啊？克拉维斯很疑惑。在一系列毫无重点的会议后，克拉维斯把科尔伯格推到一边去了。[15]

"相当坦白地说，这是在浪费时间，"克拉维斯说，"这让我想起我们在贝尔斯登开过的那些会。杰罗姆，干吗不让我主持会议？"科尔伯格承认了这一点。下个周一的例会既简明扼要又快捷。"我拿着日程表开会，"克拉维斯回忆说，"我知道什么重要什么不重要。"对于参会的人而言，很明显权力已经让渡。40 岁的亨利·克拉维斯坐上了头把交椅，59 岁的杰罗姆·科尔伯格坐到了他身边。科尔伯格尽可能不显露出任何失望，但是同事仍然可以感觉出这让他不舒服。

1985 年年初，在 KKR 搬进位于曼哈顿的优雅的新办事处约一个月后，科尔伯格邀请克拉维斯和罗伯茨一起到外面共进早餐，有重要的事情要讨论。[16] 三个人在曼哈顿的一家顶级酒店——卡尔顿楼中科尔伯格的私人公寓里见了面，酒店正好面对 KKR 位于第 60 街和麦迪逊大道的旧办公室。会面友好地开始了。

科尔伯格说话了。"我一直在想，"他说，"在我离开的那段时间，你们为公司的运营做了了不起的工作。我已经离开了一年半，现在感觉好多了，我对现在的生活很满意。"

罗伯茨和克拉维斯高兴地听着。在那时，他们猜想，他们的老导师会发表一个优美的退让陈辞，科尔伯格会认识到让这对表兄弟来负责更合适，也该是他放下在 KKR 的担子的时候了。科尔伯格也许会说他希望过更轻松的生活，花更多的时间陪伴家人，等等。克拉维斯和罗伯茨已经想好了，用一个极其动听的荣誉职位向科尔伯格表达敬意，比如尊称他为 KKR 的董事会主席。

错了。克拉维斯和罗伯茨严重误判了局面，科尔伯格可不是打算退让的人。"我想确保我们落实九年的合伙公司协议，"科尔伯格突然说，"我想确保我们的利益都平等。"

"你在说什么呢？"克拉维斯嚷道，他的声音充满了惊讶和烦恼。

科尔伯格重申了他的计划。他当时拥有 KKR 25.83% 的股份，这让他可以分享 25.83% 的公司利润，仅比克拉维斯和罗伯茨所拥有的份额多一点点。自 1976 年以来，随着新的合伙人和助理在 KKR 拿到少量股权，科尔伯格的股份缩减得比这对表兄弟更快。如果这种趋势继续下去，在下一次的合伙会议上，就可能会导致科尔伯格的股份等同或低于克拉维斯和罗伯茨的份额。但是，科尔伯格不想比这两个年轻人低，永远也不想。"这对我很重要，"科尔伯格说，"在我70岁以前，我们都应该是平等的伙伴。"

现在罗伯茨加入辩论了。他的语气比克拉维斯的更平和、审慎，但措辞果断得多。"杰罗姆，我确实有些吃惊，"罗伯茨说，"在过去我们干的工作并不平等，在今后9年中干的工作也不会平等，凭什么你认为我们该平等？"

"我们共同创立了这家公司，"科尔伯格回击道，"如果没有我，你们还待在街上呢。"科尔伯格开始列举他早期在创建这家公司和打造这两名年轻人的职业生涯中所做的一些事情。他在1976年投资了10万美元，这几乎是KKR所有的启动资金。他与乔·弗洛姆的关系给KKR带来了最初的酬金。这是一段长时间、充满激情的讲话。"现在这是一个机构了，"科尔伯格教导着他的两个年轻的合作伙伴，同时总结了他的论点，"现在人们和我们做生意是因为公司的声誉，而不是因为某个个人。"科尔伯格暗示说，虽然克拉维斯和罗伯茨最近已经成了最活跃的合伙人，但这并不重要，这永远也不重要。

在三位合伙人共同工作、分享荣誉15年之后，有些东西破裂了。突然间，到底是谁让KKR如此成功，这个问题变得极其重要。科尔伯格有自己的看法，两个年轻人也一样，却基于完全不同的角度。任何一方都无法理解对方。

早餐很快结束了，谁也没能说服谁，他们没有达成任何共识。科尔伯格、克拉维斯和罗伯茨沉默着走过四个街区，回到位于西57街9号的KKR新办公地点，哪怕是从葬礼回来的人看起来都可能比他们更快乐一点儿。科尔伯格想获得平等的合作伙伴关系，这一企图直到1995年才被克拉维斯和罗伯茨正式拒绝。很明显，他俩永远都不会同意这个想法。

在接下来的几个月中，双方都与亲密的朋友平静地讨论所发生的争执，征求他们的意见。每次讨论过后，科尔伯格和这对表兄弟都愈加认定，自己的立场才是正确的。

科尔伯格跟阿瑟·艾德（Arthur Aeder）讲了自己的想法。[17] 阿瑟·艾德是一个热心肠的、正直的会计师，科尔伯格在20世纪60年代中期就认识他了，当时艾德经常跑到贝尔斯登去处理合伙人们的税务问题。他也和科尔伯格一样做事慢吞吞的，当时才五十几岁。这个矮胖的秃头男子认为，最令人开心的度假就是在秋天开着车跑遍新英格兰，看着树叶慢慢变色。但艾德是一个绅士，也了解KKR。1976～1980年，他曾是公司的主会计师，一直干到亨利·克拉维斯把KKR的业务都转给更大的德勤来处理。艾德曾经坦承这种转移的确有道理，虽然这令他失去了很多生意，但是并未使他失去友谊，艾德仍与科尔伯格很亲近。

华尔街的大公司怎么确定合伙关系的份额呢？艾德和科尔伯格问对方。后来艾德解释说："他们考虑三个因素。"第一个是每个合伙人贡献给公司的资本金额。科尔伯格认为这一项他领先。第二个是这些年来每个合伙人为公司的业务发展做了些什么。在科尔伯格看来，这一项他依然领先。还有最后的第三个因素，艾德称其为"交易部分"——在过去的一年或两年中对公司利润的贡献。只有这一项罗伯茨和克拉维斯明显领先。

科尔伯格和艾德认为这些标准应适用这一顺序，即第一大于第二大于第三，仅盯住最近的成就是巨大的错误。"我不知道有哪一家公司是仅依照后者的原则运行而获得成功的，"艾德说，"如果你这样做，你就只不过是一群争论如何分赃的抢劫型冒险家而已，就不是在做生意了。"

对于克拉维斯和罗伯茨，公司的前途确实处于危难之中，但原因不同。在他们看来，科尔伯格的提议听起来错得离谱，这就像是要否定现实，否认两个年轻的合伙人已经超越了他们的导师。科尔伯格的计划将让克拉维斯和罗伯茨无法在未来几年获取更大份额的利润，但这对表兄弟不断互相提醒，钱不是真正的关键问题，这场斗争关乎公平，关乎荣誉和认可，关乎到底哪一方对KKR成功的说法才是正确的。

"我们干吗非得要带着杰罗姆玩？"克拉维斯不断地问罗伯茨，"这样子不对。"

科尔伯格在20世纪70年代设定了强硬的推进节奏，但到1985年年初，他的步伐已经大大地放缓了。在KKR早期的12桩收购案中，科尔伯格只在1981年的弗雷德·迈耶公司交易案中发挥过主导作用。KKR几乎所有的主要贷款机构和其他投资者——信孚银行、德崇以及俄勒冈州和华盛顿州的养老基金、哈佛大学等都是过去四年中罗伯茨和克拉维斯拉来的。KKR的新业务大多是这两位年轻人和他们聘请的助理们开展起来的。

"如果杰罗姆做出了贡献，如果杰罗姆找到了生意，逐户拜访了，如果他和银行有联系，那么谁也不会说什么，"克拉维斯后来说，"我们甚至可以永远保留同等的（合伙股份）。"但是，在克拉维斯看来，科尔伯格"没有做任何事情"。

"这就好像是他带着专利来了，然后就要拿走17年的特许权收入。"罗伯茨后来说。

科尔伯格的任何观点都没能让他的两个合伙人让步。是的，1976年科尔伯格提供了10万美元，但克拉维斯和罗伯茨认为这是个偶然事件，他们认为，KKR真正的种子基金来自当初KKR伙伴基金的七位投资人。科尔伯格只积极招募了其中的一位投资人，在招募另外两位投资人上帮了点儿忙，克拉维斯和罗伯茨相信，即便是倒退到1976年，也是他们两个拉来的业务更多。

克拉维斯尤其怀疑，是否有其他因素模糊了科尔伯格的判断。"仅仅是当吉姆卷进来以后，才让杰罗姆变成'我必须要和你们保持平等'。"克拉维斯后来说，"他得向吉姆表明，他、乔治和我是平等的，否则在儿子的眼中他将成为弱势者。"

屈服于科尔伯格的计划？想都不用想。克拉维斯和罗伯茨正在雇用更多的员工，创造更多的合作伙伴，追求比以往更大的交易。他们希望建立一家标志性公司，一家能延续不止十年的公司。这对表兄弟认为，应该让新人们有机会持有 KKR 的股份，从每年超过 1 亿美元的利润中分享到足够的份额。如果现有的合伙人不放弃一些自己的份额，那么新人怎么可能成为业主？1985 年 3 月，在某天早餐之后的某段时间里，克拉维斯和科尔伯格一直围绕着这些问题争论。"如果我们不按照合理的方式给予这些年轻人补偿的话，我们就会毁了这家公司，"克拉维斯告诉他的前老板，"不应该单从乔治和我的股份里划过去。"科尔伯格的股份是首要的目标。[18]

在他们追求被承认的过程中，克拉维斯和罗伯茨也许可以忽视科尔伯格，转而向外界吹嘘其做成交易的丰功伟绩。然而，按照 KKR 的风格，这样做太过分了。几乎在任何时候，这家小公司的合伙人都应该对外界隐藏自我，宣扬个人是可憎的，只会带来麻烦。要是其他的交易中介邀请记者到他们家里，最终弄出来一些"年度商人"之类的名单，那根本无所谓。到 20 世纪 80 年代中期，他们的公司取得了巨大的商业成功，而个人则几乎完全隐姓埋名。KKR 的合伙人身上结合了这两点，而且他们奇怪地乐此不疲。正因为他们远离广泛的公众认可，两位年轻的合伙人更关心的是杰罗姆·科尔伯格如何看待他们，这远远超过他们希望被大众承认。他们希望这位"资深政治家"能认可他的年轻伙伴们已经超越了他，而且理应如此。在合伙公司中的股份就是这种认可的最有说服力的证明。罗伯茨特别希望科尔伯格，这位和他父亲的年纪一样、在 15 年前如同兄长一样的人物能承认年轻合伙人的崛起。

科尔伯格永远也不会认可。

新的伤口很快裂开了。1985 年 4 月，KKR 的旧金山办事处完成了对俄勒冈州波特兰市红狮酒店公司的收购。乔治·罗伯茨和迈克·米切尔森主导这次收购，吉姆·科尔伯格辅助。交易完成后不久，杰罗姆·科尔伯格提出，从该交易所获利益中他自己的份额中分一些给他的儿子。[19]

"你不能这样做，"罗伯茨说，"我们已经分配给他一小部分了，这是因为那是我们先前决定了的。"

杰罗姆·科尔伯格抗议道："嗯，他在这项收购案中工作得很辛苦。"

"我知道，"罗伯茨说，"但为什么要把他和别人区别对待？他在这儿工作已经很幸运了。"

"是啊！"克拉维斯插话道，"他什么也不是。"⊖

这样的措辞有点儿过分，并且克拉维斯立刻就意识到了。杰罗姆·科尔伯格听到他的儿子遭受到这样的侮辱非常愤怒。克拉维斯想收回说出的话，"零"这个字要根据上下文来理解，克拉维斯说，他的本意是说吉姆·科尔伯格是作为负数在公司起步的，现在通过努力工作已经回到中间位置了。

杰罗姆·科尔伯格并没有平息下来。他唯一想做的，就是比以往任何时候都更加坚定地要保护儿子免受这忘恩负义的公司的欺负。

几天后，乔治·罗伯茨试图与吉姆·科尔伯格本人解决此事。"你看，吉姆，"他说，"靠你爸爸取得成功不符合你的最佳利益，难道你不想自己挣来奖章吗？"

罗伯茨的诉求看来失败了。吉姆·科尔伯格已经被推进了高期望值的境地，年轻人的温和正在让位给新的、更加易怒的个性。"人们已经习惯了我在这里的事实。"吉姆·科尔伯格说，他不想放弃他父亲提供给他的机会。

于是在一系列电话交谈中，罗伯茨和杰罗姆·科尔伯格围绕这些问题进行了激烈的交锋。最后，杰罗姆·科尔伯格将自己所持有KKR的部分股权转让给了一家新的合伙公司Cabbage Hill Associates，所有科尔伯格家庭成员，包括吉姆，都持有这家公司的股份。这是一个迂回解决问题的方式，但谁都不满意。

新的地盘问题同样也在纽约出现了。一些KKR的助理找到克拉维斯，抱怨科尔伯格让他们从事一些欠考虑的项目。一名助理抱怨说："杰罗姆把他

⊖ 原文"He's a zero"，所以下文克拉维斯就"零"的含义向科尔伯格解释。——译者注

'出'的篮子与我'进'的篮子混淆了。"这些助理自己不可能拒绝公司的资深合伙人，但他们认为，克拉维斯或许能解决他们的问题。

克拉维斯努力摆出他认为合理的腔调，但在科尔伯格看来则毫无疑问是傲慢无礼的。"杰罗姆，求求你，"克拉维斯说，"让我来协调这些人的工作吧。我们两人中得有一人来干这事儿，要么是你，要么是我。"

起先，克拉维斯后来回忆说，科尔伯格承认了这一点。"你说得对，你了解全部事情，应该让你来安排。"

后来，科尔伯格要是又看上了一个他有兴趣的收购项目，他还是会找个助理来帮助他分析那家公司。在对波士顿 Stride-Rite Corporation 这个具体的未能成功的收购项目上，消耗了科尔伯格一年多的时间。KKR 的年轻同事发现，科尔伯格试图将他们吊死在他的项目上，哪怕他们正在忙于其他三桩交易，哪怕科尔伯格的收购计划是行不通的。面对阻力就要施压的观念已融化在科尔伯格的血液中了，从在贝尔斯登的早期岁月以来，他的牛头犬般的顽强始终在起起伏伏中挺了过来。

"这肯定是行不通的。"好几个助理告诉克拉维斯。克拉维斯被迫一次次地与科尔伯格纠缠，被迫与这位资深合伙人起冲突，不情愿地逼他面对他已经远离了 KKR 的主流这一可悲的事实。

1985 年的整个夏天和初秋，科尔伯格、克拉维斯和罗伯茨之间关于股权的纠纷还没有公开，尚未明朗，他们又有了新的收购案去展开，KKR 还要募集一个近 20 亿美元的新收购基金。这么多的事情，单单是工作就占据了大家大部分的注意力。

然后，1985 年 11 月 21 日，罗伯茨和克拉维斯回过头来拿出了给杰罗姆·科尔伯格的反提案。他们制定了一个时间表，科尔伯格的股权最多只能减少一定的份额，根据这一计划，他所占的份额每年只会下降几个百分点，低到了一个最低值以后就不再减少了。克拉维斯和罗伯茨认为这是公平的，这对表兄弟将很快成为KKR最大的股东，但科尔伯格也不会被排挤掉。

科尔伯格讨厌这一计划。他不断告诉克拉维斯和罗伯茨，他是公司的"资深合伙人"，而资深合伙人总是在公司里拥有最大的股权。他重申是他创办了KKR。他再次表示，KKR最近的成功反映了该公司的名望，而不是年轻合伙人杰出的努力。

冲突开始更频繁地发生。1985年12月18日，三个创始合伙人再次争论起来，现在他们完全成了敌对方；可以预料得到大家会吵来吵去，什么议案都无法获得通过。

第二天，罗伯茨采取了非同寻常的步骤。在长达五页的亲笔信中，他向他的前导师倾诉了他的愤怒和自尊的损害。他使用尽可能坦率的语言，在他俩的友谊中第一次试图告诉科尔伯格，为什么这位老人的错误令人伤感。"我以极大的自豪、温暖、友爱和支持来看待我们20年的关系，"罗伯茨在信的开头写道，"对于我来说，您一直是我的支持者、老师、朋友、榜样（着装方式除外）、'风中之锚'和体育伙伴。我一直都能感觉到您的支持和真诚的友谊，并且知道，无论我搞得多么糟糕，您都会支持我。"

然后下面便是生硬、痛苦的信息：

> 大约一年前，您告诉我和亨利，尽管在过去两年您的贡献在减少，但您感到状况更好，强烈地认为我们的利益应继续在未来九年中保持平等，或直到您70岁为止。我不同意，您就生气了（"恼火"，如您所说）。在我看来，我们的问题就这么产生了。杰罗姆，有一段时间了，您没有为公司的成功做出与我们同等的贡献，未来我也不相信您会……
>
> 昨天，您说我们所有做过的事情不过是接管了您所开创的关系，您说KKR现在是一个机构（暗示人们是在与公司打交道，而不是这里的个人），您说在我们开创公司时您的关系是非常有帮助的……

我下面列出的是自1976年以来我们已经完成的收购。走进公司大门的这些交易中没有一起是因为我们的名字。大部分交易都需要解决重大的问题，所有的这些交易都创立了已被他人效仿的创新性的融资结构。

在我很勉强地做这些事情的同时，也许当我们见面时应该花点儿时间来回顾以上事实。

我们的新基金很有希望将至少达到18亿美元，有大约45名参与者，没有一个是自己走进来的。每个人都是我们花费了很多的时间、心思和精力才带来的。他们之所以投资是因为我们的财务记录，是因为与他们会见的KKR人。我们的财务记录绝非没有经过努力、担忧、思考、规划和运气就能发生的。这些记录中，没有一个是您交给亨利和我的那些人的名字。去看看列表吧，记着这一点。

我知道从自我的角度来看，对您而言处于比亨利和我都低的处境是很艰难的，我相信您也担心公司内外的人将如何看您。您还说，您觉得是我和公司里的其他人削弱了您。这与事实完全不符。是您自己削弱了您自己，您没有跟上事态的发展，不读备忘录，取消了根据您的要求而召开的会议，在董事会会议上只待上15分钟就走掉，要求别人忙于一些交易，而您安排的这些交易花上10分钟分析就知道毫无价值……当人们对此提出批评时，我都坚定地捍卫您的能力和在公司的作用。在KKR，我们有非常聪明和敏感的人，他们根据事实来看待事情而不是按照您、亨利或者我所告诉他们的来看待事情。对于外界而言，没有人会知道其中的差别。

罗伯茨重申了11月21日的建议，逐渐降低科尔伯格所占公司股份的百分比。在结尾，他写道："我仍然相信这是处理这个问题的最公平和最好的方式。正如我在电话中告诉您的，这一次，您持有的是短期的观点，我持有的是长远的观点。让我们尝试以长远的观点来解决这个问题吧。

"永远爱你的，乔治。"

当杰罗姆·科尔伯格收到信后，他告诉一位朋友，他的一生中从未觉得如此受伤害。

在接下来的14个月中，科尔伯格依然是KKR的普通合伙人。然而，从那之后，该公司的命运就被完全掌握在两个年轻人手中了。在对塞夫韦和欧文斯–伊利诺伊玻璃公司的收购案中很难感受到科尔伯格的存在。与他10年或20年前设定的节奏相比，他的工作时间大幅度地缩短了。[20] 夏季，科尔伯格花一个月的时间去玛莎文雅岛；冬季，花一个月去圣克罗伊。1986年，他61岁了——这个年龄有理由稍微放缓一点儿节奏，但KKR那些较年轻的专业人士不会接受任何想以较慢节奏工作的人。

即使是外人，也知道KKR的形势已经发生了根本的改变。在碧翠斯收购案中，投资银行的顾问们发现，是克拉维斯在兴高采烈地主持战略会议，毫无疑问地知道是谁在负责了。有些会议科尔伯格根本就没有参加。当科尔伯格真的露面时，他只是坐在房间后面，并没有说太多的话。"杰罗姆所知道的世界已经改变了许多。"一名基德·皮博迪公司的投资银行家后来说。

在塞夫韦交易案中，是罗伯茨和麦克唐奈定下基调，杰罗姆·科尔伯格只参加了加利福尼亚州的一次会议。"罗伯茨和麦克唐奈对待杰罗姆的方式给我留下了非常深的印象。"摩根士丹利的一名顾问后来说，"杰罗姆不知道交易的任何一点儿线索，他置身事外。但他们还是对他给予了适度的顺从。"

在KKR中，科尔伯格的漂泊感日益明显。有时，他会漫无目的地走过大厅。KKR的若干同事回忆起科尔伯格告诉他们的话："你们没有充分地用好我啊，我的判断对事情的进展还是有些影响的。"然而，KKR年轻的交易中介们正以气都喘不过来的节奏四处奔波，这样要是想让科尔伯格参与某个项目，麻烦就会接踵而来。强大的新的莲花计算机软件使得KKR可以用更多的时间拿出更为精心设计的方案以完成收购工作。在苦苦努力的交易过程中，KKR的助理们可能每小时都得修改他们的预测和分析。融资谅解备忘录在20世纪70

年代初是30页长，现在达到了200页或更多。科尔伯格向一些同事承认他没有从头到尾地通读备忘录，这就要求助理们给科尔伯格就该收购做详细的汇报，这样他才会有足够的事实依据来进行判断。"同事们对此已经厌倦了，"保罗·雷切尔回忆道，"他们厌倦了让杰罗姆跟上最新事态的发展。等到杰罗姆带着他的洞察力影响局势的时候，我们早就解决了那个点上的问题了。"

然而，科尔伯格的道德规范和原则感一点儿都没有减少。如果非要说有什么变化的话，那就是他在KKR交易前线的无能为力促使他担任一个新的角色，这是他试图为自己创造出来的角色。

他将要代表该公司的良心。

科尔伯格相信，一个良好收购的关键之处并没有被列在174页的收购备忘录上。更重大的问题才是重要的。管理层值得信赖吗？谈判符合20世纪60年代和70年代所设定的善意交易的标准吗？各方都在同一立场上吗？

1985～1986年，华尔街快节奏的新手段越来越令科尔伯格担心。[21]多年来，他曾经密切往来的金融合作伙伴，如保德信的雷·查尔斯和第一芝加哥公司的鲍勃·贾德森（Bob Judson），现在都已经退休了。现在坐在他们的位置上的人，在科尔伯格看来都是些报酬驱动的年轻人，他们很少问及最重要的问题——这笔交易的酬金合理吗？在办公室之外，科尔伯格告诉朋友们，他被善意和敌意收购之间的模糊不清所困扰。一个新的灰色地带正在出现——收购从充满敌意开始，但最终勉强赢得了公司的同意。交易中介们不屑理睬使用强迫手法所带来的问题，相反，他们厚颜无耻地追求巨额报酬——至少科尔伯格这样认为。每个顾问在收购中的报酬不再是100万美元左右了，已经跃升至多达6000万美元，而且每个人都想要一定的酬金。商业银行要酬金，德崇要酬金，KKR也总是索取一定的酬金，投行顾问和律师也纷纷加入。付出这么多的酬金真的符合一家公司的最佳利益吗？

在新的KKR内部，科尔伯格很难找到地方发表他的看法，人们不再来向他讨教。20世纪70年代像克拉维斯那样走进科尔伯格的办公室，建议做一次收购，然后从科尔伯格那里领受一系列持怀疑态度的提问的情景已经是过去的事情了。

偶尔，还能听到这头老狮子的吼声。[22] 在碧翠斯收购案的早期阶段，一些人在一个大型会议上争论说，如果该公司的董事不想和KKR谈判，KKR也许应该直接接触股东们，对该公司的股票发起主动要约收购。这样做将被视为与碧翠斯的董事会和管理层公开为敌，但它可能是一个成功的策略。

"这不是我们公司做事的方式！"科尔伯格咆哮着。

喋喋不休消失了，那时人们听从了科尔伯格的意见。乔治·罗伯茨曾是对要约收购最感兴趣的人，但他也退缩了，并解释说，他只是一直将其作为一种理论上的可能性来探索。

更多的时候，科尔伯格的观点并没有像以往一样被采纳。当科尔伯格提出对恶意收购的关切时，克拉维斯和罗伯茨就反驳说，友好收购和恶意收购之间的差异从来就不是那么清晰的。1980～1981年，在敲定合并协议之前，难道科尔伯格就不曾非常有进攻性地向弗雷德·迈耶公司的管理层施加压力吗？新一轮的收购与此相比到底会有什么不同？至于酬金，克拉维斯和罗伯茨称，其占总交易成本的比例一直没什么大的改变，大约1%。其他参与方的酬金也大致在同一水平。现在收购规模大了，所以按美元计价的酬金总额也显著增多了。年轻人们争辩称，这应该让人自豪，而不是担心。

在那些比较快乐的时候，所有这些问题都会被拿来探讨，直到达成平和的协议。科尔伯格、克拉维斯和罗伯茨从来都不是相互克隆的；自20世纪70年代初，他们就偶尔发生冲突。尽管存在各种各样的分歧，但他们一直坚信，没有任何冲突能够破坏他们之间的友谊和合作。

然而，到1986年年末，克拉维斯对科尔伯格几乎没什么耐心了。罗伯茨对科尔伯格的儿子以及合伙公司股份的不快使他难以与旧日的导师心平气和地交谈。这三个合伙人都开始彷徨，是否还有什么残存的友谊值得珍惜呢？

第一次意外事件是吉姆·科尔伯格在 KKR 的工作问题。这个年轻人的工作已经有了进步，但克拉维斯和罗伯茨仍不满意。随着 1986 年即将结束，杰罗姆·科尔伯格认为他的儿子应该拿到助理的标准奖金，大约 100 万美元。克拉维斯和罗伯茨则认为这荒谬可笑。KKR 最后付给吉姆·科尔伯格约 50 万美元——这一数字对克拉维斯和罗伯茨来说已经太过慷慨，但科尔伯格则认为太过吝啬。[23]

奖金冲突刚结束，吉姆·科尔伯格称他因个人原因想调往纽约。罗伯茨拒绝了。"我们和你父亲的关系已经够僵的了，"罗伯茨说，"你要是再去到那边，大家就更没得玩了。你也没有在那边工作的资格，大家都知道这是显而易见的事儿。还是别把你的麻烦带到那边去吧。"

几周后，吉姆·科尔伯格从 KKR 离职，无论如何也要去纽约。他在旧金山的两年生活至少让他得到了一样永久的东西：终于拿到了金门大学的学士学位。在纽约，29 岁的吉姆·科尔伯格报名参加了当地一所大学的 MBA 课程。

杰罗姆·科尔伯格在 KKR 的最后几个月，对每个人来说都很痛苦。1986 年年末，科尔伯格、克拉维斯和罗伯茨一直在探讨他们委婉地称之为"重组合伙公司"的内容。科尔伯格到那时已经有所退让，他的股权必将低于这对表兄弟，他也会把大部分日常权力移交给年轻人。但他想让自己的股权减少得越慢越好。不仅如此，他要求对 KKR 的重大决策拥有否决权。1976~1982 年，KKR 的创始合伙人实际上都具有这种否决权。但 1982 年鲍勃·麦克唐奈成为 KKR 的第四位合伙人之后，一票否决的规定就被少数服从多数取代。

克拉维斯和罗伯茨担心科尔伯格的这个主意会妨碍他们的决策。罗伯茨后来说："这会变成少数暴政。"他和克拉维斯都感到，科尔伯格已经开始拿业务问题与他们发生冲突——仅仅因为在其他方面潜在的紧张关系。

1986 年 12 月，就在吉姆·科尔伯格离职之前，克拉维斯和罗伯茨认为他们已经想到了一个方法。科尔伯格不会获得否决权，但在科尔伯格反对的事情上，这两名年轻的合伙人也不能硬要压倒对方，相反，将提交给KKR的所有合伙人和助理做集体决定。这听起来有些麻烦，不过也勉强行得通。

然后，在1987年1月上旬，吉姆·科尔伯格刚离开，看上去一切都变了。[24] 杰罗姆·科尔伯格雇用了一名精力充沛的律师——威嘉律师事务所（Weil, Gotshal & Manges）的托德·兰（Todd Lang）来帮忙谈判新协议。瑞生律师事务所的约翰·麦克洛克林则代表KKR。罗伯茨和克拉维斯递交了最新版的合作协议草案，包含了涉及所有意外情况的条款。其中的一些条款激怒了科尔伯格和兰，他们指责克拉维斯和罗伯茨背弃了之前的承诺。接下来便是一场口水战。协议泡汤了。

那时，克拉维斯和科尔伯格几乎不再谈条件。那些走过第57西大街9号42层办公室的助理们谈论着这座大楼的某个角落里散发出来的"冰冷的寒意"。

在1987年1月末或2月初的一个下午，克拉维斯给罗伯茨打电话，远比又一次发牢骚的谈话要重大得多。[25]

克拉维斯说："我受够杰罗姆了。"

罗伯茨说："哦，我也是。"

"你知道，我认为我们现在应该做的就是给他一个经济上的交换，直接要求他走人。在我和杰罗姆之间，其中一人必须离开公司，这个人不会是我。"

罗伯茨回答道："我认为你说得很对，在我们行动之前，先考虑两三天，看看每个人对这件事怎么看。"

什么变化也没有，这对表兄弟这下更坚决了。科尔伯格必须离开。前一年被选作合伙人的保罗·雷切尔和旧金山办公室的鲍勃·麦克唐奈参与了对话。尽管KKR的同事们并没有被明确告知发生了什么，但他们知道即将摊牌。

雷切尔直截了当地充当使者，试图帮助科尔伯格认识到事情如何发生了翻天覆地的变化。"杰罗姆，你没有认真听亨利和乔治的话，"雷切尔说，带着恳求的口吻,"这两人想说的是他们要和你分开,他们想让你离开公司,因为你不能再解决任何问题了。"[26]

科尔伯格懵了。尽管过去一年中有种种争吵和尖刻的言辞,但他从未想到事情的结局是他从自己的公司里被赶出去,但这是正在发生的事情。

在一两天之后一次艰难的午餐上,克拉维斯告诉科尔伯格,KKR的合伙人们已经做出决定。[27]只要科尔伯格任普通合伙人,该公司就无法再高效率地运作,他最好离开,他可以保留有限合伙人的身份,分享KKR的利润,但不能参与决策。这看来是事情的必然结局。彼此相识16年后,两个人又回到了原点。他们的友谊始于1970年12月,科尔伯格在贝尔斯登雇用克拉维斯之时,却结束于1987年2月,在克拉维斯告诉科尔伯格他该走了的时候。

科尔伯格离开餐厅,愤怒而伤心。他决心要维护自己的利益。在接下来一个月的时间里,科尔伯格的律师们谈成了一项离职协议,其数额之大让KKR的助理们将其称为"前所未有的最大的黄金降落伞"。到1987年3月13日,科尔伯格辞去KKR的普通合伙人身份。按照那项离职协议,在今后近10年时间里,他能够继续以与KKR管理层一样的极大的优惠条件投资于收购项目。科尔伯格在未来收购利润中的分红额度将从1987年发动的交易中的20.541%减少到1995年发动的交易中的7%。[28]如果KKR的表现还像1984~1986年那么出色,那么科尔伯格将分得2亿美元或更多的未来利润,而无须参与KKR的任何工作。该协议有效期截止到1995年,这是科尔伯格仔细选定的。这就让他可以继续和KKR一同投资,直至年满70岁,就像他一直以来所期望的那样。

科尔伯格同时要求克拉维斯和罗伯茨做出一系列较小的让步,就像他在贝尔斯登所受到的待遇一样,这在心理上非常重要。[29]他坚持要KKR为他保留他的办公室,以备不时之需。他要求KKR为他支付他雇用兰及其他律师的30

万美元的律师费。他还争取到承诺，KKR将支付其秘书的薪水，无论他把主要的办公室保留在什么地方，每年还要为他购买一辆林肯城市或同等价位的轿车。KKR根据合约还有义务支付他的司机的薪水，这个额外的好处当年贝尔斯登都没有同意。（这些不同类型的附加福利持续了大约一年，那时科尔伯格和他的前合伙人的关系变得更加紧张。1988年年中，克拉维斯和罗伯茨同意向科尔伯格一次性支付130万美元，以此作为取消向科尔伯格提供轿车、秘书等的交换条件。）

1987年3月离职协议一签订，按照同事们的说法，克拉维斯如释重负。稍后，他对科尔伯格的离开表示了遗憾，称："这对我来说是一个大难题，我一直是想解决问题的，毕竟与杰罗姆共事很长时间了。"话虽如此，克拉维斯精力充沛地投入业务，并没有表现出太多的懊悔。

罗伯茨对科尔伯格的离职更加难过。"在我看来，这是最差的结局。"他后来说，"我拿到了一个很讨厌的经济上的交易，而且失去了一位亲密的朋友。"

1987年5月18日KKR在纽约赫尔姆斯利皇宫酒店举行的有限合伙人年会上首次发表公开声明。KKR的亲密朋友们大多都出席了：俄勒冈州养老基金的吉姆·乔治和罗杰·迈耶，第一芝加哥公司的约翰·坎宁，信孚银行的罗恩·巴蒂。有一些人事先就了解科尔伯格的情况，但多数人在参加会议之前并不知情。

杰罗姆·科尔伯格在会议一开始就走上讲台，做了一个简要的发言。他说他对KKR取得的成就非常自豪，但同时也对华尔街道德伦理的沦丧深感忧虑。科尔伯格谈道，"过于强大的贪婪渗透到我们的商业生活中"。[30] 他没有指名道姓，但参会的一些人认为科尔伯格指的就是克拉维斯和罗伯茨。在发言的最后，科尔伯格称他将以KKR普通合伙人的身份退休，成为有限合伙人——就像房间里所有在场的人一样。

发言结束后，密歇根州养老基金的总裁威廉·阿默曼问科尔伯格为何要退休。科尔伯格低声含糊地说了句"由于身体原因"就走开了。³¹ 他只是对纽约股票交易所的证券经纪人和多年好友唐纳德·斯通（Donald Stone）多少说了点儿未来的事："年轻人总会胜出的。"

但科尔伯格离职的另一个不同版本出现在 1987 年 6 月 19 日出版的《纽约时报》上。"存在一些哲学上的差异，"科尔伯格告诉《纽约时报》记者詹姆斯·斯特恩古德，"我不会限定自己只做小买卖，但我会抓住那些理性占优的生意。"这是杰罗姆·科尔伯格发挥的极致。"哲学差异"是一个高深莫测的、模棱两可的词语，符合每个人的利益。克拉维斯和罗伯茨很快就认定，让科尔伯格含糊地发泄对 KKR 做生意方式的不满，要比让外人了解多年友谊中所包含的所有人类的愚蠢和弱点要好得多。

在接下来的几年里，这三位 KKR 的创始合伙人都对他们决裂的真正原因绝口不提。

刚离开 KKR，杰罗姆·科尔伯格就和儿子吉姆创建了自己的杠杆收购公司：科尔伯格公司。他们的营销推介很有吸引力：他们要让收购业务回归其本来面目，回归到小规模的善意交易中。吉姆·科尔伯格在一次访谈中解释道："我们不会去做成为新闻头条的规模最大的交易。"这个父子团队在曼哈顿西第 55 大街租了一间办公室，唤起了对 KKR 早期在第五大道共同利益人生（Mutual Benefit Life）大厦的办公室的回忆。地面上铺满了灰色的地毯，而不是克拉维斯和罗伯茨喜欢的昂贵的东方地毯。会议室的长条桌上铺盖了压层塑料，而不是昂贵的紫檀。父子俩招聘了一些年轻的助理，并告知这些新来者，可以在任何时间走进高级合伙人的办公室寻求帮助。³²

然而，事实证明在20世纪80年代晚期竞争白热化的收购市场里，科尔伯格公司不过是可有可无的。杰罗姆·科尔伯格打算从养老基金和银行募集10亿美元的投资基金池，但最后只募集到3亿美元。[33] 在拒绝他的人里包括密歇根州养老基金的主管威廉·阿默曼。"我认为5月在赫尔姆斯利皇宫酒店里他虽然疲倦但表达很清晰，"阿默曼后来说，"等到他来找我们谈基金事宜时，他只剩下疲劳了。"俄勒冈和华盛顿州的养老基金援引对"管理深度"的担忧，都称它们不想与科尔伯格公司共同投资。杰罗姆·科尔伯格愤怒地告诉朋友，他认为罗伯茨已经破坏了科尔伯格公司在西北太平洋地区的销售努力。

在最初的3年时间里，科尔伯格公司完成了三次中等规模的收购，但与至少十几家强大的杠杆收购公司比起来，并没有引起太多的关注。1988年年初，杰罗姆·科尔伯格试图参与竞购Stop & Shop，但输给了KKR。科尔伯格公司最大的一单生意是以2.68亿美元收购了餐饮设备制造商Welblit Co.，这次收购主要是由蒂姆·柯林斯（Tim Collins）谈成的，他从拉扎德兄弟公司跳到科尔伯格公司，是一名充满活力的年轻合伙人。然而，柯林斯来到科尔伯格公司一年后，就又回到了拉扎德兄弟公司，他对朋友说，在科尔伯格父子团队占据了最高的两个位置的地方，看不到有什么发展的机会。

随着KKR的交易遭到越来越多的非议，杰罗姆·科尔伯格勤勉地把自己定位成新标杆，远不同于他原来的收购公司。1988年年末，他在《欧洲货币》（*Euromoney*）购买广告版面，含蓄地评论了他的老公司的新模式。科尔伯格没有指名道姓，抱怨其他收购公司因"需要向投资者证明自己的实力"及"对可观酬金的欲望"而太过积极地追逐交易。科尔伯格轻蔑地谈及一些收购公司做出"未经请求的竞购"，宣称他所做的交易都是"友善的"。当时有一类做法是先买下某上市公司4.9%或9.9%的股份，正好低于必须向联邦政府申报的份额，然后再迫使董事们同意控股收购，他对此也进行了谴责。实际上，KKR只在德士古公司和克罗格公司交易上做过两次这种"立足点"投资，这两次投资没有实现达成收购的主要目标，但在股票交易方面获利颇丰。科尔伯格宣称绝不做这种"立足点"投资，他认为这种方式"引发了利益冲突、目标淡化以及潜在的恶意提案"。

如此正义的言论让杰罗姆·科尔伯格成了商业媒体上的英雄。1988年11月14日出版的《商业周刊》的封面报道对KKR的事情暗示道，科尔伯格"已经对KKR从管理层的合作伙伴演变成为咄咄逼人的金融巨头而感到不安"。《财富》杂志在1988年的一个封面报道中写道："这位业界的精神领袖正含蓄地说：'这才是正确的做法。KKR的做法是错误的。'"

然而，杰罗姆·科尔伯格悄悄地聚敛了数百万美元的利润，并握住了有可能在将来赚到更大的意外之财的筹码，因为他在离开KKR后依然在KKR的每一笔交易中都投入巨资。

实际上，科尔伯格有一部分用最短时间赚得的利润恰恰来自他自称不屑一顾的"立足点"投资。KKR的内部资料显示，从1987年年末到1988年3月，科尔伯格在一个KKR伙伴基金中投入了828 549美元，该基金收购了美国最大的石油公司之一德士古公司4.9%的股权。无论科尔伯格对"立足点"投资有什么谴责，他在把540万美元装进腰包的时候并没有任何不安的表示，这笔钱正是KKR通过对德士古公司的攻击所获回报中他分到的那一部分。[34]事实上，1988年春天科尔伯格的会计师向KKR投诉说，科尔伯格还应获得高达75 000美元的额外利润。那名会计师说，科尔伯格所获德士古公司利润分红的17%份额依据的是科尔伯格在1988年的利润分配公式，然而德士古公司的某些利润分红应依据1987年科尔伯格20.541%份额的分配公式。克拉维斯和罗伯茨觉得这个投诉很荒谬，但是，他们并没有争吵，而是将75 000美元存入了科尔伯格在KKR的账户。

就在科尔伯格公开批评巨额收购和敌意收购的同时，在1989年年初，他却悄悄地向KKR最大、最有杀气的收购项目——雷诺兹－纳贝斯克收购案投资了数百万美元。KKR 的内部记录显示，科尔伯格投入了 9 406 906 美元，这使得他可以获得 KKR 从雷诺兹－纳贝斯克收购案中获得最终收益 15％的份额。这笔钱是通过各种名字不那么醒目的科尔伯格的投资载体投进来的，包括一个叫作阿里阿德涅的合伙公司。这 940 多万美元超过了他的科尔伯格公司开业前三年中所投入资金的总和。事实上，杰罗姆·科尔伯格成为雷诺兹－纳贝斯克收购案中第三大个人参与者，超过所有雷诺兹－纳贝斯克自己的经理人，包括该公司的新任 CEO 郭士纳（Louis V.Gersteiner），只有克拉维斯和罗伯茨拥有更大的股份。躲在一边的科尔伯格最终的可得利润比保罗·雷切尔、泰德·阿蒙或其他不停歇地为该交易奔忙的助理们都要高。科尔伯格的投资仅有一丝微弱的、几乎看不到的痕迹泄露给了公众，深藏于 300 页的雷诺兹－纳贝斯克多种类型债券说明书的短语中，说 KKR 的"现任和前任合伙人"已经在该收购中投入了数目不明的资金。

在雷诺兹－纳贝斯克收购完成后的两年里，从粗略透露出来的投资情况看，科尔伯格的回报相当好，这种投资方式与他的公开声明大相径庭。他的账面利润已经接近 1 亿美元了。

在被 KKR 赶出来以后，如果单纯的金钱就可以让杰罗姆·科尔伯格感到幸福的话，那么他应该已经欣喜若狂了。然而他依然是一个痛苦的人，在他的前合伙人给美国的经济发展留下他们的烙印时，他却仍在孑然沉思。

第8章 统领工业帝国

MERCHANTS OF DEBT

20 世纪 80 年代末，KKR 处于其势力的巅峰，所涉及的领域超过了德士古公司、克莱斯勒或 AT&T。[1] 这家杠杆收购公司麾下的公司制造的商品有威臣石油、乐之饼干、云斯顿香烟和金霸王电池。美国西部的消费者每年要从 KKR 控制的塞夫韦和弗雷德·迈耶公司的商店中购买数十亿美元的商品；美国东海岸的消费者则从 KKR 所有的 Stop & Shop 超市和 Bradlee 百货商店中购买商品。在 Motel 6 住宿的旅人、购买 Auto Zone 汽车零件的司机或者观看 CBS 地方台的电视观众，都是间接与 KKR 进行交易的客户。[2]

这个收购帝国的羽翼如此之丰，看来 KKR 的 20 个合伙人及其助理们似乎很难监管这么多公司的如此多细节。该收购公司的触角遍及各行各业，从木材到烟草，从水泵到椒盐卷脆饼。近 40 万人为 KKR 控股的公司工作，足以填满两个国会选区。仅雷诺兹－纳贝斯克的饼干分公司就能生产 400 多种不同的产品，连克拉维斯都不得不承认，这么多的产品很难完全掌控。

不过，克拉维斯和罗伯茨精明地为 KKR 小小的交易中介团队搞出了一套稳固权力的手段。在 KKR 旗下的每一家公司中，该收购公司的合伙人邀请前 25～70 名行政高管，买下收购后公司有风险但潜在价值颇大的股票，蓦然间这些高管发现他们毕生积蓄的一半甚至更多被系于 KKR 所发行的高风险、高回报的股票上了。如果高管们达到了收购计划规定的财政目标，他们就能以高额利润出售股票，退休后能安享富裕的晚年。如果未能如愿，则公司会破产，他们将身无分文，且颜面尽失。面对如此迥异的处境，高管们竭尽全力使收购后的股票更具价值。在此过程中，这些高管自然完全接受 KKR 指挥棒的调遣。

通过收购雷诺兹-纳贝斯克，克拉维斯和罗伯茨掌控了一些美国最知名的饼干和烟草品牌，如奥利奥、乐之、云斯顿、萨勒姆和骆驼。华尔街顾问布鲁斯·沃瑟斯坦和乔·佩雷拉（Joe Perella）搞来了一辆装满了这些战利品的小购物车，以此向KKR致意（摄影Jason Goltz）

在经历了最初的悸动后，多数被收购公司欣然接受了KKR的体系。它远比公众上市公司的做法更利于权力的巩固和赚钱。高管们对自己当家做主感到快意，满足了自尊和被公众认可的心理。他们也很欣赏KKR愿意让他们自己管理细节。至于KKR究竟是出于信任还是不屑于管理这些琐碎的商务，诸如塞夫韦的彼得·马高恩、欧文斯-伊利诺伊玻璃公司的鲍勃·拉尼根（Bob Lanign）和雷诺兹-纳贝斯克的郭士纳等高管是不会在意的。当克拉维斯、罗伯茨和他们的同事们一次次礼貌地敦促这些高管们加强公司的成本控制时，高管们做出了积极的回应。

一旦公司的高管们都拥有了部分所有权，实际上KKR就没什么事情可做了，符合KKR利益的体系就此确定。一个新的收购获益阶层于此诞生，其合法性和成功取决于遵从KKR的意志。马高恩、郭士纳和其他高管都赞同KKR的想法，因为他们断言公司压倒一切的任务就是为股东赚钱——这可是成功不折不扣的标准。通过紧缩效率低下的运营，高管们保住了自己的工作，并积聚起个人的财富。最终，塞夫韦、雷诺兹-纳贝斯克和其他收购公司的高管们都开始自嘲，他们是为了个人着想来促进销售额的增长，而在从前这可是公司的主要使命啊！单纯的自利动机自然地让他们成了KKR的代理人。

对于KKR的合伙人来说，作为一大批工业公司的所有者，他们压倒一切的目标简单得要命，就是赚钱。早在1978年，KKR就告知其收购基金的潜在投资人，它的"意图就是在5年的期限内，以该基金所做的股权投资为投资人赚取出色的回报"。[3] 这个单纯的目标在KKR 1987年出色的资金募集行动中一再获得重申和强调。[4] 在一份给投资者的备忘录中，KKR的合伙人将其在每一家旗下公司的使命界定为"在KKR及其投资人掌控期内，监督并使投资的价值最大化"。

KKR的盈利目标极其野心勃勃。在20世纪的大部分时间里，普通的股票市场投资人的年收益约为9%，[5] 其中既包括股息也包括资本收益。即便是"二战"后增长最为迅速的股票，如柯达、沃尔玛或苹果公司，从长期来看其年收益率也很少超过30%。但对KKR的合伙人来说，30%就太低了。他们的标准盈利目标是在5年期限内使初始投资增值5倍，相当于年盈利率大约为40%，而且KKR往往把目光投向比这更高的回报上。

为赢得超高的投资利润，特别是在一些业务单一、基本前景无法与苹果公司或沃尔玛的高增长相提并论的公司里，KKR的合伙人们依托了3种办法。首先是通过为公司增加债务、大幅增加折旧抵扣来获得所得税方面的利益。在一份1982年的募资备忘录中，KKR向潜在投资者透露：在收购完成后，在增加公司现金流方面"税务因素起着重要的作用"。例如，雷诺兹-纳贝斯克的所得税在KKR收购的次年降至6000万美元，而在收购前则高达8.93亿美元。

同等重要的是债务削减对公司财务状况的改善效果。几乎在每次收购中，KKR的合伙人都希望原来的巨额债务能够随着岁月的流逝逐步减少——要么通过业务运转产生的现金流，要么通过变卖公司的资产。当收购公司削减了债务后，它们的利息支出会下降，大部分现金流会转为净利润。就像长跑者丢弃盔甲后会跑得更为轻松一样，这类公司每股收益的增长表现出巨大的加速度，导致股票的价值剧增。

如果杠杆的魔力不够，KKR的股东还可以寄希望于第三种投资收益的来源：提高效率。克拉维斯和罗伯茨愈加认识到，几乎所有的大公司都会因过多的日常费用和官僚作风而运转不良。总部的职员数量过多，克拉维斯经常批评说："这些人不过是些传声筒。"KKR的合伙人相信，如果大多数大公司能够削减它们的日常费用，即便销售额没有增长，盈利能力也会大幅提升。克拉维斯在1989年的一次报纸编辑午宴上说："这些公司里堆积起一层又一层的肥肉，因此一旦我们帮收购的公司摆脱了官僚主义，许多公司的状况就好了许多。"

随着克拉维斯于20世纪80年代成为颇具影响力和颇有争议的人物，削减成本几乎成为他品性的一个理论支点。这一点克拉维斯当年就读的预科学校老师吉姆·威尔森再清楚不过了。20世纪80年代末的每个春天，威尔森都会载着一车康涅狄格卢米斯-查菲学校的学生来到纽约进行为期一天的旅行，和他们学校最著名的校友亨利·克拉维斯共享私人晚宴。1986年的第一次晚宴十分低调，克拉维斯只是胡诌了些学生时代他在卢米斯拳击队的故事而已。不过后面几年，克拉维斯主要以其对收购业务的辩护使这些学生折服。"他笃信他的所作所为都是为了公共利益。"威尔森在一次访谈中说。克拉维斯则根本不在乎学生们质疑与否。在1988年的晚宴上，在纽约拉奎特俱乐部优雅的宴会厅里，克拉维斯滔滔不绝连续几个小时地大谈收购的价值，学生们回家时已过了子夜。[6]

克拉维斯和罗伯茨两人对大公司那些装腔作势的行为从骨子里就瞧不上，这种蔑视可以追溯到他们从事小生意的父辈的价值观。亨利·克拉维斯在图尔萨长大，从父亲雷·克拉维斯那里学到了日常业务的经营理念。他的父亲创办并管理着一个15人的石油储备评估公司，以克拉维斯作为公司名称。雷·克拉维斯告诉儿子，要搞定大公司客户，但是要控制自己的日常固定开销，可以把多种业务包给外面的承包商，自己要掌控大部分股份，剩下的与你信任的重要员工分享。后来亨利·克拉维斯这样谈起他的父亲："他是一个开拓者，我常为他的勇气所叹服。"[7]

乔治·罗伯茨从父亲卢·罗伯茨那里继承了同样的价值观。他的父亲是休斯敦石油工业的小经纪人，最崇拜的是靴子上沾满泥巴、冒险起家的百万富翁，最瞧不上的就是那些律师成堆的大石油公司。[8]卢·罗伯茨生涯中最成功的谈判之一是20世纪40年代从切罗基印第安人手中买下了一块二叠纪盆地油田，这可是经过冗长的谈判达成的结果，过程中既有推杯换盏，也有唇枪舌剑；最大的错误就是把这块油田过早地卖给了东海岸油田公司，只赚了点儿小钱。20世纪50年代的暑假，卢·罗伯茨想着该把自己的商业知识传授给儿子了。别人的父亲四处托人，想为他们十几岁的儿子在大公司里谋一份暑期差事，而卢·罗伯茨却拉上自己的儿子，与他一起沿着得克萨斯50年代尘土飞扬的道路驱车旅行，从阿马里洛到拉伯克，再到敖德萨，这样乔治就能了解到一个人的经纪公司是怎么处理下一单业务的。[9]后来乔治·罗伯茨回忆说："每次见完人之后我就常问他：'为什么这么做？那个家伙为什么这么说？'从中我学到了不少东西。"

就像克拉维斯和罗伯茨支持那些精简高效的公司一样，他们希望能赚到大钱，但无须卷起袖子亲自上阵再花上几年来转变一家公司。KKR合伙人的本性就是经纪人，他们热切地渴望到新地方收购下一家公司。那种花费多年时间来经营一家公司，专注于经营细节的做法对他们来说简直就是折磨。"我们的态度是：你来经营公司，我们来帮你融资。"克拉维斯有一次这么解释道。Motel 6 的一位高管在一次董事会上展示了几个户外广告并问克拉维斯和罗伯茨哪个看起来更好，他们的反应让这位高管理解了 KKR 对细节的轻视——这对表兄弟什么话都不说摇着头离开了。"那次会议刚完，我就把乔治拉到一边说：'咱们有麻烦了。像我们这样的外行人还得决定什么广告看起来怎么怎么样……这太危险了。'"半年之内，KKR 的高管们就开掉了这名高管，换上一个自己做主的新老板。[10]

即便是 KKR 下属公司中表现出色的 CEO 也发现，这家收购公司的合伙人有礼貌地回避该行业的经营细节。弗雷德·迈耶公司的 CEO 奥兰·罗伯逊的经历最典型，他曾经想拉着乔治·罗伯茨和迈克·米切尔森多花点儿时间在西北太平洋地区他经营的双重用途杂货和百货上，却没能成功。"你们在开董事会前抽一天时间来波特兰看看这些商店吧，"罗伯逊敦促他们，"这在零售业方面是个独一无二的新概念。"KKR 旧金山办公室的回复是，算了吧。罗伯逊对商店的新做法有所疑虑还可以理解，但是 KKR 的人所要做的无非是浏览财政状况而已。董事会当天，罗伯茨和米切尔森飞到波特兰，审议了公司的财务状况，晚上就飞回了旧金山。还是让弗雷德·迈耶公司的高管们自己操心这些商店吧！

其他管理人员觉得亨利·克拉维斯也不愿意碰他们的业务。英康姆国际是一家工业零件公司，有一段时间被 KKR 的经理人们控股，克拉维斯评论英康姆国际，说这是一种"乏味"的业务，其 CEO 埃德·马布斯（Ed Mabbs）鼻子都气歪了。[12]他说："这不公平吧，现在有些业务比如产业链等也许有点儿乏味，但其他的，比如小型割草机引擎一点儿也不乏味。"没用。在克拉维斯眼里，英康姆国际的所有产业都索然无味。

为了能赚到钱还不用汗湿衣衫，KKR 的合伙人敦促各公司的高管与 KKR 及其有限合伙投资人一同买下巨额股份。杰罗姆·科尔伯格是 20 世纪 70 年代早期第一个坚持这样做的人，以此作为精心谋划的收购策略的重要组成部分。

"咱们是一根绳上的蚂蚱。"科尔伯格这样向高管们保证。克拉维斯和罗伯茨在80年代的做法与此异曲同工,他们心怀诚意地把股票卖给高管们。

每次收购伊始,KKR合伙人通常会为公司的高层管理者预留10%~15%的股权。此前高管们已经习惯于慷慨的股票期权,整个管理团队加起来能拥有一家公众上市公司1%~4%的股份;而KKR的做法完全不同,它把高管们持有的股份增加了3~10倍,其中很大一部分高管必须得掏出实实在在的现金买下来,这样一旦公司表现不佳,他们自己就要蒙受巨大的财务损失,而在公众上市公司中持有股票期权的话就不用承担这样的风险。克拉维斯1984年在一次讨论中解释道:"一个经理把自己的钱投进去,公司就变成他自己的公司了,他就会早点儿上班,支出资本时就要多思忖。他还会需要豪华轿车和公司专机吗?"[13]

在向高管们分配股权或者说是净资产时,KKR的人很巧妙地占据了道德高地。KKR合伙人之一,通常是克拉维斯或罗伯茨,不过有时是麦克唐奈或雷切尔,会和CEO坐到一起,这样表述其信条:[14] "我们希望杠杆收购中的最高管理层握有公司的部分净资产,在这一收购中我们视你为合伙人,管理层理应以与其他投资人一样的价格买下净资产,我们想看到管理层把他们的很大一部分流动资金净值投入公司。如果赔本了,你会受损失的,我们也会。不过如果运作恰如预期,五六年之内咱们都能挣到五六倍的利润,你必然会赚到大钱。我们不清楚到底多少人应该分享股份,这事儿你来定。不过我们想让大批管理层都参与进来。"

CEO们被打动了。KKR的合伙人依次按下所有能驱动CEO的"按钮",先是脸面,然后是保障,然后是避开危险的机会,最后则是纯粹的资本家对财富的渴望。KKR人总是小心翼翼地避免过早谈及"利润"。有一次在英国,为KKR工作的一位投资银行家还没找准调门,就冲动地谈到了财务回报,对方却告诉他:"金钱丝毫打动不了我。"那位英国CEO就这么终止了谈判。然而,如果恰当地传达了自己的信念，在这些场合中KKR的人不仅会赢得朋友，也会招募到一位按照KKR的思维方式做事的CEO。

被收购公司的高管成了KKR帝国的藩王。正如19世纪的印度王子一样，他们掌管着广阔的土地，却对殖民主子忠贞不渝。这些高管们是KKR恩赐的受益者。只要他们管辖公司的净资产价值飙升，就必然能攫取到巨大的财富。奇怪的是，这些CEO在收购前就已经积聚起500万美元甚至更多的财富——这些钱足以令差不多其他任何美国人心满意足，他们却为赚取更多金钱而拼命奔忙。这些人，比如塞夫韦的彼得·马高恩或碧翠斯的唐纳德·凯利，可不只是想要第三或第四套房子、游艇、个人艺术收藏品等，尽管一部分人确实满足于此。对财富无尽的追求本是高管们竞争的方式。赚到最多钱的人，不管是100万美元还是1亿美元，才能赢得同行的羡慕或嫉妒。

"捏住了一个人的钱袋子，你就俘获了他的心灵。"KKR前助理唐·赫德里克曾讽刺道。这只是句俏皮话而已，却道出了KKR赖以运作的根基。某些意志坚定的高管，如碧翠斯的凯利或雷诺兹-纳贝斯克的郭士纳，为收购公司带来了独特的经营风格。对KKR合伙人来说这也不错，他们本来就要和各种类型的CEO打交道，你是事必躬亲还是撒手不管，是张扬跋扈还是低调勤勉，都无所谓。公司CEO们的唯一要务就是实现KKR想要的财务表现。

KKR打造的第一位"大藩王"是唐纳德·凯利，他是个顽固的芝加哥食品公司主管，集温和的爱尔兰裔美国人的举止和对财务细节的犀利关注于一身。他的父亲曾是一家钢铁公司的会计，凯利在大学中途辍学后在斯威夫特肉类包装公司开始了职业生涯。他和克拉维斯在1983年结识的时候，已经快60岁了，不仅经营着斯威夫特肉类包装公司，还包括Esmark公司旗下其他的一些公司。克拉维斯和凯利曾有两次可以共事的机会，最后都没了下文。不过此后，在1985～1986年碧翠斯收购拉开序幕时，克拉维斯去找了赋闲的凯利，问他如果KKR收购成功，是否愿意运营这家芝加哥食品集团公司。凯利答应了，条件是他要拿到 20%～30% 的股份。克拉维斯回复说 KKR 从来没给过别人这么多的股份。有好几个星期，这两个人一直在反复地讨价还价。"唐怎么就不能理智一点儿呢？"克拉维斯郁闷地问同事。[15]

最终，KKR 同意让凯利购买碧翠斯大约 1% 的股票，再以期权的方式获得额外 6.5% 的股份。凯利和他管理的几个信托机构共控制了 1040 万股碧翠斯股票[16]，凯利仅仅花了 500 万美元，但后来价值达到了 1.66 亿美元。[17] 碧翠斯的其他高管再购买 5% 的收购后股份。手里有了这么多值钱的股票，碧翠斯的新管理团队就"与我们有了共同的利益，会尽力为投入的资金争取最大的回报"，克拉维斯于 1985 年 12 月告诉一名记者。[18]

果不其然，1986 年 4 月凯利刚到碧翠斯任职，就开始按照 KKR 希望的那样大削大砍。碧翠斯为纯果乐橙汁、福喜乐坚果、倍儿乐胸罩及其他产品的销售安排的 9.75 亿美元的市场推广预算，被他砍掉了 15% 还多。（这笔预算实在是过度浪费，碧翠斯竟然在加利福尼亚购买电视广告来推动福喜乐坚果的销售，但是它根本就不在当地销售这种产品。）凯利及其助手们解散了把年度日常开支推高到 2.11 亿美元的中央集权式的官僚机构，这个数额几乎位居食品行业之首。[19] 此外，凯利取消了碧翠斯对赛车的赞助，这是前任总裁吉姆·达特的嗜好之一，每年花掉碧翠斯 4000 万美元却没有明显回报。"看台上的哪一个女人会因为看见汽车车身上印着'碧翠斯'转悠了一圈儿，就跑去买倍儿乐胸罩呢？"克拉维斯挖苦说。

凯利还要在碧翠斯留下个人的烙印。当 KKR 的合伙人只盯着财政目标时，凯利还另有企图：根除吉姆·达特高度集权、官僚主义的风格。他们是老对手了。[20] 在达特时代，碧翠斯的经理人员只能通过侧门进入老板的办公室，而且所有碧翠斯的客人（不论多么尊贵）都得戴上塑料的访客徽章。凯利上任第一天就通知下属怎么进入他在大楼顶层的办公室都行，钻窗子进来都可以。凯利还讨伐了徽章制度。看到高贵的瑞士银行家佩戴着字迹斑驳的"访客"徽章出现在碧翠斯总部,凯利很是恼火,他发布了一条命令:取消徽章。两天后,当发现还有人往一个来访律师的西服领上别那个讨厌的徽章时,他勃然大怒。他找来保安主管说:"我已经要求取消访客徽章,但显然你们还没执行,我用南爱尔兰老话再说一遍:把那个破烂给我烧了。"

保安经理却说:"好的,不过,呃,我们暂时还不能这样做,我们得把指令手册改过以后才行。"

凯利不依不饶:"写上几个字'不要发放徽章'要花多久?我不想看到人们带着破徽章到处晃悠,给我办好。"

在诸如此类的管理风格上,凯利可以自由实施。1987年,他告诉一家东海岸大型食品公司的总裁:"KKR并不会告诉我该做什么。"即便是KKR的助理迈克·托卡兹和凯文·布斯凯特,未经凯利事先允许,也绝不能拜访碧翠斯在芝加哥的总部。[21] 有一次来访事先未曾通知,凯利把年轻的助理们拽进他的办公室,告诉他们:"你们应该让我知道你们来了,欢迎克拉维斯的助手应邀拜访碧翠斯总部。"他说,不过马上又补了一句:"你们永远也不准插手本公司的任何实质事务。"⊖

唐纳德·凯利7.5%的股份促使他削减了日常开支并完全实施了其他KKR期望的财务措施。"我的工作就是不断评估何种做法对股东有利。"凯利在1988年的一次访谈中说。[22] 这让克拉维斯和罗伯茨大为解脱,他们早在收购前就对碧翠斯的铺张浪费深恶痛绝了。不过唐纳德·凯利后来懊恼地发现,在碧翠斯真正重要的事情上,还是KKR说了算。

20世纪80年代后期,在其他被KKR收购的公司里,KKR要求执行更严苛的紧缩政策。尽管这令他们痛苦不堪,但是联合得克萨斯石油和欧文斯-伊

⊖ 凯利后来和《财富》杂志谈起他与托卡兹和布斯凯特的初期会面时,根本不提他俩的名字,而是说他们在"KKR的层级中散发着略为暗淡的光芒"。这个说法启发了华尔街的一群投行专家,他们马上给托卡兹和布斯凯特快递了一堆15瓦的灯泡。

利诺伊等公司的执行官们还是如 KKR 所愿实施了财政紧缩。这让纽约西 57 街 9 号和旧金山加利福尼亚大街 101 号的交易经纪人十分满意。当了所有者再来看待事务，确实是不一样啊！

1986 年年初，就在 KKR 与联合信号公司联手收购联合得克萨斯石油公司 8 个月后，该公司面临关键时刻。当时石油价格跳水，跌至 10 美元/桶，远远低于 KKR 和联合得克萨斯石油公司所预测的 24 美元/桶的水平。石油市场跌宕起伏，以前似乎肯定赚钱的项目现在看来却会赔钱了。联合得克萨斯石油公司的高管本来已经草拟了一份"行动计划"，如果石油价格进一步下滑的话，就要把 3 亿美元的资本支出预算砍掉一块。但 1986 年年初在休斯敦召开的运营委员会会议上，联合得克萨斯石油公司的官员们搞不清是不是要进行全面削减了。[23]

"像现在这样的时期，你会花掉 3000 万美元自己的积蓄吗？"罗伯茨问。

"你什么意思呀？"联合得克萨斯石油公司的主席克拉克·约翰逊（Clark Johnson）回答。

"你和管理层其他人员拥有公司 10% 的股份，"罗伯茨提醒约翰逊，"3 亿美元里就有你的 3000 万美元。"

大家都沉默了。终于，联合得克萨斯石油公司的最高财务规划人员说他们想要再仔细考虑一下公司的"行动计划"。在随后的 1986 年 3 月的会议上，约翰逊和他的副手提议仅花费 2.3 亿美元，这个数字是近几年来最低的了。虽然联合得克萨斯石油公司的一些官员还是非常怀念他们从前挥霍无度的时光，但联合得克萨斯石油公司开始着手一个更谨慎的战略，扛过油价下跌期，而不是一味激进地增加石油储备。但对罗伯茨而言，这已经足以证明当经理们拥有公司足够多的公司股份时，就会学会如何明智地花钱。

欧文斯-伊利诺伊玻璃公司也大幅削减了公司的日常管理费用，当高管人员的 100 万美元甚至更多的私家财产被拴在公司股权上时，他们再看待所在公司的视角就完全不同了。

欧文斯－伊利诺伊玻璃公司主席鲍勃·拉尼根和总裁约瑟夫·雷缪克斯（Joseph Lemieux）所采取的开支削减措施并不受欢迎，但很奏效。[24] 这两个人先是于 1987 年 3 月裁掉了 500 名总部雇员，卖掉了公司几年前买来的两架湾流 G-1 高管专机；接着开始拆除曾经是欧文斯－伊利诺伊玻璃公司前任高管的荣耀与享乐的象征——托莱多市最宽敞豪华的公司总部。KKR 接管不到 3 年，位于 27 层的经理套间就已经被搬空了，一间间办公室几乎空空如也，鳄梨绿色的地毯上连件像样的家具都没有。在收购的前 1 年，欧文斯－伊利诺伊玻璃公司拥有 23 个副总裁，几乎半打资深副总裁或部门总裁。到 1990 年 1 月，第 27 层仅有 5 名经理人保住了饭碗。整个部门，诸如负责企业战略、人力资源和法律服务的人员都被缩编到原来的部门里并搬到下面的楼层了。采取了这些削减措施后，拉尼根和雷缪克斯把管理费用缩减了 2/3，从 1986 年的 3240 万美元削减到 1990 年的 1300 万美元。辅助性员工削减得尤其厉害，一个秘书要同时伺候总裁雷缪克斯和副主席约翰·迈克麦金（John McMackin）。如果高音电话铃响起，她就回答：“雷缪克斯先生办公室。”低频铃声响过，她就说：“迈克麦金先生办公室。”

这些节约措施加起来给欧文斯－伊利诺伊玻璃公司收购后的股票价值增加了 1.5 亿美元，拉尼根和雷缪克斯每人所持股份至少升值了 200 万美元。为了这笔钱，没有高管专机、私人秘书甚至接线员他们也能忍受。

贯彻 KKR 的思维方式最彻底的 CEO 或许就是彼得·马高恩这位塞夫韦年轻、显贵的总裁了。KKR 没来之前，马高恩已经极为富有了。他的祖父创建了美林公司。此外，马高恩在零售行业已小有建树，并且对塞夫韦抱有深厚的感情。他的祖父和父亲都做过塞夫韦的董事长。当 KKR 接管时，马高恩只有 41 岁，从上大学开始，在塞夫韦干过各种工作，他 19 岁的时候就在休斯敦剥生菜，后来作为冉冉升起的管理明星当上了俄克拉何马分部的经理。[25] "我认识全公司的很多人,他们都是我的朋友。"他后来回忆道。在彼得·马高恩手下的塞夫韦,盈利和股价上升固然是重要的,不过同样重要的,还是要让这家美国最大的零售连锁店成长、壮大和保持传统。

1986年7月竞买塞夫韦时,乔治·罗伯茨警告KKR的鲍勃·麦克唐奈:"如果我们能赢得这次投标,你要负责这个项目两年半。"[26] 罗伯茨和麦克唐奈想要让塞夫韦更专注于核心业务。对他们而言,销售增长并不重要,重要的是更高的盈利能力。KKR想要整体卖掉塞夫韦经营不利的一些部门。他们希望马高恩及其助手们控制资本支出,停止花费数百万美元在一些利润较低的地区开更多的商店,而且KKR需要塞夫韦管理层更严格地控制经营资本,缩减存货量以腾出更多现金。麦克唐奈花了约一周的时间来研究庞大的塞夫韦——年销售额200亿美元,18万名员工。他说:"如果我们想要让这艘航母转向,最要紧的是什么?"他后来回忆说他这样自问:"我们怎么能让18万名员工按我们的意愿工作?我们怎么才能让他们为了股东的利益去工作?"

答案是:建立一套新的薪酬体系,把KKR最优先关注的思路融入成千上万名塞夫韦经理的生命中去。

为了把这些价值观逐步贯彻下去,罗伯茨和麦克唐奈找了一名热诚、执着的顾问斯蒂夫·伯德(Steve Burd)来帮忙。伯德是一名北达科他州铁路员工的儿子,在小利特尔公司的旧金山办公室工作,在那里他成了一名无情的公司成本削减专家。[27] 伯德在一次访谈中解释说:"转型的确耗费成本,但转型失败则成本更高。一家公司不变革就会完蛋。"在高管面前,伯德尽量用温和、礼貌的口吻来表达这一冷酷的思想,他正是KKR要派到亟须激进变革的被收购公司的最佳人选。伯德可以应对KKR人不愿意干的实质性工作来成就自己。他知道如何利用一家巨型公司的办公室政治和官僚主义,这些都是克拉维斯、罗伯茨和他们的同事拒绝学习的技能。伯德极力鼓吹他的成本削减和"转型"思想,酷似一个海外传教士在为异教徒布道。

在塞夫韦，伯德一开始选了一个单调、偏僻、阴暗的房间作办公室，与塞夫韦在加利福尼亚州奥克兰的总部隔街相望。他可不仅仅是想吓唬一下塞夫韦那些高管套间里的人，伯德在这间办公室里开始形成一套激进的观点。伯德注意到，塞夫韦连续七年都没有达到内部盈利目标，但多数经理仍能拿到年薪20%～30%的奖金。伯德认为，这种做法应该被废止。奖金不应与前一年的销售增长或微小的盈利提升挂钩，而应与塞夫韦经理是否具有实现雄心勃勃的盈利目标的能力挂钩，年年如此。那些成功达到目标的经理应该获得巨额奖金——年薪的60%甚至100%。那些离盈利目标差得很远的经理不该得到任何红利。还是那句话："捏住了一个人的钱袋子，你就俘获了他的心灵。"

当伯德开始私下试验他的新计划时，塞夫韦的高级经理们是抗拒的态度。在和伯德一对一面谈时，他们争辩说，新标准过于苛刻，经理们如果拿不到奖金就会失去士气。但伯德不为所动。他说，塞夫韦的经理们应该自行设定目标。他们不应看重销售额增长，而应以他所称的"市场价值收益率"（ROMV）为中心实施计划。伯德计划的机制很复杂，但目的很简单。削减了库存量、卖掉了不盈利的商店的地区经理的得分会与那些看重销售额增长的守旧经理相同，甚至更高。能让KKR更赚钱的那些塞夫韦经理也能分得一小部分收益。1986年10月末，伯德向马高恩提交了详细的新ROMV计划，并请求允许使之成为正式文件。"开干吧。"马高恩说。

1986年11月初，马高恩面对约40名高级经理发表了深刻的讲话，他赞成KKR的思想，听众们凝神细听："斯蒂夫将要提出一项方案，改革管理层的回馈机制，我们当中有很多人知道他在考虑进行彻底改革。"然后马高恩又提醒听众，在过去的几年里，他一直兼任克莱斯勒的董事。这个汽车制造商在1981年几近倒闭，然后从萧条中重新崛起。他暗示道：此时的塞夫韦就与当年克莱斯勒的境遇相仿，伯德就是来促成塞夫韦复苏的。

转换成KKR的价值观后，塞夫韦的经理们开始依此行事。他们大幅削减在新商店上的开销，从1985年的6.21亿美元削减为1987年的2.28亿美元。他们在1987年年末缩减库存至10.4亿美元，年库存周转次数达到17次，远快于1985年收购前每月一次的平均数。当时仓库里堆满了今后几个月要销售的软饮料、纸巾盒及其他货物。在收购后的前两年里，塞夫韦的经理们削减了日常管理费用和运营成本，卖掉或关闭了无法达到伯德新目标的全国100多家商店。在塞夫韦管理圈内，"ROMV"取代"增长"成为专用术语。1986年，被KKR收购后大约五年半，该公司的股票市值从原来的2美元飙升到16美元——比KKR的预期还好。马高恩自己的190万美元股股份和期权现在价值3000万美元，他的高级经理中至少有30人拥有的股票足以让他们自己成为百万富翁。[28]

通过拥有被收购公司的股票来获得致富机会，驱使着塞夫韦的高层管理团队。"我确实相信这改变了他们管理自己工作的观点。"[29] 马高恩说。裁员更具吸引力了，"如果我们能这么做，公司的价值还能提升。"高管们不再提到要与总部在辛辛那提的克罗格公司竞争谁是美国最大的零售连锁商，而是开始集中精力赶超最盈利的连锁店——爱达荷州的Albertson's Inc.，销售额是否更多倒无所谓。

两个人在后台得意扬扬地观望这一切，他们就是主要负责分管塞夫韦的麦克唐奈和罗伯茨。麦克唐奈在1989年说："你越让他们觉得这不仅是我们的事业，也是他们的事业，我们的回报就越好。"麦克唐奈补充说，收购前的那些年，塞夫韦的管理层浪费了近10亿美元来建设新商店，这些新商店却对盈利毫无贡献。在KKR严密的体系下，塞夫韦已经把投资放到不那么有魅力但更能创造价值的领域里，如商店改造和升级，花掉的钱所获年回报是非常强健的30%。

在纽约，KKR的两个最高层合伙人，亨利·克拉维斯和保罗·雷切尔，于20世纪80年代末开始设法重塑美国最庞大的公司之一雷诺兹-纳贝斯克。

数年来，这家烟草与食品公司已成为"积弊浪费"的代名词。它养了10架高管专机，连总裁的狗都能使用"G.谢菲尔德"的旅客身份登机，免费在美国纵横穿越。[30] 雷诺兹－纳贝斯克之所以采取这么过分的做法，部分原因是它主要的烟草生意激起了全社会的反感，同时它又是暴利产业。烟草经理们成了社会弃儿，索性破罐子破摔，把丰厚的津贴挥霍在公司专机上，或者在一天之内就用公司飞机递送五次邮件。

"在我见过的所有公司里，它们公司的人员和资产最为过剩。"亨利·克拉维斯刚刚成功购得雷诺兹－纳贝斯克，就在一次访谈中这么说。[31] 克拉维斯列举了"过分"的东西：22个乡村俱乐部的会员资格，人浮于事的总部人员、一堆高级主管，其主要的商务职责似乎仅仅是陪前总裁F.罗斯·约翰逊公款玩乐。克拉维斯不想自己解决这些问题，但他愿意花一大笔钱，反正也是雷诺兹－纳贝斯克的钱，请愿意干这件事的人来解决。

1988年12月，克拉维斯和雷切尔开始寻找一个责任心强、不夸夸其谈的总裁来代替雷诺兹－纳贝斯克的约翰逊。约翰逊自己也发起了管理层杠杆收购，败给KKR后已经辞职了。后来，另一个KKR高管解释道："如果你找到了合适的将军，上校、中尉都会协调一致。"克拉维斯一开始花了50万美元请一流的经理招募人——斯宾塞－斯图亚特公司的汤姆·内夫（Tom Neff）帮忙。内夫先是列了一个20人的候选人名单，然后很快把目标集中到美国运通的第二号人物郭士纳身上。

郭士纳曾任麦肯锡公司顾问，拥有钢铁般的意志，评论者们把他比作乔治·巴顿将军。1970年年初的一个周末，郭士纳的两根手指被割草机严重割伤，在被火速送进医院后，他缠着外科医生让他们赶快处理伤口，说："我明天还有个会议要参加。"只是因为医生的命令，他才在医院里待了三天。郭士纳不太懂烟草或食品业务，但他的简历所展示的领袖才能及成就克服了这点不足。28岁时，他已经从助理被提拔为麦肯锡最年轻的合伙人之一。在美国运通，他把收费卡业务变成了持久增长的赚钱机器。此外，华尔街还传说郭士纳不甘心屈居美国运通还很年轻的主席之后做第二号人物。郭士纳起初对KKR怀有戒心，对内夫说："别烦我。"³³ 但内夫坚持不懈，把一包雷诺兹－纳贝斯克的机密材料送到郭士纳位于康涅狄格的家中。然后，1989年1月的一个周日晚上，内夫安排克拉维斯和雷切尔秘密地去郭士纳家里拜访。

KKR刚一掌控雷诺兹－纳贝斯克，克拉维斯就急于给这家烟草和食品公司找到一个新老板，他在1988年要求一名高级猎头列出20位候选人的名单。名列第一的就是郭士纳，当时他是美国运通负责运营的总裁（摄影 Michael Mella）

这两位KKR人在郭士纳的书房里喝着饮料，一副艺术品鉴赏家的样子。克拉维斯一点儿也没有吹嘘KKR的收购成就，而是告诉郭士纳，对于KKR来说，与持有大量股份的经理人们成为合伙人并共同协作有多么重要。雷切尔和克拉维斯轮流介绍雷诺兹－纳贝斯克的运营概况。然后克拉维斯温和地谈及这家烟草和食品公司要兑现的承诺，以此打动郭士纳。"这就是我们今天的现状。"克拉维斯暗指雷诺兹－纳贝斯克地狱般的状况——250亿美元的债务，领导阶层分崩离析，迫切需要削减成本、增加盈利。"而这是我们5年后的预期。"克拉维斯继续说，他概述了公司诱人的美好前景——债务更少、食品业务扩大、股票价格飙升等。"我们所需要的就是一个称职的 CEO 能把我们带到这里。"他断言。[34]

即便像郭士纳这样精明、疑虑重重的经理人，这般前景的诱惑也是不可抵挡的。"亨利是个了不起的推销员，"1 年后，郭士纳笑道，"他是那么务实又直截了当，我很难不相信他。"

郭士纳被经营雷诺兹－纳贝斯克的前景吸引了，与 KKR 人的会面越来越频繁。随着谈话越发严肃，他开始认真地就他的薪水和股份讨价还价，其坚韧程度是克拉维斯自 1985 年与唐纳德·凯利斗争之后见所未见的。如果郭士纳离开美国运通，他将在股份和薪水方面损失 1000 万美元。数额如此之巨，美国运通认为它的明星经理根本不可能会被挖走。"我凭什么要放弃这一切？"郭士纳坦率地问克拉维斯。

"我们来来回回、来来回回地交涉，"克拉维斯后来回忆道，"有一阵子我真以为我们得不到他了。"不过后来克拉维斯让步了。雷诺兹－纳贝斯克愿意预先支付郭士纳 1450 万美元，年薪至少 230 万美元，这算是美国所有 CEO 里面最有保障的报酬了。郭士纳还有权在加入公司后的前 4 年中购买 530 万美元的股票，包括一些以 1 美分／股的价格成交的股票，这是 KKR 首次让一位 CEO 以特惠价格购买股票。[35]

几个月后，克拉维斯断言他欣赏郭士纳的斗争精神。"一个家伙越是和我们争股权，他就越可能成为好 CEO。"克拉维斯后来说，这样的经理人才理解杠杆收购的全部含义。

郭士纳个人获得了如此多的财富，雷诺兹－纳贝斯克却要面对斯巴达式的残酷了。1989 年 4 月 3 日，郭士纳到这家烟草与食品公司走马上任，如同 KKR 对所有经理人－所有人所期待的那样，开始大幅削减浪费的开支。雷诺兹－纳贝斯克不再报销乡村俱乐部的会员费，总部人员从 400 人缩减至 150 人。郭士纳命令卖掉 10 架专机中的 6 架，没有郭士纳的书面允许，所有经理

人无权动用剩下的专机，雷诺兹－纳贝斯克机队的飞行里程在收购后的头一年就下降了60%。³⁶

除了凯利这个例外，再没有别的CEO能像郭士纳这样在接手雷诺兹－纳贝斯克的工作前就他的股份和薪水与KKR的人讨价还价了。克拉维斯喜欢这一举措，这说明郭士纳完全明白杠杆收购的含义（摄影 John S.Abbott）

这一削减政策迅速在雷诺兹－纳贝斯克内部被普遍执行。在北卡罗来纳州云斯顿－萨勒姆烟草分部，内部邮件递送削减至每日一次。新的烟草分部负责人吉姆·约翰逊（Jim Johnston）于1989年8月裁掉了1525名工人，当地烟草分部的薪资总额缩减了13%。KKR的得力顾问斯蒂夫·伯德花了数月的时间在烟草分公司帮助建立新的管理薪酬标准，奖励花钱节省的人。

在新泽西州东汉诺威的雷诺兹－纳贝斯克食品分部，高管约翰·格里尼奥斯（John Greeniaus）把著名品牌乐之饼干和奥利奥甜饼的广告费削减了10%。格里尼奥斯说，美国消费者广告已经过度饱和了，饼干不需要这么多广告宣传照样卖得好。当雷诺兹－纳贝斯克在纽约建立了一个新总部时，主管吉恩·克罗山特（Gene Croisant）尽其所能节约开支。他没有用泰国丝绸做墙纸，而是从新泽西购进了人造丝。走廊选用的是廉价、结实的户内/户外用地毯，而不是绝大多数大公司喜爱的昂贵的大理石地板和东方小地毯。自始至终，克罗山特仅花了1800万美元来装修雷诺兹－纳贝斯克总部，大约比罗斯·约翰逊修建亚特兰大前总部的费用节省了30%。[37]

雷诺兹－纳贝斯克的高层主管之所以配合节俭政策，在很大程度上是由于KKR心甘情愿送到经理人手中的巨额股票。约翰逊和格里尼奥斯每人花了150万美元买下30万股雷诺兹－纳贝斯克被收购后的股票，并行使了另外120万股的期权。[38]如果收购公司财务亏损，他们的这些投入都将付之东流；但如果KKR在5年内的利润翻5番，这些投入将价值3500万美元以上。"使杠杆收购发挥作用并使我们的净资产更值钱，正是我们成功的途径，"格里尼奥斯在收购中期说，[39]"这并不是额外津贴，也不是在公司里向上爬。"郭士纳共挑选了500名雷诺兹－纳贝斯克资深经理人，让他们购买收购后的公司股票。他们幸运地成了公司核心集团的一部分，隔一段时间就会收到郭士纳坦率的私人信件，开头总是——"同事们"。

雷诺兹－纳贝斯克新的经理人－所有人接连砍掉了前任实施的宏伟项目。第一个是"Premier"，一个旨在发展无烟雪茄、耗资10亿美元、命运多舛的项目。虽然雷诺兹－纳贝斯克指望Premier项目能够重振烟草市场，但罗斯·约翰逊在1988年推出的雪茄原型是个灾难型产品。这种烟必须用喷灯才能点燃，还得有赛马那么强健的肺才能把烟吸进去。克拉维斯和他的KKR同事们才不关心什么遥遥无期的潜能，他们只要短平快的结果，因此Premier项目没有通过审阅，KKR甚至还没等郭士纳露面就砍掉了这个项目。

接下来要砍掉的是"Cookieville"，这个计划要修建两座使用机器人和光学传感器的高科技烤房以替代人工生产饼干，耗资20亿美元。郭士纳和格里尼奥斯判定这是个愚蠢的计划。甚至"Cookieville"的辩护者也搞不清楚，建设这座烤房的巨额投资怎么才能在10年内收回来。一次，"Cookieville"的筹划者想要安置1000万美元的机器人，只为了取代3名铲车司机的工作。设计师肯定疯了，郭士纳和格里尼奥斯断定。修建这样的高科技烤房可能挺好玩，但不会使股东们更富有。"Cookieville"被砍掉了。

诸如此类的改革使雷诺兹－纳贝斯克变成了一个规模缩小、作风平实但盈利高得多的公司。被收购后，雷诺兹－纳贝斯克的营业毛利率一个季度接一个季度地攀升，从1989年春天17.5%的销售低点升至1991年冬天的25.2%。烟草分部的执行官放弃了长期以来的保持占据美国1/3市场份额的目标，宁愿少卖点儿烟，但是要以更高的价格售出。"1988～1990年，我们的毛利率是美国所有烟草公司里增长最快的，"雷诺兹－纳贝斯克烟草分部的总裁吉姆·约翰逊说，"这是非常强调成本控制的结果。"

当数十个收购公司的经理们比拼着挤出公司的效率时，KKR的股东们却几乎无须动一个指头。有一些经理人觉得KKR的合伙人们甩手不管，让他们的系统独自运行是多么令人心神不安。博伦公司的总裁比尔·琼斯回忆起，自从他的砖瓦公司被收购后，打电话给克拉维斯从来都只是在聊天。"我都开始觉得自己成了Maytag的修理工了，"⊖琼斯向克拉维斯抱怨，"我从来都听不到你只言片语的指示。"

克拉维斯礼貌地回复琼斯说这正是KKR心仪的方式。"你知道我需要什么，"克拉维斯说，"你要实现那些数字，我们用不着联系你，我们知道你很忙，我们也挺忙的。"⁴⁰

大部分时间，高管们喜欢自治的感觉。他们知道该做什么。"KKR给了我们许多自由。"碧翠斯的唐纳德·凯利回忆道。他和他的经理人们可以给汉斯的番茄酱涨价，改变Orville Redenbacher爆米花的广告策略，做出其他数以百计正常的商业决策，无须KKR的批准。凯利发现，在大多数常规商业问题上，克拉维斯和他的副手们所扮演的角色和公众上市公司的外部董事类似。他们需要简要了解重大进展，审批年度预算，但不想参与一家大型食品公司的微观管理。Timber公司的执行官道格·维斯顿黑尔（Doug Westenhaver）、机

⊖ Maytag是美国知名电器品牌，美国人认为其产品质量过硬，一般不需要修理。因此"Maytag的修理工"意指没有什么活儿可做。——译者注

床工具业的菲尔·奥赖利和刹车鼓制造厂的雷·奥基夫都对 KKR 执行官们的放任态度有很深的印象。用奥基夫的话说："KKR 不怎么管我们，我们也不需要他们关注。"

或许最快乐的股东兼经理人就是康涅狄格州贝塞尔镇金霸王的高管了，这家公司是 KKR 在 1988 年从卡夫买来变成独立公司的。金霸王的头两号人物——总裁罗伯特·基德尔和美国业务主管查尔斯·佩林（Charles Perrin）都是刚刚年过四十、雄心勃勃的企业家，都想摆脱传统大公司的束缚。基德尔尤其觉得卡夫过于沉闷。[41] 他所有大的支出决策都需要通过位于 900 英里外芝加哥郊区的卡夫管理层再度裁决，工厂要添加任何超过 25 万美元的资产就必须经过卡夫管理层批准，基德认为 500 万美元会是一个更合理的界限。要给金霸王前 30 名的经理涨工资也需要得到卡夫管理层的支持。当基德尔报上一年来的强劲表现数字时，没有拿到他想要的股票或现金分红，却得到了一个水晶雕像。在卡夫插手的最后一年，基德尔的办公室里堆满了水晶象、水晶枭、水晶鹰和水晶四面体。由于缺乏为金霸王创造最佳业绩的动机，基德尔的副手们只拿出了 3/4 的劲头，拼凑年度预算，以便不用费太大力气就能实现盈利目标。基德尔出于自身的缘故，也很少干涉他们的做法。

在金霸王收购日趋成熟时，事情发生了变化。基德尔、佩林和其他几位高管在周六到金霸王碰头，草拟所谓的"驱魔师计划"[42]，这是个颇具挑战性的新业务战略，一旦从卡夫解脱出来就要着手实施。基德尔回忆说："我们摆脱了卡夫的官僚主义，水晶雕像不再重要了，重要的是现金，重要的是做主人的感觉。"中层经理被告知不要再拼凑预算，必须缩减库存，与主要竞争对手 Eveready 和其他电池生产商展开更主动的竞争。基德尔公开谈论，如果经理们实现了野心勃勃的财务目标，他们所拥有的收购后的股票就能获得 20 倍或 30 倍的回报。金霸王的资深经理们这次一反常态，自己主动削减开支。一名海外经理建议关闭 30 座欧洲仓库中的 23 座以节约成本。基德和佩林决定卖掉一个亏损的小型军用电池制造部门。(多年来，卡夫管理层一直敦促他们卖掉这个部门，但基德尔坚持不卖，说这可以是获得军事研究成果的一个窗口。)当所有这些措施落实后，金霸王的经理们盘算出他们在收购后头一年内就有望把营业利润提升40%。

罗伯特·基德尔多年来运作着卡夫的一个分部金霸王，为包围着他的大公司官僚体制所困扰。在1987年末期，基德和他的高级助手们秘密地设计了"驱魔师计划"，该策略是通过杠杆收购将金霸王分拆出来。KKR以18亿美元买下这家电池公司，让他梦想成真（摄影 Gary Spector）

KKR几乎无须动动手指。克拉维斯和两个KKR同事大约每个季度来一次金霸王总部，开一个历时三小时的董事会。会议前一晚，由KKR助理凯文·布斯凯特准备材料，克拉维斯往往会问一两个警示性的问题。"你们在研发上投入得够吗？"这是他爱问的问题之一。"在东欧有什么经济增长点？"这是另一个。但大多数时间克拉维斯只是听着，金霸王的人感觉这样挺好。金霸王的美国分部总裁查尔斯·佩林解释道："KKR的强项实力在于金融，我们希望他们基本了解我们的业务，但不想让他们介入细节。"

基德尔和佩林欣然承认，他们受KKR的传统动机驱使——用他们的现金买下巨额股票。基德花 100 万美元购买了 20 万股，并且有另外 100 万美元股份的期权。佩林花 80 万美元购买了 16 万股，且有另外 80 万美元股份的期权。"我们这是从玩'垄断大亨'的假钱改为玩真正的钞票。"基德解释道。

对约翰·里奇曼这位罗伯特·基德尔在卡夫期间的老板来说，新金霸王热热闹闹的成功令人既震惊又陶醉。多年来，里奇曼一直认为卡夫已经从金霸王经理团队那里榨取了尽可能多的利益。突然间，它的前雇员们开始连续重磅出击并取得了里奇曼从未料到的季度佳绩。金霸王的销售额直线上升，其市场份额持续攀升。无论用什么尺度衡量，这都是一个成功的案例。里奇曼对基德尔目中无人地抨击卡夫的话语十分恼怒，特别是基德尔有一次在美国参议院委员会的委员面前讽刺说，为卡夫工作产生的"奶酪负担"比与 KKR 合作产生的"债务负担"更甚。但里奇曼很冷静，试图从他曾经的被监护人那里学点儿东西。1988 年夏天，里奇曼向基德尔发出邀请："下次我到纽约咱们一起吃顿饭。"几个星期后他们在曼哈顿市中心一个拥挤的意大利餐馆 Il Nido 相聚了。这次里奇曼向他曾经的副手不停地发问——"有什么不同？""为什么你在那儿做得好得多？"[43]

里奇曼断定，秘密在于大笔的钱及其改变人们价值观的方式。似乎金霸王这样的被收购公司的经理人们遵循的是不同于美国其他公司的游戏规则。多数经理人把毕生的时间都花费在努力达成互相矛盾的目标上——使员工快乐，保持传统，赢得公众认可，为股东赚钱。在杠杆收购中，只有财务指标具有优先权。巨大的财政回报诱使经理人们拼命地改进盈利能力，根本不考虑这些措施可能导致的那些混乱。

"罗伯特·基德尔和他的经理人们每投进 1 美元，都会产出 30 美元。"里奇曼评论道，"这样的动机蕴含着巨大的力量，而这在上市公司里是办不到的。"

第9章 债务大棒
MERCHANTS OF DEBT

从宏观来看，20世纪80年代杠杆收购对美国经济体的效率产生了显著的影响。反复的研究证明，被KKR这类的金融家私有化之后，被收购公司员工的生产效率大涨。美国芝加哥大学的经济学家斯蒂芬·卡普兰（Stephen Kaplan）研究发现，[1]在公司被收购后的3年中，其营业利润一般会增长20%～30%。与此同时，资本支出保持稳定甚至减少，现金流则攀升50%～60%。看来公司的投入更少而产出更高了。1989年，哈佛商学院的迈克尔·詹森教授对美国国会说："经理人不变，总资产不变，却能将生产能力和公司价值翻番。看来这种回报唯一的解释就是在运作效率上有实质性的提高。"[2]

克拉维斯和罗伯茨在他们的公开演讲中，将学者们所说的"债务约束"欣然归功于己。[3]杠杆收购"有助于打造出盈利能力更强、生产能力更高且更专注于核心业务的公司，在不断变化的商业领域长期来看具有更强的竞争力"，罗伯茨在会见一个俄勒冈州的公司集团时这样说道。克拉维斯则更加武断。"相当多公司的经理人根本没有想着股东，"他在20世纪80年代中期的一个企业家研讨会上抱怨道，"他们更感兴趣的是如何在工作中明哲保身，而不是大胆决策。"他声称，杠杆收购不断地迫使经理人们去做出"大胆的决策"。这一达尔文主义的理念总是引起被收购公司高管们的共鸣，这些高管们吹嘘自己通过和KKR合伙人的并肩配合，缔造了经济奇迹。

然而，成千上万的普通员工对收购公司花样百出的表演并无兴趣，亦如有些员工所说的那样，他们总是为了实现那些不知从哪里冒出来的家伙制定的财务目标而打拼，弄得劳心伤神。为了让阴极溅镀熔炉重新投产，南卡罗莱纳州玻璃制造厂的工程师们的圣诞假期都被占用了。得克萨斯州和佛罗里达州的汽车旅馆经理为了获得更高的入住率，不管什么样的房客都接待，就连娼妓和小偷也来者不拒。每家被收购公司的财务人员都在付账的时候搞些名堂，就是为了从供应商那儿多占用一点儿信用额度。这些林林总总的手段确实提高了KKR及其学术上的支持者们所得意的效率，但是很多提高效率的措施无法持续，甚至产生了可怕的社会成本。

在那些整日与巨大的债务压力做不休斗争的公司里，往往员工的愤懑情绪也是最深的。这类公司的状况往往倒退回60年以前，又回到一小部分资本家忽视公共福利、只想着给自己多捞点儿好处的状态。从更普遍的范围看，杠杆收购对这些公司的普通员工和基层部门经理的冲击最大，他们一谈到此事就非常沮丧。他们竭尽全力地提高业绩也无非为了保得自身不被裁员。绝大多数员工对公司里高高在上的那帮人的巨额利益不过稍有耳闻，老百姓当然不能分享成功的好处，普通雇员们之所以努力工作，只不过是担心被裁员。

这种提高效率的举措苦乐参半，有时令人惶惶不安，与此同时克拉维斯、罗伯茨和KKR的那些助理们却出人意料地躲得远远的。他们定期与公司中的几个高管联系，从公司那里拿到月度财务报表，在KKR的纽约和旧金山办公室里仔细研究，但是KKR巨头不会考究这些经济效益到底是如何取得的。亨利·克拉维斯或乔治·罗伯茨刻意同公司保持一定距离，收购后最初几个月的工作最为辛苦，他们既要构建一套管理体系，还要打造一个值得信赖的领导班子。此后，他们就可以像殖民统治者一样，远隔重洋地治理他们那"高效率"的新领地了。

在每一次收购的开始阶段，KKR的合伙人与目标公司的高层主管都要共

同制定一套5年或10年的财务预测。这些文件要提供给为收购提供贷款的主要银行，因此也被称作"银行备忘录"。这些文件中阐明了公司发展中的多项财政目标，其中最为关键的一项是公司在支付利息和所得税前的年度利润总额，或称作EBIT。这部分金额的一大半要用于偿还因收购而借来的巨额债务。在很多被收购的公司中，"银行备忘录"让公司高管们又爱又恨。

与高管们搞出来的其他预算方案不同的是，"银行备忘录"里的预算要求非常严格。如果高管们在几年内实现了目标，那么他们将衣食无忧。如果实际表现和预测偏差较大，那么几乎必然会导致债务违约、破产，也令个人的名声受辱。在收购控股战役白热化阶段，当KKR正在考虑是否从外部掠夺者手中拯救公司的时候，很多高管会就未来几年的EBIT增长做出野心勃勃的承诺。一旦收购完成，就得兑现承诺了。

监控公司的每月实际表现与"银行备忘录"目标差异的工作主要落到KKR的助理和初级合伙人身上，这些人一般都是三四十岁，经历都很辉煌，他们都是哈佛法学院或斯坦福商学院的毕业生，由克拉维斯和罗伯茨亲自精挑细选出来的，彬彬有礼的外表下面燃烧着激情。每一名助理或初级合伙人都会被委派去跟踪1～2个被收购的公司——通常是他们参与过收购的公司。迈克·米切尔森关注欧文斯-伊利诺伊玻璃公司；凯文·布斯凯特盯着金霸王；索尔·福克斯留心Motel 6。每过几天，这些人就给被收购公司的首席财务官们打电话索要业绩报告，每个月被收购公司都会把整整齐齐的数据通过联邦快递或传真发到KKR在纽约和旧金山的办公室。如果这些数据符合预期，KKR的助理和初级合伙人礼貌得就像法国的私人家庭教师一样，旧金山的助理们就会随时调整他们的日程，以便东海岸那些被收购公司的经理人做好工作。他们会在美国西部时间早上6点半开车上班，路上用车载电话举行电话会议，原因仅仅是那时托利多是早上9点半，方便那些首席财务官或公司总会计交谈。通话结束时，KKR的助理们大多会说一句："还有什么事儿需要我们帮忙的话，请不用客气。"

然而，如果哪家控股公司的财务指标踌躇不前，KKR和蔼可亲的面孔马上就会变得冷冰冰的。这些助理们先是责问："为什么这个分部表现不佳？你们准备怎么扭转局面？"如果答案不能令他们满意，他们就会马上告到克拉维斯、罗伯茨、麦克唐奈或者雷切尔那里。在这种情况下，CEO本人不得不亲自出面来应对KKR合伙人们的责问。在个别情况下，如果某家控股公司的业绩持续低迷6~9个月，一位KKR的合伙人就会赶到被收购公司总部所在的城市，和CEO在机场酒店单独会面，断然要求CEO辞职。（KKR还会要求以当初的成本价回购该CEO的股份，收购的股份早前曾经显得那么珍贵，现在根本就不让该CEO从中赚取一分钱。）KKR在开业后的最初14年里和大约60位CEO共过事，其中有5位就是这么不情愿地离开的。

如果公司业绩远远落后于"银行备忘录"的预期，即便是在KKR体系中曾经过的风生水起的高管们，曾经与KKR的合伙人和助理好得要命的亲密关系也会荡然无存。20世纪80年代末期，欧文斯－伊利诺伊玻璃公司的CEO和主席鲍勃·拉尼根这样描述KKR潜在的意思："只要你没完成任务，就别和我扯什么资金啊，天气啊，经济形势啊，这类屁话。"KKR要的是结果，不听借口。拉尼根在一次采访时向记者吐露，"如果完不成目标，得到的只有否定"。说完这句话，他犹豫了一下，似乎不敢再说下去，然后他总结道："这就是90%的驱动力。"[4]

在这种情况下，毫不奇怪唐纳德·凯利、鲍勃·拉尼根还有好多位被收购公司的CEO会炒掉他们的老朋友或老部下。未能实现财政目标的严酷惩罚，加上实现预期的丰厚回报，决定了CEO必然变成冷血的提高效率的捍卫者。

但对被解雇的公司员工来说，说什么他们为"效率"做出了贡献，毫无安慰作用。在托利多，KKR接管欧文斯－伊利诺伊玻璃公司后不久，当地500名白领员工失去了工作，这引发了一场抗议大潮。1987年3月，欧文斯－伊利诺伊玻璃公司的一名经理人匿名接受《托利多刀锋》采访时说："我对欧文斯－

伊利诺伊玻璃公司再无丝毫感情可言,对这个城市再无自豪之意,我们这些现金牛让这个杠杆收购得以实现。然而,我们还是被扔到街头了。要是谁跑过来还想像 KKR 那样干一次,我非让他们在玻璃渣子上爬上十万八千里不可。"[5]

最生硬的伤害发生在塞夫韦,收购后短短几个月,总部和各区域的 8000 多名员工就失去了工作。1986 年 8 月 18 日,塞夫韦在奥克兰市的大区经理、年仅 28 岁却已是老员工的罗伯特·马克尔(Robert Markell)正在休假,却突然接到通知要他终止休假,在周一上午 10 点钟赶到公司报到。他提前半个小时赶到公司,等着他的却是他不愿听到的。"由于公司已经被 KKR 接管,你不再被塞夫韦雇用,"马克尔的老板面无表情地对他说,"你从今天起就不再是塞夫韦的员工了,我们会把薪水付到这个周五。"[6] 同一天,还有其他 300 名公司总部的员工也遭解雇,这时距塞夫韦收购完成还不到一个月。那些被驱逐的员工又挨个被赶进了塞夫韦五层的一间会议室里,参加所谓的"应聘求职"会议,他们中有许多人眼中含着泪水。德雷克梁(Drake Beam Moran)公司的咨询师做了简短的发言,告诉员工们,他们对于塞夫韦也许会感到"愤慨"。新的人不断涌进来,这名咨询师不得不好几次从头宣读他的说辞,最后的结果无非承诺提供求职建议。

过了好几个月,许多被解雇的塞夫韦员工还在四处寻找新的工作。塞夫韦的原采购经理雷蒙德·特鲁希略(Raymond Trujillo)抱怨说:"我现在 53 岁了,我感到我的处境就是不得不向一个新的雇主证明我自己。"[7] 他在康明斯发动机和国际收割机公司的业务伙伴对他失去工作深表同情,却无能为力。电脑专家玛丽·艾琳·劳瑞(Mary Ellen Lorray)也遭受了类似的境遇,她在塞夫韦一年能挣 4 万美元,她发出了 50 份简历,但是在找工作的头几个月里,仅仅收到一份在大学兼职授课、有 1300 美元报酬的工作意向。劳瑞女士在 1986 年 11 月痛苦地说:"我没有工资,也就失去了一部分退休金,我觉得自己没用了,情绪也糟透了。"[8]

这样的解雇风潮四处上演，要说 KKR 的合伙人和助理们有过什么反应的话，那也只不过是耸耸肩而已。迈克·米切尔森对该收购研究了好几年，他说："欧文斯－伊利诺伊玻璃公司官僚风气严重，经常性开支过高。"[9] 高层管理部门"采取了措施削减成本，贯彻全新的策略"。鲍勃·麦克唐奈对塞夫韦的经理们做出了"艰难的决定"表示赞赏。[10] 亨利·克拉维斯则对碧翠斯的变化毫不掩饰其沾沾自喜。他在这个芝加哥公司削减开支三年后，接受采访时说："要把整整一个管理层的人全部开掉。"在克拉维斯看来，这样做带来的只有正面的暗示："公司的决策传达到各个分部时得以更高效地执行。"至于 KKR 高管们所能判定的，无非那三家被收购公司和其他很多公司，在裁员后都尽全力运转，而成本也降低了。这些高管们的惯常做法是在长途电话中支持被收购公司高层领导的紧缩措施，根本不会和这些政策将要影响的那些人打照面。

这种毫无感情色彩的风格反映出 KKR 的高管们在做业务的经历上和其他类型高管们存在令人不安的差异。大多数 KKR 的高管们在他们的一生中从没有解雇过任何人，仅在个别情况下冷静超然地解除过某位 CEO 的职务。他们从来没有正视过多年好友和员工的眼睛，没有体会到他们的愤怒和受伤害，没有听到过他们对自己说："我真不敢相信你会这么对我！"就是在 KKR 内部，克拉维斯和罗伯茨都会躲开矛盾冲突，如解雇不称职的前台接待或信件助理之类的事一般会交给他们的秘书去处理。唯有 1987 年那次克拉维斯和罗伯茨在赶走杰罗姆·科尔伯格时，确实感受到，对于付出了几十年光阴共同工作过的人们来说，解雇有多么痛苦。

在大多数被收购公司里，债务约束很快从公司总部传达到其工厂、门店以

及各分支机构，一家公司大多数的工作是在这些地方完成的。在这里，大规模的裁员较少出现，然而在多数情况下，这一层级的生活变得更加艰辛了。

按小时拿工资的工人和那些基层经理发现，意在改进现金流的苛刻的新指令常常会落实到他们头上。这些远离总部数百英里的雇员们，从未有机会体验过让KKR的人赢得了高层管理层信任的那种礼貌的魅力，他们从来不知道KKR经理人里的"亨利"或"乔治"是谁，他们从来没有收到过CEO写来的以"同事们"开头的信件。对那些千百万名在KKR旗下公司中未拥有股份的员工来说，收购只不过是开启了疲劳和压力之门，人们挥汗如雨，产出的经济成果却奉献给了那些遥远的主人。工作最辛苦的人们总是拿到最少的回报。

这种债务原则的影响，在20世纪80年早期的霍代尔身上开始逐渐显现。这家公司生产机械工具、泵以及汽车零件，是KKR在1979年下了血本买回来的。克拉维斯、赫德里克和科尔伯格在买这家公司的时候，美国重工业的发展前景还相当乐观。霍代尔在1978年公布了创纪录的5200万美元的息税前利润，其中超过2000万美元是下属五个机械-工具业务分部贡献的。克拉维斯和赫德里克在他们针对本收购的财务备忘录里写道，由于"霍代尔工业业务本质性的优势"，其1979年及以后的收益有望持续增长，却没承想马上就遭遇了1980~1982年的两次经济衰退以及日本人的残酷竞争。整个机械-工具业务分部没能再实现一丁点儿运营收益，还没算上霍代尔巨额的利息，就已经在80年代初完全亏损。

在收购后的一年里，霍代尔的高管们开始忙着出售或关停一些近期都没有希望挣到说得过去的息税前利润的工厂。首当其冲的是设在加拿大安大略和西弗吉尼亚杭廷顿的汽车缓冲器厂，它们为克莱斯勒和美国汽车两家公司生产老款的金属缓冲器。由于重量较轻的塑料缓冲器很快就抢走了金属缓冲器的市场，这两家工厂日益没落，于1980和1981年先后破产。设在明尼阿波利斯名叫迪-艾克罗的小型机械制造公司也被裁撤，原因也是无法对抗日本人的竞争。然后，曾是霍代尔的明星公司、设在洛杉矶的伯格马斯特公司（Burgmaster Corporation）也走上了不归路。当 KKR 收购霍代尔时，美国的制造公司对伯格马斯特公司生产的六角钻床趋之若鹜，这家子公司自吹手里即使没有交货的订单也足以再干上 18 个月。然而，强悍的日本同行已经开始挤占伯格马斯特公司的固有市场，其订单枯竭，1985 年陷入亏损，甚至在未计利息和税赋的情况下，亏损额也高达每月 100 万美元。伯格马斯特公司被挂牌出售，奈何无人问津，霍代尔的 CEO 菲尔·奥赖利在 1985 年 9 月提议干脆关闭这家公司，克拉维斯和其他 KKR 的高管很快就答应了。这家公司的关闭，对那些在公司里干了几十年的机械师们来说，更是个人的悲剧。伯格马斯特公司生产的几款大型机械一度是公司的骄傲，被以 20 万美元——不到成本 10% 的价格拍卖了，几乎等于卖废品。当然，这也不是 KKR 要操心的。

因为不能再指望霍代尔的老客户买更多的机械工具，奥赖利只能依靠分部经理们来维持毛利率这一条路了。削减工资总额、"在与工会的工资合同谈判中采取强硬姿态"，霍代尔的高管们这样下达命令。

就在纽约布法罗南郊，奥赖利的紧缩措施影响到了大约 300 名霍代尔员工，这些人在该公司的史翠柏（Strippit）机械工具分部工作。20 世纪 70 年代末期，在公司未被收购之前，该地区的人都觉得能在史翠柏上班是最好的蓝领工作。这里工资高，电工和技师的工资是大约每小时 10.5 美元，[11] 设备先进，该分部生产的金属冲压机是美国最棒的。

收购以后，史翠柏管理层马上变得非常现实，后来就开始无情地努力保持毛利率。史翠柏分部的经理肯尼思·斯劳森（Kenneth Slawson）先是针对旷工和早退问题整饬了劳动纪律。提前 10 分钟早退或者吃午饭磨磨蹭蹭的工人会收到正式警告。[12] 有几个员工不服从这个新管理规定，被认为是"不具有雇用价值的雇员"而开除了。接着斯劳森又开始收紧工资总额，史翠柏不敢立刻给工人降薪，但是它可以不再按从前那种优厚的工资条件招聘员工。斯劳森和他的薪资谈判人员在1982年的劳资合同里强行塞入了一个双重工资条款。新招的非熟练员工工资只有每小时5.75美元，勉强达到一般工资标准的一半。现有员工工资每年可有3%的增长，但这远远赶不上通胀率。[13]

还有更苛刻的条件呢。1985年，霍代尔新找来一名佛罗里达州的名叫吉尔伯特·袍马尔（Gilbert Pomar）的顾问来充当首席薪资谈判人。刚坐进史翠柏的会议室，这个家伙就计划把全体员工的工资和福利待遇砍掉10%。"要么减福利，要么扣工资，"袍马尔对工会谈判代表格雷戈里·斯通（Gregory Stone）说，"怎么干随你选。"斯通面色苍白。后来他解释说："就算我要被枪毙了，那我肯定也不想那么快地自己扣扳机啊！"整整9天，工会谈判代表千方百计想从史翠柏方面争取提高点儿工资，哪怕幅度很小也行，但都失败了。最终，史翠柏和工会劳资双方达成了一个3年内工资冻结的协议。普通工人们几乎拒绝签署这一合同，但是因为害怕在罢工中失去工作而最终隐忍了下来。

这种勒紧腰带的策略，还真的帮助霍代尔度过了严酷的经济萧条期。20世纪80年代末，行业状况终于明朗了，史翠柏以及其他霍代尔分部又把息税前利润拉回到2000万美元的水平。高管们受益最多。奥赖利的工资和奖金在他在KKR的第一个7年任期里，几乎翻了3番。斯劳森被提升为整个机械工具集团的负责人，成了霍代尔5个拿最高薪水的高管之一，仅1986年就挣了20.7万美元。这些高管们手里紧紧攥着的收购后公司股票表现更好，价值跃升了4倍。

然而对于史翠柏的机械工人来说，只有怨恨和失望。斯劳森的工资在霍代尔的债券说明书中透露了出来，史翠柏工厂的员工们几乎"都要疯了"，[14]工会谈判代表斯通后来回忆说。工厂男厕所里的涂鸦，美元符号围绕着斯劳森的脸。此时，工人们无助地眼看着自己的挣钱能力一年不如一年。"1980年，这是小镇上最吃香的工作之一，"史翠柏工人詹姆斯·克里格（James Kollig）在1989年年末回忆道，"当时真是一个传奇，可现在连平均水平都赶不上。"克里格的工资从他来史翠柏的第二年就没怎么涨，但依照现在的双重工资标准，新雇的机械工人一小时只能拿到 8 美元甚至更低的薪金。

"怎么能这样对待我们呢？"克里格在这家被收购的公司里工作了 10 年后还是这样抱怨道，"我真希望日本人能把我们买下，我或许还能涨点儿工资。"[15]

随着 KKR 开始掌控更大规模的公司，霍代尔的紧缩措施开始更广泛地在全国范围内实施。比如，在塞夫韦，削减工资影响了这家零售连锁企业的 18 万名员工。被收购前，塞夫韦的工会很强势，在零售企业内差不多是发薪最高的。塞夫韦的 16 万名以小时计薪的员工对此很满意，可 KKR 不喜欢这样。1986 年，罗伯茨认为每小时 14.64 美元的超过平均水平的工资使公司不具有竞争力，有损运营收益。鲍勃·麦克唐奈在 KKR 合伙人中是最密切关注塞夫韦的，他自认为应推行罗伯茨的信息并付诸实施。在与塞夫韦 CEO 彼得·马高恩和几个高级助手一同参加的管理层委员会会议上，鲍勃·麦克唐奈不断地问着一个问题："你们要采取什么措施能把工资和塞夫韦所运作地区的其他连锁集团拉平？"[16]

很快，塞夫韦的经理们开始着手压缩工资。收购后的前两年，平均小时工资才涨了 1.4%，[17]也就是每小时提高了 21 美分。在某些地区，塞夫韦提出冻结工资，也实现了。在另一些地区，平均工资实质上还降低了。KKR 收购塞夫韦 3 年后，在亚利桑那州斯科茨谷的度假式管理层会议的闭门讨论中，该零售连锁企业的副主席哈里·森德兰（Harry Sunderland）大发雷霆："要和劳工们对抗，我们必须一次就搞定……唯有通过企业收购的根本性削减和重组，我们才能获得谈判的筹码，从工会的贪得无厌中挽救我们的核心业务。"为了压低工资，森德兰补充说，塞夫韦没有必要害怕罢工，即使一个塞夫韦的地区分部在某个季度因罢工而遭受了巨额损失，只要结果是能换得削减工资的长期合约，那么 KKR 的合伙人们都会理解的。

对沮丧的工人和工会官员来说，塞夫韦的效率驱动太过严酷了。1987 年，丹佛地区的工资被削减了10%，俄勒冈州的工资则被冻结了。1989年，华盛顿州的工人举行了81天的大罢工，但成果仅仅是在三年内每年平均增长2.4%。"这一解决方式不能使你们完全满意，"西雅图工会领袖托尼·阿贝塔（Tony Abeyta）在罢工结束那天对工人们说，"但是我已经听到人们来跟我说，'托尼，我快供不起房和车啦'，或者，'我付不起租金啦'。作为你们的头儿，在每小时再增加五分钱和延长罢工之间，我必须要权衡一下，我认为这不值得。"[18]

在美国和加拿大，塞夫韦开始想办法减少对高薪熟练员工的依赖。十几二十岁的迎宾店员，[19]原来仅从事一些技术含量低的工作，比如帮买家把货物送到顾客的汽车上，开始越来越多地被安排干一些原本由年长的高薪员工所从事的工作。在俄勒冈，每小时挣7美元的迎宾店员，现在开始干给货架备货、包装货品的工作，甚至介入收入最高的工会工作——分切肉品。一些老切肉工发现他们在一家又一家商店里被分流到一些兼职岗位上，这让他们开始怀疑塞夫韦管理层有意地诱使他们自行离开。

"塞夫韦把合同条款研究到了极致，"一名工会官员、曾在俄勒冈州的塞夫韦干过切肉工的凯西·莫里斯（Kathy Morris）抱怨说，"和他们打交道对我们来说真是太不容易了。"

在另一些被收购的公司里，这种债务约束还从小时工扩展到了底层经理人的生活中。在被收购公司内，一般来说只有30～70名高级经理人能获得KKR细心定量配给的股票，另外几百名管理者只能定期获得人称"幽灵股"的现金，差不多相当于他们如果处于股东的小圈子里所能获得的回报。然而，在那些KKR掌控的员工超过5万人的巨型公司里，还有大批拿年薪的基层管理者得不到保护，应付不了银行的各种账单。

在欧文斯-伊利诺伊玻璃公司，债务约束的影响慢慢从托利多的总部向外蔓延。当初收购谈判时，该公司的两位最高执行官拉尼根和雷缪克斯，曾向

KKR做出承诺，要把主要分部的息税前利润每年提高10.6个百分点。[20] 达到这一目标的一条途径是降低成本以及提高欧文斯－伊利诺伊玻璃公司的最大分部玻璃瓶制造工厂的毛利率。那些在伊利诺伊州斯特里特、宾夕法尼亚州克莱瑞恩和北卡罗来纳州温斯顿－塞勒姆等地经营着欧文斯－伊利诺伊玻璃公司工厂的中层管理者们，当初并没有人就该财务目标向他们咨询过，然而他们不得不为实现该目标而承受压力。

在这些管理者中，汤姆·沃勒（Tom Waller）是竭力实现银行账目指标的一个典型人物，他是一个年近50岁的圆脸汉子，运营欧文斯－伊利诺伊玻璃公司在温斯顿－塞勒姆的玻璃工厂。沃勒为这家玻璃制品公司工作了20多个年头，这么长的时间让他能忆起早些年的轻松岁月，那时欧文斯－伊利诺伊玻璃公司赞助体育队伍、组织员工舞会，沉醉于似乎永不消失的繁荣中。但是越发残酷的来自塑料瓶的竞争，以及被收购的压力，在1987年给沃勒发出了拼命进军的命令。每年提高生产力10个百分点，他得到的指令很简单。避免无法制成合格玻璃瓶的熔融玻璃的浪费，既要提高产量，又不能雇用任何新员工。最重要的是，努力完成拉尼根和雷缪克斯向KKR的乔治·罗伯茨所承诺的10.6% EBIT增长率。

沃勒投入了工作。他发现，如果窑炉操作工更细致地照管公司的窑炉且把温度精确地控制在2450华氏度$^\ominus$，生产出来的玻璃就更加平滑，不容易生成小气泡，制造出来的瓶子就更完美，当然废品就更少。[21] 但这需要每一分钟都得调校温度，对熔炉工来说太艰难、太烦心了。然而，这也算是降低欧文斯－伊利诺伊玻璃公司废品率的一个小办法。

有一台窑炉需要重建时，沃勒把这项工作安排在圣诞节假期，要求工程师们两班倒，每个班10小时，从早晨7点干到深夜3点。所有人的假期都泡汤

$\ominus$　相当于1343.3℃。

了，沃勒也不例外，但这样可以在45天内完成重建，比人们预想的要提前2周。这也是提高运营利润的一个小步骤。

然而，1987年夏天，有消息从托利多传出，说欧文斯－伊利诺伊玻璃公司正在加快关停一批效率低下工厂的进程。尽管沃勒已经实现了不少进展，但他的工厂如果要存活，尚需继续努力。由于惧怕失业，沃勒手下的270名工人中有很多人主动想办法降低成本。一名包装工发现，在用塑料包装带缠绕卡车上的瓶子之前，先将其摊开，就可以实现多达3倍的包装效果，如此下来1年能节省4000美元。一名工会管理员利用业余时间发明了一种机器，能自动开启6包装规格的美乐啤酒的纸盒子，减少了2个手工开纸盒子的工人。

温斯顿－塞勒姆工厂的老品质控制员鲍勃·斯特宾斯（Bob Stebbins）也开始承担额外的工作。[22] 循环利用经理辞职了，斯特宾斯就顶了上去。采购员退休了，斯特宾斯又把这第三份工作也接了过来。被收购后的第三年，斯特宾斯就同时拥有5个工作头衔，每一个都曾代表一份全职工作。挂在他狭小的办公室门上的黑色塑料牌，表明他是采购员、品质控制员、循环利用经理、管理服务经理和首席行业工程师。尽管鲍勃·斯特宾斯如此辛劳，他却并没有拿到KKR配给高层的价值不菲的收购后股票。他甚至没有因出色的工作而拿到过奖金。有人问起干了这么多工作，到底有什么好处，斯特宾斯回答："我们得保住饭碗啊！"

收购后过了好几年，当汤姆·沃勒谈起经营温斯顿－塞勒姆工厂的情况时，他的声音里还能听出混合了自豪、疲惫和恐惧。即便工资总额不断缩水，沃勒还是释放出了很高水平的生产力。1988年8月，他的这个有着15年历史的工厂，创下了一个24小时内的玻璃瓶生产纪录。第二天，沃勒露出了少有的笑容，自己掏钱买了油炸圈饼和咖啡，分给所有的工人。在接下来的几个月里，大家相互建立起了幸存者之间的手足之情，他们都穿着由沃勒统一定做的海军蓝色的欧文斯－伊利诺伊玻璃公司防风夹克衫，领针上还有小小的、挑衅式的口号：最牛的人才做玻璃！然而，沃勒担心无论自己做了什么，都还是远远不够。"我也想躺在功劳簿上歇一阵子，"一次冬日午餐时，他啃着快餐纸盘里的烤排骨说，"但我的老板肯定不答应，他会要求更多的业绩。"

即使在KKR追求增长而不是紧缩的时候，来自杠杆收购财务指标的残酷压力还是会给公司造成损失。盛气凌人的高管们严重依赖他们的下属分部达成指标，根本不管要付出什么隐藏的代价。当然，并不是只有被收购的公司中才有这种专心索取的高管，然而财务上的成功收购将带来的巨额回报和失败的收购所带来的巨额惩罚，就在相当多的经理人中加剧了恃强凌弱的趋势。

在Motel 6收购案中，一些旅店经理发现，当该公司执行扩张策略时，他们的工作变得过于棘手。客观来说，KKR和Motel 6的CEO约瑟夫·麦卡锡（Joseph McCathy）采取了所有正确的措施。他们把新汽车旅馆的建设经费翻了一番。他们决心要提高旅馆入住率，降低房费的同时提升服务质量，比如在所有的Motel 6房间里提供免费电话和彩色电视机。"我们不是勒紧裤腰带，而是放开。"最紧密地监督该旅店公司的KKR助理索尔·福克斯解释道。[23] 他的目标是：迅速扩展Motel 6的业务，将其定位为美国头号低成本汽车旅馆连锁企业，做旅馆行业的麦当劳。然而，麦当劳连锁慷慨地和各加盟店的经理分享利润，福克斯和麦卡锡则完全没有执行同类政策。

每家旅馆的经理在该收购中都买不到很值钱的净资产，[24] 那是给大约30位高管们预留的。这些经理的工资被压得很低，在20世纪80年代末期，每年能有18 000～24 000美元。在收购前和收购后，Motel 6一直为经理们免费提供住宿，也算干这行的一个经济上的小实惠。但住在现场也就意味着得干8小时以外的活儿，经常得自己充当总台职员、杂役、女仆监工一类的角色。[25] 旅店经理的离职率很高，他们经常是干上一两年就换了别的工作。该公司发现，干这一行最合适的人选，就是退休了的老夫妇，这类人很乐意把他们的生活重心放在旅馆工作上。

"每天都忙得要死。"塞缪尔·肯普（Samuel Kemp）回忆道。他是一名退休了的美国陆军情报专家，从1985年开始同他的妻子蜜儿女士管理Motel 6的分店。一大清早，肯普要到得克萨斯州沃斯堡他管理的两家分店中的一家去修理坏了的洗衣机和其他电器。下午，他是总台职员。晚上，他就成了自己的保安，在这个高犯罪率地区，他得拿着电击枪或是一罐催泪瓦斯来回巡逻。有好几次，肯普几乎通宵未眠，把乞丐、妓女和疑似的毒品贩子驱离旅店。[26]

他犯的最大的一个错误，肯普后来在一起案件的法庭上作证时说，就是迫于地区经理的压力提高入住率，这就意味着把一些不可靠的人都招了进来。1987年2月，肯普接管沃斯堡分店的管理权时，旅馆的平均入住率为75%。大部分房客是中产阶级，也包括在附近神学院学习的人的朋友和亲戚。肯普开列了一个"拒租"名单，不再为以前有过劣迹的房客提供住宿服务。然而，1987年年中，肯普后来作证时说，一名新来的地区经理告诉他，不能拒绝给任何人提供房间，这是Motel 6的规矩。那张"拒租"名单被没收了。于是肯普旅馆的入住率大增，不过麻烦也大增了。一个房客在吸食可卡因时把房子给点着了，几个待在旅店里的建筑工人说是有妓女偷了他们的钱，一名妇女的钱包遭抢。于是，肯普不断催促地区经理加派保安，可结果是说没有雇保安的那笔预算。即便是围着旅馆建个围栏，也费了几个月的时间才获得批准。肯普在1988年6月出门小休几天的工夫，一名替班实现了100%的入住率，这是高级管理层引以为豪的目标。旅馆的女服务员抱怨说，一些房间里飘出来大麻烟，一群摩托车手把他们的车子停在了肯普预留给残疾人旅客的停车位里。然而，这些看起来都不算回事儿。肯普休假回来时，他的老板说："我就和你说过我们能塞满旅店的！"

1988年7月，肯普夫妇辞去了Motel 6沃斯堡分店经理的职务。"这家旅馆就是我们的家，"肯普后来说，"我们希望它像个家的样子。"

肯普夫妇的坏运气反映出一些旅店残酷地追求高入住率，完全不计后果。

就在肯普夫妇辞职后几个月，那名逼他们提高入住率的地区经理也被解雇了。绝大多数的房客和旅馆经理希望 Motel 6 能树立起干净卫生、低成本、高价值的企业形象。"旅客们的安全和保障至上。"当几起涉及 Motel 6 房客的可怕的犯罪案件被公之于众后，一名 Motel 6 的发言人在 1991 年 7 月肯定地说。然而，由于收购行为提供给高层经理们的巨额回报，严重依赖基层经理实现高入住率和其他想要的财务数据，面对无尽的诱惑，他们哪管什么社会成本。

高高在上的 KKR 根本就不知道这种滥权行为，更不用说阻止这种做法了。在 KKR 的旧金山总部，合伙人索尔·福克斯每天都要浏览一台小传真机里发来的 Motel 6 总部关于旅馆连锁总体入住率的材料。他和 KKR 合伙人鲍勃·麦克唐奈定期与几位最高层的 Motel 6 经理参加在达拉斯举办的董事会议，他们在会上批复扩张性的市场拓展计划以及建设预算。由于 KKR 设计了极佳的独创性的有限合伙人结构，尽管该旅馆连锁的营运效益非常可观，但他们不用交一分钱的所得税。然而，尽管福克斯偶尔自己也会入住 Motel 6，但 KKR 的人并没有努力地深入了解一下，住在这种高入住率旅馆里的生活到底是个什么样子。在 KKR 拥有 Motel 6 的五个年头里，"我记不起我们在董事会上提到过什么安全问题。"麦克唐奈于 1991 年 7 月评价说。[27]

罗伯茨、克拉维斯和他们的同事偶尔也听到过几次员工们对效率驱动的沮丧和怨恨，但 KKR 的反应是：这是生意。20 世纪 80 年代，不管是不是高负债，大批的美国大公司把工作条件搞得越来越苦，把效率迎进来，把娇生惯养的工人赶出去。福特汽车公司一向在资产负债方面比较保守，在 80 年代早期也一度冻结工人工资。IBM 几十年来一直贯彻无裁员政策，在 80 年代末期部门极力推行提早退休战略，意在削减工资总额。大量的公司也把自己的管理部门从运行成本高的东北部，挪到了工资水平较低的阳光地带。

"我们有什么理由不这么干呢？"罗伯茨在某个场合说，"你可以随便批评通用电气公司在 20 世纪 80 年代裁撤了 10 万个工作机会。"[28] KKR 高管和他们担任经理-股东的盟友们对工人们的诉求无动于衷,而不是主动地站在反对劳工阵营。在任何收购业务中,两个基本的指导原则是:还清债务,让高度杠杆化的股票升值。

然而不时地,债务约束也会以奇怪的方式产生受工人们欢迎的结果。尽管欧文斯-伊利诺伊玻璃公司玻璃工厂的工作条件太恶劣,该公司的毛利率仍不断攀升,各工厂在那十年里保持运转,同期的 2/3 的美国玻璃制造企业或者破产,或者被更强的竞争对手买下。尽管塞夫韦的工资支付条件太过严苛,一旦管理层建立了他们想要的工资标准,该零售连锁企业就变成了业界对额外劳动力需求最活跃的雇主之一,在被购后的前三年里,员工数量增加了 18%。新的塞夫韦工作报酬不算特别好,但都是些便利的兼职工作,适合学生或者工作时间有限的母亲们。[29] 同时,在雷诺兹-纳贝斯克此前已然对 Cookieville 工厂产生了疑虑,但还是让工厂保留下来很多合理的高收入职位,否则成本高昂的工业自动化本来可能消灭这些工作机会。

被收购公司高管们的两个动机——净资产利润的诱惑和对债务的恐惧结合在一起,仍然在概率上不利于底层工人们的权益。"KKR 不是在搞零售业,"曾在塞夫韦当过切肉工,后来到工会任职的凯西·莫里斯抱怨说,"他们是在搞金融生意,才不管你工会工人的死活呢。只要是不挣钱的统统卖掉。"[30] 在北卡罗来纳,卡车驾驶员工会的官员罗恩·特尼提(Ron Teninty)也有类似的焦虑。他从未见过克拉维斯、罗伯茨和他们的助理,他所知道的关于 KKR 的一切都是塞夫韦公司高管们告诉他的,或者从报纸上看到的,或者直接在合同谈判中了解到的。他不喜欢这样。"管理层的人说他们想维持工会,而 KKR 只对底线感兴趣。"特尼提抱怨道。在合同谈判时,他说:"管理层的描述表明 KKR 就是一群浑蛋。"[31]

实施债务纪律几年后,许多被收购公司疲惫不堪。工人们最先感受到这些。"我并不认为史翠柏的管理层照顾到了普通的美国工人,"机械工人詹姆斯·克里格在1990年提出抗议，"他们希望蓝领工人承担所有的痛苦，然后还装糊涂，怎么引起这么多敌意呢？"

但是高层管理者，尤其是那些长期执行裁员和剥离的人也同样身心俱疲。一家中等规模的洛杉矶企业集团诺里斯的CEO杰克·米尼（Jack Meany）和他的高级助手们，把自己比作一场巨大的拔河比赛中的斗士。他们在1981年KKR主导的一次企业收购中负债累累，从那以后，他们就一直在拼命还债，努力使公司的财务状况恢复到健康水平。用拔河来形容他们的状况再贴切不过了，米尼找来当地一名画家，把诺里斯的19名高管画到墙上，他们手里牵着一条橙色的长绳，代表的是公司的负债。这些卡通形象一半儿可爱，一半儿可怖。这幅画确实表现出橙色绳子一个又一个季度地越拉越低。不过画里的米尼双眼紧闭，下颚紧咬，使劲拽着绳子，他后边的一长串同事同样咬牙运气，拼死战胜债务。[32]

欧文斯-伊利诺伊玻璃公司的CEO没这么丰富的想象力，但他也承认公司被收购三年后变得同样疲倦不堪。"我们总是在削减，削减，削减，"在1990年年初的一次采访中，鲍勃·拉尼根说道，"有种风险是，你也许把你真正需要的东西也砍掉了，你也可能错失了一个回报可观的市场推广计划。我想我们还没有犯这些错误，不过这确实让我挺忧心的。"

拉尼根承认，在每个预算周期里，削减工作职位都要落到他的员工身上，这时要保持士气也是很困难的事情。即便是最有价值的员工，也随时把简历备在身边，拉尼根却很难说服他们不必担惊受怕。"如果我是KKR，"拉尼根坦言，"我就会担心最高层的五六个高管是不是足以完成所有工作。前面是万里征程，但你每4分钟内就得跑完1英里。"

要是去瞧瞧KKR的办公室，谁的脑子里也不会有拔河或者4分钟跑1英里的印象。由于被收购公司的厉行节约，KKR的管理者们可以过着奢华的生活，每一天都充满了快乐。

在旧金山，有一个花匠每周一8：45都要来到KKR的办公楼，把大量的鲜花分送到每个会议室。无论冬夏，郁金香、玫瑰、紫罗兰和百合装饰着每个大会议桌。在纽约，KKR的合伙人们则有着另一种额外享受：几乎每天午饭时间，一名头发灰白的擦鞋匠都会来到这里，他跪在克拉维斯或其他有需要的助理面前，在他们工作或闲谈的时候，把他们的各种休闲鞋和牛津鞋擦得锃亮。[33]

每一名KKR助理，甚至那些二十几岁的小年轻，都以拥有私人办公室为荣，里面配着红木办公桌，铺着东方地毯，还有一名私人秘书。随时监控公司运转情况以及寻找新的商业机会是非常累人的——经常从早上7点干到晚上7点，甚至更晚，有些工作甚至要推到周末去做。然而，从凯文·布斯凯特、迈克·托卡兹和其他助理们42层的窗户看出去，可以欣赏纽约中心公园的全景。在旧金山，索尔·福克斯、内德·吉尔胡利和其他同事从第45层的窗户俯视整个旧金山湾和城市的天际线，心情得以放松。会议室里桌子上的呼叫器召唤着后厨，随时奉上助理们喜欢的点心。有些人喜欢在午饭后享受小饼干；索尔·福克斯则最喜欢在下午4点喝点儿鲜榨胡萝卜汁儿。

当然，过得最好的是克拉维斯和罗伯茨。他俩在20世纪80年代就买了私人喷气式飞机，尽管他俩逼着收购来的公司卖掉名下的飞机。克拉维斯还买了一架直升机，组建了他自己的在美国从东到西航行的航空公司，该公司就为两个人服务——克拉维斯本人和罗伯茨，这就足够了。[34] 克拉维斯和罗伯茨都收藏优秀的油画作品，即使在如欧文斯-伊利诺伊玻璃公司这样的公司卖掉收藏的艺术品以换取现金的时候也没停过手。KKR的纽约办公室墙上满是小铜牌，为了访客的便利，标明了每一幅作品的来历。外边房间的新英格兰海景画，辉映着挂在主会议室里19世纪的肖像画前的作品，克拉维斯自己的办公室里是他最喜欢的18世纪英国著名画家乔治·斯塔布斯（George Stubbs）的名作《骏马与骑手》。

KKR的高管们沉醉于如此丰富的享受之中，怎能理解债务那冷酷的一面呢？大部分和被收购公司的接触是在电话中，在电脑的打印件中，或者是在高雅的董事会议室和专用餐厅里。克拉维斯和罗伯茨很少参观工厂或商店、库房，他们的助理确实会对 KKR 旗下公司做简短的工厂访问，但是这些年轻人不会磨蹭太长时间，自然也不可能知道工人们心里到底是怎么想的。

欧文斯-伊利诺伊玻璃公司的几个高管回忆起乔治·罗伯茨首次访问托利多并同该玻璃公司高管们交谈的情景，都很惊叹。那是 1987 年的冬天，KKR 刚完成关于收购事宜的谈判。要解雇 500 名工人的事还在保密，但不久后就要宣布了，每个玻璃厂都要提高毛利率的严厉指令也即将颁布。在幸免于被开除的高管们中间，已经开始形成坚忍不拔的信念，罗伯茨想把这把火再烧得更旺些。

"我们都绑在一起了，"管理者们记得当时罗伯茨是这么说的，"如果能实现银行备忘录的预测，我们 KKR 会非常非常满意。"

"而且会很幸福的！"罗伯茨又加了一句。[35]

|第10章| 拿钱走人

MERCHANTS OF DEBT

就克拉维斯和罗伯茨所能运用的所有工业能量来说，KKR 获取真正巨额投资收益的使命要求它在完成公司收购后尽快裁剪各公司中的松散部门。它的谋利能力的关键点，在于使被收购公司肩负可以冲抵所得税的债务，从业务中快速地挤出一些效率，然后偿还借款。这就是所谓的金融工程，为参与 KKR 收购的投资人带来 40%~60% 的年度收益。一旦还清了高额债务，KKR 的合伙人们就再也没有什么高招儿，能从公司的运营中赚到什么钱了。即使被收购公司的管理层有他们自己的奇思妙想，几乎所有因新的公司增长战略而实现的回报，相对于 KKR 高傲的利润目标来说都过于缓慢了。一旦负债水平开始收缩，该公司的唯一资源就是采取 KKR 高管们所说的精巧的"退出战略"。

收购来的公司，全部或部分会被再度卖出——通常在 KKR 收购它们之后的 5~7 年。1986 年，克拉维斯回答一个杂志记者说："你持有的时间越长，你的回报就缩减得更多。"[1] 他们的工业帝国中没有任何一部分能让克拉维斯或罗伯茨那么珍视，想永远留在自己手中。

KKR 的人在出售公司过程中所显示的技巧，很类似他们买入公司的手法。如果克拉维斯、罗伯茨及其同事认为有助于吊起买家的胃口，他们就会在短时间内努力营造一种愉悦的气氛、刻意逢迎乃至施展各种诡计。但是在这些行为的背后，这些人一如既往地冷静而且训练有素。他们并不太关注谁最终全部或部分地买下了某家公司，无论你是外国人、管理层、行业对手，还是其他的杠杆收购公司。他们压倒一切的任务是给自己和有限合伙投资人谋利，KKR 的高管们在这点上做得非常好。

虽然KKR买下诸如碧翠斯或塞夫韦这样分支机构众多的庞大的公司，但最终还是会采取极其类似于企业狙击手的分拆出售策略。大量子公司会被接连卖掉，那些表现不佳的子公司也会被裁剪，以确保公司能够专注于核心业务。不过如果买家愿意支付更高的价格，有时那些明星公司也会被很快卖掉。公司掠夺者是通过赶走旧有的管理层、自己运营公司来完成分拆战略的，与他们不同的是，KKR的高管们是与原高级管理层携手努力实现这些剥离。对于塞夫韦的CEO彼得·马高恩这样的管理层而言，彬彬有礼的罗伯茨与那个在1986年年初觊觎塞夫韦的满口脏话的赫伯特·哈夫特的世界是完全不同的。然而，对于那些被卖掉的分部的工人来说，实在看不出掠夺者与KKR之间有多少差别。

一旦KKR卖掉一家公司并逐渐淡出，一整群新的买家们就会展开一个完整的新业务循环。大多数买家会给曾经承受债务约束的公司注入资金，新的主人们会修正KKR引入的紧缩资本支出政策，改善敌意的社会环境。这么做的后果是，买家们经常又重新建立起一些曾被KKR砍掉的"公司官僚体制"。

KKR仅仅通过简单地短期拥有大公司就弄来大把利润，这种金融上的迂回经常给这些被收购公司自身带来不为人知的损失。一些巨型公司变成了收购世界里日常的玩物，它们的经理花费了太多精力在转移资产上，在卖掉那些虽令人自豪但仅因未获优先考虑就必须出售的业务上。在这一过程中失去的是实现成为美国最佳公司的那些可见品质的机会，如追求远大的、激动人心的目标并努力实现它的机会。KKR分拆公司的措施经常是买下组合不当的集团公司，将之转化成新东家手中一系列合理的独立业务群体——但是KKR一再错过创造出一家伟大公司的机会。

最早可以追溯到20世纪70年代中期,KKR的合伙人们每买下一家公司,几年之内就会百般腾挪地再卖掉,实现更高的利润。杰克·瓦伦丁(Jack Valentine)是康涅狄格州的商人,1976年从克拉维斯手中买下了小型的广告邮件公司艾德沃系统公司(Advo-System),他回忆说:"亨利·克拉维斯就是完美的推销员,是一个善于表达的、聪明和彬彬有礼的人。"

克拉维斯在这次销售中展现出了全部的魅力。艾德沃系统公司在克拉维斯和他的同事手中磕磕绊绊地运营了4年,他们一度考虑简单地清盘了事。但是克拉维斯开始与瓦伦丁会谈时,把它展示得毫无困难,全是机会。"亨利捧出来的胡萝卜是这个生意的巨大潜力,"瓦伦丁回忆说,"所需要的只是有人管理而已。"瓦伦丁无法拒绝这一诱惑,以10万美元的价格外加承担所有债务,购买了该公司。令瓦伦丁高兴的是,事实证明艾德沃系统公司可以被挽救,在随后的10年间,其营业额扩大了10倍多。

杰罗姆·科尔伯格在努力实现赚钱的销售中同样表现强势。1980年4月,他召开了英康姆国际的董事会议,这是KKR旗下的一家工业零件公司。英康姆国际的主席埃德·马布斯已经完成了KKR所希望的裁员;现在他希望建设成业界领先的《财富》500强公司。但是在英康姆国际的董事会上,埃德发现KKR另有打算。"我们召集此次会议,是为了讨论出售英康姆国家的事宜,"科尔伯格发言了,"现在正是协同配合,机敏而专业地推进出售的时机。"

这就是最成熟时期的杰罗姆·科尔伯格。每当涉足一个微妙的事件时,他总能迅速地形成大家都有愉快共识的表象,当然是按照他的条件。他平和地发言,暂时搁置一些不利的因素,在现场所有人中显得最有说服力。不管谁想反对此次出售,都只能显得是在刻意找碴。马布斯可不是那么容易就被摆布的经理人，但是会议开始后不到2分钟就被局限死了。马布斯徒劳地抗议说，英康姆国际拥有"很多尚未实现的潜力"。[2] 这没用。很快KKR就以1.12亿美元的价格将英康姆国际卖给了意大利实业家詹尼·阿涅利（Gianni Agnelli），让KKR合伙人及其他投资者获得了1975年该公司500万美元初始投资的22倍的回报。1年之后，英康姆国际的意大利新主人开始抱怨公司的设备老化，在KKR占有期间没有获得足够的投资。反过来，马布斯也与新东家矛盾重重，KKR卖掉公司几个月后，马布斯就辞职了。但对克拉维斯、罗伯茨及科尔伯格来说，售出英康姆国际是令人兴奋的成功，他们每人在此次交易中至少获利了200万美元，这也让他们完成了从仅仅是有点儿成功到跻身千万富翁的跨越。

随着时间的推移，KKR合伙人们逐渐放弃了在20世纪70年代公司成立之初买下的所有小公司。KKR在1977年买下的第一家公司A.J. Industry Inc.，在1985年就以远高于原始投资的价格被出售给第一芝加哥公司的控购收购集团。克拉维斯和科尔伯格在1979年大胆买下的佛罗里达集团公司霍代尔，于1986年被出售给了一家名为TI工业公众有限公司（TI Industries PLC）的英国公司。在机床工具行业的艰难时期，该公司的众多工厂已经被卖掉或者被关闭了。CEO菲尔·奥赖利经历了在华盛顿与日本进口产品之间长达5年的徒劳较量之后[○]，身心俱疲，打算退休了。但是霍代尔在整个控股收购过程中，明智地通过一桩2.2亿美元的收购实现了业务多元化并还清了债务。KKR的投资者每年获得其投资额22%的收益。（这些投资者后来还有第二次机会拥有霍代尔的业务，1987年KKR再次从TI工业公众有限公司手中买回霍代尔2/3的股权并将其更名为Idex公司。）KKR掩盖了所有表现不好的一面，在一份1989的简报上描述当初对霍代尔的收购是成功之举，主要是因为"投资者拿到了超级回报"。

○ 寻求政府在关税和配额等方面给予美国公司保护，以对抗外部竞争。——译者注

只要价格合适，其他那些人觉得永远也不应该卖掉的公司甚至也会被KKR以无情的效率甩掉。20世纪80年代早期，KKR持有金色西部广播公司，这是一家在洛杉矶运营KTLA电视台的公司，罗伯茨在1983年以2.45亿美元从歌唱家和商人吉恩·奥特里（Gene Auty）手中购得。只要提起KTLA电视台就可能让广播电视圈子里的人泪眼蒙眬，这是美国密西西比以西的第一家电视台，创办于1947年，在这里有各种各样的明星，如鲍勃·霍普（Bob Hope）和体育实况转播员迪克·恩伯格（Dick Enberg）开始了其电视生涯。[3]但对于KKR的高管们来说，它只不过是一项每年产生5000万美元现金流的生意而已。"除了老婆和孩子外，不应该永远爱上任何东西。"后来被问及为何要出售KTLA电视台时，罗伯茨解释道，"否则不过是自找麻烦而已。"

罗伯茨始终留意着收购生意的周期性变化，在1985年年初将这家洛杉矶的电视台标价出售。他观察到，买家们那时在其他地方为购买电视台业务支付了很高的价格，KTLA电视台的效益和收视率很高，但是节目成本攀升过快。如果其他人想要KTLA电视台，就卖给他们好了。罗伯茨聘请了摩根士丹利的年轻投资银行家史蒂文·拉特纳（Steven Rattner）为他筹划洛杉矶电视台的出售事宜。考克斯广播公司（Cox Broadcasting）的高管们对该电视台颇有兴趣，但是芝加哥论坛公司的CEO斯坦顿·库克（Stanton Cook）最有意向，拉特纳巧妙地吊足了库克的胃口。"如果你要参与独立电视台的生意，"拉特纳告诉库克，"那么你肯定得自己拥有一家电视台"。

库克对KTLA电视台志在必得，出价5.1亿美元，是当时为单个电视台付出的最高的价格。当他的出价被宣布获胜时，买卖双方都很开心，不过原因截然不同。库克为打造一个企业帝国而自豪，为芝加哥论坛公司在芝加哥和纽约的电视台之外又增加了洛杉矶的电视台。[4]要说这一举措在一年内会降低每股盈利，他倒不太在乎，赢得扩大发展的机会令他激动不已。罗伯茨和KKR的助理迈克·米切尔森却因完全不同的东西感到高兴。他们的有限合伙人的资金在两年半中翻了三番，相当于77%的年收益率，这差不多是KKR在较大型收购中的最佳表现了。哪怕有奇迹发生，该电视台的新东家也不可能奢望有这么好的表现。

随着20世纪80年代中期KKR控制了某些真正的大型公司，各种类型的收购业务都进入了一个爆炸式增长的时期。二流收购公司四处奔波，寻求交易额从1亿美元到6亿美元的收购。大型公司的CEO们通过买入和卖出中等规模的业务分部来"重组"和"调动"资产，就如同它们是棒球卡一样。不断壮大的投资银行家大军在美国四处奔忙，向任何有兴趣的CEO推介控股收购的概念。稳步上升的股票市场让两年前的几乎每一桩收购都像是捡了便宜。

其结果是，KKR的高管处于特别幸运的地位，虽说最终他们要卖掉所有被收购的公司，但是在那些急着付大价钱的新买家面前，他们可以拿出旗下大公司的那些分部待价而沽。在有些情况下买家愿意出的价格实在是太高了，KKR的高管们觉得要是不把旗下的公司分拆卖掉，实在是有点儿对不起买家了。KKR的高管们发现，相比把整家公司原封不动地卖给下一个买家，分阶段出售一家公司的各个分部能谋取更多的利润（用他们的行话来说就是"实现更大的价值"）。

一个典型的相关例子就是碧翠斯这个庞大的芝加哥集团公司。1986年4月KKR拿下碧翠斯的时候，剥离工作在整个游戏计划里面只不过是很小的一部分。银行方面坚持在头18个月内就要卖掉价值15亿美元的非核心业务，以便削减债务。[5]但是克拉维斯及碧翠斯的CEO唐纳德·凯利均公开宣称，除了这些剥离工作外，他们的目标是不断发展壮大业务。前期这些出售资产的工作甫一完成，凯利在1985年11月就告诉一名采访者说，碧翠斯将会像卖掉公司那样买入公司。克拉维斯甚至更加明确，他在1985年12月2日出版的《商业周刊》上宣布："我们将不断发展壮大碧翠斯，不论是在三年之后还是在八年之后，碧翠斯都将更强大、更高效、更合理化。"

实际上，碧翠斯发生了什么事——是什么促成了凯利与 KKR 的联盟？这是一个当承诺与利益发生冲突时的心酸故事。

1986 年 4 月 10 日，刚刚接管碧翠斯之后，凯利立即陷入了卖掉部分边缘业务的工作中。在芝加哥展开其新的工作仅仅三周，凯利就拍卖了碧翠斯下属的安飞士租车分部，以 2.75 亿美元的价格卖给了维斯瑞。在宣布此次出售之前的星期五，KKR 的助理迈克·托卡兹在电话中威胁凯利，说出售安飞士操之过急。托卡兹带有一丝争权的意味，认为荷兰的航空公司 KLM 或许会出更高的价格。但是即便克拉维斯出面介入，托卡兹也毫无进展。"咱们别再争执了。"克拉维斯告诉托卡兹。克拉维斯解释说，不值得为它伤害了 KKR 与凯利之间的关系。⊖

几个月之内，碧翠斯宣布了另外两桩出售，加起来募集到超过 15 亿美元，用于偿还银行贷款。1986 年 6 月 16 日，碧翠斯同意将其洛杉矶的可乐灌装厂以 10 多亿美元的价格出售给亚特兰大的可口可乐公司。可口可乐公司当时想更多地收回其灌装厂的控制权，这些灌装厂已经独立经营几十年了，碧翠斯愿意出售下属分部，于是为可口可乐公司提供了一个完美的方式来实现这个目标。1986 年 8 月初，碧翠斯同意将旗下倍儿乐胸罩及卫生棉公司以 12.5 亿美元的价格出售给这个分部的管理层。

在芝加哥，凯利开始暗示他希望让碧翠斯上市，并开始寻求买进一些公司。有大约 75% 的碧翠斯原来的业务被保留下来，该公司的债务水平也变得可控了。但在 KKR 曼哈顿的办公室里，36 岁的迈克尔·托卡兹开始为碧翠斯

⊖ 事实证明，对安飞士的杠杆收购是维斯瑞最大的收获之一，其 2000 万美元的股权投资产生了 7.5 亿美元的回报。多年以后，KKR 的高管们还咬牙切齿地想，实在是过于廉价地就让这么一个赚钱机器滑出自己的掌控。托卡兹一贯地归罪于凯利。但是对整件事看得最透彻的是安飞士的财务官杰勒德·肯奈尔（Gerard Kennell），他暗示真正看走眼的是 KKR 一方。要做很多错综复杂的研究，才能看清在杠杆收购中拿下安飞士后获得回报的适当方式。维斯瑞的高管们就是这么做的。然而，除了托卡兹的一个简单走访之外，就再没有 KKR 的人曾经去过纽约州花园市的安飞士总部，深入地了解这家汽车租赁公司的详情了。

设计一个彻底不同的结局。

托卡兹是一个精力充沛的金发碧眼的中西部人,华尔街的人都知道他是KKR"少壮派"的一员。他是在KKR上班时间最长的人之一,通常在早上7点到达公司,与同事凯文·布斯凯特比赛看谁最先投入工作。托卡兹要早一年加入KKR,1985年9月从伊利诺伊大陆银行跳槽过来。但是他已经承担了一系列重要任务,筹集了大量碧翠斯和塞夫韦的银行贷款,担负起对霍代尔/Idex日常监管的责任。他通宵达旦地分析碧翠斯的财务数据,最终看出如果KKR处理得当,这就有可能成为有史以来最赚钱的一次杠杆收购。

一天早上,托卡兹告诉他的KKR同事们,要想取胜,最佳的策略就是尽快出售更多的碧翠斯子公司。"先生们,如果不这样做,那将是愚蠢的。"托卡兹宣布说。[6] 当年秋季,股市持续攀升,道琼斯工业股票平均价格指数第一次逼近2000点。食品公司的股票通常是拉后腿的,如今却变成了热门股,甚至超过了市场平均水平。经济学家警告称,在1987年有可能出现经济衰退,但无论如何,食品公司的并购都会激增,小型食品公司按照多年来运营利润的最高乘数被买下。托卡兹列举出这些原因后就开始游说KKR拆分碧翠斯,这是一场他后来回忆起来仍相当自豪的攻势。

"我发起了这个庞大的、为期三个月的推介,"托卡兹回忆说,"我对KKR内部的每个人都做了工作,极其地野心勃勃,我告诉他们:'你们购买了这家公司,你们是这些投资者的信托人。如果你们认为守住该公司是对的,就让我来告诉你们为何你们的信托责任是出售该公司。'这就是商业智慧,也许我说得过于冰冷,但这势在必行。"

托卡兹一再展示他的盘算,表明如果不断卖出碧翠斯的子公司直至卖光整个公司,将会使得KKR获得一笔意料之外的暴利。他在旧金山找到了关键的支持者,乔治·罗伯茨认同他的分析。一度持保留态度的是克拉维斯,是他以个人魅力招募了凯利担任碧翠斯的最高管理者,他最为关切的是让这家芝加哥公司的管理层心情舒展；也是他，在一年前公开表态KKR希望壮大碧翠斯。然而不久托卡兹和罗伯茨一起游说克拉维斯，说服他改变了态度。[7]

当凯利再次来到纽约的时候，克拉维斯打算跟碧翠斯的这个CEO稍微透露一下KKR的计划。凯利讨厌这个想法。这个意志坚定、风风火火的芝加哥人已经阐明了他的策略：把碧翠斯的债务再适当降低一些，然后寻找买入其他公司的机会。在凯利看来，毫无任何理由让步。[8]"亨利从一开始就明白，要是他想管所有的事情的话，我就会离开。"凯利后来说道。到1986年秋天为止，每当决议不符合他的意愿时，凯利同KKR的冲突已经导致他三次威胁要离职，每次都能多多少少地争取到一些他所想要的东西。KKR的人承受不了他们最为知名的掌管公司运行的CEO在怒火中愤然离去。这也许会对碧翠斯有所伤害，但可以肯定的是这必然有损KKR在生意圈子里的地位。

"凯利经常打电话威胁我，"托卡兹后来抱怨道，"他想主宰这笔交易。"

因此，托卡兹酝酿了一个阴谋。他决定造出来一只小船，装上金融等价物，把凯利放上去推到海里去，这样KKR就能继续拆售碧翠斯了。这艘小船将被称作E-Ⅱ控股公司，由大约1/8的碧翠斯分部组成，主要是碧翠斯的非食品业务公司，如新秀丽和古力泔水处理系统等。这些业务将向公众出售股份，由凯利作为主要股东和CEO来负责此事。与此同时，凯利要把他在碧翠斯的最高职位让给食品业务执行官弗雷德·伦奇勒，此人德高望重但比较好打交道。这样，KKR就可以随心所欲地以它认为合适的价格出售碧翠斯剩下的子公司了。

全部的先决条件是得让凯利认为E-Ⅱ控股公司是他自己想出来的主意，托卡兹想出了解决的办法。KKR跟碧翠斯联系最紧密的部门是设在芝加哥的财务部，托卡兹和碧翠斯的财务官伯特·科科伦（Bert Corcoran）详细地讨论了E-Ⅱ控股公司，科科伦非常赞赏这个计划。"我们的目标就是让股东获益，这是个好办法。"科科伦后来回忆道。因此，1986年年末，托卡兹准备了一份

30页的计算机分析报告来说明到底如何实现分拆。然后，他狡猾地用普通的马尼拉纸信封装着这份报告，寄到了科科伦的家里。除了托卡兹和科科伦，没人知道这个计划出自谁手。几天后，托卡兹的这个计划经过一定的改头换面后，在碧翠斯的芝加哥总部成形了，并作为公司内部的一个议案提交给了凯利，完全没有 KKR 的参与。这个议案的绝妙之处，在于新成立的公司可以让凯利在不受 KKR 干涉的情况下自由地安排收购。"凯利就是这么被摆平的。"科科伦后来回忆说。

几个月后，也就是 1987 年 5 月，碧翠斯宣布实施 E-II 控股公司计划，让凯利负责新组建的公司。作为搞一些小表示的大师，克拉维斯想把新公司命名为埃斯马克，这是一个对于凯利在感情上具有吸引力的名字。多年以前，埃斯马克曾经是一家大的集团公司，凯利长期经营它，直到该公司在一次收购中彻底消失。到了 1987 年，埃斯马克这个名字成了企业家拜伦·海罗（Byron Hero）的财产，他做的是 Danskin 针织品生意。克拉维斯打算用 200 万美元把这个名字买下来，但没有成功。凯利和他的助手们始终不知道 KKR 在创建 E-II 控股公司中扮演的角色，觉得克拉维斯真是太好了，这么卖力地迎合凯利的兴致。

一旦掌控了 E-II 控股公司，凯利便发誓要让他自己的这家公司扬名立万。他大张旗鼓地告诉记者，希望在一年内做成几十亿美元的大收购。"90 亿美元算不了什么！"他吼道。[9]

E-II 控股公司计划的实施，标志着 KKR 为了利益努力肢解碧翠斯的高潮。德崇主导了一个最令人眼花缭乱的垃圾债券交易，为 E-II 控股公司筹得了 15 亿美元，它只是告知债券持有人 E-II 控股公司要用这些钱做一些不特定的公司收购。公众投资者还花了 4.2 亿美元购买 E-II 控股公司的股票，但至少在前几个季度里，其高额负债会导致重大亏损。

在 KKR 内部，托卡兹和布斯凯特认为已经有把握操作利润惊人的碧翠斯清算了。在这个生气勃勃的时候，托卡兹和布斯凯特在一份KKR的融资备忘录中评估碧翠斯的商业价值时，假定碧翠斯已经被全部卖掉且收益是KKR合伙公司当初买下这些股票时的三倍。那可是192%的年回报率，KKR炫耀说，这是到当时为止在大型收购中最好的表现。[10]

但是，托卡兹、布斯凯特和他们KKR的老板们太狂妄自大了。后来事实证明，碧翠斯的尾货很难卖掉。剩下来的一些业务，如亨氏土豆泥公司和斯威夫特肉类包装公司，不像已经卖掉的那些公司那样发展迅猛，或那样引人注目。潜在的买主也被碧翠斯一团混乱的税务状况吓跑了。在KKR入主之前的好多年中，碧翠斯做了一些收益很高的业务剥离，却只交了最低限度的一点儿所得税，这让美国税务部门很不满。公司的账目被提交给联邦当局审核，如果碧翠斯被判逃税的话，就可能欠美国国税局5亿多美元。

凯利离开后，KKR从碧翠斯那里砍下来三块业务，以25亿美元卖出。伦奇勒根本不想管事，任由他们作为。凯利正在忙他的E-Ⅱ控股公司，KKR就有了施展的空间。

买卖中遇到麻烦的是碧翠斯旗下的纯果乐分部，这可是凯利的心头肉。[11] 凯利一般对日常的生意细节不太关心，但他在碧翠斯的时候像对待自己的爱子一样培育纯果乐分部。他会优先访问佛罗里达，了解现场经理们的想法。当纯果乐经理申请拨款3000万美元购置新的计算机系统和制冷车厢时，凯利跟他们讲："没问题。"在一个高负债的被收购公司里，现金总是匮乏的，他解释道，但纯果乐分部还是可以花钱的。"凯利跟我们说：'我为这个团队里能有你们而感到骄傲。'"纯果乐分部的执行副总裁乔治·祖拉纳斯（George Zulanas）后来回忆说，"他给了我们勇往直前、正确从事的信心。"

然而，1988年年初，西格拉姆公司（Seagram Co.）出价12亿美元想买下纯果乐，与1985年KKR对这家果汁公司的估值5亿美元相比，这是一个巨大的溢价。[12] 纯果乐分部的销售额和利润在KKR入主的三年里极大地增长了，佛罗里达无霜的冬季和凯利批准的新投资项目起到了一定的作用。西格拉姆公司官员急于在他们主要的白酒业务外实现多元化，白酒的消费年复一年地萎缩。克拉维斯和KKR的助理凯文·布斯凯特认为，为了12亿美元当然可以让西格拉姆公司获得纯果乐分部。KKR的人也承认，纯果乐分部确实是一个很牛的业务，不过只要价格合适，有啥不能卖的呢。

就在1988年3月纯果乐收购事宜被宣布的时候，凯利突然回到了碧翠斯。他在离职去搞E-Ⅱ控股公司的时候还在碧翠斯的董事会里留有一个席位，而且还有个条件：万一E-Ⅱ控股公司不存在了，他还要回到碧翠斯继续做CEO。果不其然，E-Ⅱ控股公司只持续了不到一年。凯利的首个收购大目标是美国商标公司（American Brands Inc.），结果对方反客为主，把凯利的E-Ⅱ控股公司给吃掉了。回到碧翠斯在芝加哥闹市区北拉萨勒的总部之后，凯利当即从其继任者弗雷德·伦奇勒屁股底下拖过头把交椅，又开始着手寻找壮大公司的办法了。他的第一个选择，就是把碧翠斯的肉品公司、奶酪公司和蛋糕公司分离出去组成新公司，名字叫E-Ⅲ控股公司，再出去找些公司把它买下来。

又一次，凯利和托卡兹正面交锋了。这位芝加哥的老执行官现在65岁了，正盯着他的职业生涯中极有可能实现的最后一桩巨额交易，他希望E-Ⅲ控股公司能够以低负债开局，在收购他人的时候足够强健。托卡兹不愿再次授权给凯利干这件事儿，罗伯茨也不愿。[13] 他俩最优先的考虑是把

碧翠斯的CEO唐纳德·凯利在他的办公室里保留了他职业生涯中所有10亿美元以上交易的纪念品。这些纪念品有11个，其中五个是借助KKR实现的。但是在凯利试图做第12次收购时，KKR的人拒绝了他（摄影 Loren Santow）

整个碧翠斯马上卖掉，很可能是卖给英国－荷兰的食品巨头联合利华。要是 E-III 控股公司无论如何还是要成立的话，KKR 的人希望也能按照自己的条件。在他们的版本中，凯利的新公司应该背负重债，这样就可以直接给碧翠斯提供 5 亿美元以上的资金。这一安排能扩大 KKR 在碧翠斯投资中的利润，不过这样留给凯利去负责的将是一家高负债的公司。

克拉维斯急于避免托卡兹和 KKR 旗下最稳健的公司中最重要的 CEO 发生冲突，找来了一个调解人。[14] 所罗门兄弟公司的投资银行家被安排分析凯利团队和 KKR 助理们的各种提案，然后向凯利、克拉维斯和碧翠斯十人董事会的其他成员做出报告，得出谁的提案对股东最为有利的结论。这看起来是缓解紧张的好办法。但就在所罗门兄弟公司准备做报告的前一天傍晚，托卡兹和 KKR 的同事保罗·雷切尔冲进了克拉维斯的办公室，他们看起来心烦意乱。托卡兹抱怨说，凯利对所罗门兄弟公司的投资银行家们施加了非常强硬的压力，让他们采取凯利的估价方法。"亨利，你得采取行动啊！"托卡兹恳求克拉维斯。[15]

1988 年 5 月 5 日早晨，对峙展开了。凯利来到 KKR 的办公室，冷着脸，一言不发，手里拿着个小黄笔记本，这个笔记本凯利开会常带着，用以记录一些思想火花，或者会上有谁都说了些什么。[16] 紧随其后的是他在芝加哥的六个下属。托卡兹想冲淡一下凯利满怀敌意的情绪，用半是友好、半是无礼的语调快活地问好："早上好啊，唐！"凯利咕哝了一声，坐下了。

在所罗门兄弟公司的投资银行家比尔·里夫金（Bill Rifkin）就碧翠斯的七种选择方案做报告前，凯利要求先说几句。有人干预了所罗门兄弟公司的计算评估，凯利说，但不是他。"迈克·托卡兹篡改了所有的数字来实现他想要的结果。"凯利指控道。然后他转向克拉维斯，说："我想你应该知道我们是怎么处理数据的，管理层应该支持的只有一个选择。""这个选择，"凯利说，"就是选项四，一个独立的低负债的 E-III 控股公司。"

克拉维斯涨红了脸。"唐，我们都同意要让所罗门兄弟公司评估所有选项，"他用缓慢、挖苦的语调说，"我还没听完这些报告，我想先听听他们的报告，然后再拿主意。"

然后克拉维斯开始反击了。"这是一个合作行为，"他告诉凯利，"很明显，你不想当合伙人，也不以合作者的姿态行事，如果这样的话，没有你我们一样能做决定。"

房间里一片死寂了好一阵子。然后，所罗门兄弟公司的里夫金心脏怦怦乱跳着站起身，开始做他的正式报告，对一个又一个图表讨论了45分钟。他说，所有可选方案在估值上都非常接近，然而把碧翠斯卖掉是最有把握的赌注。KKR的雷切尔时不时地问里夫金一些技术问题，表面上显得还算正常。然而，这个房间里最位高权重的两个人，对里夫金的报告似乎一句都没听进去。凯利面色赤红地坐着，他的黄色小本子摊在面前，啥也没写，一副斗败了的公鸡模样。克拉维斯则手把着红木会议桌，两眼死盯着前方。在一位目击者看来，他就像是在拳击赛后正恢复镇静。

在所罗门兄弟公司的报告结束时，克拉维斯走向凯利，小心翼翼地想和好。暗指两人先前预定好的晚餐，克拉维斯礼貌地问："唐，今晚我们还见面吗？"

"是饭桌上还是20步的现场？"㊀凯利回应道。人们都哄堂大笑。此时此刻，凯利妥协了。尽管他充满了勇气，但无论在数量还是力量上，都不及对方。10个碧翠斯董事中，有6个是KKR的合伙人或助理，其余的董事，就是凯利和他的3个手下，占少数。"如果你想把公司卖掉，那就卖吧。"凯利认输了。

3个月后，1988年的8月，形势已经明朗，KKR清盘卖光碧翠斯已势在必得，凯利辞去了CEO的职务。"你再也用不上我了，"凯利跟克拉维斯说，"我也不在这里讨人嫌了。你是不是得琢磨一下掏多少钱才能打发我？"[17] E-Ⅲ

㊀ 决斗时双方背靠背各走20步然后转身开枪。——译者注

控股公司一直没成立，但凯利依然留任碧翠斯的董事。当被出售给联合利华的谈判失败后，他还想鼓动KKR再持有碧翠斯一阵子，继续壮大公司。"我还可以掌管这些业务10年。"凯利在1989年年末的一次访谈中声称。没用。1990年6月，KKR把碧翠斯剩下来的全部家当以13亿美元的价格卖给了康尼格拉公司（ConAgra Inc.），这是总部在内布拉斯加州奥马哈的一个食品业巨头。

这个大甩卖让凯利无比失望，留恋万分。在KKR办公室里早7:30召开的董事会上将要批准康尼格拉公司的收购，凯利说他会投赞成票，但希望能给他几分钟时间先对董事们说几句话。"看到碧翠斯被卖掉，唐先生在感情上很难接受，"一名与会者后来回忆说，"唐确实和这家公司几乎融为一体。"弗雷德·伦奇勒也很委屈，他当时作为碧翠斯的CEO正在执行第二次业务紧缩。在KKR售卖碧翠斯的最后谈判关头，伦奇勒正等着接任西北航空公司的新职位。表面上，他说他只是想换份更有吸引力的工作，但朋友们说伦奇勒对KKR的收购优先策略不知所措。"弗雷德是优秀的运营经理，却被搅进了像卖棒球卡一样卖公司的天地里了。"一名投资银行家断言。

对KKR的人来说，碧翠斯的一切都堪称完美。KKR的有限合伙基金当初曾投在该公司里4.07亿美元净资产，如果算上从E-Ⅱ控股公司交易和最终卖给康尼格拉公司中获得的收入，在4年中已经增长了将近5倍。碧翠斯曾是芝加哥的标志性建筑，现在完全消失了，但KKR的人毫无困扰。西格拉姆公司、可口可乐公司、康尼格拉公司这样的新主人正在发展原碧翠斯旗下的那些分部，比KKR或碧翠斯原来的主人干得更棒。用百分比来计量的话，KKR投资人每年能挣50%，正好是在KKR预期的40%~60%范围的中间。"我们对这笔生意真是太满意了！"布斯凯特就在宣布碧翠斯收购最终结果的那天晚上，得意忘形地对别人说。

托卡兹还要意气风发一些。他看到了别人看不到的获益良机，勇敢地去实现，终获成功。"我们扔进去4.07亿美元，捞出来22亿美元！"他说着，迸发出幸福的笑容,"我们为投资人每年赢得超过50%的回报。我还要这么干,一直干,永远干!"[18]

几乎每个KKR的合伙人和助理在他们的职业生涯中都有这么一些幸福的时刻,就是突然发现了在一个企业收购中非常理想的赚钱策略。对于迈克·托卡兹来说,从他用计算机分析设计出 E-II 控股公司剥离计划、拆分碧翠斯开始,这一时刻在碧翠斯收购案中就早早地来到了。对于鲍勃·麦克唐奈这位KKR旧金山办公室的二号合伙人来说,类似的灵光一闪出现在 1986 年 7 月,那时塞夫韦的经理人们把一纸箱秘密文件邮寄到 KKR 办公室,以便 KKR 对这家零售公司能有更深入的了解。[19]

麦克唐奈多年来在 KKR 的位置就相当于披头士乐队的四号人物林戈·斯塔尔(Ringo Starr):一个小组里前两个或三个人都是最才华横溢的大名鼎鼎的人物。1976 年 KKR 刚成立的那天他就加入了旧金山办公室,是三个创始合伙人之外的第一个雇员。虽然他比克拉维斯和罗伯茨大六岁,但还是从助理干起,直到 1982 年才升为合伙人。跟他共过事的人都知道他是个强硬的谈判对手、富有创新力的金融家,在工作之外则是名绅士。然而,他在华尔街之所以出名,在很大程度上是因为他和罗伯茨是连襟(这两人的太太是姐妹俩)。20 世纪 60 年代末期,罗伯茨在谈生意时喜欢拉上他这个大高个、满脸络腮胡子的连襟,主要不是指望他能说什么,而是希望团队里有个看起来老成持重的人物。而在塞夫韦收购案中,给罗伯茨当了 20 年跟班后,鲍勃·麦克唐奈完全闯出了自己的名号。

当他在 1986 年 7 月打开了塞夫韦的那个纸箱时,他发现了那些秘密数据中包藏了这家零售连锁企业不能见光的丢人记录，这可让 KKR 高兴坏了。总体上塞夫韦是盈利的，但它在很多地区的经营深陷于亏损之中。俄克拉何马州损失了几百万美元，犹他州更差劲，堪萨斯州也没指望了。几乎塞夫韦所有的利润都来自它 2/3 的地区，主要是从洛杉矶到西雅图的太平洋海岸和加拿大全境。这些信息都没有披露给公众股东们，也没人逼着你非说出来不可。塞夫韦采取了很多大型公司常用的策略：悄悄地用盈利的业务掩盖亏损。

麦克唐奈刚一看到这些数字，就知道 KKR 在塞夫韦这里会实现多么大的使命了。那些烂部门的大约 600 家商店应该尽快卖掉，不管拿到多少钱，都有助于偿还债务，还不会对塞夫韦的盈利能力造成重创。"我们被这天赐的良机惊呆了。"麦克唐奈后来回忆说，"我们对自己说：如果我们能把这些赔钱货都甩出去的话，那就是 8 亿～9 亿美元的真金白银啊！"

那年夏天，麦克唐奈和罗伯茨开始联手推动塞夫韦的 CEO 彼得·马高恩接受这个激进的新策略。这可不那么容易。马高恩是塞夫韦的创始人和天生的乐观派，对经营着美国最大的超市连锁企业很自豪。他承认，几个最烂的部门是该卖掉，但他坚持认为，只要有资金支持，假以时日，其他的部门还是可以起死回生的。塞夫韦是一家母公司，还不习惯大刀阔斧地处理自己的亏损部门。[20]

这回，没有什么秘密信封送到谁家里这样的事儿了。相反，罗伯茨要求马高恩评估塞夫韦的 17 个地区分部，并将其分成该保留的盈利分部、不挣不赔的分部和应该被卖掉的亏损分部。这些每个都有上万名雇员、每年都有 10 亿美元销售额的分部的命运，部分取决于由马高恩的备忘录，部分取决于罗伯茨和麦克唐奈的决定。[21] 提交备忘录的时候，马高恩说他希望尽量多地保留前两类中的大部分分部。但罗伯茨另有主意。"他想关注的只是第一类，"马高恩说，"他觉得那是这家公司的强劲之所。"如果塞夫韦保留太多业绩平庸的分部，罗伯茨争辩说，较强健的分部就会缺乏必需的资本。

在处理美国的剥离之前，麦克唐奈决定先把塞夫韦多年来引以为傲的海外分部，即其英国的业务卖掉。[22] 从马高恩的父亲 20 世纪 60 年代在英国开店起，塞夫韦在英国已经运营了 20 多年了。在 KKR 入主之前，从来没人想到卖掉英国分部。它很赚钱，在购物者中声名卓著。但麦克唐奈算计着，KKR 和塞夫韦能够以其英国分部年利润 26 倍的价格将其卖掉，从而拿到 10 亿美元。这是降低塞夫韦银行贷款的漫漫长路的第一步，这是让杠杆收购公司降低负债、使其高杠杆率股票升值的关键循环的第一步。

1987 年 1 月，麦克唐奈带着塞夫韦的副主席哈里·森德兰到了伦敦，此人脚踏实地，对该零售连锁的看法和 KKR 类似。两人开始跟唯一有可能真正收购塞夫韦英国分部的阿吉尔集团（Argyll Group）谈判。阿吉尔集团的开价不到 7 亿美元，比麦克唐奈预想的要低很多，然而又没有其他买主参与竞拍。但是麦克唐奈也受到了森德兰的唆使，实施了一个大胆的议价策略。他们厚着脸皮跟阿吉尔集团的主席阿拉斯泰尔·格兰特（Alastair Grant）说塞夫韦的确还有别的选择。如果阿吉尔集团不提价的话，森德兰解释说，塞夫韦就会一次一块地把它在英国的超市卖给阿吉尔集团在该地区最强劲的竞争对手。"到现在，我已经干了 25 年的投资银行工作，演戏对我来说没啥难的，"麦克唐奈后来说，"但对于一个做超市生意的人来说，要从别人的眼睛里看出其内心，像个大师一样吓唬别人……那可是太难了。"格兰特被那些不存在的针对自己的报价给吓到了，把价格抬高到了 10 亿美元，这正是 KKR 想要的。于是麦克唐奈和森德兰像英雄一样班师回朝，至少他们自己是这么看的。

接着该啃硬骨头了。塞夫韦要卖掉的大部分分部，在当地的工资待遇是最高的。食品工会一直以此为荣，这么多年来在美国最大的商业零售集团身上能为工人争取到如此好的权益。比如在达拉斯，非工会食品连锁的小时工资为 5~7 美元，而塞夫韦平均为 10.64 美元。[23] 然而，塞夫韦的内部报表数据显示，低工资的非工会连锁企业正在内陆的许多州挤占塞夫韦的市场。麦克唐奈很不满意，而且，塞夫韦的高管们是越想越不满意。

KKR准备把高薪合同废掉。如果这样干成了，3万多名塞夫韦雇员就会在低工资下为其雇主而非KKR工作。工人们将会闹翻天，工会官员们将手足无措，讨论在"新的现实"下的生存，但KKR毫不动摇。在他们眼中，这是做生意的正确方式。塞夫韦的股价将攀升，那些因缺乏竞争力而死去的分部将获得新生。

再一次地，又是麦克唐奈和森德兰联手，开始卖掉那些亏损部门，这次还增加了斯蒂夫·伯德，他是KKR的顾问。他们先是想把塞夫韦拥有142家商场的达拉斯分部卖给了主要竞争对手克罗格公司。谈判失败了，克罗格公司只对一部分达拉斯地区的商店感兴趣。[24] 塞夫韦因而暗示，想要自行削减达拉斯的员工的工资，但是零售员工会反对。流言蜚语在得克萨斯州塞夫韦的雇员们之间风传，工人士气大挫，业务损失不断加大。1987年4月初，塞夫韦断然宣布了一项措施：关闭达拉斯分部，遣散8600名员工，严格以这些店铺的房地产价值卖掉所有商店。塞夫韦达拉斯分部的官员们吓坏了，对他们的命运怒气填胸。在一家商店门口，工人们把塞夫韦的制服堆到停车场上点燃发泄了一通。

达拉斯的惨状是麦克唐奈不希望见到的，即使在他这样的人看来，这样做也不太好，太过折腾了。但KKR绝不会在剥离策略上退缩，麦克唐奈坚信这么干没错。他和塞夫韦的高管们只是决定在与工会的谈判中稍微灵活一点儿，并警告工会，如果减薪谈判失败，那些工人们就会遭遇另一起"达拉斯"。达拉斯分部的倒闭是个悲剧，麦克唐奈后来说道："这给了我们一个教训，也给了工会一个教训。"

麦克唐奈、森德兰和伯德还要卖掉六个分部，他们提出和零售工会的官员们做一笔交易。如果工会同意把工资水平削减20%~30%的话，塞夫韦就会在杠杆收购公司的圈子里寻找其他同意保留工会的买家。如果不同意，塞夫韦也会考虑卖给那些肯定排除工会的买家。这是在两个坏选择里挑一个较好的，工会官员们同意了降薪。"问题是什么样的代价才能让我们的工人保住工作，使公司依然运行？"一名食品工人工会的高级官员威廉·奥维尔（William Olwell）在1987年告诉记者。[25]

不久，塞夫韦那些在俄克拉何马州、阿肯色州、休斯敦州、埃尔帕索市、犹他州和堪萨斯州的亏损部分公司，都被卖给了能拍出钱的新买家。普遍来说，原来每小时挣10美元工资的工人重新被雇用的时候每小时只挣7.5美元。这些买家共花了将近10亿美元买下塞夫韦这些在收购前几乎不怎么赚钱的业务，但是现在要变成新的挣钱机器了，只不过是以牺牲工人的权益为代价而已。"没人会喜欢这个过程。"一家纽约杠杆收购公司的领导马丁·杜比利埃（Martin Dubilier）说，他以1.8亿美元的价格买下了塞夫韦在俄克拉何马州的商店。[26] 但一旦减薪计划得以实施，杜比利埃相信，俄克拉何马州的这些商店就会有竞争力，重新生机勃勃起来了。

到1987年年末，KKR分拆塞夫韦的计划基本完成。罗伯茨的策略战胜了马高恩的，那些盈亏边缘的分部几乎全被卖掉了，留给塞夫韦的是精挑细选过的、高盈利的分部。出售这些资产全部加起来募集到了20亿美元，足以还清超过1/3的为收购塞夫韦所借的债务。塞夫韦从美国最大的零售集团萎缩到第三名，这一损失的补偿是，公司的债务又处于可控状态，运营收益也很健康。

然而，令人意想不到的是，麦克唐奈抓住一个机会又做了一次出售，这笔交易在KKR内部被视为极其聪明的，但塞夫韦内部的观感则带有一些怨恨。这是塞夫韦的一个最稳定赚钱的分部：拥有172家门店的南加利福尼亚分部。尽管塞夫韦在历史上在南加利福尼亚州向来业绩不佳，是五个竞争对手中最小的一家，但该分部的财务指标于1986年和1987年在一位新任分部经理唐·盖茨（Don Gates）的管理下迅速改善。在他手里，南加利福尼亚州部门扭亏为盈，看起来进入KKR划定的受保护的第一类里面了。

然而，只要价格合适，KKR连塞夫韦的明星公司也会卖掉的。排名第二的南加利福尼亚州零售连锁企业冯氏公司（Vons Cos.）在1987年悄悄联系了麦克唐奈，问KKR有没有意愿卖掉塞夫韦在当地的分部。麦克唐奈一开始拒绝了。过了几个月，他又提出了一个反提案。[27] 塞夫韦的南加利福尼亚州部门不能只是为了获得现金而被卖掉，他说。不过如果塞夫韦能拿到一部分现金，再在冯氏公司掌控一部分股票的话，这个买卖就可以商量。这个提议引起了冯氏主席罗杰·斯坦格林（Roger Stangeland）的兴趣。不久以后，麦克唐奈和斯坦格林在旧金山和洛杉矶秘密会晤，商谈这件代号为"阳光晚餐"的交易。

麦克唐奈驾轻就熟地操控着斯坦格林的希望和恐惧。在谈判的某一刻，这位KKR的合伙人会谈起冯氏公司和塞夫韦的联合将在南加利福尼亚州多么强势，将占据更大的广告位，同供货商谈判起来更加游刃有余，必将扮演市场领袖的角色。"这个可非常值钱啊！"麦克唐奈说。不一会儿，麦克唐奈又吊起斯坦格林的胃口，提醒他说KKR可以很容易把这个分部卖给南加利福尼亚州的其他零售商，让冯氏公司处于非常不利的竞争地位。经过几个月的谈判，麦克唐奈正好实现了他想要的成果：3.25亿美元现金和冯氏公司35%的股份。麦克唐奈再一次从不利的境地展开谈判，拿到的条件远比任何其他卖家的期望值都好得多。

谈判时，被蒙在鼓里的是南加利福尼亚州部门的所有员工，包括盖茨本人。KKR相信盖茨和雇员们如果知道此事就不会再对塞夫韦认真负责了，不想让他们倦怠下来，一直到了塞夫韦打算宣布这个收购结果的前一两天，KKR的顾问斯蒂夫·伯德才在电话里向盖茨透露了这个消息。这意味着盖茨将失去他在加利福尼亚州的工作并带来一些其他问题，他将束手无策地等着塞夫韦安排新岗位。盖茨怒气冲天，伯德后来回忆说，他怒斥塞夫韦怎么可以在他的分部正处于如此出色的逆转中却要卖掉它。"我怎么就不能留下完成我的事业呢？"盖茨问道。[28]

伯德一遍又一遍地搬出KKR做每个重要生意决策要遵循的原则：这笔交易会提升塞夫韦的股价。三年后，盖茨全心全意地认同了这个原则。但那个晚上，他并不赞同。

就在1987年圣诞前夕，麦克唐奈在夏威夷度假时，怒不可遏的塞夫韦分部的经理们猛烈指责他分拆了他们的公司。"太可怕了，他们士气如虹啊！"麦克唐奈后来回忆说。他被一个个问题追问着，为什么要拆分塞夫韦。他一遍又一遍地向这些经理们保证，KKR这次真的是被动出售的。塞夫韦的收购不会像碧翠斯那样彻底清算。除此之外，麦克唐奈不断指出，这笔交易确实实现了KKR让塞夫韦成为更有价值的公司的终极目标。单是剥离该南加利福尼亚州分部就已经大大地提升了塞夫韦的股价，和他待在房子里的很多分部经理现在已经是百分富翁了。他们要做的，是像主人一样去思考问题，那样看起来就好得多了。

在这次冲突发生四年后，麦克唐奈敢说，塞夫韦确实是按着KKR的意愿被重新打造了。这个零售连锁商再也没有出售自己的分部，反而是留下来的部门都获得了极大的发展。塞夫韦被精简到干练、有效率的核心业务上，现在1400个商店的运营利润比其收购前2200个商店的利润还高。塞夫韦的工资成本这么多年来首次得到了控制。

KKR成功的代价也是很大的。塞夫韦这个知名的名字在许多城市消失了。塞夫韦那些按小时领薪水的工人们没有分享到财务收益；他们的所得还赶不上通货膨胀，谁都没能在公司被收购之初购买股份。股东圈子以外的人们一无所获，而且当在南加利福尼亚州发生公司合并时，在这个全国最大、发展最快的连锁超市市场上，塞夫韦并没有收购竞争对手，而是被从市场上抹掉了。

然而以KKR最在乎的指标来衡量，塞夫韦收购是一次巨大的胜利。在收购后前五年半的时间里，它的股票从2美元/股飙升至16美元/股。

20世纪80年代,随着成百上千的公司被拖入收购浪潮,经济学家们开始定期地估算,这些收购结束后所造成的社会净收益或净损失。通过管理授权和债务大棒,杠杆收购带来了更高的效率吗?付清巨额借款迫使公司过分节俭,从长期来看会妨碍发展和削弱美国的竞争力吗?

没有一刀切的答案,也不可能有。经济学家们很快就发现,单纯地就什么算是公司"成功"或"失败"定义,是一个出人意料的很棘手的问题。

1977~1986年,对58家被杠杆收购的公司进行一番调查后,芝加哥大学的经济学家阿比·史密斯(Abbie Smith)发现,如果按照每名雇员的现金流统计,该数值经常会年均增长20%,那么一家公司在被收购后的前几年里,会表现出显著的效率改善。[29] 被收购公司的存货周转也高于平均水平,回收应收款也更快。然而,被收购后公司倾向于在资本支出上有一定的放缓,这是一家公司长期增长潜力的关键指标。

这样一个在短期内好坏参半的结果促使相关人员评估被收购公司在10年或更长时间内的表现,以便确定收购后前几年的效率改善是不是以削弱长期表现为代价的。但研究人员很快发现,任何长期研究都被不断增加的外部因素干扰,毫无希望厘清。合并、经济衰退以及后续主人变化多端的各种花招儿,使得区分出收购的长期效应变的完全不可能。例如,学者们在评估倍儿乐的时候就被搞晕了。倍儿乐在1985年是公众上市公司碧翠斯的一部分,在随后3年中经历了3次连续的杠杆收购,其间被重组,最后在1991年其大部分业务被另一家食品公司莎莉集团(Sara Lee Corporation)买走。

那些从KKR手里买下公司的高管们给出了一个较清晰的答案。他们的判断是:KKR这样的杠杆收购公司实际上就是它只持有几年的公司的承租人。

KKR和为KKR工作的高管们通常会维持一家公司的运营能力。在某些情况下，比如在Motel 6、金霸王和A.J. Industry Inc.的收购案中，KKR甚至鼓励那些具有扩张思想的经理们发展其业务。然而，KKR所批准的大部分支出计划，不过是对这些公司现有业务的最安全的、有预期效益的扩张，债务负担以及杠杆收购有限的时间期限并不支持打造伟大公司所需的巨额、大胆的投入。在从KKR手中买下资产的买家中，康尼格拉公司的主席菲利普·弗莱彻（Philip Fletcher）是个很有想法的人，他回忆说，当他初次在1990年年初考虑收购碧翠斯的食品业务时，担心KKR在资本支出和市场推广方面的开支过于吝啬。"令人非常惊讶又欣慰的是，他们并非如此。"但弗莱彻看到了很多可以改进的余地。碧翠斯的经理们"在过去的五年里知道他们处于一种类似于董事会的状态里"，弗莱彻在1990年年末告诉《广告时代》（Advertising Age）杂志，"他们知道自己都不可能长期干的。"随着康尼格拉公司的入主，碧翠斯的经理们突然被推动着扩大销售、拓展产品线，而不仅仅是还债、削减库存或者满足其他收购目标。这些被卖来卖去的碧翠斯部门这才算是最终找到了对于他们也许是长期的家园。弗莱彻评论说："在一家高速增长的食品公司里，他们迸发了无尽的力量。"[30]

在那些狂乱的杠杆收购岁月里，KKR就像牌手不断地换手以便组合出一把好牌一样，在其投资组合中把被收购公司快速地买进卖出。这家杠杆收购公司的高管们，从来不会为失去在KTLA、纯果乐或者塞夫韦的南加利福尼亚州分部上的机会而焦虑，或感受到压力。《财富》杂志的记者卡罗尔·卢米斯（Carol Loomis）在1988年中期的一篇文章里评论说，"隔不了几个月，KKR就会买下一些比刚被卖掉的公司更大、更令人兴奋的公司"。

不久，从1989年春天开始，所有曾使KKR如此强大的联盟开始崩塌了。

|第11章| "我们没有朋友"

MERCHANTS OF DEBT

在1989年2月收购雷诺兹－纳贝斯克之后最初的几个月里，KKR管理层曾以为这一创纪录的264亿美元的收购可能只是通向更大交易的踏脚石。当1989年4月《财富》杂志公布美国500强公司的名单时，乔治·罗伯茨在旧金山办公室的办公桌前打开杂志，匆匆浏览名单，寻找收购目标。[1]那一年的春天，罗伯茨平静地告诉一位到访者："前十强公司中有两三家可能会成为好的收购对象。"像埃克森、福特和IBM之类的大公司在名单前列，而罗伯茨依然泰然自若，像是正在翻看西尔斯·罗巴克百货的目录，为后院草地挑选家具。KKR的购买力这么多年来增长得如此之快，站在加利福尼亚大街101号45层来看，一切皆有可能。

然而事实证明，雷诺兹－纳贝斯克收购并不是未来500亿美元收购的序幕，这已经是收购时代陡峭的高峰，与交易本身的聪明或愚蠢关系不大，主要由于公众对于这一家小型金融公司这么短时间就变得如此强势的情绪，所以KKR突然成为公众关注和争议的焦点。在美国国会、会议室及坊间交流中，人们对收购，尤其是KKR的合伙人亨利·克拉维斯表现出担忧。讽刺作家把矛头指向克拉维斯，将其比作彼得·潘甚至更差劲的人。曼哈顿的路人开始在大街上能认出来克拉维斯了，但不是每个人都是善意的。"我根本猜不到人们是想和我握握手还是想捅了我。"克拉维斯一度称。对他来说，自己迅速变得声名狼藉。

KKR在公众情绪的这种变化前异常脆弱，因为它的生意完全依赖于众多盟友的支持。1989年，KKR联盟开始逐渐瓦解。首先撤出来的是大型上市公司的

CEO，他们喜忧参半地目睹罗斯·约翰逊在雷诺兹-纳贝斯克毁了前程。一夜之间，大公司的其他执行官都摈弃了将他们的公司变成私企以及成为管理者-股东的想法。同时，董事会和特拉华州法院也摈弃了公司应该拍卖给最高竞标者的理论，国会开始修改对收购有利的税法条款。作为KKR那强大主宰能力的重要组成部分、曾帮助它执行了那么多协议的投资银行家和律师，也板起面孔加入了KKR的竞争对手行列。最后，在20世纪80年代，在收购浪潮中被忽略的工厂工人和低层管理者开始找到有效的、有时甚至是令人心碎的表达手段，公开反对因收购导致的失业。

克拉维斯和罗伯茨则是非常缓慢地意识到，他们的王国正在走向坍塌。在雷诺兹-纳贝斯克胜利后不久，他们的"大钱基金"还有数十亿美元可以支配，装满联系人信息的名片盒都溢出来了，这也增强了他们的自信心，他们对其交易中介和主导者的技巧表现得极为傲慢。1989年5月，在哈佛商学院的一次晚宴上，克拉维斯面对在大厅里挤得满满的1000余人发言称，收购理应获得高度褒奖，这是一种"把美国商业从墨守成规的企业官僚体制中解放出来，并提升了我们在世界经济中的竞争地位"的策略。

然而在雷诺兹-纳贝斯克收购战役完成之前，危机的预警信号就已在KKR内部传开。1988年感恩节期间，克拉维斯偕妻子和朋友离开纽约去科罗拉多滑雪，这个周末让克拉维斯能理清思路，琢磨一下KKR后面的行动方向。11月26日，周六下午，克拉维斯和一位名叫彼得·图福（Peter Tufo）的律师/投资银行家朋友拐出滑雪道待了一会儿，他们俯视着脚下的威尔镇，谈论着如果历史上最大的收购战役最终获得成功，将会发生什么。图福认为，KKR的合作者将再也不会有舒舒服服地悄悄做事的可能，对于这家搞收购的公司，将会有新的看法、新的责任以及一系列来自新反对者的攻击。图福警示道："你的生活要完全改变了。"[2] 克拉维斯还沉浸在收购交易的兴奋之中，一直没想过该交易更为深远的影响。好一会儿，他消化着图福的言辞，然后他承认:"你说的很对。"

然而,在接下来的18个月时间里,对KKR来说太不和谐了,远远超出了克拉维斯和他们的朋友的预料。

到1988年年末,巨大的财富滚滚流入克拉维斯和罗伯茨手里,令人侧目。据《福布斯》杂志估算,这对表兄弟的财富在1988年中期,每人达到了3.3亿美元,并以每年近1亿美元的速度增加。每一次新的收购都是尽其所能地让KKR的伙伴变得富有。首先是KKR的收购佣金,这笔钱根本不和有限合伙投资人共享,在有史以来最大的雷诺兹-纳贝斯克交易中,KKR工作了6个星期,就拿到了7500万美元的佣金。然后还有董事酬金、管理费以及监管KKR收购基金尚未使用资金的费用。最后,每次在卖出此前买进来的公司时,KKR的经理人们就会为自己提取20%的股权收益,然后才把剩余的80%分配给养老基金和其他被动投资者。[3]

像一个贪吃的人咬了一口食物就会变得更饥饿一样,KKR的合作者们发现,新财富的增加只会激起他们对更多财富的渴望。当雷诺兹-纳贝斯克收购完成后,KKR的经理人们很认真地考虑过要从雷诺兹-纳贝斯克收取3亿美元的佣金,这正好是他们设定的1%佣金标准,这相当于KKR参与此事的7位合作者和助理每小时赚了约8.9万美元,而KKR的人没有觉得有任何不妥。当被问及它们凭什么要收取这么巨额的酬劳时,罗伯茨曾称:"我从来不想按工作小时拿报酬。"克拉维斯和罗伯茨之所以减少了收取的酬金,完全是因为其律师和其他顾问施加了压力,他们认为这样一笔巨额费用会被公众视为"不要脸的",有可能在收购后的数月内给KKR造成政治上的麻烦进而危及收购。

即使如此，7500万美元的费用——华尔街上最大的一笔费用也符合许多人对"不要脸的"的定义。

这种财富的快速累积方式开始损害到KKR在商界精心培育起来的形象。克拉维斯对CEO们最有煽动性的言论，就是CEO首先享受成功，KKR只是隐于幕后起到协助作用的伙伴。1974年，克拉维斯向制砖公司的主席比尔·琼斯保证："最终让你成为富人，是最让我开心的事了。"在KKR的发展历程中，在收购碧翠斯和塞夫韦期间，KKR的伙伴们还有可能让公司经理人们信服收购中真正的赢家是公司的管理者，而不是在背后掌控的金融家。

亨利·克拉维斯在他曼哈顿上东区的公寓中。为此他花了500万美元，小约翰D.洛克菲勒曾经住在同一栋楼里（摄影Jonathan Levine/ONYX）

但到了20世纪80年代末，克拉维斯已经过上了"镀金时代"的生活，这是对这些收购承诺的嘲弄。他的衣着品位从来就不是斯巴达式的清苦，而是穿着四股厚的羊绒开衫，每件价值825美元。[4]他的住所就更奢侈了，他在曼哈顿的公园大道拥有一处价值500万美元的公寓；在纽约的南安普敦拥有一处大型的乡间住宅；另一处位于康涅狄格州沙隆的乡间住所，还包括了自己的直升机坪，1989年以260万美元在附近购置的一个农场和一个室内骑马场。[5]有了这一切，克拉维斯还不满足，又在科罗拉多州威尔镇购买了滑雪度假小舍，在英格兰购置了其他房产，6个佣人打理银器，在他那么多住处之间来回倒腾他的东西。[6]他的第二任妻子，服装设计师卡洛琳·勒姆在纽约大都会博物馆举办了一场有200人参加的晚会，晚会选的音乐伴奏者可不是本地的艺术家，而是世界知名的日本神童美岛莉。

有一些在克拉维斯成名前就认识他的老朋友，也开始贬斥他的新品位。制砖公司主席比尔·琼斯在一次纽约之行中，驻足于萨克斯第五大道百货大楼，对标价3000美元的勒姆设计的服装咋舌不已。琼斯的妻子买了些别的衣服，只花了这个标价的一小部分。琼斯对克拉维斯说："你肯定从她的生意里赚到大钱了吧。"

"不，噢，不，"克拉维斯回答道，"服装行业竞争太激烈了。在这种买卖中要想赚钱，唯一的办法就是把设计师的名字授权给别人用。"

琼斯的脸亮了一下，他对克拉维斯有了个想法。2周后，一个来自北卡罗来纳州的棕色包装箱运抵KKR的曼哈顿总部。箱子里是来自博伦公司窑炉的礼物：6块砖，每块砖的一面上都刻着"卡洛琳·勒姆"。琼斯的理由是，要是说这个世界上设计师冠名的衣服能卖3000美元一件，那么设计师冠名的砖头肯定也有存在价值。

其他总裁们为克拉维斯的奢侈而感到不安。令人讽刺的是，他们中有收购雷诺兹-纳贝斯克之前运气不佳的老总罗斯·约翰逊。1987年10月，在雷诺兹-纳贝斯克收购战前1年，克拉维斯、约翰逊以及碧翠斯的总裁唐纳德·凯利在克拉维斯的公寓里举办的私人晚宴上谈论收购事宜。约翰逊被奢华的氛围惊呆了，问起克拉维斯挂在餐厅后墙上那副巨大的、9英尺高的英国贵族的巨幅油画。这幅由约翰·辛格·萨金特（John Singer Sargent）创作的油画价值100万美元，克拉维斯在伦敦买下以后，专门用货运飞机运送到纽约，因为它实在是太大了，根本不能放进客机的行李舱里。令约翰逊和凯利惊讶的是，克拉维斯开始解释他为了把油画安放到公寓内费了多大的周折。他说，油画太大无法从走廊运进来，所以货运公司不得不雇来一辆吊车，拦住楼下大街上的交通。[7] 他们拆除了最大的一个窗子以后，把油画起吊到70英尺的空中，从最大的那个窗口把油画拉进屋来。约翰逊离开的时候不停地摇着头。1天后，他给克拉维斯打电话，告诉他由于各种原因，他们无法合作。[8]

不久之后，纽约的社会媒体盯上了克拉维斯，把他描写成一个令美国人爱恨交加的企业巨头。克拉维斯不是一个很敏感的人，他从未想明白，摄影师干吗要拍他在奢华的起居室里露齿而笑或者是西装革履地站在斯塔布的杰作前的照片。一两个月后，文章登载在社区杂志和《今日美国》上，这篇文章表面是谄媚奉承，但是批评的话语隐藏在字里行间。克拉维斯"的人生意义就是享有特权生活"，[9] 一名作者评述道。另一名作者暗示："他活在用钱可以买到的世界里。"[10] 数量多得不可思议的银行家和律师以极大的热情收集这类文章，他们都是克拉维斯为了做成生意必须依靠的上层社会的合作伙伴，现在他们开始扪心自问：我们在收购方面那么辛苦地工作，难道真的只是为了让克拉维斯能再买下一件什么小玩意儿吗？各路评论人为这种不安添油加醋，特别是前投资银行家迈克尔·托马斯（Michael Thomas）。在1989年《纽约观察家》（*The New York Observer*）的一系列专栏中，托马斯一直抨击克拉维斯不肯罢休，时常以"李尔王"的绰号嘲弄他。

随着一起又一起奢华事件的曝光，克拉维斯及其同事发现，公司的CEO们不再那么热衷于接受收购的概念了。"我听到了一些有关克拉维斯的谣言。"一名正在犹豫是否与KKR做生意的中西部食品公司的经理人说。当KKR人想安排和高级主管增进了解的交流对话时，总是遇到拖延和推脱。甚至克拉维斯和罗伯茨信任的中间人，像俄勒冈投资委员会的主席罗杰·迈耶也发现，到了1989年这家收购公司的形象正在退化。迈耶有一次曾经试图让东海岸的大公司考虑让KKR来主导收购，他觉得他的机会不错，因为他自己就直接认识这家公司的两位董事。但当他开始认真地推进时，该公司的高级主管们毫不留情地拒绝了他。迈耶委屈地说："你不过是问问他们是否想与乔治或亨利聊聊，结果就好像是你要把他们的手塞进火炉里一样。"

在迅速变化的商业环境中，KKR无法再出售证券了。它的合伙人和助理们更勤快地在全美东奔西跑，告诉CEO他们曾取得的成就。可是整个1989年的业务拜访接二连三地遭遇失败。

"在雷诺兹-纳贝斯克之前，有数量惊人的绝对巨型的公司愿意与董事会探讨杠杆收购。"高盛的一位高级合伙人合作伙伴评论道。实际上在雷诺兹-纳贝斯克收购过程当中，克莱斯勒主席李·艾柯卡曾要求3名了解KKR的董事——塞夫韦的彼得·马高恩、欧文斯-伊利诺伊玻璃公司的鲍勃·拉尼根和雷诺兹-纳贝斯克的董事保罗·斯蒂特（Paul Sticht）向该公司的董事会做一次关于杠杆收购的特别介绍。在没人正式谈起对克莱斯勒做杠杆收购的时候，艾柯卡的好奇心已经明显被勾了起来。[11]然而到了1989年夏，艾柯卡这样的经理人们彻底改变了他们的想法。"人们一听到有关雷诺兹-纳贝斯克和罗斯·约翰逊的各种消息，就都住手了，"高盛的这位合伙人评论道，"经理人们明白他们已经错过了致富的机会，现在就更不想失去尊重了。"机密的收购研究报告被撕成碎片，扔到脑后。

20世纪80年代收购热潮的另两项重要的基础——法院和所得税法也开始变得对KKR不利。多年以来，流行的法律信条对这家收购中介的帮助巨大，这些信条在实践中要求把公司卖给资金状况可靠而出价最高的买主。然而在1989年中期，时代公司的董事们拒绝了派拉蒙通信公司122亿美元的收购计划，称他们宁愿和华纳公司合并。派拉蒙通信公司试图诉诸特拉华州法院，阻止时代公司的意图，但没有成功。在里程碑式的裁定中，特拉华州法院的法官威廉·艾伦（William Allen）称，如果被收购公司的董事们认为收购不会为公司股东带来长远利益,"业务判断"条款允许董事们拒绝远高于当前市场价格的收购提案。利用这把利剑,阿伦法官削掉了企业掠夺者的大部分权力,KKR 在 20 世纪 80 年代的大多数业务依赖这种权力。由于出现了这种新的"只管说不"条款,所以承受接管压力的公司董事们完全可以不必诉诸杠杆收购,就可以挡住掠食者。他们能够一如既往地让金融"女妖们"淡出。

同样对 KKR 发展前景造成不利影响的,还有一些鲜为人知的所得税法中的几处小变化。在 20 世纪 80 年代末,国会有几次阻止了收购方在收购后提高公司折旧费的做法,这就砍掉了 KKR 最喜欢的减少企业所得税的手段,而正是这种手段让该收购中介的出价能远远高于当前市场价格。国会也削弱了被收购公司在分拆集团公司时逃避高额税收的能力。一直到 1988 年,收购中介可以自由地通过一系列壳公司来实现收购,就像 KKR 在霍代尔收购中的做法那样。有些这种壳公司也被称为"镜像子公司",使得新的所有者可以规避资本利得税。[12] 由于国会注意到税收的损失以及镜像子公司的猖獗使用正在让每家集团公司成为解体目标的事实,所以镜像子公司的使用先是受到限制,后来就完全不被许可了。

在这些法律变更后,尽管自 1989 年以来的税收体制仍偏向高负债收购,但其力度已经不像以前那么强了。

立法者之所以控制这些捐税刺激措施,部分原因是公众们施压必须要对华尔街收购潮"采取一些动作"。1989 年 1 月 31 日,众议院筹款委员会主席丹尼尔·罗斯滕科斯基(Daniel Rostenkowski)在针对杠杆收购热潮的第一次国会听证会上(共计召开了九次听证会)宣布:"数据和趋势令人非常担忧。"一些议员附和他的观点,指出收购带来裁员,引发历史悠久的公司解体。其他国会议员表示,他们对把巨额利润流入几个交易中介口袋的收购现象表示担忧。即便是相对亲商业的议员、金融委员会主席劳埃德·本特森(Lloyd Bentsen)也担心未来的衰退"可能会因大规模地转向债务融资而加深、加大"。[13]

1989年年初，一些参议院和众议院委员会试图把人格化了华尔街杠杆收购权力的克拉维斯拉到公众听证会上。"别理它。"华盛顿高级律师肯·莱文（Ken Levine）向克拉维斯建议道。莱文解释说："你会成为众矢之的，媒体也会吃了你。"雷诺兹－纳贝斯克收购和电影《华尔街》（*Wall Street*）的引人关注更让莱文感到紧张。他担心，克拉维斯会被当成电影里面那个恶棍戈登·格寇（Gordon Gekko）的现实版，受到国会议员们的粗暴对待。所以克拉维斯代之以按照他的条件，尽量多和一些有影响力的议员私下聚会，这都是些在华盛顿的办公室和俱乐部里举行的小型聚会，没有媒体参加。令KKR倍感欣慰的是，议员们接受了。

在1989年年初举行的若干闭门早餐上，克拉维斯和罗伯茨喋喋不休地抛出他们的新收购主张：这些交易减少了公司臃肿，强化了管理，提升了美国经济的效率。但由于KKR铺张奢华，这些观点让人听起来有些空洞。像塞夫韦、碧翠斯、欧文斯－伊利诺伊之类的公司以及雷诺兹－纳贝斯克在被KKR收购后不久的确卖掉了一些公司专机，而且采取了更加简朴的管理模式。然而，细心研读碧翠斯财务报告的读者会发现，这家食品公司的两架飞机并没有跑到这家收购中介的圈子外面去，有一架被碧翠斯的总裁唐纳德·凯利买下供个人使用，另一架则由KKR的合作伙伴鲍勃·麦克唐奈以1030万美元的价格买了下来。[14]

在一次早餐上，克拉维斯正在谴责根深蒂固的经理人们将公司专机作为个人玩物的做法，北达科他州的议员拜伦·多根（Byron Dorgan）狡诈地打断克拉维斯："你是怎么来这儿的？"

克拉维斯回答道："我们是坐自己的飞机来到这里的。"几名国会议员开始奸笑。"不过这不一样啊，"克拉维斯诚恳地说，"这飞机归我们个人所有。"[15]

几位民主党国会议员认为，这样的回答太不把他们放在眼里了。部分原因是一场大规模的储蓄和贷款危机转移了迫在眉睫的注意力，国会在1989年中期就已经基本不再关心收购问题，但对 KKR 工作的不满情绪一直逗留在华盛顿。1990 年年初，多根在一次访谈中说道："这帮人就是想尽可能赚更多钱、尽可能快发财。他们不是让公司壮大，而是把它们拆掉。"

在华尔街，曾长期支持 KKR 交易野心的玩收购的各路艺人们也开始退缩。有一些人比如强势的律师马蒂·利普顿（Marty Lipton）至少在公开场合认为，他们应该对传统的公司客户负责而不是债台高筑的海盗。利普顿在一份广为传播的 1988 年 10 月 28 日写给客户的备忘录中写道："我们正把美国公司的杠杆抬得过高，迫使它们注重短期结果，唯一补救的方法就是进行有效的立法。决不能放任投资人剥夺美国公司的净资产，在不可持续的债务水平下运营。"[16]

1989 年 3 月，华尔街最具悟性的经理人、拉扎德兄弟公司的合伙人费利克斯·罗哈廷（Felix Rohatyn）在众议院筹款委员会的听证会上也发表了类似的言论。罗哈廷称："管理层在没有债务缠身的前提下也能够有动力更加高效地运作。"收购"是经济环境中产生的不平衡的效应……是在 20 世纪 80 年代高投机性环境下产生的"。罗哈廷喜欢时不时地发表一些攻击华尔街的言论，把自己定位成具有更远大经济蓝图的金融专家。由于否定杠杆收购，罗哈廷承认，他的立场可能导致华尔街和他的公司生意减少。但综合考虑的话，他称："如果它能带来更健康的经济，市场会受益，自然也包括我们的客户和业务。"

其他的纽约投资银行家仍觊觎 KKR 可以带来的巨额酬金，但他们烦恼的是过多地依赖一个成功得难以置信的客户。其中之一是杰夫·贝克，他自称曾为中央情报局工作，在越南打过仗且能够继承巨额财产，曾在碧翠斯交易中帮助把克拉维斯和凯利拉到一起。他继续在 KKR 的雷诺兹 – 纳贝斯克巨型收购中充当顾问的小角色，但在 1988 年 10 月末被踢出去了，因为克拉维斯认为贝克向媒体泄露了 KKR 竞标意图的细节，贝克强烈地否定这一指责。1 年后，贝克因大腿严重受伤回家养病，他做成生意的最大希望还是得把 KKR 拉进来。当金宝汤公司可能会成为收购目标时，贝克马上就给克拉维斯打电话，鼓吹他对这家食品公司展开收购。贝克在电话里喋喋不休，"你已经是食品类公司收购的杰出玩家了""你真的应该盯紧它"。[17] 但在这次通话之前不到10分钟，贝克还大声告诉一位访客说克拉维斯的生活真的是"太奢侈"了。

其他众多的投资银行家不是抱怨，而是中止为KKR服务并自行进行收购。最成功的就是摩根士丹利的经理人唐纳德·布伦南（Donald Brennan），他在1987年年初曾帮助KKR出售欧文斯-伊利诺伊玻璃公司的林业产品分部。那次交易刚结束，布伦南就担任了摩根士丹利中自己的收购团队领导，他连同其他几位同事筹集了20亿美元的收购基金，购买了十几家公司。1989年年末，布伦南指着墙上摩根士丹利所收购公司的图表，宣布它们的资产加起来已经是美国第20大工业公司了。[18] 他无须再去仅仅当个KKR的顾问了，他已经成为克拉维斯和罗伯茨羽翼丰满的竞争对手。

克拉维斯对摩根士丹利的高级经理人们提出抗议，不满他们日益致力于做自己的收购，这完全是徒劳的。对于摩根士丹利的人来说，运营一个收购部门的潜在利润实在太大，几个客户的抱怨，即便是克拉维斯这么强势的客户，也根本无法改变他们的主意。

雷诺兹-纳贝斯克被收购之后，KKR做收购的主要推手转向其旧金山办公室和乔治·罗伯茨。不像克拉维斯，罗伯茨一点儿也不露富。在夏威夷家庭度假期间，罗伯茨衣着简朴，看上去就像是一名普通的游客；在科罗拉多滑雪时，他借宿在克拉维斯的乡间别墅里；罗伯茨在美国并没有豪华的住处。尽管罗伯茨在顶级的商业圈中很有名气，但实际上他看上去并不扎眼——这就是他想要的生活方式。他曾经这样评论自己，生活在加利福尼亚北部而不是纽约，最好的方面就是他能够带着自己的孩子去看电影而不被特殊对待。

尽管罗伯茨羞怯、做事风格低调，但他继续搜寻着大生意。在KKR的早期，罗伯茨在旧金山办公室已经完成了该公司60%的收购，超过了克拉维斯和科尔伯格在纽约所做的总和。雷诺兹-纳贝斯克收购落实后的最初几个月令人陶醉，飘飘欲仙，这时罗伯茨就向那几家 KKR 的巨型养老基金的支持者暗示，他可能会领导 KKR 再做几单巨额的收购生意。罗伯茨最中意的梦想就是买下总部位于旧金山的石油巨头雪佛龙，该公司在 1984 年对海湾公司的竞标中令 KKR 惨败。[19]这次收购可能要投入 300 亿美元，即使按 10∶1 的杠杆，也会用光 KKR 在 1987 年募集到的 56 亿美元巨额收购基金中的全部剩余资金，但罗伯茨有他的解决办法，用不了不久，KKR 就能从养老基金投资人那里募集到更巨额的资本基金。罗伯茨告诉朋友，这个新的收购基金可能会是真正的"巨型基金"，或许规模将达到 100 亿美元。

然而，恰恰在 KKR 的鼎盛时期，罗伯茨的收购战术开始出现偏差。第一次失策是 1988 年年末 KKR 试图收购总部位于辛辛那提的巨型连锁超市克罗格公司。此前，KKR 已经有两次以 10 亿美元或更高的价格收购过超市，分别于 1986 年和 1988 年收购了塞夫韦和 Stop & Shop。在这两个事件中，华盛顿特区的哈夫特家族刚拉开敌意收购的序幕，两家公司的高管就很快投入了 KKR 的怀抱。这样在 1988 年 9 月哈夫特父子的公司盯上克罗格公司后，罗伯茨就迅速主动地提出了自己的收购建议。然而，克罗格公司的董事长莱尔·埃弗林厄姆（Lyle Everingham）无意与 KKR 打交道。他想保持克罗格公司的独立，为此不惜进行大规模的资本重组，克罗格公司将会负债累累且向股东们支付巨额的红利。

罗伯茨因埃弗林厄姆的抵制而变得恼火，他试图霸王硬上弓了，于是他开始自行接触克罗格公司的董事们，把埃弗林厄姆甩在一边。在 1988 年 10 月 4 日写给克罗格公司董事们的一封公事公办的信件中，罗伯茨提出了 50 亿美元的收购方案。"我们修改后的方案在各方面都远比你们的重组计划优越。"罗伯茨宣称。在接下来的五段文字里，他列举了财务方面的想法，得出的结论称，KKR 的出价是"贵公司过去 12 个月利润的 28 倍"。罗伯茨这封信中全然缺少 KKR 典型的抚慰风格，对克罗格公司当前管理层没有只言片语的溢美之词，没有谈及有意愿壮大公司，也没有谈及维护员工利益或是成为一个优秀的公司公民。KKR 在 20 世纪 80 年代始终把自己定位成企业狙击手的一个令人舒心的替代者，曾经以此赢得了多少最高管理层的支持，但现在它自己的表现恰恰就是一个企业狙击手。

对于罗伯茨的这个态度，克罗格公司的董事们非常生气。"我们不卖。"埃弗林厄姆告诉记者。[20] 出售给 KKR "不可能符合克罗格公司、股东和受影响的用户的最佳利益"。面对毫不含糊的反对，罗伯茨也只是稍微退却。他决定放弃 KKR 的收购竞标，但他安排买下克罗格公司 9.9% 的股权，后来又以可观的盈利卖掉了。在罗伯茨的眼里，整个投机活动就是赚钱，几乎不会对这家收购公司的名声有任何损害。但华尔街的每个人和美国企业界都把这一事件看成 KKR 已经变得卑鄙。一位高级投资银行家后来评论认为："他们有点儿把克罗格公司架到火上烤。"

数月后，KKR 的另一次杠杆收购又是磕磕绊绊的。多年以来，KKR 的合作人，尤其是罗伯茨一直想买下一家大银行。整个银行业似乎很臃肿，需要杠杆收购体制提供的财务约束。此外，作为一种受到最严格监管的行业，银行业有着吃禁果般的诱惑。多数人认为，对于像 KKR 这样控制了如此多工业公司的公司，买下银行是不可能的。因为大萧条时代制定《格拉斯-斯蒂格尔法案》的用意就是确保银行业和商业分立运作，KKR 不可能避开这一法案。然而，罗伯茨一直寻找着突破口。1983 年，他打算投资西雅图的 SeaFirst 银行，但因美国银行的狙击性出价而退出。之后，罗伯茨和 KKR 的助理、曾是银行家的迈克·托卡兹在 1988 年秘密商讨买下第一芝加哥公司和一家纽约大银行的可能性，但并没有深入下去。

1989 年年初，罗伯茨和托卡兹认为找到了一个收购的战利品，足以弥补先前的损失。得克萨斯州最大的银行之一 Mcorp 银行开始陷入严重的财政窘境，联邦监管当局接管了银行并宣布，它们愿意向任何一家具备资质的美国或外国竞标者出售这家银行。KKR 赶紧跑过来。KKR 支付报酬，把德勤的会计师们撒遍了整个得克萨斯州，彻底评估 Mcorp 银行的每一家分行，一个郡又一个郡地做了经济分析。KKR 自身没有人知道如何运营一家银行，但这根本不被认为是个问题。一名 KKR 的顾问宣称，如果 Mcorp 银行原有的管理层被认为不够格，那么 KKR 只需简单地"出去雇用"美国最好的银行家来执掌这家得克萨斯州银行就行了，KKR 能给出的巨额高薪诱惑足以让任何一位银行家离开原职。[21] KKR 总计倾注了约 500 万美元对 Mcorp 银行进行了评估，这是 KKR 有史以来在还没有签署收购协议前就花出去的最大的一笔钱。

虽然面对美国和苏格兰五家大银行的竞争，但罗伯茨和托卡兹认为他们握有胜算。他们设计了错综复杂的股权结构，刚好让 KKR 避开《格拉斯－斯蒂格尔法案》的限制条款。⊖然后，KKR 向负责 Mcorp 银行竞标的美国联邦存款保险公司（FDIC）递交了标书，托卡兹向美国联邦存款保险公司暗示，如有必要，他愿意提高竞标价，美国联邦存款保险公司的中层职员认为托卡兹的表述有说服力。1989 年 6 月 27 日，该机构的职员在私人备忘录中建议以 5.17 亿美元的价格把 Mcorp 银行的主营业务出售给 KKR。[22] 这一出售将让 KKR 控制价值 131 亿美元的银行总资产，使其成为得克萨斯州第三大银行，而且这能成为迈向更强大的金融权势的垫脚石。一名 KKR 顾问公然宣称："购买 Mcorp 银行只不过是展开收购其他银行的基础。"

然而，KKR 没有想到罗伯特·克拉克（Robert Clarke）会反对，他曾是休斯敦的前律师，既是货币监管官员又是美国联邦存款保险公司的董事。作为一名长期的自由市场拥护者，克拉克对银行体系在较少监管的前提下良好运作刚刚有了新的想法，他不买 KKR 的账。在 1989 年 6 月 28 日美国联邦存款保

⊖ KKR 自己只买下该银行 4.9% 的股份，这没有超出《格拉斯－斯蒂格尔法案》许可的股权上限。但是 KKR 传统的那些有限合伙人公司每家都会买入多达 4.9% 的股权，这样 KKR 及其投资人作为整体就能控制该银行。

险公司举行的一次内部董事会上，克拉克的公司谴责 KKR 是"玩杠杆收购和垃圾债券的骗子"，为了最大化 KKR 的利润，可能会采取拆分 Mcorp 银行并将其逐一卖掉的短期交易行为。美国联邦存款保险公司的另一名董事，小 C. C. 霍普（C. C. Hope, Jr.）则质疑 KKR 缺乏"管理银行业的经验和能力"。第二天下午，美国联邦存款保险公司投票裁定把 Mcorp 银行卖给俄亥俄州一家意欲扩张的银行——第一银行（Bank One Corporation），而不是 KKR。[23] 单从出钱多少而论，罗伯茨和托卡兹给出了最高的竞标价，但美国联邦存款保险公司的理事们打破了长达十年的纯粹的倾向资本的拍卖模式，认为单是钱多还不足以获胜。

就好像克拉维斯和罗伯茨惹的麻烦还不够多一样，1989 年夏天，他俩过去的合伙人杰罗姆·科尔伯格也公开谴责他们。在科尔伯格离开 KKR 的前两年时间里，克拉维斯和罗伯茨实际上是以支付科尔伯格生活费的方式换来他保持沉默，保持了一种不稳定的休战状态。在离开 KKR 后，科尔伯格继续以优惠条件在所有 KKR 的交易中投资，他也继续从 KKR 控股的公司中每年领取总额 20 万美元的董事报酬。[24] 大多数董事会议科尔伯格都不出席，只是定期出席他已相交几十年的弗雷德·迈耶公司这家波特兰零售公司的董事会。除此之外，他是有名无实，不过还是兑现了这些董事报酬的支票。然而，不管 KKR 支付给科尔伯格多少钱，都不足以缓解这位前合伙人因被年轻人甩掉所引发的愤怒。

1989 年 8 月 21 日，科尔伯格起诉克拉维斯和罗伯茨，控告他们"违背信托义务"和"挪用合伙公司的资产"。他的主要控诉是：他不赞同从 20 世纪 70 年代末到 80 年代初期，KKR 对几次小规模收购的股权重组方式。在科尔伯格离开公司后，KKR 就以盈利价格卖掉了部分科尔伯格在被收购公司中的股份，缩减了能继续持有的股权。诉讼中引证的两大案例涉及水泵和机械工具公司霍代尔和冷却塔制造商马利公司。[25]

对克拉维斯和罗伯茨来说，科尔伯格的指控滑稽可笑。当初的股权投资人全都从霍代尔和马利公司收购中赚取了大量的钱，包括管理方、KKR 的经理人以及 KKR 的有限合伙投资人。科尔伯格本人最初对马利公司投资的 219 563 美元为他敛集了 130 万美元，他还有机会选择延期兑现该盈利但获得 KKR 在马利公司所获收益的 17.625%。科尔伯格在霍代尔的投资也翻了两番。这种资本重组主要是为了让 KKR 及其投资者到当时为止的利润能够落袋为安，然后再把更多的债务压到被收购公司的账本里，这样才能让杠杆魔力再发挥一次作用。科尔伯格在被收购公司中的存续股票之所以减少，唯一的原因就是要为 KKR 的新经理人留出空间，包括助理内德·吉尔胡利和迈克·托卡兹，他们分别担负着马利公司和 Idex 的大部分日常责任。

克拉维斯和罗伯茨拿不准怎么和他们旧日的良师益友对抗，几乎没采取什么动作。他们在一份发表的简要声明中称："我们认为，他对我们之间的协议无论是在事实的认定还是理解上，都是错误的。"除此之外，KKR 的合伙人们保持沉默，希望这场诉讼不了了之，可惜没那么走运。科尔伯格对他的前合伙人已经暗暗憋了两年多的怒火，每篇描述克拉维斯那种奢靡低俗却又自命不凡的生活方式的文章都刺激得他越发恼火。1989 年 9 月初的某一天中午，在与科尔伯格共同进餐两个小时后，竞争对手、收购专家马丁·杜比利埃称："他认为亨利·克拉维斯是一个翻手为云覆手为雨、自私自利的小人。"

科尔伯格对 KKR 的攻击也让他在更大范围内赢得了同情。"克拉维斯狂妄自大吗？"《经济学人》在一篇有关诉讼的文章中问道。[26] 其他媒体迅速地深挖猛追：KKR 肯定干了什么见不得人的事儿。这家小小的收购中介在那么短的时间里赚了那么多的钱，它的利润来源让人有点儿怀疑。科尔伯格的宣传人员戴维斯·温斯托克（Davis Weinstock）向记者们喋喋不休地鼓吹反 KKR 的观点。不久，那些从未关注过科尔伯格诉讼案报道的人也开始仔细关注玩欺诈手段、不诚实的投资人。大约六个月后，克拉维斯和罗伯茨低调地与科尔伯格达成庭外合解：略微提高科尔伯格在马利公司中的股份，但在 Idex 的股份数额保持不变，科尔伯格总计又额外拿到当时市价总值差不多 100 万美元的股份。双方都宣称取得了胜利,同意不再讨论这个案子了。

然而对 KKR 来说,更为艰难的是如何平息那些工人以及工会领导人们长期压抑的怒火,他们深感在收购中受到了不公正的待遇。在 1989 年 1 月参议院金融委员会的听证会上作证时,美国劳工联合会–产业工会联合会(AFL-CIO)的主席莱恩·柯克兰(Lane Kirkland)声称,在过去的 10 年里,有 9 万名工会成员因杠杆收购和其他接管形式而失业。他断言,当投资家获得暴利之时,"正是那些努力工作的美国人以失去生计、社会被毁而付出代价"。密苏里州的参议员约翰·丹福思(John Danforth)质疑柯克兰的失业数字,引证了德勤的会计师对 KKR 的一项研究,根据这项研究,KKR 旗下公司在被收购后 1 年内雇员数增长了 4.4%,远比这些公司被收购前的增长速度要快。⊖

这些亲劳工的力量发现争论统计数字的效果不佳,能影响公众对杠杆收购态度最快的方式不如通过可怕的逸闻趣事。首先是霍代尔分部伯格马斯特一名机械师的儿子马克斯·霍兰(Max Holland),他在其 1989 年出版的《机器停下来之时》(*When the Machine Stopped*)一书中记录了伯格马斯特的死亡。按该书的描写,KKR 不过就是个牟取暴利、不顾基本业务是否健康发展的公司。在很多州议会的听证会上,霍兰的观点得到了工会官员的回应。汤姆·克里默(Tom Climo)是阿姆斯达公司的前工会官员,他在马萨诸塞州的一次听证会上称,1984 年阿姆斯达公司被 KKR 收购后,员工被裁减,很多提炼厂倒闭,安全标准松懈。克拉维斯和罗伯茨试图在有关收购对美国效率的贡献的发言中,以统计数字驳斥这些言论。他们认为,像伯格马斯特和阿姆斯达这样的公司的下滑不过是它们所处行业整体萎缩的一个缩影,与被收购根本无关,但被

⊖ 这份德勤的研究报告除了实际的工作职位统计外,还包括不少估计和预测。它对被收购公司卖掉旗下分部和买进新分部的处理手法也不太一致,当被收购公司买进新分部时,它把增加的员工数归功于 KKR,但是因卖出分部而减少的员工数则不算成是 KKR 的原因。不过在当时这还被看成是对 AFL-CIO 的争论的有效反驳。后来,同时研究了 KKR 和工会双方数据的研究人员的结论是,总体上的工作职位数目大致介于双方估计数额之间,准确数字则很难确证。

剥夺了利益的工人们的故事，远比数字更能触动公众的情绪。《时代》杂志于1990年2月在美国开展调查，约有68%的人认为，过去10年的收购热潮"不是好事情"。

在1990年5月16日出版的《华尔街日报》头版上，对受到不公平待遇的员工们的情绪也许是来了一次最强有力的火上浇油，文章标题是"清算"（The Reckoning）。利用一个又一个事例，日报记者苏珊·法鲁迪（Susan Faludi）记述了塞夫韦的员工们在这一收购后的悲惨境遇，一名遭解雇的达拉斯的卡车司机自杀，一名下岗的面包师在一处无家可归者的避难所结束生命。一名从苏联流亡来的工程师曾因发明一种制冷系统为塞夫韦节省了160万美元，但也遭到解雇。他失业4年后变得离群索居，抱怨说："我感到很羞耻，我就像是一只被遗弃的破旧拖把。"

这些令人难忘的记述占了12个栏目，这是当时《华尔街日报》历史上最长的新闻报道，该文章收到了200余封读者来信并最终获得了普利策新闻奖。这篇文章也震惊了KKR身边联系最紧密的人。斯科特·斯珀林（Scott Sperling）是哈佛大学的一名投资专家，在好多年里为KKR的收购提供资金，在读到这篇文章后，他对那些收购资金所产生的后果表示难过。

KKR和塞夫韦的高管们徒劳地抗议这篇文章有失公允。大多数塞夫韦员工保留了职位，还雇用了一些新员工。对KKR来说重要的事情，如更高的现金流、债务减少、塞夫韦高层管理团队更加团结协作，除了有个简短的标题"胜利者"之外，在文章里面都没怎么提到。罗伯茨简直无法相信《华尔街日报》的记者为了做一份重量级的报道采访他，却没有仔细看过塞夫韦的预测报告和财务报表。[27] 法鲁迪简直无法相信塞夫韦收购的始作俑者能与她所发掘出来的人类痛苦的故事脱离干系。[28]

文章发表后的第一天，罗伯茨宣称他对《华尔街日报》"感到愤慨"。此后几个月，罗伯茨和克拉维斯发现，在向公司经理人、贷款机构和养老基金支持者推介业务时，他们又增加了新的负担：必须证明收购不会杀人。

随着公众对KKR的蔑视越积越多，这家小收购公司的交易中介们对外人越发紧张而多疑。曾有多年，KKR在华尔街受人敬重，向来是大家奉承的对象。有关收购的新闻报道一直让人有点儿怀疑，但多数文章太简短、含糊其辞和粗浅，以致让人无法做出更深入的判断。突然之间，KKR被描绘成资本主义那不可接受的一面的缩影，看来没人想与这样的金融恶魔做生意了。1989年2月雷诺兹-纳贝斯克收购完成后，KKR在这一年接下来的时间里都没有宣布一项重大收购，这是自1982年以来最长的无所作为期。克拉维斯还是要保持精神昂扬，他告诉采访者，拥有这么多旗下公司让KKR仍有大量的工作可做，虽然实际上不是那么回事儿。[29]

在西57大街9号和加利福尼亚大街101号的大厅里，KKR的高管们开始推断当面说自己好的人甚至也有可能在背地里嘲笑他们。1990年春天，就在KKR被迫降低向公众出售塞夫韦股票的价格之后，鲍勃·麦克唐奈对一名采访者说："这件事情会让人变成偏执狂。"[30] 华尔街的承销机构曾向他保证公开售股会一帆风顺，但后来又报告说买家都不知道跑到哪里去了。麦克唐奈抱怨说："你不由得想到肯定有个阴谋集团正想聚拢来干掉你。"

助理索尔·福克斯开始怀疑，除了一群仅仅因对金钱的渴望才暂时维系在一起的盟友，KKR到底还有没有其他的朋友。"我们没有一个朋友。"福克斯在1990年年初调查公司困境时，苦涩地感叹道。

KKR的合伙人，尤其是克拉维斯，认真地试图适应更严酷时代的要求。自1989年中期以来，克拉维斯控制他的社交生活，几乎很少参加酒会，也让摄影师拍不到他的财产。《财富》杂志关于各大公司CEO的第二任妻子的专题封面报道中也曝光了克拉维斯的妻子卡洛琳·勒姆，这让克拉维斯的一些生意伙伴颇有微词，因此他也告诫妻子要减少抛头露面的次数。克拉维斯即使在失败后也不失儒雅，当他的竞争对手取得KKR也想获得的胜利时，他发去亲切的祝贺消息。1990年年初，福斯特曼－利特尔以巨额利益卖掉了之前买下的一家大型的被收购公司，克拉维斯给他长期的老对手泰德·福斯特曼写信道："祝贺，继续努力，您的成就让我们这个行业的所有人骄傲。"

一些同样被公众嘲讽的CEO向克拉维斯伸出了双手。在遭到密集的媒体抨击后，休斯敦石油的CEO罗伯特·艾伦送给克拉维斯一块匾额，上面引用西奥多·罗斯福的话："有价值的不是批评别人的人，也不是那些指出强者的磕磕绊绊的人，更不是只会指点实干家哪里能做得更好的人。荣誉归于那些勇于亲身投入战场，脸上沾满了尘土、汗水和鲜血的奋斗者们。"这块匾额成为克拉维斯最珍视的东西，这是他可以展示给访客的，而不是他的油画，或是那些记录着过往的巨型交易的有机玻璃"墓碑"。

让KKR恢复到当初那令人愉悦的金融伙伴状态需要长期的努力。生意圈子里对克拉维斯及其同事的怀疑太多，以至于多数老总都要思量再三才能决定与这家杠杆收购公司做生意。"我不能想象，现在这一阶段会有哪位经理人与他们谈生意。"1990年1月，KKR的长期观察者、第一芝加哥公司风险投资集团的负责人约翰·坎宁评论道。

KKR在拜访英国的一家高速发展的食品服务公司的主席托尼·米勒（Tony Millar）时，发现了要取悦CEO所需面对的严酷的新现实。他的公司艾伯特－费希尔集团（Albert Fisher Group）在1989年年末需要2亿美元扩充规模，米勒不愿意把公司全部卖掉，而是想把艾伯特－费希尔集团的部分股权出售给一家美国的金融公司。这引起了KKR高管们的兴趣，一些助手开始试探米勒，安排他与克拉维斯会面。然而，1989年12月，米勒决定与另一家美国集团拉扎德兄弟公司旗下名叫企业伙伴（Corporate Partners）的子公司做交易。

KKR的执行官们说失败是由于他们自己有所顾虑，对向艾伯特－费希尔集团投资有所保留。但米勒给出了不同的解释，参与交易的一名投资银行家的说法是："像许多人一样，他对KKR的做事风格感到不舒服。"

第12章 信贷紧缩

MERCHANTS OF DEBT

"只要还有钱花,幸运就会永存!"这是1989年,每当KKR的年轻经理们抱怨他们遭受的小挫折时,乔治·罗伯茨告诫他们的一句话。[1]这句扑克玩家的警句也成为罗伯茨在收购雷诺兹-纳贝斯克后最郁闷的那几个月里最喜欢的一句话。KKR的员工发现自己受到来自各个方面的攻击,真是一点儿也不好玩,好在大多数攻击来得快,去得也快。开始时,某个对手还可能会言辞刻薄,但很快他们就会偃旗息鼓。渐渐地,收购公司中一些碍于面子的高管们也学会了对批评声音充耳不闻。他们还掌握着大笔的收购基金,他们依旧拥有能够安排数十亿美元贷款的金融渠道。公众的斥责声最终是会销声匿迹的,而KKR也会再次投身到伟大的收购事业中。

然而,从1989年年中开始,钱包里的钱快见底了。

那些曾让KKR如此强势的所有提供贷款的联盟开始解体。多年来,杠杆收购公司借到了数十亿美元的别人的钱,其基础是财务预测、担保和财务假设,最终都可以归结为一个简单的原则:信任。多少收购交易因而得以实现,然而事实证明这种信任又是多么的脆弱。1989年,随着整体经济增长7年间首次显著放缓,一大批被杠杆收购的公司在债务偿还方面开始遇到麻烦。在经济疲软的大背景下,更多财务失败的前景隐约可见。很快,贷款机构和监管机构就撕破了在过去10年间构建起来的宽松的信用网络。不久后,为那些负债累累的公司提供融资的风险让银行家和垃圾债券买家们日益担忧,这些风险直到1988年还是或者被忽视,或者根本就不被承认。信贷高峰时期令人眩晕的乐观情绪逐渐消退,此刻这些人开始产生新的忧虑和不信任感。

多年来疯狂的投机情绪自我蔓延，新的怀疑情绪也是如此。1989～1990年，银行向收购公司下放的贷款数量下滑了86%，达到了自20世纪80年代初以来的最低点。² 垃圾债券市场出现的暴跌场景更为惨烈。所有共同基金、保险公司以及储贷协会的贷款人都对他们曾经提供过资金的交易方式抱着冷淡态度。就在贷款人一眨眼的工夫，垃圾债券市场中的现金就以每月数十亿美元的速度逃离，随后这些贷款人转身就咒骂自己是何等愚蠢，竟会将钱投到那些不稳妥的交易项目中，然后发誓永远不会再如此鲁莽地处理自己的现金。

让KKR高管们更为绝望的是，他们只能坐看眼前一幕幕的恐慌场景发生而束手无策。在1989年信用大撤退的头几个月里，克拉维斯、罗伯茨和他们长期合作的贷款伙伴都拒绝相信，他们所看到的不过是他们所了解和热爱的贷款繁荣中"短暂的停顿"而已。然而，信贷退出的速度逐月加剧。起初罗伯茨在很多场合还极力向银行董事长们呼吁，要求他们能再次适当放宽贷款政策，然而努力是徒劳的。³ 这些银行董事长们只是礼貌地听取了罗伯茨的意见，却不做出任何承诺。一些银行董事长还在担心银行自身的生存问题，没时间考虑如何帮助他们的客户，甚至像KKR这样有实力的公司也不例外。违约率上升、贪婪行为泛滥的事实让撤回贷款愈加激烈，不久之后，美国经济9年来首次陷入衰退。自此，无论好与坏，任何新的贷款都不再值得去冒险。

20世纪80年代，当杠杆时代中所有的金融和经济杠杆失衡之时，一个强大的集团却仍然保持着非正常的沉默，这个集团就是华盛顿的金融监管机构。这种善意的忽视情绪之所以盛行，究其根源就是"里根时代"所强调的自由市场思维理论。20世纪80年代中期，时任美国财政部副部长的乔治·古尔德

(George Gould)曾回忆说:"人们认为,政府应该放手,市场就会解决问题。"[4] 金融监管机构运用其权力的唯一领域是起诉与收购相关的内幕交易,与注入美国公司账本的额外1万亿美元债务的影响相比,这实在是一个相对较小的经济问题。

然而到了1988年,甚至是美国财政部和美联储的官员们都看到了市场约束已经消失。1987~1988年,华尔街的公司及商业银行都以迅雷不及掩耳之势疯狂地提供风险更高的收购和高债券融资。当风险不断加大时却好像是没有任何机制能控制住贷款活动。相反,安排巨额贷款的酬金,以及可以轻易地把风险最高的贷款转嫁到那些天真的或愚蠢的投资人身上,促使狂热的投机分子依然坚守这块阵地。

一直到雷诺兹-纳贝斯克这样级别的巨型公司也陷入债务沼泽之中,才让监管部门开始急得如同热锅上的蚂蚁。1988年12月,美国货币监理官罗伯特·克拉克宣布,银行在发放收购贷款前,应予以"慎重考虑"。他补充说,很快就会要求银行界为此类贷款执行更高的贷款损失储备金。他当时的言论被人们认为更像是一种"试探性气球",而非"一个严肃的政策变化"。美联储、FDIC以及美国货币监理署在对主要银行的监管上意见不一,通常是美联储具有最高发言权。

不久后,美联储主席艾伦·格林斯潘的态度也引起了人们的关注。1989年2月,美联储发布指导性政策,首次对"高杠杆交易"(HLT)做出了明确界定。美联储规定,所有主要银行每季度必须向股东明示其高杠杆贷款净值,[5] 并补充说这类贷款将由监管人员进行"更为严格"的审查。此外,监管机构还警告一些小的商业银行,在从大银行那里购买部分收购贷款前要对借款公司自身的信用度认真审核。

人们首次对由美国信孚银行、花旗银行以及其他一些大银行精心构建的这条"菊花链"提出了质疑。1988年年末,信孚银行的高管轻描淡写地承认在过去几年中发放了600亿美元的收购贷款，[6]而它自己却仅仅承担了600亿美元中的27亿美元贷款，其余95.5%的贷款都流向了外资银行、地区银行、保险公司以及其他贷款公司的投资组合。由于美联储反对这种安排，次一级提供贷款的银行打起精神来自问："这类贷款真的是一种合理的贷款吗？我们能将这类贷款纳入我们的投资组合吗？"大银行里热切地负责银团贷款的人也发现，承诺5亿美元的收购贷款，迅速拿到前期费用然后再把90%以上的贷款额度卖给小银行，已经不那么轻松了。1989年夏天，一些大银行沉溺于最后一次贷款狂潮之中，为华纳公司对时代公司的高债务收购提供了300亿美元的贷款承诺，而华纳公司只需要110亿美元就够了。此后，银行家们便从收购交易中全身而退。

1989年10月，拟议中的对美国联合航空公司的母公司UAL公司收购案，让二级贷款银行退出的势态变得相当清晰。如果说有什么公司最不适合杠杆收购，那么非航空业莫属。航空业的现金流很难预测，燃油价格、经济周期甚至是恐怖袭击的威胁都会让现金流上下波动。购置新飞机的资本支出每年都相当可观，航空公司又不能以偿还债务为由随便拖延付款。一家高负债的航空公司对于现金紧缩或是顾客的信心流失表现得非常脆弱。然而，UAL公司的CEO斯蒂芬·沃尔夫（Stephen Wolf）是一个渴望更加富有的死硬派乐观主义者，他提出无论如何也要以68亿美元收购UAL公司。花旗银行和大通曼哈顿银行加起来同意借给沃尔夫所需要的近乎一半贷款，并努力争取其他银行提供另一半贷款。这两家银行的高管们还在贷款会议上，在其他银行面前抛出常用的诱饵：所安排贷款总额的1.5%作为前期佣金。[7]

但这次他们并未得逞。美国的银行首先徘徊不定，第一芝加哥公司的某位银行家就说，UAL公司收购案是"我们见过的最糟糕的一次收购建议"。日本的银行也开始拒绝参与，1988～1989年，这些日本银行曾提供了高达50%的美国收购贷款。一位日本银行家认为："航空业是一个周期性行业，银行所做的所有预测都是直线上升的。"在日本银行家眼中,拟议中的 UAL 公司收购贷款过于鲁莽,他们不能提供。最终,1989 年的 10 月 13 日下午 2:54,UAL 公司发表了一份简短的声明,说完成该收购已经过了三个月的努力期,各家银行所承诺的资金"不足"。

随后,股票市场一片恐慌。在接下来的 66 分钟内,道琼斯工业平均指数下跌了 7%,即 191 点。交易者们开始恐慌,他们担心曾让投资人如此富有的壮美、辉煌的收购浪潮即将走向消亡。

起初,KKR 高管们对 UAL 公司交易的失败坐视不理,一副"我和你说了他们肯定不行"的派头。KKR 并未参与竞购该航空公司,KKR 助理凯文·布斯凯特以收购交易考虑欠周为由很快就抽身而退了,同时还告诫克拉维斯不要再涉足该交易。当 UAL 公司贷款银团失败的消息传出去的时候,克拉维斯正端坐在办公室里向记者安东尼·比安科(Anthony Bianco)讲述他童年的故事呢。股市严重崩溃后,KKR 的同事们冲进克拉维斯的办公室向他汇报这一灾难。克拉维斯硬撑着把与比安科的会晤又延续了半个小时,然后克拉维斯挤出一丝笑容,问他的这位访客能否过些日子再继续访谈。"我必须去处理工作了。"克拉维斯紧张地说。[8]

与此同时,1989 年,垃圾债券狂躁症逐渐萎缩并最终走向消亡。在很多年中,德崇的迈克尔·米尔肯以及他的助手始终向新的投资者鼓吹,说这些高收益债券的违约情况极其罕见,也许是 2%~3% 的概率,可以忽略不计。从 20 世纪 70 年代中期到 80 年代中期,金融圈的历史数据似乎也佐证了他们的观点。然而,1989 年年初,德崇和华尔街的那些跟风者们鲁莽的承销从内部崩溃,发行垃圾债券的公司以更快的节奏陷于债务违约之中。1989 年上半年,东方航空、集成资源以及其他十几家公司都未能按期支付债券的利息。

起初,德崇的合作伙伴试图以简单的偏差为借口无视违约的上升。1989 年 4 月,第一执行公司主席、垃圾债券的头号买家弗雷德·卡尔宣称:"高收益债券市场将继续运转良好，信用都是有支撑的。"[9] 但一些资金管理者和经济学家则显得忧心忡忡，他们并不认同弗雷德·卡尔的观点。1980 年中期到末期，大规模的信贷繁荣创造出 KKR 的很多效仿者，这些小型收购专业户能借来数十亿美元去追寻他们的梦想。按照第二波、第三波和第四波收购艺人的安排，相当多的美国工业公司已经陷入了沉重的债务，公司缺少偿债能力日益明显。对于储贷协会、保险公司和共同基金来说，哪怕是很温和的违约，都有可能将垃圾债券变成真正可怕的投资。

到了 1989 年秋天，垃圾债券的撤退演变成了溃败。所有买入垃圾债券的共同基金的总资产在 1989 年 6 月时达到顶峰——352 亿美元，[10] 在此后的两个月中总资产略有下降，但在 1989 年最后四个月里，市值下跌超过 40 亿美元。投资者们知道了违约在增加后纷纷赎回资金，而那些未撤出资金的投资者们则发现他们所持垃圾债券的价值在一周周地连续下跌。

一部分贪婪地买入了垃圾债券的储贷协会也开始跑路了。根据 1989 年 8 月通过的储贷协会纾困法案的部分条款，国会要求这些获得联邦保险的低成本金融机构在 1994 年之前卖掉它们持有的垃圾债券，很多储贷机构马上就动手卖了。其结果是，曾经将垃圾债券推销给那些有意愿的买家的、伟大的融资机器德崇也开始气急败坏了。在 1989 年年底的一次投资者会议上，德崇的执行官弗雷德·约瑟夫本人向投资人承认："不能逼着你吃进你不想吃的东西。"[11]

垃圾债券市场那些更情绪化的思潮认为，如果米尔肯仍然能保持住他在德崇的强势地位，那么垃圾债券的热潮可能会多持续一段时间。然而 1989 年 3 月，在政府介入调查两年半后，米尔肯受到诈骗及证券欺诈等 98 项指控。他决心要抗争到底，为此他从德崇辞职成立了自己的公司。即使这样，米尔肯最终还是承认，政府起诉的压力让他在曾经叱咤风云的金融舞台上变得软弱无力。1989 年 5 月，当被问及他对垃圾债券市场的影响力时，米尔肯怯生生地说："我已经退出来有一年了。"[12]

对于KKR来说，信贷紧缩不断加剧的迹象意味着麻烦。不仅该收购中介在1989年没有任何新收购需要融资，其现有的投资组合也开始遭遇重创。碧翠斯首当其冲成了早期受害者，这家芝加哥的食品集团当时还没有被卖掉。1989年年末，碧翠斯计划发行3亿美元垃圾债券，用于给KKR及其投资伙伴发放巨额红利。要是在一两年以前，债券购买者肯定渴望有机会拥有更多与KKR的大名相关联的债券，然而这次买家们踟蹰不前。由于绝大部分收益并非用于扩建工厂而是落入了KKR的囊中，所以"你自然质疑这一交易的目的何在"，一位拒绝投标债券的伊利诺伊州保险公司的高级基金经理说。KKR与碧翠斯最终还是完成了融资，但是被迫支付了高利息。

其他信用麻烦也蚕食着KKR的投资组合。1989年夏天，KKR旗下最小的一家公司——西曼家具公司（Seaman Furniture）远没有达到其运营利润的目标，面临债务违约。KKR合伙人保罗·雷切尔向记者坦言，1987年KKR在收购西曼家具公司上出价过高。然而在简简单单地自我认账之后，雷切尔和助理克利夫·罗宾斯把大部分批评指向西曼家具公司管理不善，以及西曼家具公司所在地区纽约州长岛的经济状况不佳。[13] KKR要求该零售商的CEO辞职，聘用新人接替，并重组了西曼家具公司的债务。KKR的合作人还自掏腰包额外拿出了700万美元，这一措施让西曼家具公司又苟延残喘了两年，但最终还是在1992年1月申请破产。

雷切尔和罗宾斯在解决西曼家具公司的困局时，有一个麻烦的收购引来了强烈关注。SCI电视公司是从1985年由KKR经理人泰德·阿蒙主持的司多尔收购案中分拆出来的，到1989年中期，KKR已经通过卖掉一些司多尔的分部获得了丰厚的回报。该收购中介公司也愿意勾销SCI电视公司1亿美元投资尾款的大部分，这1亿美元中的55%由传媒界企业家乔治·吉勒特持有，45%由KKR持有。可是，一部分在1987年年末付出4亿美元贷款的、为SCI电视公司交易提供了融资的垃圾债券持有人，可不那么顺从。他们之所以加入进来，部分原因是 KKR 耀眼的名誉，那么如果有了财务上的麻烦，他们希望 KKR 也能埋单。

SCI 电视公司债券持有人中最刁钻的就是斯坦·费尔普斯（Stan Phelps），他是一个秃顶的耶鲁大学毕业生，牙齿斑驳。他经营着一支专门投资不良债券的小型"秃鹰基金"。别人都是以大型银团的方式，按百分之百的票面价格直接从德崇买入债券；费尔普斯是个例外，他一直等到那些碰到麻烦的公司的债券价值降到票面价格的 10% 或 20% 的时候，才从那些恼火的债券持有人手中买过来。他太精于把无法偿还债务的公司弄得生不如死了。1989 年 11 月 15 日，SCI 电视公司未能按时支付一次利息，费尔普斯马上就威胁要把该公司拖入破产程序，要求对公司进行清算，这样就会把现金转到他的手里，KKR 则一无所剩。随后，费尔普斯通过书信和电话猛轰吉勒特和 KKR。他在写给吉勒特的信中说："你们违背了支付利息的合同，你、德崇、克拉维斯和米尔肯连拿一分钱的资格都没有。"[14] 在另一些信中，费尔普斯痛斥克拉维斯是"大罪犯德崇⊖的小伙计"。

克拉维斯根本不愿相信，他还得认真对待费尔普斯这样的三流债券持有人。然而在每次电话会中，克拉维斯都既沉浸其中又心怀恐惧地默默聆听费尔普斯的高谈阔论。费尔普斯在斥责 KKR 负责该项目的年轻人、助理斯科特·斯图尔特时说："别忘了，吉勒特和亨利·克拉维斯现在可都是在给我干活。"[15] 从狭义的法律角度来讲，费尔普斯是对的。经过漫长的磋商，KKR 和吉勒特勉强地重组了 SCI 电视公司的债务，避免破产。但是 KKR 所付出的代价实在是太大了，他们的股权从 45% 下降到了 19%，克拉维斯被迫辞去在该公司董事会的席位。像费尔普斯这样的债券持有人拿到了新的债券，而 KKR 被迫将其有限合伙投资人所持大约 1 亿美元的 SCI 电视公司的优先股清零。

⊖ 1988 年 12 月，德崇因违反美国证券法被判六项重罪，大多数指控与垃圾债券和收购市场有关。

紧接着，KKR最大的收购项目之一吉姆·沃尔特公司遇到了更大的麻烦。起初，这个麻烦好像与突然出现的信用紧缩并无太大关系，牵涉到KKR的是一桩不太起眼的次要事件：吉姆·沃尔特公司的一个分部在20世纪50年代和60年代出售的保温产品造成了石棉肺伤害，吉姆·沃尔特公司对于赔偿中应承担何种义务产生了争议。然而不久后，石棉赔偿问题与KKR从未遭遇过的丑陋的债权人纠纷纠结了起来。

1987年，当KKR谈判购买吉姆·沃尔特公司时，这家佛罗里达州的集团公司来自各主要分部的盈利非常健康，这些分部建造房屋，开采煤炭，销售管道。有损该公司业绩的是下属的名为赛罗特克斯（Celotex）的建筑产品分部，尽管该公司每年有2500万美元的运营利润，但是因过去卖出石棉产品导致的6万多件个人伤害索赔应接不暇。[16] 就连吉姆·沃尔特公司的高级顾问、投行人士史蒂文·沃特斯（Steven Waters）也承认，赛罗特克斯对整个集团很可能只有"长久的负面价值"。[17] 然而，迈克·托卡兹，这位负责吉姆·沃尔特公司项目大部分工作的KKR的助理，还是急于把收购做成。他花了好几个月的时间寻找甩掉石棉肺问题的解决办法。1987年年初，托卡兹在一份命运攸关的工作备忘录中写道："我们还在研究隔离开赛罗特克斯的机制，等等。"最终，他认为他找到了解决之道。KKR同意完整收购吉姆·沃尔特公司，但是在交易完成的当天傍晚，托卡兹花了4个小时代表29家新公司签署了无数文件。这些新机构中的大部分，按照KKR的"优良传统"，仅仅存在了几个小时就被注销了。当所有协议签署后，原吉姆·沃尔特公司所有有价值的部分被重新组合到了新的大旗下面：希尔斯博若控股公司（Hillsborough Holdings Corporation）。被扔在一边的是原吉姆·沃尔特公司的外壳，它不承担任何收购债务，唯一的运营中的业务部门是赛罗特克斯。1988年春天，KKR以支付500万美元现金和额外9500万美元票据这种非常宽松的付款方式将吉姆·沃尔特/赛罗特克斯公司卖给了企业家加里·德拉蒙德（Gary Drummond）。不到

2年零6个月，赛罗特克斯就进入破产程序，不可能再去处理持续不断的石棉肺伤害索赔问题了。[18] 但托卡兹认为，KKR再也不用为赛罗特克斯的命运担忧了。

然而，托卡兹想错了。

1989年9月13日、14日，克拉维斯、罗伯茨和托卡兹坐在了他们绝不愿意来到的地方：得克萨斯州博蒙特单调灰暗的州立法院九层楼中。对KKR三位高管的起诉，是一桩巨额的30亿美元索赔案件的一部分，该案件针对KKR、希尔斯博若、德崇以及其他一些有实力的公司。诉讼案的起因是赛罗特克斯脱离KKR控制后，未能向石棉肺事件受害者支付赔偿款。赛罗特克斯当时还有偿还能力，但是把钱袋子捂得死死的。一个精心组织的代表石棉肺受害者的律师团认为，如果赛罗特克斯不能支付赔偿款，其他人就应该支付。1989年7月，案件被提起诉讼，律师团把所有与吉姆·沃尔特公司收购案有关的各方都添加为被告，主张该收购案以及随后出售赛罗特克斯属于"欺诈性转让"。

领导博蒙特起诉的是声名显赫的休斯敦律师斯蒂芬·萨斯曼（Stephen Susman）。[19] 此前，萨斯曼从未与KKR高管们见过面，但是在KKR请求解除自己被告身份的一次初步听证会上，萨斯曼下决心要揭露克拉维斯和罗伯茨的丑陋嘴脸。在他的开场白中，他谴责那些"坐在纽约办公室里，拉着看不见的绳索转移巨额财富和商业的人们"。在法庭上，萨斯曼表现为8.1万名石棉肺受害者的无私拥护者，他一度拿出赛罗特克斯分部在许多年前生产的一个破烂石棉袋，咆哮着："这个杠杆收购给被告们的口袋里添上了数百万美元，涉及款项超过25亿美元，但毫不考虑我们。事实上，它把我们扔到了寒风里，而我们只想做点儿什么。"

萨斯曼煽动反华尔街情绪的能力着实让KKR又惊讶又恐慌。萨斯曼轻蔑地把KKR甩开赛罗特克斯的行为称作"魔术"和"一系列极为复杂的交易"。接下来的两天，萨斯曼和其他律师还把KKR、希尔斯博若、吉姆·沃尔特公司和赛罗特克斯描绘成合作无间的工业联合收割机的一部分。克拉维斯、托卡兹和沃尔特如坐针毡，但是无计可施。托卡兹辩解说KKR一向做事得当，是由于银行融资的需要和税务原因才把赛罗特克斯从希尔斯博若中剥离出去的。在法庭上，KKR自己的盛信律师事务所的律师向托卡兹发问，是否有意识地逃避对石棉肺索赔者的赔付时，托卡兹回答："绝对没有。"可是KKR重组的复杂特性证明绝非如此。

随后，萨斯曼直击克拉维斯和罗伯茨的公司获得的巨大财富。罗伯茨坚持说，自从他十几岁离开得克萨斯州后在该州就没有什么财产，萨斯曼列举出罗伯茨在霍代尔房地产合伙公司中的170万美元资产。他旁敲侧击地暗示，这笔钱对罗伯茨这么有钱的人来说实在是不值一提："我只是想看看您的脑子里是否漏掉了些东西。"

第二天，萨斯曼就吉姆·沃尔特公司收购，用同样的方式质问了克拉维斯。萨斯曼问道："目前在这次交易中KKR收取过任何酬金吗？"

克拉维斯回答道："是的。"

"收取了哪些费用？"

"有一笔费用是因撮合交易而收取的3500万美元。"克拉维斯过了一会儿又坦白了第二笔费用，在收购完成后就监管希尔斯博若每年收取50万美元。

萨斯曼迅速地把这些数额和KKR合伙人自己投入收购后公司里的150万美元做了对比。萨斯曼厉声问道："那么这是怎样的一种回报呢？"

克拉维斯承认："这的确是相当丰厚的回报。"

"我也得这么说。现在，实际上您还没有告诉我们完整的情况，是吧？克拉维斯先生。我希望您告诉法庭，您每年从40个或50个机构投资人身上能弄到多少钱。"

"标准的"收费是每年收取委托KKR投资资金总额的1.5%，克拉维斯回答道。克拉维斯并没有提供完整的计算数字，但是萨斯曼早已掌握了，当时KKR每年从有限合伙人那里收取的年费总额为5000万美元。为了利润，KKR的合伙人们无法避免地会实施让希尔斯博若收购得以成立的那种模式，无论公司遭遇如何。在他们的职业生涯中，克拉维斯和罗伯茨第一次意识到，也会有人可以让他们所有的成功显得那么丑陋。在诉讼背景下，如此富有却毫无感染力。

两周后，萨斯曼及石棉肺受害者律师团体赢得了第一场前哨战，整个对克拉维斯和罗伯茨的诉讼看来还要持续很久。博蒙特的法官加里·桑德森（Gary Sanderson）拒绝了KKR合伙人提出的将他们的名字从整个赛罗特克斯诉讼案长长的被告名单中划去的要求。桑德森法官写道，"整个案件将择日开庭"。

对于KKR的人而言，得克萨斯诉讼的前景很可怕。几年前，美国最大的石油公司之一德士古公司在得克萨斯州法院输掉了一场110亿美元的诉讼后，最终进入了破产程序。KKR在1987~1988年赛罗特克斯收购中的精明手段也许会得到联邦法院或佛罗里达州法院的支持，但在得克萨斯州法院完全是另一回事儿。

不久后，在博蒙特法院的溃败变成了KKR财务上的煎熬。桑德森法官在其初步裁定中，禁止KKR再出售希尔斯博若的任何分部，这就切断了KKR获取盈利的主要手段。1989年9月，希尔斯博若披露了该季度糟糕的经营业绩，不得不动用现金储备来支付每季度的利息。该公司的垃圾债券价格随即暴跌，两个月前1美元面值市价还是101美分，到了10月就跌至80美分了。

一般来说，债券价格的波动并不会影响到KKR，因为他们已经借到了他们需要的资金。然而希尔斯博若债券价格的波动对于这家收购经纪公司就变得生死攸关起来。希尔斯博若发行的是所谓的"重设"债券，这些证券的利率每年都要调整，以便能够继续在101美分的水平上继续交易。德崇在20世纪80年代末期策划出来的重设特性本意是给债券持有人的一种福利。理论上讲，跌了价的股票经过德崇调高其利率就能恢复原始价值。希尔斯博若的情况是14.625%利率的债券，也可以将利率调整到16%、20%，甚至更高。然而，一旦债券价格开始暴跌，重设机制就变成了财务上的死亡陷阱。简单的算术就能算出，要把债券价格恢复到 1 美元面值 101 美分的水平，利率就得高得吓人，但要支付这么高的利率，如 25% 或更高，很快就能让任何公司破产，不管你以前有多稳健，然后债券又会崩溃。在极端情况下，无论多高的利率也不可能让这种重设型债券履行承诺。

1989 年 12 月的第一个星期，德崇的投资银行职员艾利森·麦斯从加利福尼亚打电话给托卡兹，带来一个残酷的消息。她告诉托卡兹，债券无法重设。大约 2500 英里以外的托卡兹气急败坏。"你过去是在忽悠我们！"他厉声说，"你们说可行，后来又不行了。"[20]

托卡兹打电话给麦斯多年的老板彼得·阿克曼，冲他也发了通火。阿克曼的话如古井寒冰："这就是市场啊，迈克。"他淡淡地说。市场条件有时比较有利，德崇可以为其客户争取到低利息，但条件严酷起来，生意就不那么好做了。即便强大如 KKR，也不可能对抗整个垃圾债券市场。

由于麦斯的这个电话，希尔斯博若陷入了托卡兹后来所说的"技术深渊"。如果 KKR 不能按照承诺重设债券的利率，这些债券就将早于预定时间很多年提前偿还，债券持有人将有权于 1990 年 1 月 2 日兑现他们全部 6.24 亿美元的资金。债券说明书第 91 页和 94 页的保证条款板上钉钉，但希尔斯博若无法履行这个承诺。希尔斯博若最多只有 1 亿美元现金，博蒙特法院早已有效地阻滞了希尔斯博若通过变卖资产来融资的可能，并且日益严重的信用紧缩使得 KKR 无法用银行贷款去偿还债券持有人。希尔斯博若这下陷得太深了。避免违约的最后一丝希望，托卡兹认为，就是说服债券持有人将手里的重设债券换成 KKR 匆忙发行的新证券。

托卡兹开始狂热地琢磨财务手段。也许希尔斯博若的煤炭部门可以再发行一点儿债券，克拉维斯和罗伯茨急迫地鼓励这个想法，但债券持有人们可都是些老滑头。托卡兹、希尔斯博若高层和德崇的代表们去拜访这些散布在芝加哥、波士顿和洛杉矶的债券持有人时，遭遇到的是怀疑和鄙视。"KKR 在这次路演中表现得不太坦诚。"肯·乌巴泽斯基（Ken Urbaszewski）说。他是凯姆珀保险公司（Kemper Insurance Co.）的基金经理，是希尔斯博若垃圾债券的主要买家。"他们吹牛吹到天上去了。"

最谨慎的债券持有人是富达投资公司，这是波士顿的一家大型共同基金集团，多年来一直是KKR安排发行的垃圾债券的忠实买家。1980年末期，富达投资公司通过800电话和在《金钱》杂志上打广告，从美国公众手里吸收了15亿美元资金，投入它的垃圾债券共同基金里。富达投资公司已经砸了3000多万美元购买希尔斯博若的债券，然而在1989年年末，富达投资公司的高层对垃圾债券市场的看法有了重大改变。

富达投资公司内部主导反对债券的人是加里·伯克黑德（Gary Burkhead），这位48岁的公司首席投资官也是圣公会教区委员会的兼职成员。伯克黑德身上的一切都洋溢着公正廉洁的气氛，他的海军蓝制服三件套上配着表链，短发分得极其齐整，特别是他的办公桌，别人的桌子上或许是乱纸横飞，而伯克黑德却总是把他的工作文件规整地摆好，每一摞儿都压上玻璃镇尺，防止被风吹散。1989年秋天，带着一部弗兰克·卡普拉（Frank Capra）电影中詹姆斯·史都华（Jimmy Stewart）⊖式的热忱，伯克黑德挺身投入了战斗。

"债券持有人在面对借钱的人时要非常坚定，"伯克黑德后来说道，"他们是债务人，他们负有责任。"[21] 他频频提及公平、义务和必须要履行的承诺。自从保德信的雷·查尔斯这种旧时代的贷款人在20世纪80年代初期退休后，KKR就很少听到这种话了。

一场决斗正在形成，一方以杠杆融资致富，另一方则是借给他们钱的人。像斯坦·费尔普斯那样的"牛虻"阵营里现在有了加里·伯克黑德这样的主流投资人，所有这些债主都越来越悲愤，深信自己成了金融受害人，当形势好的

⊖ 詹姆斯·史都华在美国电影导演弗兰克·卡普拉的著名电影《美好人生》中扮演一位因对现实不满而打算在圣诞节前夜自杀的人。——译者注

时候，挣不了几个钱，而当交易搞砸了时却要全部兜着损失。"债券持有人和银行已经为杠杆收购提供了大量资金，"伯克黑德在后来的一个访谈中解释道，"那么一旦局势有变，他们自然有理由强烈地主张其权利。"

伯克黑德已经把富达投资公司的对策布置妥当，只差一位街头斗士来贯彻执行了。他找到了合适的人选，Kramer, Levin, Nessen, Kamin & Frankel 律师行精力充沛的律师、纽约的乔希·伯曼（Josh Berman）。伯曼日复一日地用斗牛士的技法撩拨托卡兹。通电话时，他总是一副异常夸张的亲密无间的调门，几乎每句话开头都兴高采烈地称呼"迈克尔"。然后，他就开始嘲笑托卡兹想用新发行的债券替换"重设"债券的想法。伯曼坚持认为，不管托卡兹怎么强调偶然性，KKR 都做得远远不够，应该把它在希尔斯博若股权的 20% 转让给股东们，或者 KKR 应该保证在 6 个月内偿还希尔斯博若的全部垃圾债券。

托卡兹被这种戏弄搞得气急败坏。伯曼的要求几近侮辱。"你什么都拿不着！"1989 年 12 月初，托卡兹在电话里撂下这么一句。

然而，斗牛游戏还在玩。"迈克尔！"伯曼反捅回来，"如果你们没钱了，或者没什么想象力了，KKR 就不能被称为 KKR 了。你再琢磨琢磨，你肯定还有办法。"[22]

与此同时，那些石棉肺受害人的律师开始更凶狠地攻击 KKR。12 月中旬，希尔斯博若高层、KKR 的助理迈克·托卡兹和佩里·高尔金在亚特兰大机场的一家酒店里和 6 位石棉案律师进行会谈，希望律师们能以 KKR 可以接受的条件庭外和解。谈了没几分钟，托卡兹和高尔金就意识到和平解决此事是不可能的了。律师们轮番猛烈谴责 KKR 的所作所为，有几人还宣称，得克萨斯州的伟大之处就在于把这种案子提交审判，并说他们意在彻底干掉 KKR。"我们盯着你们所有的资产！"一位律师曾说道，"连墙上的一幅画都不留！"

托卡兹被气晕了，高尔金瞠目结舌，KKR 还从未受过这种窝囊气。然而，这些石棉肺受害人的律师们的生存之道就是从大公司身上捞钱，当然无所不用其极。他们就是靠这套本事才能为石棉肺受害人拿到几百万美元，还有自己几百万美元的一次性报酬。最好斗的一名律师，匹兹堡的汤姆·亨德森（Tom Henderson）早在1982年就把一家主要的石棉制造公司整破产了。7年后，他自豪地告诉一名记者，那个厂子还关着呢。法院运行机制一旦启动，每个诉讼都要走完整的审理程序，KKR看起来几乎无力阻止亨德森这伙人了。

得克萨斯州的完整审判把KKR吓坏了，KKR高层在12月初咨询盛信律师事务所和瑞生律师事务所的高级律师们，看是否有办法脱身。[23] 当然有，律师们回应，不过是无奈之举。如果这些石棉肺案的律师继续纠缠，如果债券持有人不同意托卡兹的股票转换计划，那么希尔斯博若可以在其总部所在的佛罗里达州联邦法院申请破产保护。这么干有损希尔斯博若净资产的价值，对KKR的声誉也是巨大的打击。但这么敏捷地一搞，就把石棉诉讼案转到了希尔斯博若的老家，摆脱了得克萨斯州，用脚趾头都想得到KKR和希尔斯博若在那里必输无疑。佛罗里达州的法律对石棉案中的公司更有利一些，佛罗里达坦帕的法官肯定也会比得克萨斯州的桑德森法官更好通融一些。"我想KKR不想申请破产，"盛信律师事务所的律师理查德·加维（Richard Garvey）后来说，"但一旦知道这别无选择，他们也马上领会到了破产的好处。"

乔治·罗伯茨态度最坚决，支持公司申请破产。"你们看过电影《野战排》没有？"他问同事们，"结尾时有这么一场戏，中尉的部队陷入重围，想逃出去却无计可施。后来他呼叫空袭向自己所在区域开火，这样能击退敌人，总还是能救回一部分自己人。现在，我们要干的，就是这个。"罗伯茨最后总结道，"艰难时期就得用艰难的办法。"

一周之内，KKR开始"空袭"。12月19日，克拉维斯和托卡兹在纽约市莱克星顿大街盛信律师事务所办公室，召集全体债券持有人开会。这间办公室在第30层，就在大厅对面的那间大会议室里，克拉维斯和罗伯茨在10个月前签署了有史以来最大的收购——买下雷诺兹-纳贝斯克的文件。那时，几百人啜饮香槟，举杯祝酒，向KKR合伙人们奉上属于征服者的欢呼。而此时此刻，没有任何喜庆氛围。

先是托卡兹，接着是66岁的吉姆·沃尔特公司主席吉姆·沃尔特本人，最后是亨利·克拉维斯，解释说如果债券持有人们不同意债券转换的条件，希尔斯博若确实得申请破产保护了。"我跟这家公司同甘共苦了43个年头，"吉姆·沃尔特说，"破产是地狱之路，但如果非走不可的话，那就走吧。"

克拉维斯同样直言不讳，"不要因《破产法》第11章对我们有负面影响，就以为我们不会去申请，"他说，"我们愿意承受这个风险。"

中午双方休会，大约下午2点接着开。最后一次，克拉维斯试图达成妥协，他运用了他在20世纪70年代作为年轻的投资银行家时那套同样的说辞。"瞧，"克拉维斯对还在场的债券持有人们说，"做买卖讲究的是信任和信心。假如现在，我们还能为你们做些什么的话，我们是万死不辞的。但我们做不到了。请相信我们，到了6月30日，如果你们还持有这些债券的话，我们就什么办法也没有了，只能申请破产。不过还是相信我们吧。"然后，克拉维斯扭头看着债券持有人的领袖富达投资公司的律师乔希·伯曼，问道："这样行吗？"

10年前，甚至是6个月前，那定然是毫无问题的。亨利·克拉维斯的热情和真诚，曾让他到处都如履平地。银行家、养老基金官员、制砖公司的主席都对这个有着阳光般笑容、大海般蔚蓝眼睛、热情洋溢的俄克拉何马人非常信任。20世纪80年代的大部分时间，全世界的人都在削尖脑袋找机会跟克拉维斯和KKR这样的成功者做生意。

然而，时代不同了。"我说了不算，"伯曼说，"我可以把你的话捎给其他人。如果你想直接跟他们说也行。不过，我建议最好还是谈判解决问题。"

克拉维斯拒绝了。他在1周前就同富达投资公司的高层接触过，但遭到了冷落，富达投资公司主席爱德华·"内德"·约翰逊（Edward "Ned" Johnson）连克拉维斯的电话都不回。约翰逊的副手加里·伯克黑德倒是和克拉维斯见了面，但回复也是冷冰冰的。伯克黑德曾经告诉克拉维斯，KKR 的提议"不合适""偏离了方向"。如果 KKR 想把希尔斯博若推向破产的话，那就申请好了。㊀

12 月 27 日晚上 8 点，律师们鱼贯而入坦帕的联邦法院，来干一件他们从未替 KKR 公司干过的事情——把一家《财富》500 强公司送入《破产法》第 11 章破产程序。KKR 与债券持有人最后的和解努力泡汤了。这家收购中介原以为能有 80% 的希尔斯博若高级票据持有人赞同托卡兹的换购协议，但实际上只有 79% 愿意；它以为能有 89% 的次级债券持有人赞同换购协议，但实际只有 76% 的人同意。㊁一些债券持有人已经看出苗头，克拉维斯和托卡兹在 12 月的最后两周，已经放弃了争取那些顽固分子的努力。KKR 和希尔斯博若面临的麻烦如此巨大，佛罗里达破产法院俨然成了它们的庇护所。

一连几周，希尔斯博若享有的都是耻辱的"荣誉"，它成了有史以来申请破产的最大的被收购公司。不过到了 1990 年 1 月 15 日，这个"殊荣"就被加拿大一家名为罗伯特·康波（Robert Campean）公司的巨型零售公司抢走了，这家公司因负债 60 多亿美元而倒闭。在 20 世纪 80 年代末期的企业收购狂欢中，罗伯特·康波公司曾用借来的钱买下了那些声望卓著的百货店连锁公司，如布鲁明戴尔（Bloomingdale's）、安·泰勒（Ann Taylor）公司和乔丹·马希（Jordan Marsh）公司。虽然这些公司依然运转良好，罗伯特·康波公司肩负的债务负担却把它自己压垮了，其破产震惊了整个金融圈子。

㊀ 就在圣诞节假期前，托卡兹和伯曼最后一次交锋。在圣诞节前最后一个周五，托卡兹送给这位富达投资公司的律师一瓶苏格兰芝华士，还有一张怀有希望的卡片："在新的一年里获得平和与幸福——迈克·托卡兹。"伯曼丝毫没有缓和。"认识我的人都知道我不喜欢烈酒。"伯曼后来说。他马上就派秘书到街边的烈酒商店买了一瓶价格略高的苏格兰威士忌，他把这份回礼送到六个街区外 KKR 的办公室，也附上了一句话："在新的一年里获得繁荣和好运——乔希·伯曼。"

㊁ 高级票据持有人的票据具有较低风险、较优先偿付顺序因而回报和利率也较低，次级债券的风险更高、偿付顺序较靠后但回报和利率也较高。——译者注

此后到了 2 月初，和杠杆收购时代紧密相关的德崇也在为自身生存而战了。德崇自身的财务健康状况因垃圾债券市场的崩溃而大伤元气，该公司自己所持有的垃圾债券缩水 15 亿美元。德崇的高层管理者在 1990 年 1 月做了一个怪异的决定，以奖金的形式支付给公司的高级交易经纪人们 2.5 亿美元以上现金，就好像德崇还像以前那么赚钱似的，这进一步榨干了现金储备。1990 年 2 月 12 日，德崇终于花光了所有的钱。[24] 在商业票据市场为其提供日常短期贷款的银行和其他证券公司不再借钱给德崇，德崇的 CEO 弗雷德·约瑟夫请求纽约联储介入，给公司安排点儿应急贷款，但被拒绝了。[25]

1990 年 2 月 13 日，德崇申请债权人破产保护。

KKR 的人震惊了。KKR 帝国每个生死攸关的组成部分都在崩塌，远比克拉维斯、罗伯茨和其他助理们能完全接受的速度要快得多。直到德崇发出公告，KKR 的人还是无法理解，这么强大的一家公司，这么长久的一个盟友，怎么说完就完了呢。"德崇就像被激光枪射中而蒸发了一样。"罗伯茨不可置信地说。德崇倒闭的那个下午，KKR 的一名助理给德崇的一位投资银行家打电话，天真地问："咱们的合作关系会怎么样？"

"你还不懂吗？"那人答道，"哪还有什么合作关系啊！"

几个月后，德崇的所有痕迹几乎已经被抹得干干净净了。1990 年 6 月，清算人进驻德崇的纽约总部，开始变卖从计算机到挂衣架所有的公司财产。6000 多个买主和猎奇者挤进门厅，这里在 20 世纪 80 年代曾经发生了多少传奇性的交易啊！穿着短裤和 T 恤的大学生们在弃置的办公桌间搜寻，捡起一些名片拿着玩。经纪人利昂·布莱克的一本厚厚的蓝皮机密文件有了新用途——六楼男厕所里的门挡。不管是对投资银行家还是对路人来说，这家自 20 世纪 80 年代以来华尔街上最强大的公司分崩离析，发人警醒，令人悲叹。走过德崇空荡荡的走廊，一个保安忍不住评头论足："真像是葬礼之后的遗产大拍卖。"[26]

克拉维斯被他所处金融时代的废墟包围，变得脆弱敏感起来。即便是跟他最亲密的盟友，比如KKR的有限合伙人交谈，他也不由自主地产生自卫情绪。1990年春天，他打算整理一下思路，对有限合伙人们做个演讲，他起草了演讲稿，结果让同事们觉得，克拉维斯无非想回答别人的难以启齿的问题："亨利是不是失控了？"他在演讲中努力地拼凑理由，说明为什么答案是不，为什么他的金融盟友们应该继续支持和爱戴他。

1989年的大部分时间，克拉维斯对待其成功经历的做法实在是糟糕，给那些他要与之做生意的人们留下的印象是他太过于炫耀自己、太过于自大了。生意圈子中有很多人曾对KKR的快速崛起感到不可理解和恐惧，此时都盼着它早日倒台。时事通信作者詹姆斯·格兰特（James Grant），一直对高债务融资持严厉的批评态度，有时被称为华尔街版的H.L.门肯⊖。他非常过分地炮制了一份伪造的报纸公告，说是KKR的所有资产在破产拍卖中一共才卖了57 894美元，据说买主是克拉维斯多年的老对头泰德·福斯特曼。[27]如果德崇已经破产了，那么它的头号借款客户KKR也将走向没落，这似乎只是时间早晚的问题。

然而在KKR内部，公司合伙人们发现克拉维斯有了明显的改变。面对逆境，克拉维斯谦逊、禁欲主义的那一面开始展现。西曼家具公司、SCI电视公司和希尔斯博若纷纷垮台时，克拉维斯并没有责备罗宾斯、阿蒙和托卡兹，虽然这三名助理要对这些烂账给KKR带来的麻烦负大部分直接责任。相反，一个星期一的早晨，克拉维斯把公司所有合伙人和助理召集到会议桌旁，做起了自我批评。

"公司里的所有人都批准了这些交易，"克拉维斯宣布，"首先就是乔治和我，我们都有责任，都要尽自己最大的努力去弥补。"[28]

⊖ 美国著名记者、编辑、作家和批评家。——译者注

接下来的几周,合伙人和助理都按照克拉维斯的方针行事,也比以前更为团结。尽管充满敌意的外部世界正在毁灭该公司大部分的成就,但他们还是就如何挽救交易交换意见,互相打气说他们正在采取正确的步骤。一直对自己负责的希尔斯博若的失败难以释怀的迈克·托卡兹,从公司每一个人那里又获得了信任,从克拉维斯和罗伯茨,到公司文秘、前台。

其他一些从事高负债融资的公司在 1989 年年末到 1990 年年初爆发了恶意的暗斗。KKR 最老的一个对手,有 19 年历史的收购中介吉本斯·格林·冯·阿姆荣根公司,由于合伙人就多桩生意失利相互指责而拆分为两家公司。维斯瑞在 1983 年的吉布森贺卡公司收购中曾获得 100∶1 的收益率,早就成了收购业务的"花衣魔笛手"⊖,在它的两个创始人退出后,实际上已处于濒死状态。美林公司和协利证券公司的收购业务部门以及其他一些华尔街公司,也都饱受众叛亲离之苦。那些自高自大、自保意识强烈的经纪人们面对失败推卸责任,相互指责。他们这么做,无非加速了自己公司的崩溃而已。KKR 至少没出现这种内讧局面。

不久,KKR 的凝聚力将经受终极考验。有史以来最大的收购、以 264 亿美元拿下的雷诺兹 – 纳贝斯克陷入了严重的困境。

⊖ 意指善开空头支票的领导者。——译者注

|第13章| **恐惧、羞辱和幸存**
MERCHANTS OF DEBT

第 13 章｜恐惧、羞辱和幸存

在 1990 年 1 月 26 日（星期五）下午大约 3：10 之前，KKR 的所有人都坚信雷诺兹－纳贝斯克正在逐步缓解因收购而承担的巨额债务压力。[1] KKR 的高管们对该旗下公司的财政状况好转充满了信心，邀请了三家华尔街公司来到雷诺兹－纳贝斯克曼哈顿总部的玻璃幕墙打造的主会议室，即大家所称的"鱼缸"，讨论这家烟草和食品公司也许可以更廉价地实现再融资，会谈的气氛轻松而乐观。

人们几乎没注意到雷诺兹－纳贝斯克的首席财务官卡尔·冯·德·海登（Karl von der Heyden）在高盛演讲时被电话叫出去了。等到他回来的时候，所有人都马上意识到肯定出了什么不得了的大麻烦。海登没有悄悄地就座，而是站在门口直视前方，表情呆滞。他引起了全体人员的关注，随之海登就转达了他刚刚听到的惊人消息。

"你们肯定不敢相信，"海登说，"我们的债券已经被穆迪给降级了。"

这下子可炸开了锅。"太糟了！""荒谬啊！""真狗屎！""他们怎么能这么干？"

海登竭力集中精力，讲述了这个坏消息。一星期前，雷诺兹－纳贝斯克的高级主管向两家顶级信誉评估机构之一穆迪的投资者服务部门通报了雷诺兹－纳贝斯克的财务状况，双方的会晤不像雷诺兹－纳贝斯克的高管们预期的那样理想。穆迪的一名年轻分析员格洛丽亚·薇拉（Gloria Vila），就该公司推出的主要针对黑人市场的香烟品牌"上城"失利，接二连三地诘问公司高管，当时大规模的公众抗议风潮迫使雷诺兹－纳贝斯克取消了"上城"计划。

冯·德·海登力图解释，虽有种种尴尬，"上城"品牌的混乱对雷诺兹－纳贝斯克几乎没有什么财务上的负面影响。然而薇拉不依不饶，过了一周后她拿出了结论，刚才电话告知海登，宣布穆迪将降低雷诺兹－纳贝斯克债券的信誉等级。薇拉在一份四页新闻稿中宣称烟草业务的"市场风险不容置疑"，雷诺兹－纳贝斯克的现金流量和债务偿还能力可能会受损。

一两年前，KKR和海登可能会嘲笑穆迪的举措，那时没有人重视信誉评级，没什么公司愿意费心获得穆迪的最高评价等级"AAA"。那些买下前景不明的、"投机性的"BB级或具有更差的债务偿还能力的证券的金融家们都赚了大钱。但在金融市场风声鹤唳的1990年年初，薇拉的报告让垃圾债券的投资人们心惊胆战，就像是在色情夜总会里听到外面的警察拉响了警报。

海登就座不久，高盛团队的高级成员、副总裁罗伯特·鲁宾就被另一通电话叫出会议室。他听到的消息是，穆迪对雷诺兹－纳贝斯克信誉降级的消息已经传播开来，该消息引起垃圾债券市场前所未有的暴跌。因担心雷诺兹－纳贝斯克可能会陷入债务违约，过于惊恐的投资者问都不问，就决定先抛售掉各种类型的垃圾债券。20分钟内，债券的价格就下跌了10%以上。惊慌失措的卖方在很多情况下不管用什么价格都找不到买家，对高盛的债券交易人来说，这就是世界末日的善恶大决战。

鲁宾重新回到会议室时，他也十分震惊，告知雷诺兹－纳贝斯克的CEO郭士纳："请原谅，公司在市中心那边需要我，我很抱歉，但是我必须得走了。"会议在混乱中草草收场，KKR的主管冲向Quotton终端，难以置信却充满恐惧地眼看着雷诺兹－纳贝斯克的债券价格直线下跌。当天收盘时，雷诺兹－纳贝斯克最大的一笔垃圾债券发行价已经降到面值的66%。到了星期一，债券价格进一步下滑到了面值的56%，快和巴西银行债务的价格差不多了。

起初，KKR的高管们不愿意相信麻烦真的降临到他们头上了。他们愤怒地将这场金融灾难归咎于薇拉，称她"毫无经验"，或是些更难听的话。克拉维斯和罗伯茨不愿意相信但凡有点儿理性的人会质疑雷诺兹－纳贝斯克的财务状况，他们自我安慰地用心理学理论来解释为什么穆迪这个年轻的分析员对美国的第二大烟草公司怀恨在心。在KKR内部的大厅里，没人愿意承认有哪怕一丁点儿的严重麻烦，到处都充斥着对那些局外人的轻蔑。然而这一次，是KKR没搞清楚事态。投资人们在格洛丽亚·薇拉和KKR掌控的庞然大物之间必须做出抉择，他们压倒性地相信这名抛出了4页纸报告的31岁的分析员。

接下来的6个月，克拉维斯和罗伯茨得应对金融灾难了。KKR的人在1988年年末还认为雷诺兹－纳贝斯克收购是他们最为明智的成果，但是其中隐藏了一个致命的设计缺陷：重设债券。KKR的人们再一次面对财务毒药——或许无法重设的债券，悲惨地再现了希尔斯博若的困境。KKR的高管们未能轻松地在他们最大的收购中攫取到更多的财富，反而要在1990年上半年挣扎着避免全盘覆灭，避免美国历史上最大规模的公司倒闭。

从1989年的冬天到1990年的春天，在重设债券事宜进行期间，克拉维斯不断受到承载了KKR巨大野心的公司上面的耻辱。垃圾债券的买家公然对其演说发出嘘声。一位商业银行的高管暗讽克拉维斯每天早晨都站在他的银行大堂里，不断向该银行的董事长乞求、送礼，表明KKR近乎绝望地想从银行多借点儿钱出来。在20世纪80年代，著名的收购律师马蒂·利普顿所在公司曾为那么多的KKR巨型交易铺平了道路，他在一次私人午餐中警告克拉维斯，雷诺兹－纳贝斯克宣告破产也许是KKR的唯一选择，这真是最为可怕的打击。

尽管蒙受了一轮轮的羞辱，但克拉维斯、罗伯茨和他们的助理还是紧密团结，寻求解脱之道。该收购中介的高管们在他们的个人电脑上演算财务模型，分析可能让雷诺兹－纳贝斯克摆脱财务困境的200多种方案。泰德·阿蒙、斯科特·斯图尔特和克里夫·罗宾斯的整间办公室里堆满了灰色和蓝色的文件夹，他们在考虑每种方案。"大家一起来解决这个问题。"克拉维斯坚定地告知公司里的人。在20世纪80年代那个时期，许多华尔街冒险家的职业生涯被毁，他们充满恶意地相互攻击，但KKR的人们保持了团结。"这是我们的未来，"克拉维斯后来指出，"如果此次不成功，那么14年后才会再有机会。"

盛信律师事务所的资深律师迪克·贝迪自20世纪70年代早期就开始给克拉维斯当顾问，他更加直率地指出KKR的利害关系："别让任何人收拾了你，这关乎KKR的存亡。"

自从格洛丽亚·薇拉事件发生以后，KKR内部就有了一个禁忌，对致命的雷诺兹-纳贝斯克重设债券的缘由一个字也不能提。理由也说得过去：该债券的存在，不过是在对雷诺兹-纳贝斯克激烈的收购竞争中一系列不可思议的偶然事件的产物。1988年秋天的大部分时间，KKR的谈判团队得心应手地把握了自己的决定，但是犯了一个决定性的小失误——在KKR的经理泰德·阿蒙和德崇的彼得·阿克曼之间产生了混乱。

在1988年11月竞买雷诺兹-纳贝斯克的过程中，负责拍卖的外界投资银行人员开始暗示何种投标会胜出。其中一个信息是，对使用垃圾债券为收购提供资金的方案要保持警惕，因为这些垃圾债券将会被强行塞到现有股东的手里，换取他们手上持有的股票。两位投资银行人士拉扎德兄弟公司的合伙人费利克斯·罗哈廷和狄龙·里德公司的高管富兰克林·霍布斯（Franklin Hobbs）最积极主动地掌控拍卖进程，他们都对这种"强迫接受"的垃圾债券不屑一顾，认为多数此类证券的实际价值远远低于其面值。"有些投资银行在胡言乱语，什么实际价值70美分的债券应该被视作1美元，我们真的听烦了。"一位拉扎德兄弟公司的合伙人后来说。"现金才是最值钱的。"狄龙·里德公司和拉扎德兄弟公司的人员不断告诫投标人。

麻烦的是KKR青睐发行垃圾债券。从1984年起，该公司一直激进地使用垃圾债券，将其视为竞标手段中的重要组成部分。所以在竞标雷诺兹－纳贝斯克的6个星期里，德崇的交易经纪彼得·阿克曼和KKR的高管泰德·阿蒙竭力维护垃圾债券，同时还要打消雷诺兹－纳贝斯克拍卖主持人的顾虑。在1988年11月14日那个星期，阿蒙和阿克曼告知拉扎德兄弟公司的一名中层主管乔纳森·卡根（Jonathan Kagan），KKR要发行至少30亿美元的"强迫接受"的垃圾债券，但或许会在一两年之后重新调整该债券的利率。[2] 卡根被说服了。要想让垃圾债券在财务上显得牢靠，这看起来是正确之举。阿蒙并没有马上同意阿克曼的所有建议，但是卡根认为此观点值得进一步探讨。

然后，到了1988年11月19日（星期六）的上午，KKR的垃圾债券条款却在意想不到的情况下敲定了。前一天晚上，KKR已经正式提交了对雷诺兹－纳贝斯克的94美元/股的报价。星期六，20人组成的KKR谈判团队抵达雷诺兹－纳贝斯克的律师行——世达律师事务所的办公室，对投标进行解释。德崇的阿克曼本应到会讲解该垃圾债券，但因为日程安排上出了差错，有人在前一天告诉他不用到场。既然空闲了，阿克曼就飞回了加利福尼亚的家中。结果在律师事务所的办公室里大家发疯似的到处找阿克曼，实在不行至少也要能听到他的声音。就像《绿野仙踪》（*The Wizard of OZ*）中描述的那样，这位德崇交易经纪的声音通过会议桌中间的一只小金属扬声器传遍整个房间。虽然几个小时前刚完成穿越整个国家的飞行，阿克曼却异常平静，充满说服力。他列举出KKR出价的各种优势，把最强的部分留到了最后。"除此之外，我们的文件中还注明了重设的特性。"这位德崇的交易经纪宣布道。[3]

KKR的首席律师迪克·贝迪大吃一惊。他坐到KKR团队中间的时候，完全确信他已经了解了KKR竞标的所有细节。就在前一天下午，他还用了6页纸列出了所有的条款，文件中没有提到任何重设。贝迪抓起一张废纸，慌忙写下:"我们有重设这个条款吗?"把纸条传给坐得最近的KKR助理克里夫·罗宾斯。

罗宾斯很快传回来:"我不知道啊,但是现在我们可能是要这么做了。"

罗宾斯猜对了,狄龙·里德公司和拉扎德兄弟公司的投资银行家们揪住了可重设的债券,要想中标这是关键的一部分。最终他们认为,有办法降低强行送到股东手中的债券的风险。如果这些债券发行之后价格下跌了,只需要抬高利率使得债券价值更高就行了。

在KKR接受重设债券时,另外一家主要的参与投标雷诺兹-纳贝斯克的机构约翰逊-协利证券团队却犹豫了。协利证券公司的执行董事詹姆斯·斯特恩(James Stern)告知拉扎德兄弟公司,只有在限定最高利率不超过17.5%的情况下才能接受重设条款,这一利率几乎是雷诺兹-纳贝斯克历史上最高利率的两倍。斯特恩表示,协利证券公司不可能支付比这更高的利率。[4]相反,KKR的人员几乎毫不担心重设债券的利率可能会高到什么程度,他们自鸣得意地期望重设条款在一两年后还能让他们降低债券的利率呢!阿蒙后来指出,几乎所有KKR控股的收购随着时间的推移其财务状况都越发稳健,使诸如碧翠斯这样的公司在被KKR收购后的几年里都减少了借款成本。1988年11月29日的简要会谈上提出了考虑对债券的重设利率设定上限,但这一考虑被否决了,无论克拉维斯还是罗伯茨都没有参加这一会议。KKR的助理斯科特·斯图尔特后来回忆说:"当时千头万绪,此事只是其中之一,我们怎么可能知道此事会变得如此重要?"

在买下雷诺兹-纳贝斯克之后的好几个月之中,KKR高管并未认真地考虑赶紧给公司的重设债券设定一个新的固定利率,这就像房主决定把浮动利率的按揭贷款锁定到固定利率一样。在每次会议上,顾问人员都会辩解说此事无须操之过急,KKR要到1991年2月才需要重设债券的利率。以美林公司的杰弗里·贝伦森为首的几位顾问认为,KKR等的时间越久,雷诺兹-纳贝斯克的财务状况也将越趋于合理并使利率能降得更低。雷诺兹－纳贝斯克的60亿美元重设债券起初在市场上曾以13.71%的利率交易，在1989年夏天曾有三次可以锁定在14%的新利率上的机会都错失了。当时只有德崇的彼得·阿克曼反对，他在一次会议上发出忠告："如果我是你的话，我现在就启动重组程序。没有人能预卜未来，收购雷诺兹－纳贝斯克的好消息已经过气了，公司还有60亿美元的票据需要偿还。如果你们现在能重组，就应该马上行动。"[5]

几个月后，人们以慢动作回放阿克曼的话，怀疑他曾力图警告KKR后来出现的巨大麻烦，但当时人们都以为这个德崇的经纪人只是固执己见而已。

1990年1月末，重设债券的危机突现。一旦穆迪的降级让雷诺兹－纳贝斯克的垃圾债券崩盘，根本就不清楚有没有什么利率，无论多高，还能不能履行将该债券重设的义务。就像希尔斯博若一样，一家KKR旗下公司的面前，隐隐出现了财务崩溃的迹象。表面上看，将雷诺兹－纳贝斯克的债券利率提升到25%或30%，或许能把债券恢复到向投资人承诺的价值，但是在这样的利率下，巨额的更高的利息将使公司陷于无可挽回的亏损中，雷诺兹－纳贝斯克的资产负债表将崩溃。用不了多长时间，雷诺兹－纳贝斯克的全部债务，包括重设债券，都将被迫违约。⊖

克拉维斯意识到其公司的整个未来突然间与垃圾债券市场的命运息息相关，他决定于1990年2月初走出KKR的办公室，亲自与债券持有人会晤。

⊖ 雷诺兹－纳贝斯克的重设债券在三个方面确实与希尔斯博若有所差别，但它们都给了KKR一线生机。它们不用那么快地重设，KKR可以要求在1991年2月9日前的任何一天调整利率，这是完成收购的两年之后了。还有，对于未能实现重设的惩罚也不像希尔斯博若案例那么明确地落于纸面，虽然大家都相信这种惩罚很可怕。另外，不同于希尔斯博若债券的是，雷诺兹－纳贝斯克债券是一种"实物支付"债券，在1994年之前都可以用发行更多垃圾债券的方式来支付利息，这就意味着无论新的利率有多高，都不会马上耗光雷诺兹－纳贝斯克的现金。但是如果重设利率超过25%，这些债券将会以令人恐惧的步调产生出新的"债生债"，最终雷诺兹－纳贝斯克将会被利息彻底击垮。

受美林公司交易经纪人的邀请,克拉维斯同意在"腓尼基人"会所的一个大型垃圾债券会议上发表讲话,该会所由储贷机构的经营者查尔斯·基廷(Charles Keating)修建,位于亚利桑那州的凤凰城。有传言称,债券持有人对雷诺兹-纳贝斯克债券的巨额账面损失十分愤怒,但克拉维斯认为自己可以平息他们的怒气。克拉维斯和凯克斯特公关公司(Kekst & Co.)的一个演讲稿起草人坐在一起做准备工作,希望能发表一次鼓舞人心的、重建信心的演讲。

结果完全失败了。克拉维斯一站到"腓尼基人"的讲台上,不少人就开始起哄。面对大约500名强势的债券持有人,克拉维斯对这些心怀不满的债权人表现得过于尖刻和傲慢,指责听众"财务恐慌都是群体理性的混乱导致的,谁也不愿意挡在一头猛冲的畜生前面,美林公司都不敢"。没人觉得这是一个玩笑,畜生的比喻倒是冒犯了一些债券持有人。差不多所有的听众最近都在希尔斯博若、西曼家具公司和SCI电视公司的财务困境中遭受了损失,但克拉维斯仍坚称KKR的垃圾债券表现优异。

克拉维斯在演讲过程中,恐惧的潜流隐隐溢于言表。"我们面临重设问题,KKR在雷诺兹-纳贝斯克中的资产有可能会损失15亿美元……我们非常清楚地认识到雷诺兹-纳贝斯克的问题,以及对于雷诺兹-纳贝斯克和其净资产价值、高回报市场的前景,还有非常重要的KKR的未来影响。"克拉维斯最后恳请债券买方要和KKR这样的净资产投资者共同努力。在敌对的氛围中,克拉维斯的诉求毫无效果。克拉维斯的演讲并没有调动起听众中那些保险公司分析师、共同基金经理和储贷机构高管们的情绪,大多数这些投资组合的经理被其客户资产价值的突然下跌吓坏了,担心自己可能失业。由于杂志对克拉维斯奢华高调生活的渲染,他们也都非常了解,克拉维斯在杠杆大繁荣期间积攒了巨大的财富。"许多人对此很羡慕。"美林公司的贝伦森回忆道。在雷诺兹-纳贝斯克债券跌得如此厉害时,克拉维斯却拿不出具体的拯救措施,这让很多人倍感愤怒。

第二天，克拉维斯走过"腓尼基人"的门厅，徒劳地希望获得一些安慰，他比其他KKR的高管们更加渴求赞誉和公众的认可，这一次却遭人回避。一名垃圾债券共同基金经理后来说，"克拉维斯以居高临下的口吻同我们说话。"经验丰富的圣迭戈基金经理吉姆·凯伍德认为"这可不是米尔肯的那种讲话方式"。

稀稀拉拉的几个债券持有人走近克拉维斯并嘲弄他。一位债券持有人告诉克拉维斯："别忘了，是我们成就了雷诺兹－纳贝斯克的交易，是我们给你钱让你能做成这笔交易的。"[6]双方吵了一会儿，最后克拉维斯反驳道："不是哪家机构成就了我们，我们从所有人那里都得到了帮助。"

星期日，KKR的助理杰米·格林从旧金山赶来和克拉维斯参加接下来的会议。克拉维斯还因在会议中受冷落而心有余悸，根本不和格林谈论与债券持有人有关的任何话题。至少在好多个小时之中，他一心想在脑子里清空对那糟糕演讲的记忆。克拉维斯所有的魅力——如在做出承诺时微微张大的蓝眼睛，如关心其他人是否在椅子里坐得舒服，在500名持怀疑态度的债券持有人面前毫无作用。格林后来说："债券持有人们受了侮辱，他们认为我们什么也没做，也没有感受到亨利的诚挚。"

"诚然，我也不确定亨利本人是否明白我们该做些什么。"格林补充道。

就好像债券持有人的麻烦还不够似的，KKR的主管很快发现，同雷诺兹－纳贝斯克主要贷款银行之间的处境也非常可怕。1月末，格林提出对雷诺兹－纳贝斯克的70亿美元银行贷款做些变更，他以为这不过是例行公事。KKR略微调整了偿还雷诺兹－纳贝斯克债务的时间表。在名为《第七修正案》的更改中，格林希望相应地放松在银行贷款文件中的部分限制。在KKR的繁荣期，类似的修正从来不是问题。

这一次连银行都叛变了。一家银行称KKR太过"自大"，其他银行称美联储对于杠杆公司贷款的新准则十分严格，它们不愿再按照KKR的条件和它做生意。《第七修正案》的精确内容是要求取消银行对雷诺兹－纳贝斯克海外20亿美元担保物的索偿权，并许可该公司更为灵活地偿还于1990年2月9日到期的50亿美元银行债务。这对KKR来说倒是方便了，但银行方面则无法接受。

日本第一劝业银行（Dai-Ichi Kangyo Bank）美国分行的贷款官员们表示出最强烈的抗议，KKR甚至都不怎么知道这家日本大银行。第一劝业银行自1987年才开始提供杠杆收购贷款，在当初的雷诺兹－纳贝斯克收购中投入了6.5亿美元。令该银行尴尬和气馁的，还有它在1990年1月罗伯特·康波零售帝国倒闭中也蒙受了损失。当时该旗下布鲁明戴尔百货这样雄厚资产的魅力实在太有诱惑了，日本银行也和1988~1989年向该公司发放贷款的美国银行一样为该零售集团提供了贷款。一朝被蛇咬过，日本的银行可不想再犯一次错误。

花旗银行和大通曼哈顿银行的一些银行家们试图调解一下。他们督促格林在KKR的提案中加入一个支付给银行的"修改费"。这些银行家们并未明说自己的金额是多少，但后来表示有大约800万美元就十分满意了。KKR方要付出的这笔报酬虽微不足道，但是意味深长，等于承认银行占了上风。格林对此立即否定。

格林告诉大通曼哈顿银行人士爱德华·克鲁克（Edward Crook）："我们一年前已经支付过一大笔各种酬金了，怎么也应该能管一年吧。"

"以前是以前，现在是现在。"克鲁克回答。[7]

格林毫不退让，KKR在20世纪80年代曾给这些银行带来了最大规模的、最有利可图的杠杆交易，他深以这些名誉而自豪，根本不相信世界上的主要银行竟会杯葛KKR。

1990年2月2日，格林收到坏消息，KKR的贷款银行无法获得批准《第七修正案》所需51%的赞同票，仅有35%的银行同意格林的条款，格林回忆道，接下来的一个星期里极受"折磨"。如果《第七修正案》没有通过，从技术上来说雷诺兹－纳贝斯克就会违背其主要的银行贷款协议，而且只有十天宽限期来修复违约，否则其他信用协议也将陷于混乱。

银行家们并不想真的把KKR逼到系列违约的境地，因为如果那样的话，他们提供给该公司的巨额贷款哪里还有什么合理性可言？相反，部分银行宁愿玩一场体现了金融"陋习"的巨型博弈，押宝KKR为了避免财务崩溃最终还是会屈从于银行的条件。"我们离破产还很远很远，不过确实是朝着那个方向滑过去了。"一位信孚银行的贷款官员回忆说。

到了2月7日，银行总算是有所松口。太阳神户银行（Taiyo Kobe Bank）、北海道拓殖银行（Hokkaido Takushoku Bank）和其他七家小贷款机构在发给雷诺兹－纳贝斯克的伟凯律师事务所（White & Case）的传真中宣布，它们将批准《第七修正案》。这样KKR拿到了对杰米·格林条款54%的赞成票，既然批准《第七修正案》已经无可避免，在几小时内其他银行也勉强同意了，只有第一劝业银行还是拒不同意。[8]

违约，至少从技术角度来说，只有不到48小时就将发生了。

因遭受世界上其他金融机构的摈弃，KKR的高管们在1990年2月的大部分时间里挤在纽约的办公室里探讨如何处理重设债券的事情。尽管距雷诺兹－纳贝斯克的垃圾债券必须重设还有14个月，但时间已经成为他们的敌人。如果他们不能尽快找到合理的解决方案，根本无法预知债券会跌到什么程度。

KKR经理人泰德·阿蒙后来回忆道："那是一些黑暗的时刻。"克拉维斯和罗伯茨都不断在夜半惊醒，他们的头脑中回旋着恐惧和财务流程。失眠最严重的是31岁的KKR助理克里夫·罗宾斯，他毕业于哈佛大学和斯坦福商学院，此前的生活是从一个成功走向另一个成功。一年前，他相信对雷诺兹－纳贝斯克的收购会使他在某天成为百万富翁，就将自己所有的积蓄都投资到这家烟草和食品公司里，现在他可能面临人生中头一次严重的失败。周末，罗宾斯呆望天空，深为重设债券所困扰。好几次，他的未婚妻不得不把他摇醒到现实中。罗宾斯后来回忆道："这是最困难的一次收购，事情变得无论多么糟糕，我们还是无法脱身。"

不久，在KKR内部形成了战友般的患难情谊。罗伯茨在旧金山以战略家的面目出现，他在周末同KKR的助理们在电话中长时间地对话，无所不谈。每个星期六早晨，斯科特·斯图尔特都会接到罗伯茨打来的长达1小时的电话，每个星期天下午，就轮到泰德·阿蒙接听电话。9

在纽约，克拉维斯是一名乐观主义者，他总能找出各种话题，希望同事们能保持士气高昂。克拉维斯不断强调，雷诺兹－纳贝斯克的基本业务运转正常，市场最终会好转。雷诺兹－纳贝斯克的总顾问拉里·瑞萨迪（Larry Ricciardi）配合盛信律师事务所的贝迪和另一位合伙人罗布·斯帕特（Rob Spatt），努力想办法看能不能绕过重设债务中一些最负法律义务的措辞。

从最宽泛的意义上来说，KKR只有两条出路，一条是赎回重设债券并弃置不用，另一条是设法把债券价格提高到某个点位，让债券能够在可以承受的利率下实现重设。两条路都被堵死了。背负重债的雷诺兹－纳贝斯克缺乏多余的现金买回哪怕是一小部分的重设债券，其进一步借款的能力也受到了一堆契约的限制。通过砍去部分雷诺兹－纳贝斯克的食品业务募集资金也不可行，卖掉Planters花生和Lifesaver糖果分部可能会有20亿美元以上的现金，但是按照1988年当初收购时的贷款条件，母公司出售子公司股权所获资金只能用于偿还银行的债务，不能用于购买债券。

由于整个2000亿美元垃圾债券市场的崩溃，KKR也无望拉升雷诺兹－纳贝斯克重设债券的市价。克拉维斯后来说，"这就像是在试图向上推绳子"。尽管雷诺兹－纳贝斯克第一季度的运营利润增长了35%，但债券价格也只是上扬了几小时，随后又恢复了跌势。罗宾斯说："我们尝试的一切方法均未奏效。"KKR曾经历了多年的欢乐时光，重设的混乱却让公司垂死挣扎。

1990年3月初，罗伯茨有了致力于摆脱困境的唯一的真正希望。这一补救措施远非理想，但这是唯一不会马上走进死胡同的选择。

　　雷诺兹-纳贝斯克需要多得多的净资产。克拉维斯和罗伯茨在1988年还最引以为荣的公司"悬臂式"财务状况对1990年来说是个危险的错误，KKR在那些超高杠杆公司高风险、高回报的世界里推进得太深了，债权人的哗变几近撕裂公司，已经到了战略性撤退到极其近似传统公司财务结构的时候了。

　　早在1989年年中，罗伯茨就曾游说，通过将更多净资产注入雷诺兹-纳贝斯克来削减其债务。他的首次提议过于不切实际：以10美元/股公开发行股票。到了1990年年初，罗伯茨变得现实多了，向普通公众投资者发售股票想都不用想，雷诺兹-纳贝斯克在支付了利息后依然有巨大的净亏损，投资人对公司的前景感到非常紧张。然而，也许有可能找KKR的巨额收购基金来获得资金。大约有32亿美元的收购基金还没有动用，这笔钱预留在那里，本是归克拉维斯和罗伯茨以他们认为适当的任何方式来支配的。

　　本质上来说，这是要让KKR的有限合作人不得不再次收购雷诺兹-纳贝斯克。

　　这一次，KKR将利用其合伙人的资金来减少雷诺兹-纳贝斯克多余的债务。罗伯茨寄望有限合伙人的支出能力能被新的银行贷款加强，实现一个在财务上更加强健的雷诺兹-纳贝斯克。通过把有限合伙人的现金和银行的贷款结合起来，KKR希望能够赎回一半或更多的重设债券，并以可以承受的利率重设其余的债券。

　　随着雷诺兹-纳贝斯克变成杠杆率低得多的公司，自然就不用再设定奢侈得多的收益目标了。在刚刚完成收购雷诺兹-纳贝斯克后那段轻浮的日子里，德崇的投资银行家利昂·布莱克曾经嘀咕，该交易也许每年可以带给KKR的投资人60%的回报。[10] 如此高傲的目标现在要变成妄想了，但是雷诺兹-纳贝斯克的财务健康，将使KKR获得强有力的支撑。在旧金山办公室里的办公桌前，或是周末在家里，罗伯茨草拟了雷诺兹－纳贝斯克新的资本结构并和他的助理们分享，主要是泰德·阿蒙。很快罗伯茨和阿蒙就对这个新想法表示信服，他们认为，通过注入净资产，财务上更加安全的KKR就可以避开重设债券的困境，而且依然能让KKR的股东们实现25%或30%的年收益。

在纽约，KKR的助理斯科特·斯图尔特开始埋头于罗伯茨那些提议中的准确数字中，他身材瘦削，刚从斯坦福商学院毕业不久，属于KKR内部的一个"数字运动员"，能够运用30～40页的计算机打印出来的华尔街版的"联立方程"数学问题，分析任何公司的财务状况。此次，斯图尔特将解决KKR历史上面临的最复杂的联立方程。对拟议中的再融资的任何一点点修正，例如银行贷款的规模、新的净资产的金额、重设债券可能的新利率，都会大大地改变其他任何部分。斯图尔特和同事、助理克利夫·罗宾斯每天数次进入阿蒙的办公室，详细讨论他们最新的分析。同时，美林公司的投资银行家也把十几个装满了美林公司所做的财务模型的灰色活页夹拿给KKR的助理们，阿蒙办公室里的计算机打印纸摞起来足有1英尺多高。阿蒙后来说："随便你怎么提排列组合，我们都能检验一番。"

只有罗伯茨的分析精简到极致。每一两周，他就飞到纽约去和KKR的助理们核对他那只有一张纸的表格。有时候他惯用的黄色写字板用完了，也会换成他钟爱的曼哈顿凯雷酒店的文具的残片。"在事情非常棘手的时候，"斯图尔特回忆说，"乔治就开始用一张半纸。"

随着KKR的思路的成型，下一步就是看银行是否合作。3月末，克拉维斯和KKR的助理杰米·格林开始测试性地推介了。两人造访了雷诺兹－纳贝斯克的三家牵头银行汉华银行、大通曼哈顿银行和花旗银行的董事长或副董事长（第四家牵头银行信孚银行对KKR非常忠实，用不着特意跑一趟）。克拉维斯的中心问题非常简单，只有一个：银行会贷给雷诺兹－纳贝斯克更多钱吗？高层银行家们的答复既礼貌又警惕，克拉维斯回忆说："每一家都说愿意帮助，但你分不清是客套话还是实话。"

同时,格林展开了更为艰难的行动:和大通曼哈顿银行、花旗银行、汉华银行、信孚银行等银行中实际决策的中层经理们展开硬碰硬的谈判。刚刚在2月初,《第七修正案》被挫败期间,杰米·格林身上还表现出 KKR 巅峰时期的骄傲、高效和些许自大,他召集下午3点开会,却让银行家们独自先聊着,他一直拖到下午5点才到场。他曾直呼银行人员"艾迪"和"吉米",尽管从高中毕业后就没有人这样称呼过他们。每当谈判有所停顿时,格林就会催促银行家们:"嘿!伙计们,接着来啊!"然而1990年的整个春天,杰米·格林都在吞下屈辱之果。商业银行不断提醒他,向杠杆收购提供的贷款已经萎缩到近乎为零。波士顿银行已经完全退出了杠杆贷款,加拿大帝国商业银行正在撤退,证券分析家和经济学家们向全世界提醒,为深陷质押的公司提供贷款过于危险。

谁也不像吉姆·弗格森(Jim Ferguson)那样不留情面。他是汉华银行里一位率直、暴躁的经理人,曾是 KKR 的主要贷款人,合作经历可以追溯到1985年的碧翠斯交易。要说谁有劲头并实际顶撞过 KKR,那就肯定是弗格森了。"你们需要我们,"他在一次大型会议中教训 KKR 的格林,"你们不可能从其他地方借到钱,其他资本市场已经拒绝你们了。你和亨利·克拉维斯应该每天早晨站在我们银行的大厅里,在银行主席麦吉利卡迪上电梯的时候向他抛撒金币,你们需要我们。"[11]

KKR 的人吃惊不已,还从来没有哪个贷款人对 KKR 如此出言不逊。斯科特·斯图尔特回忆道:"他这十年都十分痛苦,他对德崇赚到的大块利润尤其恼火,他的态度是:'我不认为杠杆收购业务还能存在。扯什么鬼交情,管它的什么 KKR。'"

还有一次,弗格森迁怒于 KKR 的美林公司顾问。"你们收了钱却说不出来这公司的价值?"弗格森不可置信地气急败坏地说道。"你们凭什么该收钱啊？你们以为收了这么多钱，就能说明你们很高明了？扯吧，你们一点儿也不高明。"

在弗格森展开激愤的长篇演说时，大通曼哈顿银行和信孚银行的人赶紧调解，向格林和美林公司的人保证，说他们可不那么敌对。然而私下里，其他的银行家说喜欢弗格森的指责。"他说话的方式让人难以容忍，但吉姆说出了该说的。"

到了4月初，KKR最艰难的困境来临了。自从希尔斯博若石棉肺案的律师威胁连KKR墙上的画作都要夺走以来，克拉维斯还是头一次因恐惧和愤怒感受到这么大的震撼。这次末日的消息来自马蒂·利普顿，他是WLRK律师行的头号合伙人，为整个重设事宜的仲裁人拉扎德兄弟公司提供顾问服务。在KKR办公室和克拉维斯的私人午餐中，利普顿说他已经在考虑KKR的各种选择了。有10种选择，但是其中9种都行不通，第10种选择就是雷诺兹–纳贝斯克宣告破产。

克拉维斯后来回忆说，"他这么说的时候，我惊得下巴都快掉下来了，我一开始以为他在开玩笑，但不是，他认真得不得了。"一系列痛苦的认识在克拉维斯的脑海里展现："我的上帝啊，你能想象出这对美国的金融机构有什么影响吗？对世界有什么影响？KKR肯定是要完蛋了。"

实际上，利普顿实事求是地向KKR施压，认为这一解决方案是KKR最佳的希望所在。在破产重组程序中，KKR或许能够说服债券持有人接受打折的索偿。利普顿继续说："这非常有可能是最好的权宜之计。"他的结束语带着微妙的嘲讽："我相信你对这个方案不意外，你有迪克·贝迪这样出色的顾问，他肯定已经考虑过这个方案了。"

"我们不会这样做。"克拉维斯马上顶回来。

"还是考虑一下吧。"在午餐几近结束时利普顿回答说。他的律师行里有不少相当棒的破产事务专家可以打理KKR的破产事务。在20世纪80年代中期，WLRK律师行的合伙人们从保护公司"抵制"恶意接管并主持把目标公司投入KKR怀抱的拍卖中赚了几百万美元，要是KKR即将崩溃，唯一合乎逻辑的是，WLRK律师行的律师应该再一次抓住赚钱的机会。[12]

KKR不顾一切地要证明利普顿说得不对，在5月初试探狄龙·里德公司和拉扎德兄弟公司，就解决重设债券的困局提出新的解决方案。克拉维斯和阿蒙要求美林公司的两名顾问杰夫·贝伦森和雷·明妮拉（Ray Minella）传达出一个新的建议，由KKR向雷诺兹－纳贝斯克注入10亿美元的净资产，买回部分垃圾债券，剩余债券以大约17%的利率重设。得到的回答又是一顿侮辱。狄龙·里德公司和拉扎德兄弟公司的回答是这不可接受，远远达不到预期，这件事情他们根本连谈都不会谈。为了让这个观点被深入领会，拉扎德兄弟公司的合伙人路易斯·瑞纳尔蒂尼（Luis Rinaldini）提醒KKR的代表们，拉扎德兄弟公司是一家私有的合伙公司，像瑞纳尔蒂尼这样的个人合伙人要对所犯错误自行承担法律责任。"我可不想因此被起诉。"他说。[13]如果执行了不适当的重设方案，愤怒的债券持有人很快就会将拉扎德兄弟公司的合伙人告上法庭，为其遭受的损失索偿数百万美元。"我们这里说的可是我那小女儿上学的学费啊！"瑞纳尔蒂尼决绝地说。

KKR无计可施。夹在汉华银行愤怒的银行家、打着破产主意的马蒂·利普顿和瑞纳尔蒂尼之间，美国头号的控股收购公司正在慢慢地被挤死。

5月中旬，KKR还有一线希望，找到银行和该公司长期的支持者养老基金最后摊牌，努力为雷诺兹－纳贝斯克达成一个大得多的拯救计划。KKR的杰米·格林回忆说："我们开始做好准备跳下悬崖了，没有人知道我们的降落伞是会张开呢，还是说我们会摔得粉身碎骨。"5月19日（星期天）晚上，在加利福尼亚一家乡村俱乐部的晚宴上，罗伯茨向KKR其他16位合伙人和助理阐述了精确的计划。第二天，来自俄勒冈、密歇根、哈佛和其他大机构的KKR所有的有限合伙人都将聚集在旧金山典雅的波特曼大酒店里召开年会，检视该控股收购公司的整个投资组合。在两天会议期间的大部分时间里，KKR 将要尽其所能地说服和安慰其支持者，在会议的第二天，罗伯茨将登上讲台讨论雷诺兹－纳贝斯克事件。

在 24 小时中，KKR 的前途命悬一线。从文件字面上看，克拉维斯和罗伯茨拥有无限制的自由，可以随意动用他们的有限合伙人的资金。但如果有限合伙人认为拟议中的向雷诺兹－纳贝斯克注资明显有损其利益，他们将会在每个环节上都奋起反对，甚至采取法律行动阻止 KKR 动用他们的资金。

旧金山会议召开的第一天，KKR 尽力营造出一派成功的形象，忽略掉过去一年遭受的重创。金霸王的罗伯特·基德被选出来先发言，他讲述了该公司取得的显著进展，在每个与会者的椅子上都留下了一件免费的橙绿色包装的 AA 电池。塞夫韦的彼得·马高恩用另一桩在财务上取得成功的案例填满了第一天的会议。克拉维斯和罗伯茨对每次演讲中的错误都表现得很大度，和较小的投资机构的人长时间地交谈，在晚宴时发放克劳斯钢笔，以此表示"对我们的合伙人的敬意"。但是整个第一天，焦虑不安的潜流越聚越多。[14] 克拉维斯对媒体很恼火，在波特曼酒店的入口处布置了保安，告诫投资人们记者可能会化妆成侍者偷偷地混进来。当天晚些时候，希尔斯博若的主管郁闷地谈到该公司的破产状态，第一天晚宴后的演讲人、哈佛的经济学家迈克尔·詹森谈到"金融的政治"，暗示一些心胸狭窄的政治家正在侵扰 KKR 和德崇这样的金融创新者，摧毁其业务，这给局势传达出一个忧郁的注解。听众中的投资人们感受到了克拉维斯前所未有的紧张、恐惧的一面。

此后终于摊牌了。会议第二天的上午 9∶30，罗伯茨走上讲台，开始发表其职业生涯中最事关重大的销售推介。"我明白你们想知道我们将如何处理雷诺兹－纳贝斯克。"他开口了，讲话的时候没有任何讲稿，他的声音依然和以往一样平静。"我们已经研究了一堆一堆的可能方案，如果把这些方案堆起来，能有 3 英尺厚，铺满整个讲台。那么，我们在里面筛啊选啊，现在剩下大约这么厚。"他举起拇指和食指，分开大约有 1 英寸。

"我们的方案是寻求给雷诺兹-纳贝斯克注入更多的净资产。我知道你们中有很多人关心的是在当前局势下做杠杆收购投资，但是世界上哪有什么地方能复制这样的投资呢？这家公司拥有乐之饼干，占脆饼市场 58% 的份额；拥有奥利奥甜饼，占该市场 48% 的份额，它在相关领域拥有 14 个位居第一或第二的品牌。除了在这个房间里的人拥有的产业外，世界上哪里还能找到这么多值得拥有的生意呢？你们不可能复制。我们在雷诺兹-纳贝斯克中所做的正是我们所说的。不管舆论和华盛顿怎么说，我们认为我们做的是对的，是成功的，是富有成效的。我们要壮大雷诺兹-纳贝斯克，保护雷诺兹-纳贝斯克。"

几分钟后，罗伯茨很绅士地总结了自己的讲话。"我们也许很快就需要你们同意向雷诺兹-纳贝斯克投入更多资金，"他说，"很可能数目很大。"[15] 投资者们平静地点着头。在这个紧张的时刻，罗伯茨准备好了接受听众提出恶意的问题，或者是一场大叛乱。如果没有钱，KKR 就完蛋了。

一只手从听众中举了出来，这是一个急于抢问第一个问题的投资人。他是罗杰·迈耶，俄勒冈投资委员会的前主席，目前已经退休，但仍在 KKR 的交易中投入了部分个人的资金，他也喜欢参加这类会议。"KKR 不能用略有不同的方式解决其财务难题吗？"迈耶疑惑地问道。

"不能，"罗伯茨回答道，"但是我们确实已经考虑过其他的可能了。"

接下来的几个问题都是赞同的，惊心动魄的紧张时刻已经过去了。投资人不再反对，愿意对雷诺兹-纳贝斯克展开拯救。俄勒冈投资理事会的新任主席卡罗尔·休伊特（Carol Hewitt）后来说，"乔治的演讲太精彩了，散会后我都想买雷诺兹-纳贝斯克的债券了。"至于 KKR 年轻的助理们，更是对罗伯茨的演讲感到骄傲，只想着大声欢呼出来。

现在有把握了，KKR 需要多少钱，就可以尽可能多地提取有限合伙人的资金了。KKR 的高管们又和信孚银行、大通曼哈顿银行、花旗银行和汉华银行重新开始谈判。罗伯茨解救雷诺兹－纳贝斯克的蓝图,需要大概 20 亿美元的银行贷款,出售 16 亿美元的年分红率 10% 的优先股,再加上 15 亿美元以上的净资产注入。这些新的银行贷款、优先股和新的净资产加到一起,可以赎回一半以上令人讨厌的重设债券。KKR 的助理杰米·格林向银行提交了一份详细的贷款方案,等待其回应。即便处于 1990 年春天反对杠杆融资的氛围中,格林还是相信像雷诺兹－纳贝斯克这样正在加强其资产负债表的公司能从银行得到更多贷款,只是他不知道这些额外的贷款要付出什么样的代价。

大通曼哈顿银行的玛丽亚·比奇(Maria Beechey)让格林知道了这代价有多高。比奇是一位 30 多岁的干练、礼貌的英国女士,在那年春天已经被其他银行选作与 KKR 打交道的发言人。5 月下旬,从来不会不加掩饰地粗鲁对人的比奇在雷诺兹－纳贝斯克的总部和格林开始了一次决定性的会谈,她让格林放心,每一方都想共同配合工作,面对"困难的市场形势"。然后,她拿出来的银行收费单把格林打懵了。各家银行索要 5000 万美元的修改费,然后才能安排任何新的贷款,它们还索要承诺费、融资费和设施费,共计达贷款总额的 5.5%,远远超过平常的 1%～3%。比奇没有继续往下算,但格林算出来了,这些银行是想要近 2 亿美元的费用。

格林吃惊地听着,对着自己低语着:"你肯定在和我开玩笑吧。"另一名银行员工看着格林,担心他会呕吐起来。但是格林尽最大努力,以比奇设定的干脆和端庄的语气回复说,KKR 会对此考虑并于一两天内给予答复。[16]

最初,KKR 的其他经理人都气坏了,难以置信。克拉维斯说:"我们知道收费会很贵,但是这也太可恶了。"过了几天,KKR 的人屈服了。助理斯科特·斯图尔特回忆说:"银行说'要么接受,要么走人',我们不得不接受。"

14 年了,这些商业银行一直在帮助克拉维斯和罗伯茨,让他们变得非常非常富有,现在银行也要找回平衡了。在 20 世纪 80 年代中期的那些光荣岁月里,银行家们争夺给克拉维斯或罗伯茨贷款的特权的 KKR 财务氛围已经彻底转变了，现在KKR的名号不过是一种负债，代表着过于雄心勃勃。克拉维斯和罗伯茨必须以费用的形式付出一大部分财富，才能让银行把他们从重设债券的困境中拯救出来。

向来给自己设定最高收费的KKR自己，这次一点儿意外之财都赚不到，这倒也合理。整个20世纪80年代，克拉维斯和罗伯茨都无耻地榨取最高的交易酬金，对塞夫韦控股收购的6000万美元，此后对雷诺兹－纳贝斯克收购的7500万美元，都创造了世界纪录。然而，1990年春天，KKR胆怯了。无论是克拉维斯还是罗伯茨，都告诉他们的助理，因解决KKR自己搞出来的问题再去收取费用"是不合适的"。

6月初，KKR正式向有限合伙人索要资金，把传真发到了俄勒冈州、密歇根州、纽约州和其他几个州的州财政官那里。就像在旧金山会议上表明的那样，KKR需要将17亿美元注入雷诺兹－纳贝斯克，这是KKR最大的一笔净资产投资。有限合伙人们没有异议地将资金打入KKR在汉华银行的特殊账户。KKR曾要求其合伙人对资金注入保密，但是有70多家合伙公司参与其中，要想长期保密是不可能的。《华尔街日报》在6月13～26日的系列文章中，揭示了KKR拯救计划的细节，说明雷诺兹－纳贝斯克"将躲过潜在的债务危机"，尽管"KKR的潜在收益会被缩减"。伴随着新闻报道，到6月底重设债券上涨了大约20%，达到面值的85%。债券持有人开始感到他们的麻烦将要暂缓。即使如此，这些债券交易的价格还是低于KKR需要实现的水平。

6月中旬以后，敲定银行贷款成为KKR的决定性任务。格林负责此事，罗伯茨不断地催他加快进度，担心延误可能让KKR失去机会。5月末，格林说，也许需要90天才能完成雷诺兹－纳贝斯克的再融资，不过一种简单得多的交易可以在三周内完成。他在告诉罗伯茨这个日程表两天以后，就在办公室里发现了一个给他的包裹，那是罗伯茨的礼物：一张自制的日程表。在一张巨大的白色美术纸上，罗伯茨和他的秘书用巨大的黑体字母标计出21天。最后的那一天，6月末的某天，画了一个红圈。[17]

格林在匆忙游说美国、日本和欧洲的25家知名银行的过程中，发现贷款的基本点在于雷诺兹－纳贝斯克基本业务的健康程度，以及所涉及的巨额酬金。记者在1990年6月26日的《华尔街日报》上所披露的内容显示，雷诺兹－纳贝斯克为了完成再融资，最终的预算达到了惊人的2.5亿美元酬金。（银行稍微减少了一点儿要价，但是律师们、印刷公司和投行员工们又在比奇最初的账单上追加了5000多万美元。）雷诺兹－纳贝斯克的高层主管很吃惊，"这比雷诺兹－纳贝斯克的Planters/Lifesaver分部一年赚的钱还多"，郭士纳告诉KKR的人们。自从戴上了雷诺兹－纳贝斯克的头盔，郭士纳每个礼拜都和他的经理们拼命削减成本，将投资事务部的员工从20人减到3人，在小额开支上诸如地毯、文具等都要锱铢必较。突然之间，郭士纳被告知要把所有省吃俭用节省下来的钱，而且这还远远不够，都用到他从来没有谈判过的一个财务拯救计划之中。郭士纳告诉格林："想想这些家伙收这么多钱都觉得害怕。"可是要是想做成交易，这笔巨额的银行收费就是不可避免的。

一家又一家银行表明支持雷诺兹－纳贝斯克的再融资方案。花旗银行的每日记录显示出，最初的强烈抵制逐渐转变为无所谓的态度，再到关切，最终是再次迫切地提供贷款。KKR以重现其传统的魔法赢得了最后的欢呼。7月6日（星期五），KKR最终获得70亿美元的银行贷款承诺，是所需要金额的3倍。杰米·格林没能在21天期限内完成融资，拖延了大约2周，但罗伯茨并不介意。雷诺兹－纳贝斯克很快就借走了22.5亿美元，这是该烟草和食品公司现有贷款协定中所允许的最高值。多出来的那些贷款承诺带给伤痕累累的KKR合伙人和助理们巨大的心理安慰。

由于一些银行家藏不住话，KKR再融资计划的细节于6月底和7月初为更广范围内的人们所知晓。利用银行贷款、KKR合伙人们提供的净资产资金和发行新的优先股，KKR将买回大约2/3约44亿美元的重设债券。投资者正在分析细节时,重设债券已经上扬到面值的88%,其自我恶化的恶性循环最终被打破。KKR还不能精确地预测出狄龙·里德公司和拉扎德兄弟公司会把新利率设置成多少,但明确的是要将雷诺兹－纳贝斯克债券拉回到接近面值的交易价格,不需要大幅提高利率了。

债券持有人缓慢地从最初的冷嘲热讽转为愿意以KKR的条件卖出重设债券,让交易得以推进。有一部分债券持有人,比如CNA保险公司的投资组合经理希勒·温伯格(Hillel Weinberger),甚至开始对米尔肯时代债券的原措辞感到心满意足了。⊖ "你得搞明白一件事,"温伯格在6月末答复一名提问者说,"这个交易要做成,对KKR来说很重要的是执行完。"至少对他自己来说,单凭对雷诺兹－纳贝斯克的信任就已经是再次买入债券的理由了。不过其他的债券持有人还是保持了谨慎态度。再融资很有可能会弥补他们在雷诺兹－纳贝斯克债券上的惨重损失,但是不会给他们带来净利润。

7月9日(星期一),克拉维斯和罗伯茨已经准备好完成最后一步了。盛信律师事务所的律师迪克·贝迪致电拉扎德兄弟公司和狄龙·里德公司的投资银行家,说KKR将在接下来的一周里进行重设。

克拉维斯已经花了一些时间向狄龙·里德公司的富兰克林·霍布斯和拉扎德兄弟公司的合伙人戴蒙·梅扎卡帕(Damon Mezzacappa)简要介绍了KKR的计划。在同全体债券持有人的协商持续了几个月之后,克拉维斯最终得以重拾他所擅长维持的那种讨论氛围。这些会议闭门进行,只有一部分人参与,礼貌和自信又一次被别人看重了。以罗伯茨的再融资方案为基础,克拉维斯将道出KKR的需要。

在一个错综复杂的程序中,新的重设利率将由狄龙·里德公司、拉扎德兄弟公司和KKR当时主要的华尔街顾问美林公司共同努力设定。如果以上几

⊖ 温伯格认为这时增加买入债券更有利可图。——译者注

方出现意见分歧，第四方投资银行将介入弥合分歧。截至7月14日（星期六）晚上，在顾问们就将雷诺兹－纳贝斯克垃圾债券再次拉回面值所需的新利率所做的评估中，相互间的分歧已经缩小到1.5个百分点以内。

7月15日（星期日），所有人挤在盛信律师事务所的一间会议室内，进行最后一天的讨论。雷诺兹－纳贝斯克的郭士纳穿着运动服，从楠塔基特岛的短期休假中飞回来。其他人，包括克拉维斯和罗伯茨，都穿着休闲装，领口敞开着。

下午1点，拉扎德兄弟公司和狄龙·里德公司的顾问们回复他们建议的重设利率：一个级别的债券是17.5%，另一个级别的是18%。美林公司和KKR的分析一致，认为两种级别的债券都取16.5%就足够了。投资银行家们所推荐的利率之间差异不大，无论折中利率是多少，KKR都能够接受。为解决分歧，各方都转而向帝杰证券公司（Donaldson Lufkin Jenrette Securities Corporation，DLJ）寻求意见，这是一家中等规模的华尔街公司，具有丰富的垃圾债券方面的专业知识，还可以称得上处于中立地位，它大概是唯一的有点儿规模但是在过去两年中一个项目都没和KKR合作过的华尔街公司了。在DLJ位于曼哈顿中心城区的办公室里，其投资银行家约翰·麦克马洪（John McMahon）和几位同事开始就选择哪个利率进行审议。

星期天的下午慢慢地过去了。KKR和雷诺兹－纳贝斯克的经理以及他们的律师每人从兜里掏出100美元，算是即兴的办公室赌局。大约30人打赌DLJ将选定多少利率，以及第二天雷诺兹－纳贝斯克债券的交易价格。这让人想起海湾石油公司、碧翠斯或雷诺兹－纳贝斯克拍卖最终阶段的难忘时刻，那时，克拉维斯、罗伯茨和他的朋友们为了舒缓数十亿美元交易的压力，玩着扑克赌局或是围观下注。这一次，克拉维斯和他的同事们不是要赢得另一次大收购，而是要挽救陷于危难之中的KKR做得最大的一笔交易。

经过8小时的深思熟虑，DLJ的麦克马洪于晚上9:15致电盛信律师事务所。他几乎正好平分双方的差距，稍微偏向较高的狄龙·里德公司/拉扎德兄弟公司的分析。新的雷诺兹-纳贝斯克重设债券的利率将分别是17%和17.375%。⊖紧张时刻终于过去了。

大约晚上10点，克拉维斯、罗伯茨、雷切尔和3位KKR的合伙人来到克拉维斯的家里吃晚饭。环绕着他们的是这位收购之王的炫耀品：萨金特的巨幅绘画，马毛装潢的椅子，还有克拉维斯的主餐桌上巨大的银烛台。然而，这不是想象中的庆祝，这不过是在克拉维斯的主餐厅边小桌子上家常的意大利面晚餐。克拉维斯转向他年轻些的同事们，给每个人送上问候。他对阿蒙、罗宾斯、斯图尔特说："干得挺棒。"KKR的这个团队有那么一会儿时间，再次追忆了6个月来的惊心动魄，对狄龙·里德公司和DLJ最终给债券设定那么高的利率感到不快。不过晚餐的主调还是疲倦和解脱，提心吊胆的日子过去了。

到重设事件结束时，KKR已经失去了它黄金时期那看上去轻松愉快的魅力。克拉维斯、罗伯茨和他的同事们已经努力从不期而至的金融危机中争取到了一个不那么完美的缓解结果。他们本不想再次买下雷诺兹-纳贝斯克，本不想接受垃圾债券的高重设利率。他们勉强地放弃了依然能为他们的投资人赚到60%年收益的期望；资本上更加保守的雷诺兹-纳贝斯克能赚到30%就挺幸运了。

KKR的一位高层顾问后来说："我们为了达成交易放弃了太多利益。"但是KKR生存下来了。

1990年7月以后，克拉维斯和罗伯茨继续新的控股收购，但他们不像以前一样野心勃勃了。他们14年来对创造新纪录的痴迷，对不断超越最大交易

⊖ 克拉维斯和罗伯茨的赌注都不灵。两个人都下过注之后，克拉维斯觉得他的初次选择不太好，想改变一下。"这可不行啊，"KKR的经理泰德·阿蒙教训他，"你得再掏钱下个新注才行。"这家伙可是个经过训练的律师，克拉维斯说不过阿蒙，只能再掏100美元下注。他的两个赌注都下错了。最后两个猜得最准确的家伙，杰米·格林和雷诺兹-纳贝斯克的CEO郭士纳平分了赌金。

的痴迷，看来终于结束了。即使在他们的说笑中，这对表兄弟也表现出自大学以来就很少有人见过的惬意和轻松的一面。

在重设事件结束后不久的一天早晨，KKR的两位主要合伙人在纽约公司的办公室里吃早餐时咯咯地笑了起来。"你听说了吗？"克拉维斯问一位访客，"我们要回到贝尔斯登去上班。"

罗伯茨说："是的，我们要去为埃斯·格林伯格（Ace Greenberg）工作，他总是说希望我们回去。"

克拉维斯接着说："只不过我们得从底层干起，从当助理开始。"[18]

第14章 债务退出，净资产进入

MERCHANTS OF DEBT

雷诺兹-纳贝斯克的危机改变了亨利·克拉维斯和乔治·罗伯茨的生活。但在此之前，倒是很容易认清他们给世界带来了什么。在 KKR 成立后的 14 年中，该收购公司的显著特征可以只用一个词表达：债务。

债务虽有危险性，但也颇具诱惑力，克拉维斯和罗伯茨则向来认为完全可以发挥债务这种金融力量的优势。在职业生涯的早期，克拉维斯向勉强的公司执行官们推介高债务收购时，总是这样说："了解一下这种方法吧！一开始看着也许有点儿吓人，不过它肯定能搞成事儿！"罗伯茨在 20 世纪 80 年代中期颠覆了传统的贷款人-借款人关系，让银行家们感到有机会贷款给他完全是三生有幸。随着 KKR 变得越发强势，克拉维斯和罗伯茨仅凭一件事就足以获得其影响力：他们能比其他任何人更快地借到更多的钱。这对表兄弟引领着一场运用杠杆的潮流，改变了美国企业界对借钱来运作的观感，这一潮流挑战了传统信念，一家全部雇员能挤进一辆车里的小公司就能周密地协调好 500 亿美元的贷款。在几年之内，克拉维斯和罗伯茨就让曾经令人厌恶的债务水平看起来那么诱人，甚至激起了人们极大的兴趣。

然而，随着一个新的时代拉开序幕，一系列的打击让高债务融资的世界变得支离破碎。债务违约四处蔓延，1988 年发行的垃圾债券中大约有 38% 不能准时支付利息。从 1990 年 7 月开端的衰退揭示出高杠杆下的公司有多么脆弱，它们的收入枯萎了，但是利息还是那么高，日复一日地累积。税法的修改让收购代价更高，基于债务的收购远不如以前那么有吸引力了。对旧有秩序的最后一击是公众们针对债务获利者的思潮发生了剧变，任何人，哪怕是克拉维斯和罗伯茨,都不再能轻松愉快地借到数十亿美元了。

然而KKR这个曾居于潮流顶峰的公司,依然是少数几个全身而退的公司之一。它的合伙人们既没有破产也没有受到起诉,他们没有像很多过去的合作伙伴那样解体或退出该行业。有一些运用杠杆的收购中介们对局势不抱幻想,往往在40岁的时候就选择退休,开办自己的小公司或开拓新领域,甚至包括跑到怀俄明州开个牧场,或到伦敦的政治学机构任职。KKR的人们不是这样。克拉维斯、罗伯茨和他们的助理们留在原处不动,努力寻求怎么做新交易,怎么挣更多的钱。

作为本能的机会主义者,KKR的执行官们很快就给自己发明了新角色:如果不能再以创造债务的方式发达,就以消除债务赚钱。从1990年年初开始,KKR不再是美国最大的公司借款人了,甚至连借款人都算不上了。相反,KKR做了个了不起的大逆转,变成华尔街发行股票金额第一的公司。在1990年和1991年连续两年中,KKR的执行官们疾风骤雨般地将他们表现最好的被收购公司上市,募集到超过25亿美元。一个又一个地,塞夫韦、金霸王、马龙-海德的AutoZone分部、雷诺兹-纳贝斯克、Stop & Shop和欧文斯-伊利诺伊玻璃公司开始在纽约证交所交易,其中大多数在上市时相比KKR的投资人们买下股票时的价格执行了很高的溢价,而几乎所有收入都被用来削减曾是KKR显著特征的巨额借款。

杠杆的时代,就这么令人惊讶地被其创始人终结了。随着被收购公司的资产负债表回到更加正常的水平,严厉的"债务纪律"放松了,在20世纪80年代下降了的公司信用级别也得以恢复。1991年中期,标准普尔的分析指出,很多年之后美国企业界的信用升级更加普遍,信用降级则减少了。

随着KKR的合伙人们开始反转此前一个时代中他们的杰作,其自身也显得不那么重要了。几年前,杂志的封面文章还谈论着"少数几个华尔街人手中拥有的巨大权力"[1]以及"公众公司的黯然失色",这些恐惧和激动现在来看是被大大地夸张化了。克拉维斯和罗伯茨不再是不断扩张的企业帝国的主人，他们仅对其关系密切的90个左右被动投资人负责。相反，新的公众股东开始分享对雷诺兹－纳贝斯克、塞夫韦、金霸王和其他一些主要的被KKR收购的公司的控制权。独立董事加入了曾经完全被KKR控制的公司的董事会。新加入的公众股东稀释了KKR合伙机构在被收购公司中的总股权，从90%减少为30%～60%。克拉维斯和罗伯茨将其关注点从促成交易转变成扮演更加重要而有较少争议的新角色：他们所控制公司的强有力的外部董事。

KKR有秩序的撤退广泛地被视为好消息。华尔街欢迎这一举动，这里的被收购公司公开交易的股票表现良好；被收购公司自身也非常开心。彼得·马高恩是塞夫韦的CEO，在1986年曾很勉强地接受了KKR的债务约束，眼看着这些约束彻底地重塑了该连锁超市。在这一过程中，他的资产增值了3000万美元，这样从1988年之后他就努力说服外部人员，KKR的调控是件好事。等到KKR鼓动该超市运营商再次上市时，他更加放松，感到塞夫韦正在走向正确的轨道。他在1990年公司对股东的年度报告中声称，塞夫韦致力于"扩张和改进我们的店铺系统"。出售股票是为这一增长融资的最好手段之一，实际上，在塞夫韦宣布上市计划的同时，马高恩就推出了5年32亿美元的支出项目，用于新建和改建店铺，这是该公司有史以来最大的一笔花销。

在雷诺兹－纳贝斯克，高级经理人们很高兴地看到，该公司的高债务时代终于结束了。在1991年春天，CEO郭士纳私下里对雷诺兹－纳贝斯克的财务义务表达出了一点儿不耐烦。"我到这儿的时候牌已经发好了，"他在一次访谈中说，"让我坐到一张椅子上打这些牌。这些牌说的是：你必须卖掉资产，你必须为高级债务再融资。KKR给雷诺兹－纳贝斯克的财务结构中设置了五六个框架，这些都不是我能改变的。"[2]

随着KKR重新洗牌，郭士纳和他手下的雷诺兹－纳贝斯克经理们开始抽到好牌了。该烟草和食品公司在1990年7月的再融资正是此后18个月中所采取的4个关键步骤中的第一个,将更多股东的钱注入雷诺兹-纳贝斯克,减轻其债务负担。"债务退出、净资产进入,"克拉维斯在1991年春天解释道,"我们不得不忍痛割爱,对该公司来说该做的事情就是注入更多的净资产。"到1991年年末,债券持有人、新的公众投资者和KKR的合伙机构持有了大量雷诺兹-纳贝斯克的股票,该公司的净资产翻了4番达到80亿美元,总债务大大缩减。最后,郭士纳告知其经理人们,该公司终于有钱可以投入新产品研发和市场推广了。[3]雷诺兹-纳贝斯克巨大的现金流不必完全转为债务,随着雷诺兹-纳贝斯克信用级别的改善,该公司不用再被迫向上百家银行提交其巨额开销计划,请求批准。雷诺兹-纳贝斯克的经理人们曾经苦恼于长达数月的冗长的银行审批流程,这影响了他们在匈牙利、墨西哥和其他新兴市场快速做出收购,现在他们如释重负。

一旦雷诺兹-纳贝斯克差不多重新恢复被收购前的财务健康,KKR在公司的角色就开始淡出。到1991年年末,KKR的伙伴基金只拥有该烟草和食品公司41%的股份,1989年年初刚完成收购的时候则拥有超过2/3的股份。其余的大多数股票在公众投资者手中,其中一部分是被雷诺兹-纳贝斯克的债券持有者在1990年11月以5美元/股行权买下的。公众投资者欢迎这一债务削减,在1991年早期雷诺兹-纳贝斯克的普通股在纽约证交所交易时,迅速抬高了股价。穆迪在1990年1月对雷诺兹-纳贝斯克的垃圾债券降级,吓坏了投资者,但也在1年之后宣布雷诺兹-纳贝斯克走势良好,理应升级。

金霸王的高债务时代也决定性地结束了。在1991年春天,CEO罗伯特·基德宣布他的"驱魔师计划"已经成为过去,3年零6个月以前在这份文件中设定的大多数财务目标都已经实现了,有些已经大大超过了预期。金霸王不仅幸免于一次收购,业绩还增长了。1991年5月,这家电池公司以15美元/股的价格向公众出售股份,这是KKR、基德和公司的其他经理们当初所付价格的3倍。1991年夏天,金霸王用出售股份所得资金再加上从银行新借入的一些贷款，完全还清了所有未还的垃圾债券，比预期提前了10年。除了KKR还拥有53%的股份之外，这家电池制造商一点儿也不像一家典型的被收购公司。每个月都增加人手并始终保持健康的"A"级信用评级，这是KKR所拥有的公司里面最好的公司，其销售额和运营利润获得两位数的增长，各基金的经理们开始将该公司和其他快速扩张的消费产品公司如吉列甚至可口可乐相提并论。

克拉维斯和罗伯茨失去了再用信用买下美国最大型公司的机会，但是他们创造出了不那么激动人心的新手段，KKR在较小规模上继续活跃着。他们的助理们被派到法国、澳大利亚和匈牙利寻求海外收购；他们运用多达10亿美元的有限合伙人的资金买入公众公司的非控股股权。[4]⊖特别是克拉维斯，安排KKR为具有收购头脑的电台、出版和有线电视业的企业家们提供资金，他解释道，这次KKR要从头开始，通过小型收购打造出新公司。

一开始的进展不太连贯。像以前一样，克拉维斯认为KKR的资金和一位企业家的智慧相结合，可能产生更多的赢家，他最大的希望是K-Ⅲ控股公司（K-Ⅲ Holdings），这是麦克米兰公司（Macmillan Inc.）的3位前任高级执行官在1989年新创办的出版公司，到1991年年销售额增长到差不多10亿美元，买下了不同领域的出版物如《肥皂剧文摘》(*Soap Opera Digest*)和《全国养猪主》(*National Hog Farmer*)。虽然还算不上是最大型媒体集团的世界级对手，不过每次有人问到K-Ⅲ控股公司，克拉维斯都会迸发出慈父般的骄傲。

KKR的成熟明显地表现在其合伙结构的变化上。20世纪80年代中期，克拉维斯和罗伯茨手中几乎集中了全部的权力，他们做了大多数工作，赚到了大部分利润。杰罗姆·科尔伯格的退出更是加强了这对表兄弟的重要性；鲍勃·麦克唐奈、保罗·雷切尔和迈克·米切尔森在1982年、1986年和1987

⊖ KKR在这类投资上表现不好，曾有一个阶段蒙受了相当于3.53亿美元的账面亏损。到1991年年末，其投资组合恢复到总体上略有盈利，但还是落后于股票市场的平均水平。

年分别成为新的合伙人，表兄弟俩在 KKR 的股份只是略微减少。然而随着克拉维斯和罗伯茨年纪渐长，他们的重点显著地转移了。个人对公司的掌控不再那么重要，重要的是公司的持久性。

"他们不想当唐纳德·特朗普——转瞬即逝，"KKR 的经理索尔·福克斯在 1990 年下半年说，"他们希望创建能延续到他们之后的东西。"

特别是罗伯茨开始成为 KKR 的年轻人们坦率的支持者，他鼓励他们说他们足够优秀，可以自己安排交易。1990 年年末，克拉维斯和罗伯茨决定将 KKR 的合伙人圈子扩大到七人，纳入福克斯和同事泰德·阿蒙，克拉维斯和罗伯茨每人在 KKR 的利润分配中所占比例都减少到大约 20%，这样其余 18 位经理人每人可以持有 0.5%～8% 不等的股份。一年又一年，门口的姓名牌上，这两人和其他人的名字之间的距离越来越窄。"最终我们会让每个人都成为合伙人。"罗伯茨在 1991 年说。克拉维斯说他希望 KKR 最终能够成为像华尔街最悠久的合伙公司、有将近 100 年历史的高盛那样的公司。⊖"你再也看不到戈德曼先生或萨克斯先生了，"克拉维斯评价道，"但是他们的公司还是在健康运转。"

正在克拉维斯和罗伯茨适应时代转变时，1989 年和 1990 年的危机已经让他们的收购能力衰竭了。表兄弟俩失去了两个重要影响力的源泉：赢得控制公司命运的 CEO、董事和顾问们的能力，以及快速借到数十亿美元的能力。实际上，KKR 在 20 世纪 80 年代后期收购的公司组合十分强健，足以让该收购公司在未来若干年里依靠此前的积累生存，但是 KKR 的经理人们不再能轻松地把"《财富》500 强名单"当成新收购的采购清单了。

最能说明问题的时刻在 1991 年年初到来了，这次是 KKR 第五次尝试买下一家主要的银行。被出售的是新英格兰银行价值 140 亿美元的健康资产，这

⊖ 本书写于 20 世纪 90 年代，高盛至今历史已超百年。——译者注

是一家主要的新英格兰地区银行，由于被有问题的房地产贷款拖累导致破产，现在由联邦监管当局拍卖。KKR 想参与竞标，但是和监管当局初步试探几次后，KKR 的经理迈克·托卡兹认为唯一可行的办法就是和一家银行业的合作伙伴联手。"我们觉得要是自己投标的话又会经历一次 Mcorp 银行事件，"一位 KKR 的执行官后来说，"这会让监管当局放弃我们。"

所罗门兄弟公司的投行人员建议 KKR 的团队拜访 J. 特伦斯·默里（J. Terrence Murray），他是一位唠唠叨叨但思路开阔的罗德岛银行家，运作着福利特金融集团（Fleet/Norstar Financial Group，简称福利特）。"我听到过一些 KKR 的流言蜚语。"默里后来告诉一名记者。不过在 1991 年 2 月，默里和克拉维斯、托卡兹最终会面的时候，该收购公司那悠久的魅力还是奏效了。KKR 的人们表现得"非常绅士，见解深刻而经验丰富，能够迅速把握事物本质，"默里后来回忆道，"我离开的时候想，'我要和这些人一起干'。"[5]

此后两个月，托卡兹和克拉维斯尽可能地把自己隐于后台。"这确实是一桩福利特的交易。"托卡兹告知问询者。KKR 提供了很多资金并提出大多数收购战术，但是托卡兹很清楚 KKR 已经变得多么富有争议，面对外部人士的问询，他尽量弱化自己的角色。这一策略确实很聪明。1991 年 4 月，福利特／KKR 6.25 亿美元的收购出价获得联邦监管当局许可，险胜波士顿银行和美国银行。这一联合收购远远不如 KKR 当初第一次试图切入银行业的那次收购，但是在一个大大改变了的世界中，它标志着该收购公司现实主义地弱化了其野心。多年来在其所有收购中都掌控着一切的 KKR，现在扮演起了一个适当的支持者的角色：幕后的富有耐心的资本提供者，帮助他人实现收购。

随着高杠杆时代平息下来，KKR 的精力也大大地平息了。1991 年夏天，克拉维斯的第二任妻子卡洛琳·勒姆宣布她要关闭其服装业务，多陪陪自己的丈夫。这个业务已经赔钱好几年了，不过家族的朋友们都说钱不是问题。主要的是，他们说克拉维斯和勒姆都被克拉维斯的长子在科罗拉多度假时因车祸身亡深感震惊，在一名家庭成员死亡之后，时尚世界的游戏和赌博实在不值得操更多的心。

在收购业务上，曾经让KKR梦想成真、扮演了重要角色的巨大的金融人际圈开始解体。如果不再有交易可做，银行家、会计师、律师和其他随从成员就没有理由继续亲近了。其中的很多人转向新的方向，就像矿工挖光了矿脉离开时的繁荣小镇一样。有些人带着巨额财富退出了，有些人破产了，还有一些人进了监狱。其他人消磨在这一业务最后的一点儿残羹冷炙中，深感光荣的岁月来过，又去了。

在洛杉矶，罗恩·巴蒂贷款团队中一位能干的成员摩根·圣约翰在35岁时花了6个月的时间横渡太平洋。高风险的金融工作令人紧张激动，他解释道，但是他希望变换一个节奏。巴蒂还是继续负责洛杉矶办公室，但是不再能贡献信孚银行全球收入的10%了。为了新交易冲向机场以及在去参加第二天的会议的路上买干净衬衫的日子也过去了。由于在问题贷款中的损失，包括信孚银行在内的大多数大银行进入了严厉的紧缩时期。巴蒂的团队比大多数同行的境遇都好，不过在1991年，他也被迫在多年来第一次裁员。

在比弗利山，德崇进入破产保护后，曾是迈克尔·米尔肯权力大本营的白色办公楼成为又一处闲置地产。[6] 米尔肯本人在1991年年初因证券欺诈开始服刑。最大的垃圾债券的买家德崇曾经为KKR和其他收购公司提供资金，也遭受了严重的打击。连垃圾债券最大的买家、保险公司经理弗雷德·卡尔和哥伦比亚储和贷款联盟的执行官汤姆·施皮格尔都失去了工作，由于在垃圾债券组合中的巨额损失，1990年后期和1991年年初，他们无助地看着所在机构第一执行公司和哥伦比亚储和贷款联盟以陷入《破产法》第11章而终结。共同基金公司几乎完全终止了其垃圾债券基金业务，停止广告攻势，开掉基金经理，通知客户们把钱投到正常的股票和债券基金里面。

在华尔街，顾问们还是会拜访KKR，不过来的人比以前少多了。1990年，由于资助的一些非KKR的交易破产而蒙受巨额损失，美林公司的交易员杰弗里·贝伦森和雷·明妮拉从公司辞职。[7] 当过KKR顾问的马丁·西格尔在1990年因内部交易坐牢3个月并被终身禁止在华尔街工作。布鲁斯·沃瑟斯坦曾是第一波士顿公司并购部的明星，开设了他自己的公司沃瑟斯坦-佩雷拉公司（Wasserstein, Perella & Co.），但是发现很难找到客户。只有什么业务都做的WLRK律师行继续繁荣。

令人惊讶的是，大多数德崇的操盘手和顾问们全身而退。利昂·布莱克在20世纪80年代曾经是KKR联系米尔肯的渠道，开办了一家新公司，以折扣价买入运行不佳的公司的垃圾债券，他很快从一家主要的法国银行那里获得了超过10亿美元的支持。艾利森·麦斯这位德崇的顾问，曾经在1989年后期就希尔斯伯格的问题和KKR的迈克·托卡兹比谁的嗓门大，加入了美林公司，在那儿她又一次成了明星投资银行员工——推销股票而不是垃圾债券。

最不同寻常的职业变更是德崇的彼得·阿克曼，这位在1982年首先接触罗伯茨的"小迷糊教授"在1990年年初德崇垮台后，切断了和金融圈的联系，跑到伦敦定居，成了声誉卓著的国际战略研究所（International Institute for Strategic Studies）的访问学者。"我的很多学术兴趣都被压制了。"他在1990年中期告诉一位知己，他开始穿着牛仔裤和运动衫而不是燕尾服上班，研究政治宣言而不是财务说明书，向从苏联分离出来的立陶宛共和国提供经济决策顾问。这一新工作的回报很不起眼，阿克曼的主要雇主是普雷格出版社（Preager），只预付给他800美元写一本关于公民抵抗运动的学术书籍。但钱多少没有关系：阿克曼在德崇1年赚过多达1.65亿美元，[8] 大部分钱都安全地以美国国债的形式存放在花旗银行。

KKR的伟大同盟中，只有一方在1989～1991年的信用崩盘中幸存，没有引发剧变：州养老基金。结果是克拉维斯和罗伯茨在1990年后期又找到这些传统的忠实的被动投资人，落实了更多的钱。KKR人的看法是，在某个时候，操作大型收购的机会还会出现，早点筹集到款项才算是有备而来。从 1990 年 10 月开始，KKR 的执行官们又在美国各个城镇到处撒网，寻求 10 亿～20 亿美元，用于补充已经快用光了的 56 亿美元的 1987 年"大基金"。[9]

最终，KKR 从有限合伙人那里筹到了相当可观的 18 亿美元，但在这一过程中该收购公司也引发了一些抨击。原来坚定的支持者如俄勒冈州的罗杰·迈耶、华盛顿州的约翰·希契曼和密歇根州的威廉·阿默曼或者退休了，或者转任其他职位，或者被所在机构除名。虽然他们的继任者依然尊重 KKR，但是毕竟有很多问题要了解。KKR 的收费成了争论的主题，还有收购的社会影响。差不多一半的 KKR 的长期支持者，如哈佛大学和纽约州，最终决定不向补充基金投资。[10] 其他人，如华盛顿州虽决定投资，但是此前投资委员会的成员们严厉指责了 KKR 的合伙人们对工人未能尽到责任。

罗伯茨结束 KKR 的全国旅行时，抱怨说"政治"已经介入了州养老基金的投资决策。每个新的反对者都激怒了他：虽然 KKR 已经为华盛顿州养老系统挣了钱，但州工会领导人加里·穆尔（Gary Moore）还是指责 KKR 的投资方式"太过冒险"；虽然 KKR 为哈佛捐赠基金挣了钱，但哈佛的投资官员斯科特·斯珀林（Scott Sperling）偶尔也会在媒体上批评 KKR。"下次跑出去融资的时候，"罗伯茨说，"我们要和真正支持我们的小点儿的群体打交道。"

罗伯茨所反感的"政治"，在其他几乎所有人看来指的就是公共利益。收购业务影响了太多人的生活，而且经常令人感到动荡不安，收购被认为不过是华尔街保留的一种技巧而已。在 20 世纪 80 年代的收购潮中，大约 2300 家美国公司已经被重新整合了一番，多达 1800 亿美元的贷款用于资助这些交易，[11] 产生了新的亿万富翁，残酷地提高公司的效率以获得广泛拥护；随之而来的还有数目惊心动魄的破产和违约。

作为这一遥遥领先的暴利时代的领导者，对这一时代的缺陷和长处，罗伯茨和克拉维斯都要负责。20 世纪 70 年代，他们驾着租来的汽车跑到马萨诸塞州的沃切斯特或康涅狄格州的哈特福德，向小型保险公司寻求贷款，为微不足道的小收购项目融资，现在他们不再是那样生涩的新人了。KKR 的合伙人们已经显示出了如此重要的经济地位，他们的工作甚至吸引了公众的审视。随着新的收购步伐放慢，收购运动的本质特点和后果已经日益明了。

从广义的经济学角度来看，收购最令人惊奇的是它们原来是这么的昙花一现。在若干年的时间跨度里，被收购的公司走过了一段危险重重但激动人心的旅途。然而在这一周期结束时，很多公司发现它们令人惊讶地又回到了起点。债务压上来又卸下去；曾经大大削减掉的总部人员又重新被招了回来；市场推广和资本支出预算的制定原则依据又回到了放纵的"我们想获得什么"，而不是短期的苛刻的"我们确实需要什么"；急速地剥离资源是过去的事了，扩张又重回轨道。

不同阵营的理论家们曾经坚称，杠杆收购是经济学的诅咒，或者肯定是治疗手段，但他们都错了。在某些关键的地方，杠杆收购确实产生了不同，例如在短期内提高了美国的效率，略微抑制了任何有活力的公司为确保长期增长所必需的资本支出。然而从较长的时间范围来看，杠杆收购不过是在公众公司的演化史上绕了一小段路而已。

但是，杠杆的时代改变了社会分配财富的原则，因而从政治和道德角度来看具有突出的重要性。多年来，美国的贫富差距第一次显著地扩大了。在一个长期以累进所得税、免费的公立大学、一整套用来扩大中产阶级群体的其他社会政策而自豪的社会里，突然间看起来只有精英群体才是重要的。

美国式的做生意方式中隐含的承诺已经被破坏了。获取巨额财富一般是为民众所容忍甚至鼓励的，因为大家的信念是财富的基石，是能为更广大的公众带来利益的货物、服务或财产。当公众拥抱新的亿万富翁，视他们为商业英雄的时候，正是在欢迎那些为社会创造了价值的先驱者，例如沃尔玛的萨姆·沃尔顿，或微软公司的创始人比尔·盖茨。并购专家们——尽管他们勇敢、勤奋、富有魅力，却从未拿出任何可以与之相提并论的东西。相反，在20世纪80年代一个新的金融家 – 工业家阶层变得惊人的富有，但若站在工业进步角度来看，却几乎没有任何长远的影响，无论是好的还是坏的。

当被逼问到底做过什么改变社会的事情时，收购运动的拥护者们大多能列举出他们被忽视的功绩：避免了建设不需要的工厂，卖掉了表现不佳的分部，清除了冗余的管理层，取消了浪费钱的广告。这些削减确实合理，至少在短期来看是这样。在被收购前，如碧翠斯和雷诺兹 – 纳贝斯克这样的大型公司中官僚主义盛行，股东资金被挥霍，高级经理的隔间里充斥着无谓的阴谋。杠杆收购提供了一个合法的手段，让新主人们可以清洗公司，直至走上正轨。

然而，运用债务约束的高级经理人们在很大程度上是以他人的牺牲为他们自己的贵族化提供了资金。例如，碧翠斯专机在被收购后就卖给了KKR的合伙人和唐纳德·凯利，这些专机的命运让人很难将那些安排收购的人视为真正的经济效率的拥护者；塞夫韦成千上万名工人被削减了工资，却让CEO的净资产升值3000万美元，这类普遍的工资削减，不可能让收购和公正的理念相调和，而这种公正正是民主资本主义的核心。

当前，无论杠杆收购带来了什么样的效率提升，都被狰狞的投机时代末期财务亏损的大屠杀压倒。如同联邦储备委员会主席艾伦·格林斯潘在1991年年末对国会作证时所说的，因各个层面的超额借款，"我国的资产负债表已经严重扩张"。当公司、消费者，甚至联邦政府努力还债，实施财务紧缩时，这一治愈进程很可能要承担更长久的衰退、更羸弱的复苏。

20世纪80年代的一些印象，如迈克尔·米尔肯在其垃圾债券帝国坍塌时喋喋不休地讨论墨西哥，或者是借款人还未能讲完其业务银行，员工们就从椅子上跳起来提供4亿美元的贷款，很可能成了民间关于谨慎投资的故事版本，就像1929年大萧条前擦鞋童也拿着借来的钱买股票那样。随着这些新故事的传播并成为他们的传奇，在今后若干个时代中，类似1987年的轻率很快摆向

1990年的恐慌这么猛烈的信用周期，都不太可能再出现。在很长一段时期内，可以相信被惩罚过的贷款人们能够不再重蹈20世纪80年代的荒唐。

克拉维斯和罗伯茨对其历史业绩非常骄傲，毫无歉疚之意。他们的收购公司是20世纪资本主义的成功故事之一，在其最初的15年中就产生了超过70亿美元的投资收益。[12] KKR的合伙人向来不在乎自由市场的效率和民主的公平之间的拉锯，很可能也永远不会在意。相反，罗伯茨和克拉维斯以非常狭窄的标准衡量自己。作为即便成为巨富后依然努力工作的先行者，这对表兄弟主张他们搞到的每一分钱都是理所当然的。在一个很多华尔街人欺诈的年代，他们遵守证券法律，在他人鲁莽行事时，他们富有技巧地处置轻易到手的信用。KKR不过是一个赌博资本主义时代的幸运儿的说法激起了罗伯茨的愤慨，他列举出他和合伙人在多年里完成的所有艰难的、看上去几乎不可能完成的交易。"这家公司的净资产是无数血汗换来的，"罗伯茨宣称，"现在依然是这样。我们可不是简单地押上100万美元，然后就获利离场。"

然而当大学生们想向罗伯茨寻求职业意见时，他近乎否认了他在过去25年中遵从的路径。

"我跟你们说吧，'你们应该学习工程和市场营销的课程'，"罗伯茨解释道，"'不要选金融课程。很多华尔街上的轻松事儿已经做完了。市场已经回馈了这些轻松的工作'。大学毕业后，我告诉他们，'出去学学怎么运作一家公司，加入制造业，加入市场营销工作，获得这些经验，然后再脱身买下一些东西并让其增值。当个发牌员或者华尔街中介不是你们增加价值的办法，你要通过增加专业技能来实现自我的增值'。"

尾　声

事实证明，乔治·罗伯茨的职业意见比他预期的还要有预见性。1992年6月，KKR的一名助理、34岁的凯文·布斯凯特从该收购公司离职并开始了作为公司经理人的新生活——这正是华尔街和主流工业界的分立的另外一个侧面。3个月之后，KKR的合伙人泰德·阿蒙宣布他也要离职去做自己的收购业务。[1]这两个人虽然离开了，但是都努力对他们在KKR的时光表达了愉悦之情。毕竟，在美国顶级的收购公司工作已经让他们在20世纪80年代变得极其富有，让他们有机会参与了一些激动人心的历史性收购。但是布斯凯特和阿蒙两人都认为华尔街的霸权已经成为过去，他们还很年轻，可以从头开始新的工作。阿蒙是这样说的："我在早晨醒来的时候，希望看到山脉里其他的山峦。"

与此同时，在50岁生日日益临近时，罗伯茨和亨利·克拉维斯发现自己处于一个奇怪的地位上。他们照看着KKR的企业界资产，但是日益缺乏满足感，对只不过是继承他们在更年轻的时候所做的金融冒险的成果感到了厌倦。有一段时间克拉维斯致力于共和党的政治，为1992年未能成功竞选连任的乔治·布什捐献了大笔资金。1996年，他也向他认为更好的候选人杰克·肯普（Jack Kemp）献殷勤。除此之外，克拉维斯几乎不为外人所知。他大大地减少了接受采访的次数，对媒体描述他的方式深感不快。他也远离了社交生活，虽然还定期参加纽约的聚会，但不再自己举办奢华的庆祝活动了。1992年早期，克拉维斯宣布了和一位中型企业主的联合，这次是和一位滑雪度假地的运营商迈克尔·香农（Michael Shannon）一同买下休闲度假物业。然而，和其他一些将KKR的资金与一位企业家的头脑结合的举措一样，这种新型收购的尝试进展缓慢。克拉维斯经常让更年轻一些的同事们去追逐下一个交易。

在西海岸，罗伯茨有自己的做法，他在1992年年末决定把KKR的办公室搬到位于郊区的门罗公园，这里离家更近。这意味着放弃城中心加利福尼亚大街101号的显赫，在20世纪80年代这里曾诱惑了多少银行家和CEO啊！但是这也缩短了罗伯茨和其他大多数合伙人们上班的距离，随着他们的年纪渐长，这也愈加重要了。罗伯茨还开始摆脱KKR的办公室，尝试一种新的度假方式：教学。他对此解释说："这是我一直想做的事情。"在星期五的下午，他以客座教授的身份出现在了斯坦福法学院，讲述收购战术。学生们就杠杆收购的社会影响纠缠着他，令他有些不情愿；学生们有时候也不理会他安排的可怕的阅读作业。但在第一个学期结束的时候，一些学生说他们从罗伯茨讲的课中学到的东西比其他任何法律课都要多。[2]

在克拉维斯和罗伯茨扮演了更加无声的角色时，KKR剩下的更年轻的经理人们努力担当起来。在1992年6月，迈克·托卡兹负责对TW持股公司16亿美元的部分收购和再融资，该公司位于南卡罗来纳州斯帕坦堡，运营着Denny's和Hardee's餐馆。对KKR来说，这是一个少见的投资——TW持股公司在1989年已经经历过一次杠杆收购了，在KKR接手时已经承担了巨额的债务。托卡兹的再融资计划将会显著地降低债务负担，让KKR能拥有该公司47%的股权。（此前的控股股东，名叫科尼斯顿公司（Coniston Partners）的华尔街公司大部分是套现离场。）6个月之后，该投资看起来很精明：KKR为其权益支付的每股3美元的价格，已经上升到将近每股4美元了。

1992年年末，托卡兹终于进入了KKR的内部圈子，和加利福尼亚的同事杰米·格林被选为合伙人。对托卡兹来说，这是一个感人的时刻，他曾认为他在几年前就已经走上成为合伙人的快车道,但是他灾难性地卷入希尔斯博若事件而暂时偏离了轨道。现在,克拉维斯和罗伯茨实际上是告诉他,他已经恢复了正常生活。希尔斯博若依然在佛罗里达联邦法院的破产进程之中,还看不出何时能够摆脱出来。在KKR的资产组合中,被套牢在希尔斯博若困境中的有限合伙人的1.35亿美元资金看起来不过是该公司一个小小的污点,算不上是灾难。

与此同时,KKR的合伙人索尔·福克斯1992年的大部分时间都用于完成他的交易:对美国再保险公司(American Re Corp)的14亿美元的收购。该公司占据的是保险市场上一个少见的角落——再保险,主要是为主要的保险公司提供额外的风险保障。几乎是出于偶然,福克斯在1991年下半年和美国再保险公司的经理人们开始交流,希望他们能帮助他找到一些可以收购的保险公司。但在结识了美国再保险公司的CEO爱德华·乔布(Edward Jobe)并了解其业务之后,福克斯认为美国再保险公司自身就是收购的目标。该公司的利润丰厚,一家更大的母公司安泰人寿和意外事故保险公司(Aetna Life & Casualty,简称安泰保险)持有该公司的控股权,但这家母公司正急于募集到现金。在这个令人心满意足的运气之旅中,福克斯发现随着收购接近完成,美国再保险公司的前景不断改善。14亿美元的购买价格在福克斯刚开始实施收购时显得风险很高,但是很快就让人觉得是个便宜价,甚至像白捡的一样。该交易完成后刚刚两个月,KKR就提交了将美国再保险公司上市的计划,股价确定在当初KKR所付价格的几乎三倍。"这是杠杆的奇迹。"华尔街分析师韦斯顿·希克斯(Weston Hicks)说。[3]

这就是20世纪90年代的KKR,这一时期正是适合中型收购的周期——通常都能拿到非常有利可图的条款。大多数其他杠杆收购机构无话可说;曾经的对手如福斯特曼-利特尔、美林公司和摩根士丹利主要致力于规模更小的收购,或者严格地限定于照管它们现有的资产组合。KKR既没有休眠也没有退场，但是它也不再把自己的名字和美国最大型的一家又一家公司掺和到一起了。

显然，业务的大场面是在其他领域。在1992年的进程中，如西尔斯·罗巴克百货、通用汽车和西屋电气公司这样的巨型公司经历了震动性的变革，要么赶走了CEO，要么同意卖掉主要的分部。这一剧变的名义是改善股东回报，但是其操作并不涉及接管或杠杆收购。相反，强大的机构股东和日益强势的外部董事们开会，将公司引向不同的道路。哈佛大学教授约翰·庞德（John Pound）评论说，一种新的理念的市场已经成型，"辩论将要替代债务"成为引导巨型公司的新手段。[4] 在这个新进程中，KKR只是希望扮演适当的角色，担任分拆出来的公司分部的可能买家。1992年，通用汽车、西屋电气和奥林匹亚-约克地产的经纪们联系了KKR，看这家"债务商"是否想从他们手中买下什么公司。不过这些讨论都没有马上见到成效。

KKR不再能掌控收购游戏了，它的主要成绩是在它已经控制住的九家10亿美元级别的公司上取得的。这些公司的命运起伏不定，有些公司取得了一定的增长，有些则令人疲惫不堪。

在1992年，KKR的工业帝国中几乎所有的公司都设法进一步减轻了它们的债务负担，这主要归因于美联储一整年的降低美国利率的举措。即便公司无法全部缩减其现存债务，它们也迅速地勾销了12%～15%利率的原有垃圾债券，代之以利率10%以下的新债券。对塞夫韦、欧文斯-伊利诺伊玻璃公司、Stop & Shop和其他KKR控制的业务来说，这就意味着节省了巨额的利息。具有讽刺意味的是，1992年年初美联储已经开始降低利率，试图将经济从衰退中拉出来，并保护部分被麻烦缠身的大银行。美联储在这两个目标上都不算是完全成功，但是无意中把很多杠杆收购的公司救活了，也给垃圾债券市场注入了新的生命力。

金霸王和AutoZone在KKR的资产组合中站在最高峰继续繁荣，爬到了股市的新高点。金霸王的CEO罗伯特·基德开始把中国和印度视为潜在的增长市场，努力把他的铜极电池推向全世界。同时，AutoZone几乎每周都有新的汽车零件商店开张，成了华尔街的宠儿，其股价在1992年年末达到将近40美元/股——经过分拆调整后，这是KKR在1984年支付价格的30多倍。

欧文斯-伊利诺伊玻璃公司吃力地又熬过了艰难的一年，这次是由一个新的主席和CEO来运作这家巨型玻璃公司了。鲍勃·拉尼根总是担心他的公司是否能持续地运行在KKR所要求的"4分钟跑1英里"状态下，离职后，代替他的是该公司的主席约瑟夫·雷缪克斯。

在塞夫韦，主席彼得·马高恩在1992年11月做出了一个惊人的举动，他宣布了一个1亿美元的投资，却和该超市连锁完全无关：他决定去领导一个本地的商业集团，该集团买下了旧金山巨人棒球队的控制权。一些KKR的合伙人也收到加入收购的邀请，但是他们拒绝了，因为在他们看来棒球是一个低利润的业务，只是附带了一些讨厌的公众知名度而已。在马高恩花掉他在杠杆收购中赚到的利润时，KKR最喜欢的顾问斯蒂夫·伯德重新加入塞夫韦，这次是他当主席了。

在雷诺兹-纳贝斯克，该公司的利润支柱受到艰难时段的打击：本地烟草业务。该公司的旗舰烟草品牌云斯顿和萨勒姆在1992年的销量下滑了17%。这可不是KKR或郭士纳高明的管理团队能转变的——即使是美国顶级的烟草品牌菲莫国际的万宝路也在下滑。美国的吸烟人口减少，不再能引诱他们为暗淡的品牌支付大价钱了。廉价烟草和海外的卷烟销售表现较好，这让雷诺兹-纳贝斯克的总体盈利上升了。但是股票市场对该烟草和食品公司的前景并不看好，到1992年年末其股价被打压到略高于8美元/股。

从财务角度看，雷诺兹-纳贝斯克还是个赢家，但是比克拉维斯或罗伯茨所期望的要小得多了。按年度来计算的话，除去费用后，雷诺兹-纳贝斯克收购现在看来给投资人的年度回报大约只有12%。这远低于KKR的预期，比一般股票投资的回报也好不到哪里去。在实施了KKR搞出来的最富技巧的金融工程4年之后，有史以来最大收购的命运依然取决于KKR无法控制的一些东西：雷诺兹-纳贝斯克的烟草分部是否有能力从一个不那么流行、日益萎缩的行业中榨取更多的利润。

对旁观者来说，很容易把KKR的工业帝国看成或者是天才的杰作，或者是怪物的遗产。但是无论哪种极端的看法都经不起审视。克拉维斯和罗伯茨在他们的职业生涯后期已经出人意料地成长为强有力的公司董事。他们身上存在着一种平衡，不仅比一般的公司领导者更加精明，也更加无情。但是他们在对公司的掌控中，也留下了很多幸运的喘息或惨痛的失误，在他们的同行面临机遇时，他们也会错过机会。

KKR的财产中最好的一部分是它有办法将大笔的股权置于公司的高级管理人员之手。随之而来的就是对发财致富的渴望，管理人员拼了老命也要把公司运作得更赚钱。然而，这些财富所掩盖的是"债务大棒"的冷酷无情。即便经理人们对员工的压力有所放松，在不少KKR掌控的公司中也产生了普遍的厌倦情绪。任何人，无论是CEO还是底层员工，愿意以喘不过气来的节奏工作都是有限度的。

标志着KKR在20世纪80年代所获成果的很多其他主旋律依然具有决定性作用。KKR最终会卖掉它掌控的所有公司（尽管这对表兄弟并不是想要尽可能快地换成现金，也许是因为他们意识到这是他们有可能掌控的最好的资产组合了）。同时，削减债务在KKR掌控的所有公司里都是口号。

然而背景是，商业和政治最本质的关系已经被新的时代重新定义了。民主和资本主义之间的争斗在本书开篇已经讲到，现在已经以完全不同的条件展开着。赞扬属于那些为"公正"和"平等"进行改革的人，几年前的精英主义和致富的狂潮现在受到蔑视或完全被抛弃。随着1992年民主党总统被选上台，财富不再是理想，而是成了靶子。

即使在 KKR 的体系内部，也能看到趋向民主的痕迹。被收购公司的股权分布得更为宽泛。金霸王在 1992 年年末为各级员工预留了 800 万美元股份。在被收购时，美国再保险公司获得股票的经理人人数是 KKR 传统上所能接受数目的 10 倍。当问及为什么要这样做时，这些公司的人给出了一个简单的答案："我们希望更多人能分享公司的成功，这对业务有利，它对员工更加公平，是正确的激励方法。"

附录　KKR 的杠杆收购

从 1976 年成立以来，KKR 已经完成了 40 桩收购，共计花费 633 亿美元（到 1992 年为止）。下面将列出被收购的公司，以及与每桩收购相关的统计数字（从左至右）：KKR 支付的购买价格；该总价中 KKR 的净资产基金所支付的比例；KKR 拥有该公司的时间长短；股东整体的财务回报（KKR 收费之前）以及整个收购周期里投资人的年度利润率（KKR 收费之前）。如果 KKR 依然持有在该公司的初始投资的一半以上，那么最后两栏与投资人利润相关的数据将被省略。

A.J. Industry Inc.（1977 年）

2 600 万美元	6.5%	8 年	44∶1	年均 58%

总部位于洛杉矶的喷气机加油设备、卡车刹车鼓和工业加热器制造商。里根时代增强防务举措极大地促进了该公司的扩张。1985 年被 KKR 卖给第一芝加哥公司的杠杆收购集团。

L.B. Foster（1977 年）

1.06 亿美元	1.7%	12 年	6∶1	年均 14%

位于匹兹堡的石油钻井管道制造商。1981 年公开上市，使 KKR 的投资

人在当初支付的价格基础上获取了高溢价。后来由于石油工业衰退的影响，公司的财务元气大伤。1989 年在股价为每股 4 美元时，KKR 向其投资人分配了股票。

美国自然资源公司（1977 年）

2 230 万美元	4.4%	7 年	20∶1	年均 51%

位于俄勒冈州波特兰的煤炭、伐木机械和空调器制造公司。1985 年被卖给了 KKR 的高管、一些原始投资人和公司的管理层。将要进行第二轮杠杆收购。

霍代尔工业公司（1979 年）

3.55 亿美元	2.6%	7.5 年	4∶1	年均 22%

位于佛罗里达州劳德代尔堡，制造机械工具、泵和汽车缓冲器。KKR 入主后其下属一半以上的业务公司被卖掉或关闭。公司重新配置了资产，在 1981 年以 2 亿美元买下了 Crane Packing 公司。英国 TI 工业公众有限公司在 1986 年买下了霍代尔；该公司的一半很快又被 KKR 的高管和部分外部投资人重新买下。第二轮杠杆收购后改名为 Idex，1989 年公开上市。

萨金特工业（1979 年）

4 000 万美元	1.2%	5.5 年	6∶1	年均 38%

为核潜艇、垃圾收集车和其他用户制造所需阀门的洛杉矶公司。1984 年被卖给了都福集团（Dover Corporation）。

F-B Truck Line Co.（1979 年）

1 280 万美元	5.6%	6 年	净资产全部损失

犹他州盐湖城的卡车运输公司。收购刚刚完成即遭遇了经济衰退和由于该行业放松管制引发的更加激烈的竞争。资产清盘。

伊顿 – 伦纳德（Eaton Leonard Corporation）（1980 年）

1 350 万美元	8.5%	5.5 年		净资产全部损失

加利福尼亚州卡尔斯拜德的机械工具制造商。在 1980 年和 1982 年两年的衰退中运营下跌。1986 年陷入《破产法》第 11 章破产保护。

Rotor Tool Co.（1981 年）

2 750 万美元	6%	6 年	8∶1	年均 42%

位于克利夫兰的主要为汽车工业服务的重型工具制造商。1986 年被卖给 Integrated Resources。

美国林业产品公司（1981 年）

4.25 亿美元	22%	7 年		盈亏平衡

位于旧金山的木材公司，在木材价格周期的顶峰期从本迪克斯公司（Bendix Corporation）手中购得。随后的行业下滑造成负面影响，KKR 被迫于 1986 年重组债务。投资人的损失被一次罕见的木材行业的税务收益弥补。1988 年，大部分资产以 2.28 亿美元的价格被卖给了乔治亚 – 太平洋公司（Georgia-Pacific）。

马利公司（1981 年）

3.54 亿美元	2.9%	6.5 年	2∶1	年均 13%

位于堪萨斯州肖尼米逊，制造水冷却塔、加热系统和泵。于 1988 年重组，让投资人得以退出。KKR 的高管和部分初始投资人在第二轮收购中拥有了该公司。

莉莉特利普纸杯公司（1981 年）

1.51 亿美元	19.8%	5 年	7∶1	年均 53%

佐治亚州奥古斯塔的纸杯制造商。在 KKR 手上削减了日常费用。1986 年被卖给 Fort Howard Corporation。

PT Components Inc.（1981年）

1.5亿美元	4.1%	5年	7∶1	年均52%

印第安纳州印第安纳波利斯市生产"连接带"电力传输设备的公司。在被KKR拥有期间削减了员工，关闭了不盈利的工厂。1986年被卖给该公司自己的管理层。

弗雷德·迈耶公司（1981年）

2.25亿美元	29.1%	10年以上

位于俄勒冈州波特兰的零售公司。自从被KKR收购后，主要依靠扩张新店面使每年的销售额增长10%左右。1986年以14.25美元/股的价格上市交易，是KKR的投资人在1981年支付价格的4倍。KKR的投资人们持有大部分股权；1991年年末的股价为22美元/股。

弗雷德·迈耶房地产公司（1981年）

2亿美元	37.1%	10年以上	3∶1	年均23%

俄勒冈州波特兰的弗雷德·迈耶公司的店铺地产拥有者。被收购后大部分房地产被逐步卖掉。

诺里斯工业公司（1981年）

4.2亿美元	4.8%	3年	7∶1	年均87%

总部位于洛杉矶，生产Thermador牌炉具、Premier水龙头、汽车轮毂、导弹壳体和其他工业产品。在KKR控股期间削减了总部的成本，并受益于防务开支的增长。1985年以4.6亿美元加上承担债务为条件被卖给了马斯科公司（Masco Corporation）。

Pacific Realty Trust（1983年）

5 300亿美元	36%	5年	2∶1	年均15%

俄勒冈州波特兰的房地产信托公司。1988年被被卖给了PacTrust Realty，该买主的股东包括其管理层、KKR的高管和部分外部投资人。

Dillingham Corporation（1983年）

3.5亿美元	13.9%	4.5年	3∶1	年均20%

以火奴鲁鲁为总部的建筑公司，也涉足丙烷气分销、游艇和拖车业务。被KKR逐步清盘。

金色西部广播公司（1983年）

2.8亿美元	23.2%	2.5年	5∶1	年均77%

KTLA电视台的运营商，位于洛杉矶。1985年以5.1亿美元被卖给了芝加哥的论坛公司。

阿姆斯达公司（1984年）

4.51亿美元	11.3%	3年	5∶1	年均82%

总部位于纽约的糖业公司，也涉足机械工具领域。在被KKR拥有期间关闭了效率低下的糖炼制部门。1987年被卖给了美林公司的杠杆收购集团。

Wometco Enterprises Inc.（1984年）

8.56亿美元	15.8%	4年	3∶1	年均39%

佛罗里达州迈阿密的集团公司，涉及电视台、有线电视、可口可乐灌装、电影院、食品和售货机业务。1987年其最大的电视台被卖给了通用电气；1986年卖掉了灌装和有线电视业务。

马龙–海德公司（1984年）

5.5亿美元	19.2%	8年以上	11∶1	年均46%

田纳西州孟菲斯的食品零售和汽车零件销售公司。1988年其食品业务被卖给了Fleming Cos.；AutoZone汽车零件连锁业务在被收购后增长迅速，

1990 年 KKR 将其公开上市。

科尔国营公司（1984 年）

| 3.18 亿美元 | 26.1% | 3 年 | 3:1 | 年均 44% |

总部在克利夫兰，运营着"儿童世界"玩具店和其他零售连锁业务。1987 年被卖给了其管理层和德崇的杠杆收购集团。

佩斯工业公司（1985 年）

| 1.3 亿美元 | 15% | 5 年 | 3:1 | 年均 34% |

纽约的集团公司，业务包括杂志印刷、商业表格印刷和水加热器制造。1988 年 KKR 将几个主要分部卖给了日本买家。

Red Lion Inns（1985 年）

| 6 亿美元 | 30% | 7 年以上 |

华盛顿州温哥华的旅店连锁公司，运营大约 60 家旅馆，主要在西部各州。做出收购的是华盛顿州和俄勒冈州的养老基金和 KKR 的高管，而不是 KKR 的杠杆收购基金。1987 年，10 家旅馆的部分股权向公众发售。

Motel 6 Inc.（1985 年）

| 8.81 亿美元 | 14.2% | 5 年 | 5:1 | 年均 38% |

总部在达拉斯的汽车旅店连锁公司。被收购后增长迅速，1986 年转为业主有限合伙制公司，并公开上市。由于富有创造性的合伙结构，从未缴纳过一分钱的税。1990 年被卖给法国的 Accor S.A. 公司。

M&T Inc.（1985 年）

| 1.10 亿美元 | 24% | 2 年 | 2:1 | 年均 21% |

加利福尼亚的地产和建筑公司。1988 年被卖给 PacTrust 地产公司，该公司由其管理层、KKR 的高管和部分外部投资人拥有。

联合得克萨斯石油公司（1985 年）

16 亿美元	15.4%	7.5 年以上

总部在休斯敦的石油和天然气公司。KKR 从 Allied-Signal Corporation 手中买下联合得克萨斯石油公司 45% 的股份，Allied-Signal Corporation 继续持有其余股份。1986 年，石油价格下跌影响了盈利，但是此后得以恢复。1987 年，该公司上市；股票交易价格为每股 18 美元，大约是 KKR 合伙基金所支付价格的 3 倍。

司多尔通讯公司（1985 年）

25 亿美元	8.8%	3 年	4:1	年均 61%

迈阿密市的电视和有线电视公司。KKR 将司多尔的电视台在 1987 年卖给了企业家乔治·吉勒特。其有线电视业务在 1988 年被卖给了由康卡斯特和 Tele-Communications Inc. 两家公司组建的一家合资公司。

碧翠斯（1986 年）

62 亿美元	6.6%	4 年	3:1	年均 50%

芝加哥的食品公司，以其纯果乐果汁、亨氏番茄酱、Wesson 食油、Swift-Eckrich 肉品闻名，还包括安飞士租车、新秀丽旅行箱和倍儿乐内衣。在 4 年时间里分拆并逐步卖掉了各分部。主要买家包括康尼格拉公司（食品业务）、美国商标公司（名为 E-II 持股公司的非食品业务）和西格拉姆公司（纯果乐果汁）。

塞夫韦商店公司（1986 年）

42 亿美元	3.0%	6 年以上

加利福尼亚州奥克兰的零售连锁公司，在被 KKR 收购之时排名美国第一。表现较差的分部被卖给了那些有能力削减工资的买家，保留下来的分部通过增加高利润的部门如熟肉和花卉部门并压低劳动成本增加了盈利。1990 年 5

月公开上市,股票交易价格是 KKR 当初所支付价格的 8 倍。

欧文斯 – 伊利诺伊玻璃公司(1987 年)

37 亿美元	4.7%	6 年以上

总部位于托利多,制造玻璃和塑料瓶。收购后的成本削减在这个停滞的行业里增加了毛利率。1991 年 12 月以每股 11 美元上市交易,比 KKR 伙伴基金当初支付的价格略微翻番。

吉姆·沃尔特公司(1987 年)

24 亿美元	6.0%	5 年以上	价值全部损失

佛罗里达州坦帕的集团公司,涉及房屋建设、采煤和管道制造。1989 年 12 月进入《破产法》第 11 章破产保护程序,原因是石棉肺诉讼案及未能履行垃圾债券的"重设"义务。

西曼家具公司(1987 年)

2.9 亿美元	13.1%	5 年以上	价值全部损失

纽约州联合谷的家具零售商。收购后家具销量马上下滑,公司远远达不到管理层和 KKR 制定的财务预测指标。1989 年,该公司将部分股权转给债权人,以便削减债务。1992 年 1 月破产。

Stop & Shop 公司(1988 年)

12 亿美元	8.2%	4.5 年以上

总部位于波士顿的零售连锁公司,并运营着 Bradlee's 折扣商店。收购后扩大了杂货店分部,Bradlee's 的盈利也有增长。1991 年 11 月以每股 12.50 美元公开上市,是 KKR 的净资产伙伴基金所支付价格的 4 倍。

金霸王公司(1988 年)

18 亿美元	19.4%	4.5 年以上

康涅狄格州贝瑟尔的碱性电池制造商。收购后市场份额扩大并扩展到海外。1990年4月上市；股价每股30美元，是KKR的净资产合伙公司支付价格的六倍以上。

雷诺兹－纳贝斯克（1989年）

264亿美元	5.6%⊖	4年以上

总部在纽约的烟草和食品公司，是云斯顿、萨勒姆和骆驼牌香烟的制造商，还生产奥利奥饼干、乐之饼干和Planters坚果。在类似1990年年初"重设"债券这类可怕事件中涉险过关。通过削减成本和提价提高了利润率。1991年年初上市；股价是每股10美元，是KKR的净资产合伙机构所支付价格的近两倍。

K-Ⅲ控股公司（1989年）

12亿美元	37.5%	4年以上

纽约的出版公司，由原麦克米兰公司的经理人们运营。它以收购基金为依托从零起步。已经买下了多元化的杂志，范围涉及《全国养猪主》到《十七岁》(*Seventeen*)，还拥有图书俱乐部和Funk & Wagnalls百科全书。

新英格兰银行（1991年）

6.25亿美元	45.3%	2年以上

状态不佳的波士顿银行，在联邦政府发起的一次拯救行动中被KKR和福利特联手收购。大部分新英格兰银行（BNE）的业务被吸收到了福利特之中，该公司进行了成本削减和关闭分行的举措。KKR按照1993年的市场价格将其在BNE中的股份置换成了12%的福利特公司股权。

⊖ 1989年2月的初始净资产投资比例；后来在1990年7月的再融资中增加到12.1%。

TW Services Inc.（1992 年）

15 亿美元	16.7%	1 年以上

南卡罗来纳州斯巴坦堡的食品服务公司，旗下的 Hardee's 和 Denny's 连锁餐馆颇为知名。在该公司 12 亿美元债务的大规模重组中，KKR 投入 3 亿美元购买了其 47% 的股权。此后 TW Services Inc. 的股票交易价格大约为 4 美元 / 股，相比 KKR 3 美元 / 股的买入价格有所上升。

美国再保险公司（1992 年）

14 亿美元	21.4%	1 年以上

新泽西州普林斯顿的保险公司，曾是安泰保险的一个分部。在 1992 年安德鲁飓风后的保险价格上升令其受益，1992 年下半年，KKR 提交了将美国再保险公司以 28 美元 / 股上市的计划，这几乎是当初 KKR 买入价格的 3 倍。

注　释

作者为本书对大约243人进行了面对面的访谈，与其中很多人在1989～1991年的不同时间段进行过多次会面，并对几百个其他信息来源在电话中进行了访谈。本书的三位主角——KKR公司的三位创始合伙人尽可能地分享了他们的回忆和私人文件。杰罗姆·科尔伯格是三位合伙人中最不愿意配合的，但也在1989年5月坐下来接受了两个小时的访谈，以书面的形式回答了进一步的问题，并许可我拜访他的朋友，阅读他的演讲内容。从1989年5月～1991年10月，亨利·克拉维斯接受了十次面对面的访谈，同一时期对乔治·罗伯茨进行了七次访谈。除此之外，他们的竞争对手、贷款人、华尔街的顾问和有限合伙投资人讲述了很多他们与KKR打交道的经验，还有监管人员、高级经理人和被收购公司上上下下的员工们也是如此。对不同类型的人来说，KKR和杠杆收购业务意味着非常多的方面，本书的这些资料来源反映出了这种多样性。

如果对话需要重构的话，后面的注释说明了每次对话的主要信息来源、和这些信息提供者访谈的日期，以及事件的参与者对同一件事情存在明显差异的看法。本书所引用的对话依据的是访谈中的信息，并没有额外创造或综合这些对话。

公开的和私人的文件在每一章节中都具有重要作用。KKR控股的公司的财务数据来自融资说明书、债券条款以及提交给证券交易委员会（SEC）的10-K年度报告。KKR、科尔伯格公司、保德信、德崇和花旗银行的内部文件在适当的地方予以引用。多起法律诉讼，无论其结局如何，都把通常是私有的信息带到公众面前。这些诉讼注明了原告、被告、年份和诉讼发生法院，在引用陪审团裁决和私人信件时注明了日期和来源。

新闻和杂志的文章对于这一快速变化的时代中人们的观点提供了颇具价值的记录。最经常引用的来源是《华尔街日报》和《纽约时报》。《机构投资者》《福布斯》《财富》《商业周刊》《俄勒冈人报》《华盛顿邮报》和《洛杉矶时报》也是很有价值的信息来源。

前言

1. "...you see a miracle": *Toledo Blade*, 30 August 1941.
2. adding more than $2 trillion: The Wilshire 5000 index, the summation of the market capitalization of the top 5000 U.S. stocks, totaled more than $3.4 trillion at the end of the 1980s, up from $1.03 trillion at the beginning of the decade.
3. Deloitte's largest client: interview with Michael Cook, chairman of Deloitte & Touche, 19 January 1990.
4. Taylor's visit to KKR: interview with KKR associate Jamie Greene, 17 April 1989.
5. "learning to love leverage": Beth Selby, "Learning to Love Lever-age," *Institutional Investor*, December 1986.
6. "natural tension": William Greider, *Secrets of the Temple* (New York: Simon and Schuster, 1987), p. 11.
7. "We were hoping...": interview with Henry Kravis, 18 June 1991.
8. "Never fall in love...": phone interview, July 1991.
9. "The eclipse...": That title was used by Harvard Business School professor Michael Jensen for an overview of the buyout business in *Harvard Business Review*, September-October 1989.

第 1 章　取悦 CEO

1. Bill Jones's troubles: interview with Bill Jones, 10 February 1990; interview with former Boren Clay accountant Tom Hudson, 11 April 1991; phone interview with former Boren Clay banker James Melvin, May 1989; phone interview with Simpson Thacher attorney Richard Beattie, November 1991.
2. Kravis's appearance: interview with Bill Jones, 10 February 1990.
3. Purchase price and fee: internal documents of Prudential Insurance Co.; internal memoranda of Bear, Stearns & Co., including thirty-forur-page memo on proposed acquisition dated 5 March 1974; letter from Kravis to Milan Resanovich of Prudential, 29 March 1974.
4. "Nothing would make me happier...": interview with Bill Jones, 10 February 1990.
5. Bear, Stearns's 1960s ambience: phone interviews with nine current and former Bear, Stearns executives, March through June 1989.
6. Kohlberg's career track: interview with Kohlberg, 22 May 1989.
7. Shyness became an asset: interview with former Bear, Stearns executive Ron Shiftan, 17

July 1989.
8. "I liked the long-term…": interview, 22 May 1989.
9. 鲁夫特曼更引人注目：1989年5月2日与斯特恩的CEO H.J. 斯特恩的两个儿子西奥多和詹姆斯·斯特恩的访谈。詹姆斯·斯特恩回忆说："在我心中杰罗姆·科尔伯格是有那么点儿神秘的，他在会议进行中很少发言，都是别人冲他说话。他会躲到一边去，反而是助理们冲在前面。" 1989年9月15日与利昂·普林斯（Leon Prince）的访谈中也听到了类似的说法，利昂是Bally Case & Cooler公司长期的CEO，该公司在1967年被鲁夫特曼和科尔伯格收购。
10. Devised a third way: interview with Lafftman, 17 May 1989; interview with Kohlberg, 22 May 1989; initial public offering ptospectus for Stem Metals Corporation, 23 September 1965.
11. "… just financings": phone interview with June Lawyer, June 1989.
12. "We talked…": interview with: Kohlberg, 22 May 1989.
13. Roberts typing letters: phone interview with Alan Sergy, Robeerts's senior-year college roommate, June 1989.
14. Kravis copying phrases: interview with former Bear, Stearns executives Ron Shiftan and John Sheehy, 17 July 1989.
15. Roberts's departure from Bear, Stearns: interview with Roberts, 7 September 1989.
16. Kravis's ouster: interview with Kravis, 3 May 1989.
17. Early KKR ambience: interview with ex-secretary Peggy.Coiro, 26 May 1989; phone interview with Richard Wakenight, former Vapor Corporation treasurer, March 1989.
18. MacDonnell's "plinking" episode: interview with MacDonnell, 17 April 1989.
19. " All the money's…": phone interview, April 1989, with David Street, former First Chicago Corporation banker who financed early KKR acquisitions.
20. O'Keefe's travails: interview with O'Keefe, 10 April 1989.
21. A. J, board meetings: minutes of A. J. Industries Inc. directors' meetings for 31 August 1976 and 30 September 1976.
22. Kravis at the golf course: interview with Bill Jones, 10 February 1990.
23. Boren's restructuring and sale: internal Prudential Insurance Co.files for 6 February 1987.

第2章　债务越发诱人

1. Saltarelli background: phone interview with Saltarelli, February 1990.
2. Senator Bacon's concerns: *Congressional Record*, 1 July 1909, p. 4007.

3. Professor Graham's warnings: Benjamin Graham, David L. Dodd, and Sidney Cottle, *Securities Analysis* (New York: McGraw-Hill, 1962), p.543.
4. Professor Jensen's outlook: Michael C. Jensen and William H. Meckling, "Theory of the Firm," *Journal of Financial Economics*, Autumn 1976.
5. "You have to structure...": *NYT*, 1 August 1976.
6. First KKR-Hotudaille meeting: reconstruction is based on phone interview with Philip O'Reilly, in March 1989; interview with Kravis, 3 May 1989; interview with Don Boyce, Houdaille's treasurer at the time, 5 June 1989; phone interviews with Peter Sachs, August 1989 and May 1991; phone interview with Gerald Saltarelli, February 1990.
7. Herdrich's calculations: interviews with Don Herdrich, 22 May 1989 and 28 August 1989; confidential financing memo for Houdaille acquisition, prepared by KKR in November 1978.
8. Ragged memo: personal observation; phone interview with Herdrich, May 1991.
9. Loan offer by Tokarz: interview with Tokarz, 11 August 1989.
10. Kravis-Continental exchange: phone interview with Herdrich, May 1991.
11. Kravis sounded flustered: *WSJ*, 7 March 1979.
12. Hudson's depreciation maneuver: interview with Boyce, 5 June 1989, interview with Hudson, 11 April 1991.
13. Kravis and HH Holdings: minutes of HH Holdings board meeting, 5 March 1979.
14. Dayan's resistance wore down: interview with Dayan, 2 May 1991.
15. SEC's questions: letter from the SEC's V. J. Lavernoich to Howard Altarescu, attorney at Cadwalader, Wickersham & Taft, 14 March 1979.
16. Growth of buyout business: *Mergers & Acquisitions* magazine, M&A database, cited in "Volume of Buyouts and the Pot of Gold, 1989 update," a report prepared for the Subcommittee on Oversight and Investigations of the House Committee on Energy and Commerce.
17. Goldman, Sachs's Marley fee: disclosed in proxy statement for Marley Co. shareholders' meeting, 30 April 1981.
18. "You're the last guy...": interview with Herdrich, 28 August 1989.
19. Top-paid lawyers: *Forbes*, 16 October 1989.
20. KKR's first computer. interview with Herdrich, 28 August 1989.

第 3 章 追逐利润

1. "I love Portland": Portland *Oregonian*, 27 July 1989.

2. Disputes among Meyer trustees: interview with former trustee Gerry Pratt, 31 July 1989; interview with former trustee Oran Robertson, 2 August 1989.
3. "...blank check.": interview with Roger Meier, 1 August 1989.
4. Failure of first KKR fund-raising: interview with Kravis, 3 May 1989.
5. KKR Partners investors: disclosed in limited partnership application filed 1 October 1976 with the New York Secretary of State.
6. Ray Kravis's admonitions: interview with Ray Kravis, June 1989.
7. Graham's warning: interview with Henry Kravis, 3 May 1989; interview with William Graham, 7 November 1989.
8. "We had made money...": phone interview with Oran Robertson, March 1989.
9. "There is a great deal of clashing...": trustees' minutes, 22 December 1980, kept by trustee Gerry Pratt.
10. Pratt on Kohlberg: interview, 1 August 1989.
11. Meier affinity for Roberts: interview with Meier, 1 August 1989.
12. Hanson's memo: disclosed in Portland *Oregonian*, 12 March 1982.
13. Hitchman affinity for Roberts: interview with Hitchman, 12 April 1989.
14. Kravis in Kuwait: interview with Kravis, 1 December 1989.
15. KKR's fees: disclosed in "Kohlberg Kravis Roberts & Co., 1982 Investment Fund," a forty-page private placement memorandum circulated among large investors.
16. Bank lenders nearly foredosed: interview with Continental Illinois banker Michael Murray, 6 November 1989; interview with Kravis, October 1991.
17. Goldin's objections to buyouts: quoted in *Time*, 5 December 1988.
18. Phone manners at KKR: interview with Canning, 6 June 1989.
19. Yale's objections: phone interview with Swenson, March 1989.
20. Gains in Oregon portfolio: letter from KKR partner Michael W. Michelson to Oregon treasurer Anthony Meeker, 30 April 1991.
21. Cooperman's estimate: "Portfolio Strategy," Goldman, Sachs & Co. report to clients, September 1987.
22. Kravis-Raether exchange: phone interview with Raether, June 1990.
23. Kehler's proposal: interview with Kehler, 18 October 1989.

第4章 和银行打交道

1. Growth in buyout loans: data compiled by Loan Pricing Corporation.

2. Brokers Trust's lending to KKR: internal KKR records.
3. Tokarz-Raether exchange: phone interview with Tokarz, May 1991.
4. Badie-MacDonald exchange: interview with MacDonald, 4 June 1991.
5. Roberts approach on Gulf loan: interview with Ron Badie, 11 April 1989.
6. Bankers Trust's review of Gulf loan: interview with Ron Badie, 11 April 1989; interview with Joseph Manganello and Terence Mogan, 26 October 1989; phone interview with Roberts, November 1991.
7. Tarrytown retreat and aftermath: interview with MacDonald, 4 June 1991.
8. Kravis in Africa: interview with Kravis, 18 June 1991; multiple phone interviews with Roberts.
9. Bankers' Beatrice tour: interview with Morgan St. John, 3 August 1989.
10. Tokarz's pursuit of loans: interviews with Tokarz, 11 August and 9 October 1989.
11. "Dialing for dollars": interview with Morgan St. John and George Hartmann, 4 August 1989.
12. Kravis-Kommski exchange: phone interview with Kominski, November 1989.
13. Beatrice fees: cited in 11 March 1986 proxy statement issued by Beatrice Cos. Increase in Kidder's fee emerged in interview with former Kidder, Peabody investrnent banker Peter Goodson, 19 July 1989.
14. Beatrice closing dinner: reconstruction based on interviews with seven commercial bankers, two KKR executives, two Drexel executives, and incoming Beatrice chief executive Don Kelly.
15. Volcker's "Bravo": deposition of Metropolitan Life Insurance Co. chief executive John Creedon, in a 1988 bondholder Suit seeking to stop the RJR Nabisco buyout, *Metropolitan Life Insurance Co.et al. v. RJR Nabisco Inc.*, filed in federal court for the Southern District of New York.
16. Solow's career path: Institutional Investor, January 1989.
17. Solow approach to Kravis: interview with Solow, 12 June 1989.
18. Minganello's views: interview, 26 October 1989.
19. Tokarz's Safeway tactics: interview with St. John, Hartmann, and Badie, 11 April 1989; interview with Tokarz, 11 August 1989.
20. Roberts-Elorriaga exchange: interview with John Elorriaga 1 August 1989.
21. Roberts-Badie exchange: interview with Badie, 11 April 1989.
22. Badie-Greene exchange: interview with Badie, 11 April 1989; phone interview with

Greene, January 1990.

23. Reed's concern about fees: Reed interview in *Harvard Business Review*, March/April 1990.

24. Owens-Illinois bank meeting: interviews with three participants in meeting.

第 5 章 德崇的魔幻世界

1. Milken's hours: Connie Bruck, *The Predator's Ball* (New York: Simon & Schuster, 1988), pp. 86-87.
2. "They deliver...": interview with Kravis, 9 August 1989.
3. Charles's ire with KKR: interview with Charles, 16 October 1989.
4. Milken and "fallen angels": Forbes, 19 November 1984; Bruck, *Predator's Ball*, p. 27.
5. Absentminded professor. interview with Lorraine Spurge, 28 June 1991.
6. Higgins's remarks: interview with Jay Higgins, 27 April 1989; interview with former Gulf executive vice president Harold Hammer, 8 September 1989.
7. Pickens's view of Milken: T. Boone Pickens, *Boone* (New York: Houghton Mifflin, 1987), p. 226.
8. Cole National episode: reconstruction based on interview with Kravis and Ammon, 9 August 1989; phone interview with Jeffrey Cole, September 1989; phone interview with Fred Carr, September 1989; and follow-up phone interview with Ammon, July 1991.
9. Raether interest in Drexel: interview with Raether, 2 October 1989.
10. Herdrich-Kravis exchange: phone interview with Herdrich, February 1990.
11. Fox-Roberts exchange: interview with Fox, 24 October 1990.
12. Dillon, Read approach to KKR: Storer Communications Inc. proxy statement of 23 October 1985.
13. Weigers's oppositiom interview with Raether, 2 October 1989; phone interview with Weigers, October 1989.
14. Weigers-Raether exchange: interview with Raether, 2 October 1989.
15. Jet-to-jet talks: interview with Kravis, 18 June 1991.
16. "The conviction...": John Kenneth Galbraith, *The Great Crash* 1929 (New York: Houghton Mifflin, 1954), p. 169.
17. Kehler remarks: cited by KKR executive R. Theodore Ammon in testimony, 19 October 1990, before New York federal court as pan of sentencing heating for Michael Milken. Ammon's account was confirmed in an interview with Dean Kehler, 11 June 1991.
18. Overflow crowd in Chicago: interview with Drexel investment bankers Leon Black and

Dean Kehler, 5 October 1989.

19. Milken-Kravis exchange: interview with Kravis, 9 August 1989.
20. "Look at the world...": *Forbes*, 19 November 1984.
21. Bayse-Storer example: *WSJ*, 24 August 1989.
22. Engel on parties: Brock, *Predator's Ball*, p. 15.
23. Dahl's testimony: *Washington Post*, 26 October 1990.
24. Joseph's concern: quoted in *Fortune*, 16 March 1987.
25. Milken's pay: disclosed in ninety-eight-count federal indictment of Milken, 29 March 1989, on charges of racketeering and securities fraud.
26. Kravis's warrant exchange: interview with Kravis, 30 March 1990.
27. Cogut warrant query: phone interview with Cogut, January 1991.
28. Spiegel's salary, butler, and jet: *Los Angeles Times*, 13 July 1990.
29. Fidelity's ads: *Money*, January 1986.
30. Small investors' outlays: *WSJ*, 21 March 1990.
31. Junk-bond supply and creditworthiness: Barrie Wigmore, "The Decline in Credit Quality of New-Issue Junk Bonds," *Financial Analysts Journal*, September/October 1990.
32. Milken's Mexico soliloquy: interview with Scott Stuart, 30 May 1991; phone interview with Roberts, June 1991.
33. Ammon-Liman exchange: Milken sentencing hearing, 19 October 1990.

第 6 章　玩收购的艺人

1. "照管义务"和"忠实义务"的责任：在1986年特拉华州立法院对MacAndrews & Forbes诉露华浓案的判决中，里程碑式地确立了这些责任。在这一案件中，露华浓的管理层已经谈成将该公司出售给一个友好的收购方；但这一协议被特拉华州立法院推翻，认为这些条款不公正地剥夺了股东们从企业掠夺者罗恩·佩雷尔曼（Ron Perelman）更高的出价中受益的权利。后来董事们的"照料"和"忠实"责任在一系列法律专栏文章中获得了极大的关注。包括 *The Business Lawyer*, February 1988: "The Emerging Role of the Special Committee: Ensuring Business Judgment Rule Protection in the Context of Management Leveraged Buyouts," by Scott V. Simpson, an attorney at Skadden, Arps, Slate, Meagher & Flom.
2. "So you're the guy..." and subsequent exchange: phone interview with Roberts, February 1990; phone interview with Katcher, May 1990.
3. Total U.S. takeovers in 1981 and 1986: database service of *Mergers & Acquisitions* magazine.

4. "It's the leverage": *Institutional Investor*, November 1986.
5. Kravis's remarks at Beatrice boardroom and directors' reactions: interviews with Kravis, Paul Raether, and Michael Tokarz, 9 August 1989; phone interviews with four Beatrice directors, William Granger, Alex Brody, Murray Weidenbaum, and Coff Smith, October and November 1989.
6. KKR's suspicions: interview with Tokatz, 9 October 1989, interview with KKR associate Kevin Bousquette, 16 November 1990.
7. Roberts-Magowan meeting: interview with magowan, 3 April, 1989; interview with Roberts and MacDonnell, 17 April 1989.
8. Katcher-Roberts showdown: interview with Ron Badie, 11 April 1989; interview with Katcher, 13 March 1990; phone interview with Roberts, November 1991.
9. "A lot of the art...": phone interview with KKR associate Ned Gilhuly, February 1990; phone interview with Roberts, February 1990.
10. Oregon's $600 million commitment: board minutes of Oregon Investment Council, 25 June 1987; interview with Oregon Investment Council chairperson Carol Hewitt, 1 August 1989.
11. Herringer bid for Dayton-Hudson: *WSJ*, 24 June 1987 and 25 June 1987.
12. Advisers' doubts about Paine Webber bid: deposition, 4 September 1987, of Shearson Lehman Brothers investment banker Stephen Waters, an adviser to Jim Walter Corporation. Deposition was taken in a shareholder suit filed against Jim Walter Corporation in Florida state court: *Edith Citron et al. v.Jim Walter Corp.et al.*
13. Paine Webber's inability to win over Walter: interview with Walter, 18 May 1989; Walter deposition of 8 September 1987 in *Citron* suit, Walter in particular took issue with Paine Webber's estimates that overhead could be cut $20 million in the first year of a buyout.
14. "I didn't believe anything...": Waters deposition in *Citron* suit:
15. Beattie-Katcher exchange: interview with Karcher, 21 March 1990; phone interview with Beattie, November 1991.
16. Katcher-Roberts exchange: Waters deposition in *Citron* suit; interview with Katcher, 21 March 1990; phone interview with Roberts, June 1991.
17. Original price target for Duracell sale: phone interviews with John Richman and John Golden, January 1990.
18. Salomon's offer: interview with Robert Kidder, 17 March 1989.
19. Forstmann preemptive bid: phone interviews with Golden, Kidder, and Forstmann Little partner Nicholas Forstmann.

20. Golden-Bousquette exchange: interview with Bousquette, 16 November 1990.
21. Kravis-Richman exchange: phone interviews with Kravis and Richman, January 1990; interview with Bousquette 16 November 1990.
22. Duracell finalists' bids: interview with Clayton & Dubilier partner Martin Dubilier, 14 March 1989; interview with Gibbons Green partner Lewis van Amerongen, 9 March 1989; multiple phone interviews with Kravis, Bousquette, Golden, and Kidder. Forstmann Little executives decline to specify their final bid; the $1.7 billion figure is based on four other people's reports.
23. Forstmann demanded a chance to bid again: interviews with Kidder and Golden. Forstmann denies that he wanted to rebid.
24. Roberts-Kohlberg exchange on RJR: interview with Roberts, 7 September 1989.
25. Kravis-Cohen meeting. *WSJ*, 25 October 1988; also described in detail in Bryan Burrough and John Helyar, *Barbarians at the Gate* (New York: HarperCollins, 1990), pp. 201-4.
26. Bowman's objections: *WSJ*, 28 October 1988.
27. Kravis-Solow exchange: interview with Solow, 12 June 1989; Burrough and Helyar, *Barbarians*, p. 209.
28. Fight about Drexel's role: interview with Drexel executive Dean Kehler, 18 October 1989.
29. "This is crazy": Burrough and Helyat, *Barbarians*, p. 328.
30. Forstmann exchange with Johnson lawyer: described in Hope Lampert, *True Greed* (New York: New American Library, 1990), p. 182; Burrough and Helyar, *Barbarians*, p. 347,
31. Johnson's "management agreement": *NYT*, 5 November 1988; *Time* 5 December 1988.
32. Kravis-Atkins exchange: Burrough and Helyar, *Barbarians*, p. 499.
33. Kravis attuned to RJR board: *WSJ*, 2 December 1988; *Fortune*, 24 April 1989.
34. "We felt used and abused...": *WSJ*, 9 November 1988.
35. "I had just won a hand...": *Fortune*, 2 January 1989.
36. "I have two regrets...": interview with Roberts, 17 April 1989.

第7章 导师的陨落

1. Description of Lehman as "poisoned partnership": Ken Auletta, *Greed and Glory on Wall Streel* (New York: Random House, 1986), p. 4.
2. Search for Swarthmore president: cited in *Broadcasting*, 4 February 1985.
3. Kohlberg's cut in ownership in 1979 and 1981 is cited in *Jerome Kohlberg Jr. v. Kohlberg Kravis Roberts & Co.*, filed in New York state court, 21 August 1989.

4. Vast amounts of Coca-Cola: interview with KKR partner Paul Raether. 2 October 1989.
5. Kravis-Kohlberg exchange about hiring: interview with Kravis, 26 September 1989.
6. Jim Kohlberg's resume: from broker's application filed with the Commodities Futures Trading Commission, 12 April 1984, by James A. Kohlberg.
7. Jim Kohlberg's ranking as tennis pro: phone interview with Greg Sharkow, Association of Tennis Professionals, September 1989.
8. Kravis opposition to hiring Jim Kohlberg: interview with Kravis, 26 September 1989.
9. Kohlberg believed in his son: interview with Kohlberg friend Martin Dubilier, 14 March 1989; interview with Kohlberg friend and publicist Davis Weinstock, 26 September 1989.
10. "If you want to hire Jimmy" and subsequent Kohlberg response: interview with Kravis, 26 September 1989.
11. Jim Kohlberg's efforts: interviews with Roberts, Bob MacDonnell, and Saul Fox, 6 and 7 September 1989.
12. "We've got these other guys" and subsequent response: interview with Roberts, 6 September 1989.
13. Building blocks: interview with Carolyne Roehm, 26 July 1989.
14. Nancy Kohlberg clipped wool: interview with Dubilier, 14 Match 1989.
15. Monday-morning meetings and subsequent detail: interview with Kravis, 26 September 1989. Four other KKR executives confirm details.
16. March 1985 breakfast clash: This account is based on interviews with Roberts, 6 September 1989, and with Kravis, 26 September 1989, as well as subsequent phone interviews with both men. Kohlberg, through a spokesman, declines to discuss this period in detail. In a written response to questions, 29 April 1991, Kohlberg stated: "I was out for a time due to an operation and recuperation. When I returned, it was clear that my partners and I had grown apart."
17. Kohlberg-Aeder dismssions: interview with Arthur Aeder, 11 October 1989.
18. "We're going to destroy...": interview with Kravis, 26 September 1989.
19. Red Lion and Jim Kohlberg's stake: interview with Roberts, 6 September 1989.
20. Kohlberg's working hours: interviews with Raether, 2 October 1989; with Kravis, 26 September 1989; with KKR associate Kevin Bousquette, 11 October 1989; and with KKR associate Ted Ammon, 5 September 1989.
21. Fast-paced ways worried Kohlberg...and subsequent detail: interviews with Kohlberg confidants Arthur Aeder, Davis Weinstock, George Peck, Donald Stone, and Martin

Dubiliier, Kohlberg interview with *Institutional Investor*, November 1986.

22. Roberts-Kohlberg clash over Beatrice: interview with Roberts, 6 September 1989; confirmed in letter from Kohlberg dated 29 April 1991.
23. Jim Kohlberg's pay for 1986 and subsequent detail: interview with George Roberts, 6 september 1989.
24. Early January 1987 meeting: interview with Roberts, 6 September 1989; interview with Kravis, 26 September 1989; phone interview with Lang, October 1989.
25. Roberts-Kravis. exchange about Kohlberg: interview with Roberts, 6 September 1989; interview with Kravis, 26 September 1989.
26. Kohlberg-Raether dialogue: interview with Raether, 2 October 1989.
27. Kohlberg-Kravis lunch exchange: This account is based on an mterview with Kravis, 26 September 1989, and a follow-up phone interview with Kravis, January 1990. In his written communication of 29 April 1991, Kohlberg says: " After a year of discussion, we reached an agreement that involved a purchase of my interest, a buyout over time. Overall I was delighted with my experience there, delighted to leave and I am very delighted with our new company. " Kohlberg, through a spokesman, declines to answer further questions.
28. Kohlberg's share of any future buyouts: cited in *Jerome Kohlberg Jr. v. Kohlberg Kravis Roberts & Co.*, 21 August 1989.
29. Smaller concessions to Kohlberg: interview with Kravis, 26 September 1989; interview with Roberts, 7 September 1989.
30. " Overpowering greed..." : the phrase is recalled by three investors who were present at the meeting.
31. Kohlberg remark to Amerman: phone interview with Amerman, September 1989.
32. Ambience of Kohlberg & Co.: firsthand observation in January and May 1989.
33. Kohlberg's $1 billion goal: *Fortune*, 4 July 1988.
34. Flap over Texaco toe-hold profits: multiple phone interviews with Kravis and Roberts.

第8章 统领工业帝国

1. 对克莱斯勒、德士古公司和AT&T的比较：基于1989年《财富》杂志以销售额排名的数据。1990年4月23日那一期的杂志发表了美国最大的500家工业公司，1990年6月4日的杂志公布了最大的服务型公司。AT&T在服务型公司中名列第一，销售额363亿美元，克莱斯勒在工业公司中排名第八，销售额362亿美元；德士古公司排名第十，销售额 324 亿美元。与此相比，KKR 掌控的最大的九家公司的销售额共计 482 亿美元，这九家公司是雷诺兹 – 纳贝斯克、塞夫韦、Stop & Shop、碧翠斯、欧文斯 – 伊利诺伊玻璃公司、弗雷德·迈耶公司、希尔斯博若、金霸王和马利公司。

2. KKR 掌控公司的雇员总数："KKR 执行的杠杆收购的演示"，这份 1989 年 1 月的报告在华盛顿政策制定者圈子中广为流传，不计雷诺兹 – 纳贝斯克，KKR 旗下公司的雇员总数即达到 276 000 人；根据雷诺兹 – 纳贝斯克 1988 年年报的数据，还要再加上该公司的 116 881 名雇员。

3. KKR's objective in 1978: Quote is from "KKR Investment Fund," a private placemen, fund-raising memorandum, January 1978, p. 2.

4. KKR's objective in 1987: Quote is from "Kohlberg Kravis Roberts & Co., 1987 Fund, Confidential," a private placement memo, June 1987, p. 4.

5. Average stock market gains of 9 percent: Roger G. lbbotson and Gary P. Brinson, *Investment Markets* (New York: McGraw-Hill, 1987), p. 72. Different long-term studies show average yearly returns of 8.2 to 9.5 percent. All studies count both capital gains and dividend income.

6. Kravis sessions with Loomis students: phone interview with James Wilson, January 1989.

7. Henry Kravis's view of his father: as quoted in *Manhattan Inc*., December 1988.

8. Lou Roberts's Permian Basin investments: interview with former Beat, Stearns executive Walter Luftman, 16 May 1989.

9. Lou and George Roberts's car trips: interview with George Roberts, 17 April 1989.

10. Kravis-Roberts exchange over Motel 6 signs: interview with Kravis, 30 March 1990.

11. Reluctance to see Fred Meyer stores: interview with Oran Robertson, 2 August 1989.

12. Kravis viewing Incom as "boring": phone interviews with Ed Mabbs, 1989-90.

13. "When a manager...": *NYT*, 19 November 1984.

14. KKR's buyout creed: composite, based on interviews with Kravis, Roberts, Mac-Donnell, Raether, and nine chief executives of KKR-controlled companies.Fullest version is from July 1991 phone interview with MacDonnell, discussing KKR's 1986 buyout of Safeway.

15. "Why can't Don be reasonable?": interview with Kravis, 1 December 1989.

16. Kelly's ownership stake in Beatrice: bond prospectus, 10 April 1986, for $1.75 billion of debentures issued by BCI Holdings Corporation, p. 51.

17. Kelly's profit on Beatrice stake: author's calculation; phone interview with Kelly, October 1991.

18. Kravis on Beatrice managers' goals: *BusinessWeek*, 2 December 1985.

19. Cutbacks in lavish Beatrice ad budget: phone interview with former Beatrice executive

注　释　389

William Reidy, November 1989.
20. Kelly eradicating Dutt's style and subsequent detail: interview with Don Kelly. 7 November 1989.
21. Kelly's exchange with Tokarz and Bousquette: *Fortune*, 4 July 1988.
22. "My job has been..." : *Institutional Investor*, June 1988.
23. Union Texas action plan: interview with Roberts, 16 February 1989; author correspondence with Union Texas executive Carol Cox, August 1991.
24. Owens-Illinois cost-cutting and subsequent details: personal observation; interviews with Robert Lanigan, Joseph Lemieux, and O-I chief financial officer Lee Wesselmsn, 4 January 1990.
25. "I knew a lot of people..." : interview with Magowan, 22 May 1991.
26. Roberts's warning to MacDonnell: phone interview with MacDonnell, August 1991.
27. "Transitions come with costs..." and subsequent details: interviews with Burd, 18 April 1989, 9 February 1990, and subsequent phone interviews.
28. Safeway spending and inventory cuts: Safeway annual reports, 1985, 1986, and 1987.
29. "I do believe it..." : interview with Magowan, 3 April 1989.
30. Dogs.flying on corporate jets: Butrough and Helyar, *Barbarians*, p. 95.
31. Kravis on RJR's corporate waste: interview, 3 May 1989.
32. Fee of $500 000 for Tom Neff: *BusinessWeek*, 6 February 1989.
33. Gerstner telling Neff "Go away" : phone interview with Neff, December 1989.
34. Kravis-Rsether visit to Gerstner's home: interview with Kravis, 14 December 1989; interview with Gerstner, 6 March 1991; phone interview with Raether, October 1991.
35. Gerstner's contract to join RJR: bond prospectus for $1.25 billion of debentures offered by RJR Holdings Capital Corporation, 4 April 1989, pp. 76-77.
36. New policy on RJR corporate jets: phone interviews with RJR vice president Jason Wright, March 1991.
37. Decor of new RJR offices: personal inspection in March 1991; interview with Gene Croisant, 5 March 1991.
38. Johnston and Greeniaus ownership stakes: RJR's 10-K filing with the Securities and Exchange Commission for 1989.
39. "Having the LBO perform..." : interview with Gteeniaus, March 8, 1991.
40. Jones-Kravis exchange: interview with Jones, 10 February 1990.
41. Kidder found Kraft stifling and subsequent details: interview with Kidder. 17 Malrch

1989.

42. Origin of the "Exorcist Plan" and subsequent details: interviews with Kidder, 17 Match 1989 and 5 February 1990; interview with Perrin, 5 February 1990.

43. Richman-Kidder dinner: interview with Kidder, 17 March 1989; phone interview with Richman, February 1990.

第 9 章　债务大棒

1. Kaplan study of buyouts: *Management Buyouts*: *Efficiency Gains or Value Transfers*, Center for Research in Securities Prices, Graduate School of Business, University of Chicago, 1989. Kaplan surveyed seventy-six buyouts undertaken from 1980 to 1986, including nearly a dozen KKR buyouts.
2. "The same managers..." : Jensen testimony before the House Ways and Means Committee, 1 February 1989.
3. Roberts and Kravis on virtues of buyouts: Roberts speech to the Arlington Chub, Portland, Oregon, 14 May 1991; *NYT*, 19 November 1984.
4. Lanigan on missed targets: interview, 4 January 1990.
5. "I don't like O-I..." : *Toledo Blade*, 21 March 1987.
6. Markell's firing at Safeway: Markell deposition, 11 November 1986, in *Robert C. Markell, et al v. Safeway Stores Inc., et al.*, filed in California state court, Alameda County.
7. Trujillo's plight: deposition of Raymond Trujillo, 18 November 1986, *in Markell v. Safeway.*.
8. Lorryay job hunt: deposition of Mary Ellen Lorray, 12 November 1986. *in Markellv.Safeway.*
9. Michelson on O-I bureaucracy: interview, 17 April 1989.
10. MacDonnell on Safeway cutbacks: interview, 17 April 1989.
11. Houdaille's stance on wages: quote is from a 14 May 1986 memo jointly prepared by KKR and Houdaille top management, seeking to sell the company.
12. Strippit warnings and pay: phone interviewth with Gregory Stone, August 1991; phone interview with Idex executive Don Boyce, September. 1991.
13. Shawson's pay: disclosed in Hoodaille prospectus for $175 million of debentures, 9 September 1986, p. 32.
14. Workers "went crazy..." : interview with Stone, August 1991.
15. Kollig's reaction: phone interviews, December 1989.
16. KKR's influence at Safeway: interview with Roberts and MacDonnell, 17 April 1989.
17. Safeway's 1.4-percent pay increases: interview with Magowan, 17 April 1989.

18. Abeyta reaction: *Seattle Times*, 31 July 1989. Most other major grocery chains ih the Seattle area also were struck by workers seeking higher wages; contract terms obtained by Safeway applied to other grocers, too.
19. Safeway use of courtesy clerks: interview with Kathy Morris, 1 August 1989; interview with Safeway chief financial officer Michael Pharr, 21 May 1991.
20. Owens-Illinois EBIT target: cited in KKR's confidential financing memorandum of February 1987, the "bank book."
21. Wallet's marching orders: interviews with Waller and Owens-Illinois manager Rob Smith, 9 February 1990.
22. Stebbins's work conditions: personal observation; interview with Bob Stebbins, 9 February 1990.
23. "We didn't tighten..." : interview with Saul Fox, 24 October 1990.
24. Motel 6 equity ownership: phone interview with Saul Fox, October 1991.
25. Motel 6 pay and benefits: deposition of Motel 6 chief executive Joseph McCarthy, 17 May 1991, in *Lisia M. Dykes v. Motel 6 G.P.Inc.*, et al., filed in Texas state court, Harris County.
26. Kemps' experience at Motel 6: deposition of Samuel and Myrl Kemp, 11 October 1990, in *Dykes v. Motel 6*.
27. KKR perspective on Motel 6: interview with Fox, 24 October 1990; phone interview With MacDonnell, July 1991.
28. "I don't sec..." : phone interview with Roberts, October 1990.
29. Extra Safeway jobs: interview with Magowan, 3 April 1989.
30. "KKR isn't in the grocery..." : interview with Morris, 1 August 1989.
31. Teninty's view of KKR: interview with Ron Teninty, 7 September 1989.
32. Norris tug-of-war: interview with Jack Meany, 26 October 1989.
33. KKR office ambience: personal observation.
34. Kravis's own airline: An incorporation certificate for East-West Air Inc. was filed with the New York Secretary of State's office by the airline's presicicnt, Henry Kravis, on 27 February 1987.
35. "And have fun " : interview with Owens-Illinois president Joseph Lemieux, 4 January 1990; Roberts confirmed the remark in a phone interview, November 1991.

第 10 章 拿钱走人

1. "The longer you hold ..." : quoted in *Institutional Investor*, Novembet 1986.

2. Kohlberg-Mabbs exchange: from minutes of 16 April 1980 board meeting of Incom International Inc., typed up two days later by Prudential Insurance Co. executive Lars Berkman.
3. Background of KTLA: Tribune Co. announcement of purchase, 21 May 1985.
4. Cook took pride: In a follow-up interview, Cook was quoted in the *WSJ*, 24 May 1985, as saying: "KTLA fills the hole we were missing." An investment banker quoted in *The Washington Post*, 17 May 1985, said: The Tribune felt they had to have this station for strategic reasons, whatever it cost."
5. Banks' insistence on $1.5 billion of Beatrice asset sales: largely disclosed in proxy statement mailed to Beatrice Cos. shareholders, 11 March 1986, p. 31; more fully disclosed in intetviews with Bankers Trust Co. executives Ron Badie, Morgan St. John, and George Hartmann, 11 April 1989.
6. "Gentlemen, we're fools...": interview with Tokatz, 22 February 1990.
7. Tokatz's three-month pitch: interview with Tokarz, 22 February 1900.
8. Kelly's initial aversion: interview with Kravis, 18 June 1991; interview with Kelly, 7 November 1989.
9. Kelly's acquisition plans: *WSJ*, 22 May 1987.
10. KKR's claim of a 192-percent return on Beatrice: cited in exhibit 2 of fund-raising memo circulated by KKR to potential limited partner investors, June 1987.
11. Kelly support of Tropicana: interview with Kelly, 7 November 1989; phone interview with George Zulanas, November 1989.
12. Seagram wanterd to diversify: *WSJ*, 11 Match 1988.
13. Tokarz and Roberts balked: multiple phone interviews with Tokarz and Roberts, 1990 and 1991.
14. Kravis called in a mediator: interview with Salomon Brothers Inc. investment banker William Rifkin, 29 November 1990.
15. "Henry, you've got to do...": interview with Tokarz, 22 February 1990.
16. Reconstruction of 5 May 1988 board meeting: interview with Tokarz, 22 February 1990, and subsequent phone interviews, interview with Salomon investment bankers William Rifkin and Laurel Cohen, 13 December 1990; interview with Kravis, 18 June 1991; phone interview with Kelly, October 1991. Kelly and Tokarz each say the other accused them of meddling with Salomon's results; this version combines both accounts.
17. "You don't need me...": interview with Kelly, 7 November 1989.
18. Tokarz and Bousquette reactions: phone interviews, 7 June 1990.

19. Carton of Safeway documents: interview with MacDonnell, 17 April 1989.
20. Magowan's hopes for turnaround: interview with Magowan, 3 April 1989; and *San Francisco Examiner*, 27 July 1987, in which Magowan said he would have preferred to keep divisions that were later sold, such as Dallas, but added: "There's so much debt in a leveraged buyout that you have to look at your assets in a cold and calclating way. If you don't get returns in a short time, you can't afford to nurse [a division]."
21. Magowan's memo to Roberts: interview with Magowan, 3 April 1989; phone interview with Roberts, November 1991.
22. Sale of Safeway's U.K. division: *WSJ*, 26 January 1987; interview with MacDonnell, 17 April 1989.
23. Safeway wages in Dallas: *Houston Cbronicle*, 3 *December* 1986.
24. Safeway closure in Dallas: *Dallas Morning News*, 4 April 1987; *San Francisco Examiner*, 27 July 1987; interview with MacDonnell, 17 April 1989.
25. Olwell's assessment: *Daily Oklahoman*, 16 October 1987.
26. "Nobody likes the process…" : *Daily Oklahoman*, 15 October 1987.
27. KKR's talks with Vons: proxy statement for meeting of Vons Cos.shareholders, 10 November 1988; phone interviews with MacDonnell, August 1991.
28. Burd-Gates exchange: interview with Burd, 9 February 1990, interview with Gates, 22 May 1991.
29. Smith study: " Corporate Ownership Structure and Performance, " unpublished paper, University of Chicago, 1989.
30. Fletchher's assessment of Beatrice: *Advertising Age*, 26 Novembet 1990.

第 11 章 "我们没有朋友"

1. Roberts scanning Fortune: interview, 17 April 1989.
2. Kravis-Tufo exchange at Vail: interview with Tufo, 7 February 1991.
3. 克拉维斯和罗伯茨的净资产：最现成的对 KKR 合伙人的财富所做的估算是《福布斯》杂志汇编的 "美国最富有人士" 排行榜。这对表兄弟在 1986 年 10 月首次上榜，每个人的财富约为 1.8 亿美元。两年后在《福布斯》杂志 1988 年 10 月 24 日的排行中这一数字上升到 3.3 亿美元。在 1989 年 10 月 23 日估算的财富上升到每人 4 亿美元，在 1990 年 10 月的排行中达到每人 5.5 亿美元。次年《福布斯》杂志忽略掉他们在雷诺兹－纳贝斯克中的权益并估计他们每人持有 4.5 亿美元财产。如果雷诺兹－纳贝斯克的权益被算进来的话，总值会达到 6 亿美元。

4. Kravis's cashmere cardigans: *Washington Post*, 8 January 1989.
5. Farm costing $2.6 million: *Lakeville* (Connecticut) *Journal*, 22 June 1989.
6. Six servants: interview with Carolyne Roehm, 28 July 1989.
7. Hoisting painting with a crane: interview with Kelly, 7 Novembet 1989.
8. Johnson's reluctance to work with Kravis: *Fortune*, 24 April 1989; Lampert, *True Greed*, p. 33.
9. "Born into a life of privilege": *USA Today*, 2 February 1989.
10. "...for what the money can buy": *M*, November 1989.
11. Buyout presentation at Chrysler: interviews with Magowan, 3 April 1989, and Lanigan, 4 January 1990.
12. Restrictions on mirror subsidiaries: *WSJ*, 18 December 1987.
13. Bentsen on recession risk: opening remarks in the Senate Finance Committee's hearings on leveraged buyouts, 25 January 1989.
14. Destiny of Beatrice jets: disclosed in the Form 10-K annual report that Beatrice filed with the Securities and Exchange Commission for the year ended 28 February 1989, as part of footnote 20, "Related Party Transactions."
15. Kravis-Dorgan exchange: phone interview with Dorgan, January 1990.
16. Lipton memo to clients: quoted in *New York Observer*, 14 *November* 1988.
17. "You're already the preeminent...": firsthand observation of Beck's call.
18. Brennan's wall chart: *Washington Post*, 26 November 1989.
19. Roberts's desires for Chevron: interview with former Washington State Investment Board chief John Hitchman, 12 April 1989; repeated phone interviews with Roberts, 1990 and 1991.
20. "Our company isn't for sale": *WSJ*, 27 September 1988.
21. Hiring a top banker: Adviser's comments were quoted in *WSJ*, 6 June 1989.
22. FDIC staff's support for KKR bid: Rep. Charles E.Schumer, "Report on FDIC Bailouts," prepared for the House Budget Committee, January 1991.
23. Clarke and Hope responses to KKR: Schumer, "Report on FDIC Bailouts".
24. Kohlberg's directorship fees: interview with Richard Beattie, 18September 1989.
25. Kohlberg's suit: *Jerome Kohlberg Jr.* v. *Kohlberg Kravis Roberts & Co.*, filed 21 August 1989 in New York state court.
26. "Is hubris...": *Economist*, 2 September 1989. The article was drily entitled: "Three Men in a Suit."
27. Roberts's incredulity: phone interview with Roberts, May 1990.
28. Faludi's incredulity: phone interview with Faludi, May 1990.

29. Kravis's glum deal outlook: interview, 30 March 1990.
30. "You get paranoid...": phone interview with MacDonnell, April 1990.

第 12 章　信贷紧缩

1. "As long as the money doesn't run out...": interview with KKR associate Scott Stuart, 30 May 1991.
2. Drop in banks' buyout loans: Such loans by all major U.S. banks totaled $80 billion in 1989, according to the Loan Pricing Corporation. Lending volume plunged to $13.3 billion in 1990.
3. Roberts called on bank chairmen: phone interview with Roberts, January 1990.
4. "...hands off": interview with George Gould, 23 March 1990.
5. Advent of HLT guidelines: *WSJ*, 23 February 1989.
6. Bankers Trust's $60 billion of loans: *WSJ*, October 1988.
7. Bank resistance to UAL financing: *WSJ*, 16 October 1989.
8. Kravis-Bianco exchange: interview with Bianco, February 1990.
9. Carr's optimism: *Forbes*, 17 April 1989.
10. Assets of junk-bond mutual funds: Investment Company Institute, as quoted in "High Yield Weekly Market Review" of Donaldson Lufkin Jenrette Securities Corporation, 10 January 1991.
11. "You can't be force-fed...": *WSJ*, 15 September 1989.
12. "I've been away...": interview with Milken, 16 March 1989.
13. Raether's admission: *WSJ*, 26 September 1989.
14. "You reneged...": letter from Stanford N. Phelps to George N. Gillett, Jr., 11 December 1989.
15. "Don't forget...": interview with Stuart, 30 May 1991; multiple phone interviews with Phelps in December 1989 and January 1990.
16. Celotex personal injury claims: annual report for Jim Walter Corporation, 1986.
17. "substantial negative value": comment by Waters in deposition in *Edith Citron, et al.* v. *Jim Walter Corp., et al.*, previously cited.
18. 赛罗特克斯的出售：出售的条款披露于 1988 年 10 月 6 日希尔斯博若的四个分部发行的债券说明书中。赛罗特克斯被卖掉之时，希尔斯博若拿到 500 万美元现金和加里·德拉蒙德的一家关联企业 Jasper Corporation 给出的不可撤销的 9500 万美元票据。
19. Beaumont trial proceedings: transcript of hearing on special appearances in *Joe Larned Jr.* v. *Kohlberg Kravis Roberts & Co., et al.*, Texas state court, Jefferson County, 12-14

September 1989.
20. Mass-Tokarz exchange: phone interview with Tokarz, January 1990; phone interview with Mass, August 1991. Dialogue is Tokarz's version; Mass remembers a "heated" exchange but no specifics.
21. "Bondholders should be very firm...": interview with Burkhead, 1 February 1990.
22. Bermam-Tokarz exchanges: phone interviews with Berman and Tokatz in January 1990. Berman's recollection was fuller, Tokarz confirmed general tone and themes.
23. 19 December 1989 meeting at Simpson Thacher: reconstruction based on phone interviews in January 1990 with Berman, Tokarz, Kravis, Hillsborough executive Ken Matlock, and Simpson Thacher attomeys Beattie and Garvey.
24. Drexel's bonus payments: *WSJ*, 26 February 1990.
25. Joseph seeking emergency loans: *WSJ*, 14 February 1990; *Fortune*, 21 May, 1990; interview with Joseph, 27 February 1991.
26. Drexel liquidation: *WSJ*, 11 June 1991.
27. Grant's notice of KKR bankruptcy: *Los Angeles Times*, 26 August 1990.
28. "All of us...": interview with Kevin Bousquette, 20 August 1991.

第 13 章 恐惧、羞辱和幸存

1. Meeting at RJR on 26 January: reconstruction based on interview with Ted Ammon, 30 August 1990; interview with Scott Stuart, 7 August 1990; interview with Cliff Robbins, 24 July 1990; interview with RJR general counsel Lawrence Ricciardi. 22 August 1990; phone interview with Karl von der Heyden, October 1991.
2. KKR's $3 billion proposal: interview with Ammon, 30 August 1990; phone interview with Kagan, September 1990.
3. "Besides, we have a reset..." and subsequent detail: interview with Beattie, 21 September 1990; interview with Robbins, 21 September 1990.
4. Stern's objection to reset: phone interview with Jonathan Kagan, September 1990.
5. "If I were you...": interview with Robbins, 21 September 1990; interview with Jeffrey Berenson, 1 August 1990.
6. "Don't forget: We made you...": interview with Kravis, 30 March 1990.
7. Crook-Greene exchange: interview with Crook, 26 July 1990.
8. Banks' resistance and eventual yielding: phone interviews with six bank participants in July and August 1990; phone interview with Greene in August 1990.

9. Roberts as strategist: interview with Scott Stuart, 7 August 1990; interview with Ammon, 30 August 1990.
10. Black's 60-percent profit estimate: interview with Black, 30 April 1990.
11. "You need us..." and "With all the money...": based on interviews with six participants in the meeting. In a phone interview in September 1990, Ferguson did not dispute their account.
12. Lipton-Kravis exchange: interview with Kravis, 18 June 1991; phone interview with Lipton, August 1990. Kravis says Lipton presented bankruptcy as the only option; Lipton says he presented it as one of ten.
13. "I don't want to be sued...": interview with Berenson, 1 August 1990; interview with Rinaldini, 30 August 1990.
14. First day of San Francisco conference: interviews with four KKR associates in August and September 1990; phone interviews with seven limited partner attendees in August and September 1990.
15. Roberts speech: reconstruction based on phone interviews with Roberts and six limited partner attendees, as well as interview with Tokarz, 28 September 1990. Tokarz's account is the fullest.
16. Beechey-Greene exchange: phone interviews with Beechey and two witnesses to conversation, August 1990.
17. Calendar for Greene: phone interviews with Greene and Roberts, August 1990.
18. Kravis-Roberts exchange: interview with Kravis and Roberts, 17 July 1990.

第 14 章 债务退出，净资产进入

1. "Enormous power": cited in "The New Morgans," *Fortune*, 29 February 1988. "The Eclipse of the Public Corporation" was the title of a *Harvard Business Review* article by Harvard Business School Professor Michael Jensen, September/October 1989.
2. "The cards were dealt...": interview with Gerstner, 27 February 1991.
3. Gerstner's message to managers: In a 3 October 1991 "Dear Colleagues" letter, Gerstner wrote: "We'll have more latitude to manage our investments in things like new products and marketing programs."
4. KKR's investments in publicly traded companies: *NYT*, 9 December 1990.
5. Murray's reaction to KKR executives: *WSJ*, 29 April 1991.
6. Empty Drexel office building: *Los Angeles Times*, 26 May 1991.

7. Berenson and Minella resignations: *WSJ*, 29 August 1990.
8. Ackerman's $165 million earnings: *NYT*, 4 October 1991.
9. KKR's goals for supplemental fund: *WSJ*, 1 November 1990.
10. Resistance from KKR investors: *WSJ*, 11 January 1991; *BusinessWeek*, 15 April 1991.
11. Volume of buyouts in 1980s: statistics cited in "Leveraged Buyouts and the Pot of Gold, 1989 Update," a report prepared for the Subcommittee on Oversight and Investigations of the House Committee on Energy and Commerce, p. 18.
12. 大约70亿美元的投资收益：作者基于KKR合伙机构在被收购公司中的净资产价值的上升自行做出的估算。截至1992年1月1日，最大的赢家是：雷诺兹－纳贝斯克，KKR合伙机构平均支付每股5.66美元买下32亿美元的股票，其价值上升到了49亿美元；金霸王，KKR合伙机构买下3.5亿美元的股票，价值上升到了24亿美元；塞夫韦，KKR合伙机构买下了1.5亿美元的股票，价值上升到了21亿美元；碧翠斯，KKR合伙机构购买4.07亿美元的股票，价值上升到了13亿美元。这里的很多获利都是尚未实现的账面财富，如果保持这一水平，那么KKR的高管们将拥有该收益的20%，或者说总额16亿美元。

尾声

1. Ammon's new goals: *WSJ*, 22 September 1992.
2. Roberts's interest in teaching: phone interview, April 1992.
3. Hicks on leverage: *WSJ*, 25 November 1992.
4. "debate will replace debt": John Pound, "Beyond Takeovers: Politics Comes to Corporate Control," *Harvard Business Review*, March-April 1992.